企业财务会计

主编 陶淑贞 崔淑莲 史成泽

☆一本实用的企业财务手册

☆完整的财务会计理论 + 使用规范的案例分析

☆详实的财务方法描述 + 特色鲜明的实训指导

☆将精细化进行到底，把企业管理的各个环节落到实处

東華大學出版社

图书在版编目(CIP)数据

企业财务会计/陶淑贞，崔淑莲，史成泽主编.—上海：东华大学出版社，2014.2

ISBN 978-7-5669-0426-3

Ⅰ.①企… Ⅱ.①陶… ②崔… ③史… Ⅲ.①企业管理—财务会计—高等职业教育—教材 Ⅳ.①F275.2

中国版本图书馆CIP数据核字(2013)第295526号

企业财务会计

QIYECAIWUKUAIJI

陶淑贞　崔淑莲　史成泽　主编

东华大学出版社出版

上海市延安西路1882号

邮政编码：200051　电话：(021)62193056

新华书店上海发行所发行　苏州望电印刷有限公司印刷

开本：710 mm×1 000 mm　1/16　印张：23.75　字数：527千字

2014年2月第1版　2014年2月第1次印刷

ISBN 978-7-5669-0426-3/F·056

定价：46.00元

前 言

FOREWORD

《企业财务会计》是高职高专及成人院校会计专业的核心专业课程，也是财经管理类专业的重要课程之一。

本书在编写中以《中华人民共和国会计法》《企业会计准则》和《企业会计准则——应用指南》为依据，紧紧围绕高职人才培养目标，符合课程教学基本要求。在编写过程中，不但吸收了众多教材的优点，而且又力争做到推陈出新。内容的组织与安排基于工业企业业务循环和会计工作过程，以职业能力为核心，采取项目教学法，实行理论教学与实务操作并重，"教、学、做"相结合，让学生掌握会计核算和财务处理的基本理论，学会基本的操作技能，为今后从事会计工作打下坚实的基础。对于涉及税法等变化的内容进行了及时更新。同时，增加了相应知识点的连接，扩展了师生的课内外知识范围。为了提高教学效果和学生自主学习的能力，本书还将教材中涉及的难点进行归纳总结并以文本框形式予以醒目列示。

本书由陶淑贞、崔淑莲、史成泽担任主编，张福忠和姜泽清担任副主编。全书由陶淑贞提出总体设计。各项目分工如下：崔淑莲负责项目一（货币资金业务活动）、项目二（购货与付款业务活动）和项目三（职工薪酬的业务活动）的编写，陶淑贞负责项目七（投资业务活动）的编写，史成泽负责项目五（应交税费业务活动）和项目六（筹资业务活动）的编写，张福忠负责项目四（销售与收款业务活动）和项目八（利润及利润分配业务活动）的编写，姜泽清负责项目九（财务报告）的编写，陶淑贞负责全书总纂。

本书在编写过程中参阅了大量同类教材，得到了有关专家的的指导帮助，特别是得到了出版社编辑的大力支持与帮助，在此一并表示感谢！

尽管我们为编写此书付出了很大努力，但由于我们的理论水平和实践经验有限，加之时间仓促，书中难免有错漏之处，恳请广大读者批评指正，以便再版时对本书进行修正和完善。

编 者

目 录

CONTENTS

Project 1 项目一 货币资金业务活动

知识目标

- ⊙ 了解货币资金的内容
- ⊙ 熟悉现金管理及银行存款开户的有关规定
- ⊙ 明确支付结算方式的种类以及各种结算方式的相关规定
- ⊙ 掌握库存现金、银行存款及其他货币资金的会计处理

能力目标

- ⊙ 能规范地登记库存现金日记账和银行存款日记账
- ⊙ 学会现金清查和银行存款清查，并对清查结果能进行正确的会计处理
- ⊙ 初步学会正确办理支票、银行汇票、银行本票等各种结算业务
- ⊙ 能对其他货币资金各明细账进行账务处理

货币资金是指以货币形态存在的资产，根据其存放的地点和用途不同，可分为库存现金、银行存款和其他货币资金。

任务一 库存现金

一、库存现金概述

库存现金通常是指存放于企业财会部门，由出纳人员经管的货币。库存现金是企业流动性最强的资产，企业应当严格遵守国家有关现金管理制度，正确进行现金收支的核算，监督现金使用的合法性与合理性。

(一) 现金开支范围

(1) 职工工资、津贴；

(2) 支付给个人的劳动报酬；

(3) 根据国家规定颁发给个人的科学技术、文化艺术、体育等各种奖金；

(4) 各种劳保、福利费用，以及国家规定的对个人的其他支出；
(5) 向个人收购农副产品和其他物资的价款；
(6) 出差人员必须随身携带的差旅费；
(7) 结算起点(1 000 元人民币)以下的零星支出；
(8) 中国人民银行确定的需要支付现金的其他支出。

不属于上述规定范围的款项支付应通过银行进行转账结算。

【例 1-1】 下列可以通过现金结算的有(　　)。

A. 企业支付给职工工资 100 000 元　　B. 企业职工出差预借差旅费 2 000 元
C. 企业购买办公用品 1 980 元　　D. 向农民收购农副产品 80 000 元

答案：A、B、D

注意：

1. 现金有狭义和广义之分：狭义现金是指企业库存现金；广义现金指企业库存现金，可以随时用于支付的存款、其他货币资金、现金等价物。

2. (1)至(6)凡是单位对个人的结算无论款项多少都可以通过现金支付。

3. 单位对单位的结算，金额必须是在结算起点以下及中国人民银行确定的需要现金支付的才可以通过现金结算。

(二) 库存现金的限额

按照规定，企业可保持一定数量的库存现金。库存现金的限额是指企业根据日常开支的现金需要量提出计划，报开户银行审查，由开户银行根据企业的实际需要和企业距离银行远近情况核定的库存现金的最高额度。其限额一般按照企业3～5 天内的日常零星开支所需现金确定。远离银行或交通不便的企业，可以根据企业多于 5 天、但不超过 15 天的日常零星支出来核定。超过库存现金限额的部分应于当日终了前存入银行，现金不足时可从银行提取。需要增加或者减少库存现金限额的，应当向开户银行申请，由开户银行核定。

(三) 禁止坐支现金

企业支付现金，应从本企业库存现金限额中支付或者从开户银行提取，而不得从本企业的现金收入中直接支付(即坐支现金)。因特殊情况需要坐支现金，应事先报开户银行审查批准，由开户银行核定坐支范围和限额。企业应定期向开户银行报送坐支金额及其使用情况。

二、库存现金核算

(一) 库存现金序时核算

为了加强对库存现金的核算与管理，详细地掌握企业现金收支的动态和结存情况，企业还必须设置“库存现金日记账”。库存现金日记账由出纳人员根据收付款凭证，按照业务发生顺序逐笔登记。每日终了，应当在库存现金日记账上计算出当日的现金收入合计额、现金支出合计额和结余额,并将库存现金日记账的账面余额与实际库存现金额进行核对,保证账款相符。月度终了,应将库存现金日记账的余额与库存现金总账的余额进行核对,做到账账相符。

(二) 库存现金总分类核算

企业应设置"库存现金"账户对库存现金进行总分类核算。"库存现金"是资产类账户,用以核算库存现金的收入、支出和结存。收到现金时,记入借方;支出现金时,记入贷方;余额在借方,表示库存现金的结存数额。

库存现金总分类账由不从事出纳工作的会计人员登记,一般采用订本式"三栏式"账簿。月份终了,库存现金总分类账余额与出纳人员登记的库存现金日记账余额应核对相符。

(三) 库存现金清查核算

企业如发生现金短缺时,应借记"待处理财产损溢——待处理流动资产损溢"账户,贷记"库存现金"账户。反之,如发生现金溢余时,则借记"库存现金"账户,贷记"待处理财产损溢——待处理流动资产损溢"账户,待查明原因,再予以转账。

(1) 对于短缺的现金,如无法查明原因确定由企业列支时,应借记"管理费用"账户,贷记"待处理财产损溢——待处理流动资产损溢"账户。如确定由责任人赔偿时,则借记"其他应收款"账户,贷记"待处理财产损溢——待处理流动资产损溢"账户。

(2) 对于溢余的现金,一般情况下,属于应支付给有关人员或单位的,应借记"待处理财产损溢——待处理流动资产损溢"账户,贷记"其他应付款"账户。属于无法查明原因的 ,转账时应借记"待处理财产损溢——待处理流动资产损溢"账户,贷记"营业外收入"账户。

【例 1-2】 假设西夏机床厂 2013 年 6 月 30 日清查库存现金时,发现现金短款 400 元,账务处理如下:

借:待处理财产损溢——待处理流动资产损溢 400
　　贷:库存现金 400

经查实,该现金短款属于出纳员的责任,应由出纳员赔偿,账务处理如下:

借:其他应收款——贾媛 400
　　贷:待处理财产损溢——待处理流动资产损溢 400

库存现金盘点报告表

单位名称:西夏机床厂　　　　2013 年 6 月 30 日

账存金额	实存金额	盘盈	盘亏	备注
1 300	900		400	
1 300	900		400	

盘点人(签章)杨彤　　　　出纳员(签章)贾媛

【例 1-3】 假设西夏机床厂 2013 年 8 月 30 日清查库存现金时发现现金长款 100 元。

库存现金盘点报告表

单位名称：**西夏机床厂**　　　　2013 年 8 月 30 日

账存金额	实存金额	盘盈	盘亏	备注
900	1 000	100		
900	1 000	100		

盘点人(签章)杨彤　　　　出纳员(签章)贾媛

账务处理如下：

借：库存现金　　100

　　贷：待处理财产损溢——待处理流动资产损溢　　100

经查实，原因不明，账务处理如下：

借：待处理财产损溢——待处理流动资产损溢　　100

　　贷：营业外收入　　100

注意：

1. 无法查明溢余的现金，批准后转入“营业外收入”账户。
2. 无法查明短缺的现金，批准后转入“管理费用”账户。

知识链接 1-1

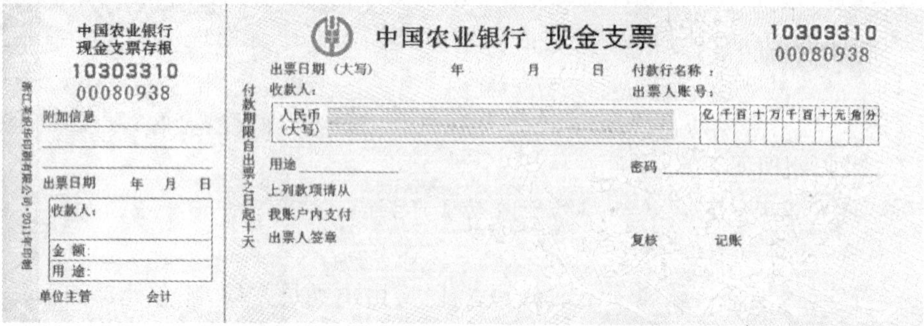
中国农业银行
现金支票存根
10303310
00080938
附加信息
出票日期　年　月　日
收款人：
金 额：
用 途：
单位主管　会计

中国农业银行 现金支票
10303310
00080938
出票日期（大写）　年　月　日　付款行名称：
收款人：　出票人账号：
人民币（大写）　亿 千 百 十 万 千 百 十 元 角 分
付款期限自出票之日起十天
用途　密码
上列款项请从
我账户内支付
出票人签章　复核　记账

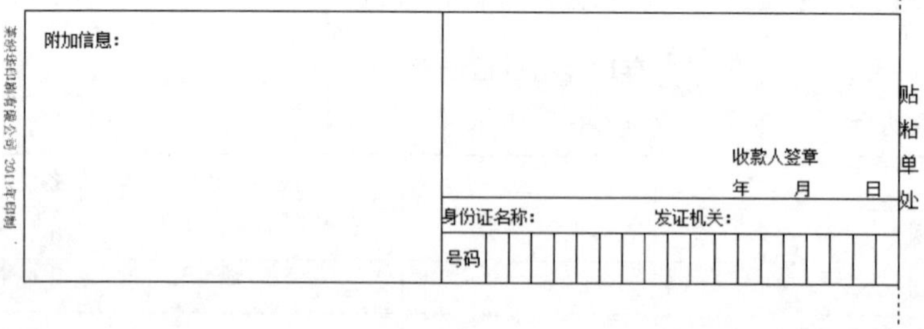
附加信息：
收款人签章
年　月　日
身份证名称：　发证机关：
号码
贴粘单处

根据《中华人民共和国票据法》等法律法规的规定，签发空头支票由中国人民银行处以票面金额5%但不低于1000元的罚款。

填制支票时应注意的事项

支票是出票人签发的，委托办理支票款项业务的银行见票时无条件支付确定金额给收款人或者持票人的票据。

支票的填写要注意日期应大写，不要有涂改；账户、名称不要写错。

现金支票在正面盖财务章和名章（应与银行预留印鉴相符），在背面盖相同的章，还要填写取款人的身份证号码和姓名。

转账支票只需在正面盖财务章和名章即可，其他不需盖章。

一、要填写的内容

1. 日期（应用中文大写）。

2. 金额。大写金额靠左侧紧跟在"人民币"后面书写，不能留有空格。小写金额首位数字前要加封口符号"￥"。

3. 盖章。支票上要加盖财务专用章和法人代表人名章。

4. 预留密码的还要填写密码。

支票是商务活动中使用最多的票据。业务人员收支票时要提防"支票陷阱"，因为票据退票会带给企业财务损失。

二、关于签名盖章

出票人在支票上签名盖章，是负担票据债务的一种具体表示，当支票退票时，要负起出票人的责任，偿还支票上所记载的金额。签名盖章要盖在支票上出票人栏的位置，盖在其他地方，就不发生签名盖章的效力，属于不合格支票。

实际操作中，收票人应注意以下几点：

1. 没有签名盖章的支票不能收。签章空白的支票是"不完全票据"。这种票据无法律效力，必须请出票人补盖印鉴方可接收。

2. 出票签名或盖章模糊不清的支票不能收。这种签章不清楚或不明的支票经常被银行退票。

3. 支票上签章处只有出票人的指印，没有其他签名或盖章，最好拒收。支票上的签名能以盖章的方式代替，但不能以捺指印代替签名。

4. 图章颠倒的支票是有效的，可以收。

5. 盖错印章涂销后，再加盖正确印鉴的支票，可以收。出票人在盖错的印鉴上打"×"涂销，这枚印鉴视为没有记载，只要第二次所盖的印鉴和银行内预留的印鉴相同，而且户头内有足够存款，这张支票是安全的。

三、关于支票时间

1. 没有填写出票年月日的支票，最好不收。缺少出票年月日的支票是无效支票，出票人不必负任何的票据责任。如果出票人授权收票人代填日期，收票人收支票时，应要求出票人出具"授权书"作为证明，否则有可能吃伪造有价证券的官司。

2. 出票年月日改写后,必须在改写处盖章。如不盖章,这种支票会被银行退票。

四、关于支票金额

金额是支票必须记载的事项之一,也是票据债务人员担保范围的指标。支票的金额应以大写数字来书写,以示慎重,并可以防止遭人涂改。因此,金额一经填写,就不能改写,否则,支票无效。

对于支票金额应注意以下问题:

1. 票面大写金额栏内漏写"元"字的支票,不可收。我国通用的币制单位有元、角、分。只有记载数字,而无"元"的记载,其金额难以确定。

2. 大写金额经涂改的支票是无效支票,绝对不能接收。

3. 支票上大写金额不应当写零,而多写零的支票,尽可能不要收。金额位数连续有几个零时,应只写一个零字。比如 50 005 元,应写成"伍万零五元整",而不能写成"伍万零零伍元整"。

4. 票面金额填写"拾元整"的支票,不可收。银行实务对有关支票金额的写法有特别的要求,10 元应写为"壹拾元整"。

5. 支票上大写金额写"廿"绝对不能接收。20 元的正确写法是"贰拾元",如果写成"廿",银行会以退票方式处理。

常见支票分为现金支票、转账支票,在支票正面上方有明确标注。现金支票只能用于支取现金(限开户行),转账支票只能用于转账(限同城内)。

五、支票的填写

1. 出票日期(大写)

数字必须大写,大写数字写法:零、壹、贰、叁、肆、伍、陆、柒、捌、玖、拾。

举例:2007 年 8 月 5 日写为"贰零零柒年捌月零伍日";

2006 年 2 月 13 日写为"贰零零陆年零贰月壹拾叁日"。

(1) 壹月贰月前零字必写,叁月至玖月前零字可写可不写。拾月至拾贰月必须写成壹拾月、壹拾壹月、壹拾贰月(前面多写"零"字也认可,如"零壹拾月")。

(2) 壹日至玖日前零字必写,拾日至拾玖日必须写成壹拾日及壹拾 X 日(前面多写"零"字也认可,如"零壹拾伍日")。

2. 收款人

(1) 现金支票收款人应写为本单位名称,此时现金支票背面"被背书人"栏内加盖本单位的财务专用章和法人章,之后收款人可凭现金支票直接到开户银行提取现金(一般情况下,须由本单位持结算证的人前去提款,如有特殊情况须本单位开据证明加盖公章,并由提款人持证明前往)。

(2) 转账支票收款人应填写为对方单位名称。转账支票背面本单位不盖章。收款单位取得转账支票后,在支票背面被背书栏内加盖收款单位财务专用章和法人章,填写好银行进帐单后连同该支票交给收款单位的开户银行委托银行收款。

(3) 转账支票收款人可写为收款人个人姓名，此时转账支票背面不盖任何章，收款人在转账支票背面填上身份证号码和发证机关名称，凭身份证和转账支票存入个人在开户银行开的个人结算账户内。最新规定，个人存入的转账支票最高限额为50万元以内。

3. 付款行名称、出票人账号

即本单位开户银行名称及银行账号，银行账号必须小写。

4. 人民币(大写)

数字大写写法：零、壹、贰、叁、肆、伍、陆、柒、捌、玖、亿、万、仟、佰、拾。

注意："万"字不带单人旁。

举例：

(1) 289,546.52：贰拾捌万玖仟伍佰肆拾陆元伍角贰分。

(2) 7,560.31：柒仟伍佰陆拾元零叁角壹分。"陆拾元零叁角壹分"中的"零"字可写可不写。

(3) 532.00：伍佰叁拾贰元整。"整"写为"正"字也可以，不能写为"零角零分"。

(4) 425.03：肆佰贰拾伍元零叁分。

(5) 325.20：叁佰贰拾伍元贰角整。角字后面加"整"字，但不能写"零分"，比较特殊。

5. 人民币(小写)

最高金额的前一位空白格用"￥"字头打掉，数字填写要求完整清楚。

6. 用途

(1) 现金支票有一定限制，一般填写"备用金""差旅费""工资""劳务费"等。

(2) 转账支票没有具体规定，可填写如"货款""代理费"等等。

7. 盖章

支票正面盖财务专用章和法人章，缺一不可，印泥为红色，印章必须清晰，印章模糊只能将本张支票作废，换一张重新填写重新盖章。反面盖章与否见"2、收款人"。

8. 常识

(1) 支票正面不能有涂改痕迹，否则本支票作废。

(2) 受票人如果发现支票填写不全，可以补记，但不能涂改。

(3) 支票的有效期为10天，日期首尾算一天，节假日顺延。

(4) 支票见票即付，不记名。(丢了支票，尤其是现金支票，可能就是票面金额数目的钱丢了，银行不承担责任。现金支票一般要要素填写齐全，假如支票未被冒领，在开户银行挂失；转账支票假如支票要素填写齐全，在开户银行挂失，假如要素填写不齐，到票据交换中心挂失。)

容易出现的错误：日期填写错误，收款单位与背书单位印鉴不符。

现金支票和转账支票可以开给个人。

知识点链接 1-2

库存现金的内部控制制度

1. 企业应建立现金的岗位责任制，明确相关部门和岗位的职责权限，确保办理现金业务的不相容岗位相互分离、制约和监督。出纳人员不得兼任稽核、会计档案保管和收入、支出、费用、债权债务账目的登记工作。

2. 企业办理现金业务，应配备合格的人员，并根据具体情况进行岗位轮换。

3. 企业应建立现金业务的授权批准制度，明确审批人员对现金业务的授权批准方式、权限、程序、责任和相关控制措施，规定经办人员办理现金业务的职责范围和工作要求。

4. 企业应加强银行预留印鉴的管理。财务专用章由专人保管，个人签章由本人或其授权人保管，严禁一人保管支付款项所需的全部印章。

5. 企业应加强与现金有关的票据管理，防止空白票据的遗失和被盗。

任务二 银行存款

一、银行存款概述

银行存款是企业存放在银行或其他金融机构的货币资金。企业应当根据业务需要，按照规定在其所在地银行开设账户，运用所开设的账户，进行存款、取款，以及各种收支、转账业务的结算。银行存款的收付应严格执行银行结算制度的规定。

(一) 银行存款开户的有关规定

银行存款账户分为基本存款账户、一般存款账户、临时存款账户和专用存款账户。

(1) 基本存款账户是企业办理日常结算和现金收付的账户。企业的工资、奖金等现金的支取，只能通过基本存款账户办理。

(2) 一般存款账户是存款人因借款或其他结算需要，在基本存款账户开户银行以外的银行营业机构开立的银行结算账户。企业可以通过本账户办理转账结算和现金交存，但不支取现金。

(3) 临时存款账户是企业因临时经营活动需要开立的账户。临时存款账户的有效期最长不超过 2 年。企业可以通过本账户办理转账结算和根据国家现金管理规定办理现金收付。

(4) 专用存款账户是企业因特定需要而开立的账户。

注：企业在银行开立账户后，与其他单位之间的一切收付款项，除有关制度规

定可用现金收付的部分外，都必须通过银行办理转账结算。

（二）银行支付结算方式

根据中国人民银行颁发的《支付结算办法》的规定，企业可选择使用的结算方式有支票、银行本票、银行汇票、汇兑、托收承付、商业汇票、委托收款等。

1. 支票

支票是指由单位或个人签发的，委托办理支票存款业务的银行见票时无条件支付确定金额给收款人或持票人的票据。

（1）结算程序

支票结算程序如图 2-1 所示。

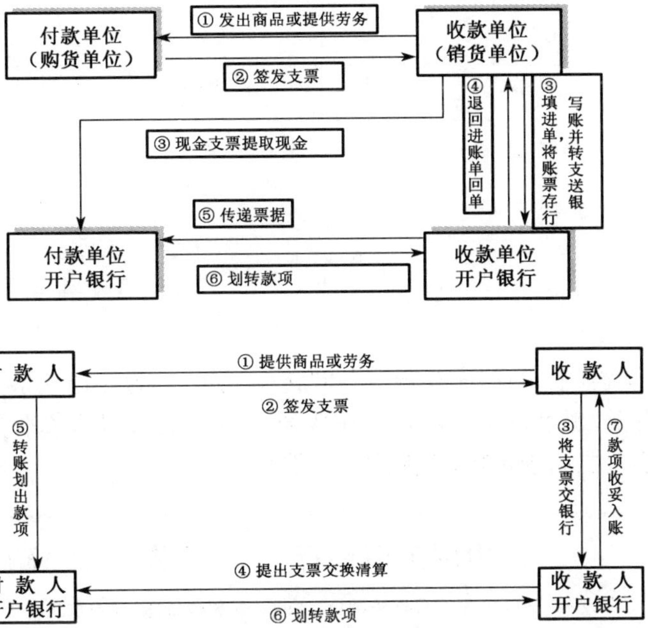

图 2-1　支票结算程序

付款人按应支付的款项签发转账支票后交收款人，凭支票存根贷记“银行存款”账户，借记对应账户。收款人审查无误后（如支票收款人空白，应补填完整并在支票背面加盖预留银行印鉴），填制一式两联进账单，连同支票一并送交本单位开户银行。经银行审查无误后，在进账单回单上加盖银行印章，退回收款人，作为收款人入账的凭据。收款人据此借记“银行存款”账户，贷记对应账户。进账单的另一联和支票由银行留存，作为划转款项和记账的凭据。

（2）种类

① 现金支票，支票上印有“库存现金”字样的为现金支票。现金支票只能用于支取现金。

② 转账支票，支票上印有“转账”字样的为转账支票。转账支票只能用于转账。

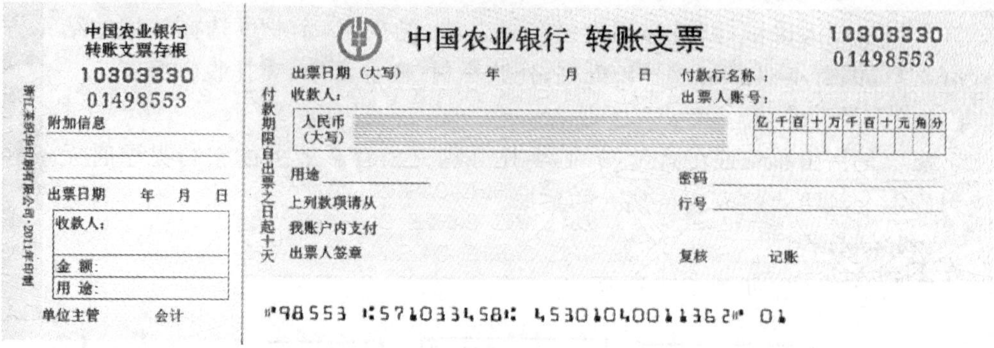
中国农业银行
转账支票存根
10303330
01498553
附加信息
出票日期 年 月 日
收款人：
金 额：
用 途：
单位主管 会计
浙江某印刷有限公司·2011年印制

中国农业银行 转账支票 10303330 01498553
出票日期（大写） 年 月 日 付款行名称：
收款人： 出票人账号：
人民币（大写） 亿 千 百 十 万 千 百 十 元 角 分
用途 密码
上列款项请从 行号
我账户内支付
出票人签章 复核 记账
付款期限自出票之日起十天
⑈98553 ⑆571033458⑆ 453010400113 62⑈ 01

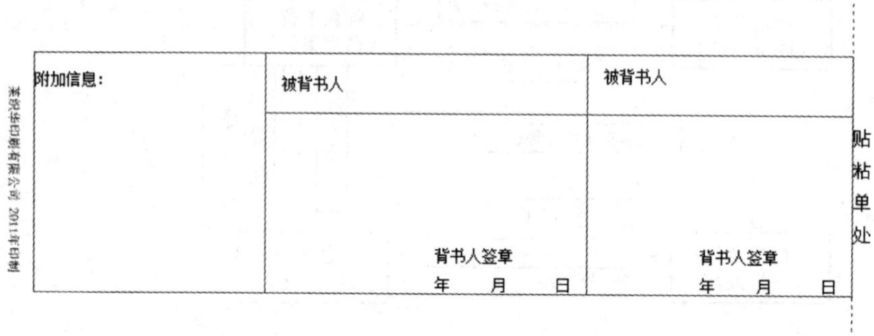
附加信息：
被背书人 被背书人
背书人签章 年 月 日
背书人签章 年 月 日
贴粘单处
某印刷有限公司 2011年印制

根据《中华人民共和国票据法》等法律法规的规定，签发空头支票由中国人民银行处以票面金额5%但不低于1000元的罚款。

③ 普通支票，未印有“库存现金”和“转账”字样的为普通支票。普通支票既可以用于支取现金，也可以用于转账。在普通支票左上角划两条平行线的为划线支票。划线支票只能用于转账，不能用于支取现金。

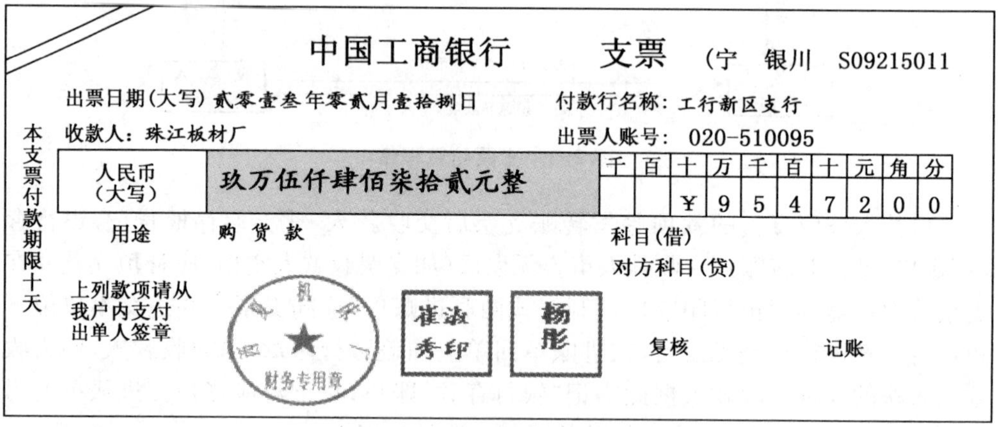
中国工商银行 支票 （宁 银川 S09215011
出票日期(大写) 贰零壹叁年零贰月壹拾捌日 付款行名称：工行新区支行
收款人：珠江板材厂 出票人账号：020-510095

人民币（大写）	玖万伍仟肆佰柒拾贰元整	千	百	十	万	千	百	十	元	角	分
				¥	9	5	4	7	2	0	0

用途 购货款 科目(借)
对方科目(贷)
上列款项请从
我户内支付
出单人签章 崔淑秀印 杨彤 复核 记账
财务专用章
本支票付款期限十天

(3) 金额

支票签发时，不得超过其付款时在银行或其他金融机构的支票存款账户中实存的存款金额，即不允许签发空头支票。否则，银行予以退票，并按票面金额处以

5%但不低于1 000元的罚款。

(4) 付款期限

支票的付款期限为自出票日起10天。中国人民银行另有规定的除外。超过提示付款期限的,持票人开户银行不予受理,付款人不予付款。支票不得另行记载付款日期。另行记载付款日期的,该记载无效。

(5) 适用范围

单位和个人在同一票据交换区域的各种款项结算,均可使用支票。从2007年7月开始,支票可在全国通用。为防范支付风险,异地使用支票的单笔金额上限为50万元。

(6) 核算账户的设置

在会计核算中,支票核算账户为"银行存款"账户。

2. 银行本票

银行本票是指由银行签发的,承诺自己见票时无条件支付确定的金额给收款人或者持票人的票据。

(1) 结算程序

银行本票结算程序如图2-2所示。

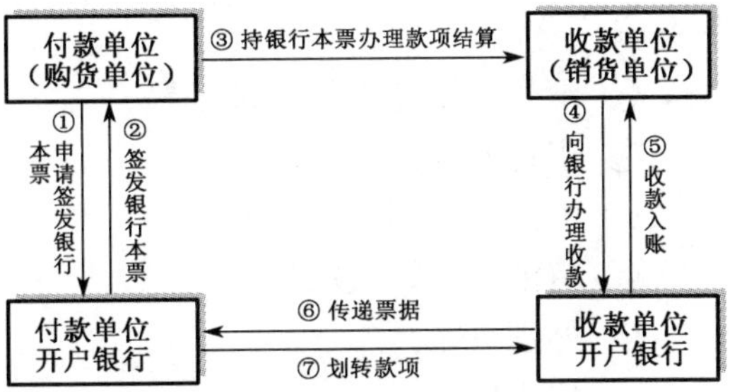

图2-2　银行本票结算程序

① 申请人向银行交存款项,填写"银行本票申请书",申请签发银行本票。

② 银行向申请人签发银行本票。

③ 申请人(付款人)持票在同城范围内办理结算。

④ 收款人持本票、进账单到开户银行办理收款。

⑤ 收款人开户银行收妥入账,并退回进账单回单给收款人。

⑥ 银行间传递凭证,划转款项。

(2) 种类及金额

银行本票分为定额本票和不定额本票。定额本票面值为1 000元、5 000元、10 000元、50 000元。

(3) 付款期限

银行本票的付款期限为自出票日起2个月。超过提示付款期限仍没有获得付款的,持票人在票据权利时效内向出票银行做出说明,并提供本人身份证或单位证明,可持银行本票向银行请求付款。

(4) 适用范围

无论单位和个人,在同一票据交换区域支付各种款项,均可使用银行本票。

(5) 核算账户的设置

在会计核算中,银行本票通过"其他货币资金——银行本票"账户进行核算。

3. 银行汇票

银行汇票是指汇款人将款项交存当地出票银行，由出票银行签发，并由其见票时按实际结算的金额无条件支付给收款人或持票人的票据。

(1) 结算程序

银行汇票的结算程序如图 2-3 所示。

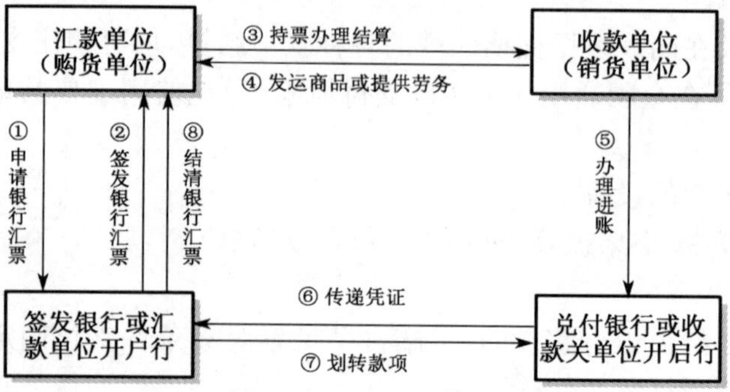

图 2-3 银行汇票结算程序

① 汇款人委托银行办理汇票。

② 银行签发汇票。

③ 汇款人使用汇票结算。

④ 持汇票进账或取款。

⑤ 办理进账。

⑥ 传递凭证。

⑦ 款项划拨。

(2) 付款期限

银行汇票的付款期限为自出票日起 1 个月。超过提示付款期限仍没有获得付款的，持票人在票据权利时效内向出票银行做出说明，并提供本人身份证或单位证明，可持银行汇票和解讫通知向出票银行请求付款。

(3) 适用范围

单位和个人的各种款项结算，均可使用银行汇票。

(4) 核算账户的设置

银行汇票在会计核算中通过“其他货币资金——银行汇票”账户进行核算。

4. 汇兑

汇兑是指汇款人委托银行将其款项支付给收款人的结算方式。

(1) 结算程序

汇兑的结算程序如图 2-4 所示。

① 汇款人委托开户银行办理汇款。

② 汇款银行受理后划拨款项。

③ 收款开户银行通知收款人汇款已到。

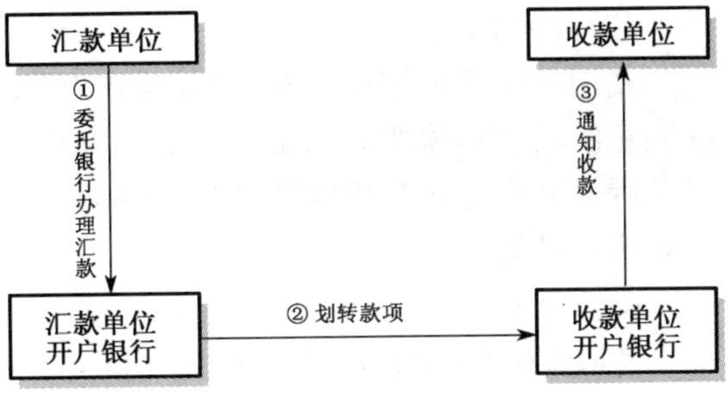

图 2-4　汇兑结算程序

(2) 种类

汇兑分为信汇、电汇两种：信汇是指汇款人委托银行通过邮寄方式将款项划转给收款人；电汇是指汇款人委托银行通过电报方式将款项划转给收款人。这两种汇兑方式由汇款人根据需要选择使用。

(3) 适用范围

汇兑结算方式适用于异地之间的各种款项结算。

(4) 核算账户

汇兑在会计核算中，对债权方而言，使用"银行存款"账户；对债务方而言，使用"其他货币资金"账户。

5. 托收承付

托收承付是根据购销合同，由收款人发货后委托银行向异地付款人收取款项，并由付款人向银行承诺付款的结算方式。

(1) 结算程序

托收承付的结算程序如图 2-5 所示。

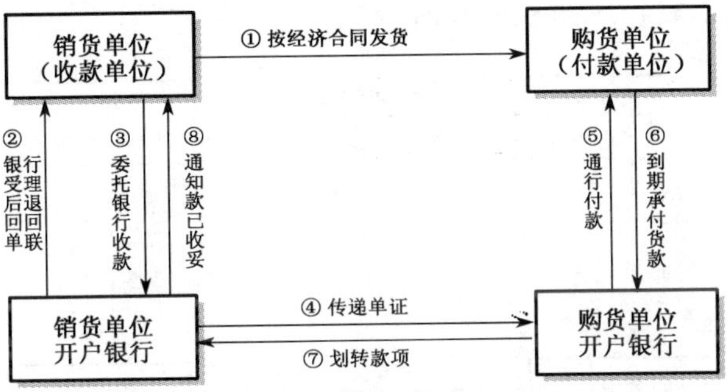

图 2-5　托收承付结算程序

① 收款人发出商品。

② 收款人委托银行收款。

③ 收款人开户行将托收凭证传递给付款人开户行。

④ 付款人开户行通知付款人承付。

⑤ 付款人承认付款。

⑥ 银行间划拨款项。

⑦ 通知收款人货款收妥入账。

(2) 使用要求

使用托收承付结算方式，必须是国有企业，以及经营管理良好并经开户银行审查同意的城乡集体所有制工业企业。办理托收承付结算的款项，必须是商品交易，以及因商品交易而产生的劳务供应款项。代销、寄销、赊销商品的款项，不得办理托收承付结算。

(3) 金额

托收承付结算的金额起点为10 000元。新华书店系统每笔金额起点为1 000元。

(4) 付款期限

① 验单付款，期限为3天，从付款人开户银行发出承付通知的次日算起。付款人在承付期内，未向银行表示拒绝付款，银行即可视为承付。

② 验货付款，期限为10天，从运输部门向付款人发出提货通知的次日算起。

(5) 适用范围

托收承付结算方式适用于异地之间的各种款项结算。

(6) 核算账户

托收承付在会计核算中，对债权方而言，使用“应收账款”账户；对债务方而言，使用“应付账款”账户。

6. 商业汇票

商业汇票是指出票人签发的，委托付款人在指定日期无条件支付确定金额给收款人或者持票人的票据。

(1) 结算程序

商业汇票的结算程序如图2-6所示。

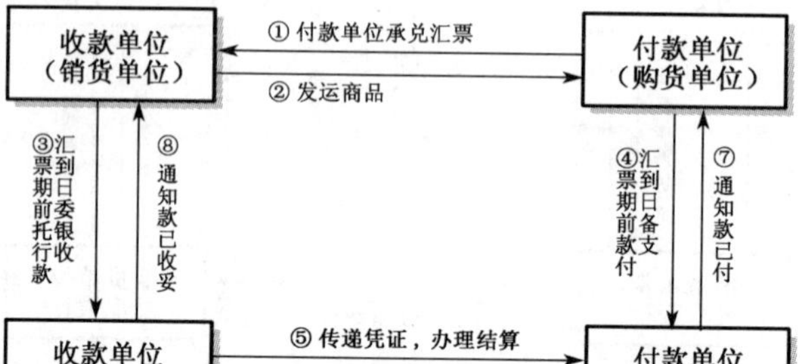

图2-6 商业汇票结算程序

采用商业承兑汇票结算方式，付款人应于汇票到期前将款项足额存入银行，银行在到期日凭票将款项划转给收款人、被背书人或贴现银行。如到期日付款人账户存款不足支付票款，开户银行不承担付款责任，将汇票退回收款人、被背书人或贴现银行，由其自行处理，并对付款人处以罚款。

采用银行承兑汇票结算方式，承兑申请人应持购销合同向开户银行申请承兑，银行按有关规定审查同意后，与承兑申请人签订承兑协议，在汇票上盖章并按票面金额收取一定的手续费。承兑申请人应于到期前将票款足额交存银行。到期未能存足票款的，承兑银行除凭票向收款人、被背书人或贴现银行无条件支付款项外，还将按承兑协议的规定，承兑申请人执行扣款，并将未扣回的承兑金额作为逾期贷款，同时收取一定的罚息。

（2） 种类

根据承兑人不同，商业汇票分为商业承兑汇票和银行承兑汇票两种。

① 商业承兑汇票由银行以外的付款人签发承兑。

② 银行承兑汇票由付款人开户银行承兑，而由在承兑银行开立账户的存款人签发。

承兑银行按票面金额向出票人收取万分之五的手续费。

（3） 付款期限

商业汇票的付款期限最长不得超过 6 个月。商业汇票提示付款期限为自汇票到期日起 10 天。符合条件的商业汇票的持票人，可以持未到期的商业汇票连同贴现凭证向银行申请贴现。

（4） 适用范围

商业汇票结算方式适用范围广泛，在银行开立账户的法人之间根据购销合同进行的商品交易，均可使用商业汇票。商业汇票同城、异地均可使用。

（5） 核算账户

在会计核算中，商业汇票对债权方而言，使用“应收票据”账户；对债务方而言，使用“应付票据”账户。

7. 委托收款

委托收款是指收款人委托银行向付款人收取款项的结算方式。它适用于在银行或其他金融机构开立账户的单位和个体经营户的商品交易、劳务款项及其他应收款项的结算。

（1） 结算程序

委托收款的结算程序如图 2-7 所示。

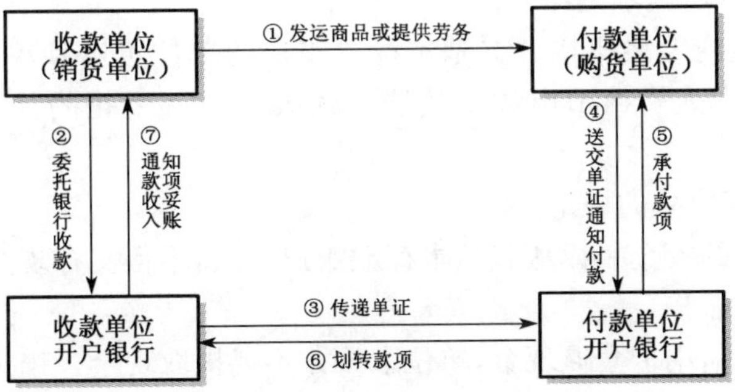

图 2-7 委托收款结算程序

① 收款人向付款人提供商品、劳务。

② 收款人提供收款依据，填写委托收款凭证，委托开户银行收款。

③ 收款人开户行向付款人开户行传递委托收款凭证。

④ 付款人开户行通知付款人付款。

⑤ 付款人承认付款。

⑥ 银行间划转。

⑦ 收款人开户行通知收款人款项已收妥入账。

(2) 种类

委托收款结算方式分为邮寄和电报两种。

(3) 付款期限

以银行为付款人的，银行应在当日将款项主动支付给收款人；以单位为付款人的，银行应及时通知付款单位。付款单位收到银行交给的委托收款证明及债务证明后，应签收并在3天内审查债务证明是否真实，是否是本单位的债务，确认之后通知银行付款。

(4) 适用范围

委托收款结算方式办理款项收取，同城、异地均可使用。

(5) 核算账户的设置

在会计核算中，委托收款对债权方而言，使用"应收账款"账户；对债务方而言，使用"应付账款"账户。

8. 信用卡

信用卡是指商业银行向个人和单位发行的，凭以向特约单位购物、消费和向银行存取现金，且具有消费信用的特制载体卡片。信用卡按使用对象分为单位卡和个人卡；按信用等级分为金卡和普通卡。

(1) 信用卡的有关规定

① 信用卡的使用范围

信用卡既可以用于同城结算，也可以用于异地结算。信用卡主要用于消费性支付，持卡人可持信用卡在特约单位购物、消费。单位卡不得用于10万元以上的商品交易、劳务供应款项的结算。

凡在中国境内金融机构开立基本存款账户的单位可申领单位卡。单位卡可申领若干张，持卡人资格由申领单位法定代表人或其委托的代理人书面指定和注销。

② 单位卡存取款的规定

单位卡账户的资金一律从其基本存款账户存入，不得交存现金，不得将销货收入的款项存入其账户。

为防止利用信用卡套取现金，单位卡一律不得提取现金。销户时，单位卡账户余额转入其基本存款账户，不得提取现金。

③ 信用卡透支的规定

信用卡在规定的限额和期限内允许善意透支，透支利息自签单日或银行记账日起 15 日内按日息万分之五计算，超过 15 日按日息万分之十计算，超过 30 日或透支金额超过规定的，按日息万分之十五计算。透支利息不分段，按最后期限或者最高透支额的最高利率档次计息。信用卡不得发生恶意透支。

(2) 信用卡结算业务流程

申领信用卡应按规定填制申请表，连同有关资料一并送交发卡银行。符合条件并按银行要求交存一定金额的备用金后，银行为申领人开立信用卡存款账户，并发给信用卡。出纳员开出支票从基本账户转入资金，持卡人持信用卡在特约单位购物、消费，取得有效的原始凭证后交由财务人员进行账务处理。

(3) 信用卡结算业务的账务处理

企业从基本存款账户转账存入信用卡账户时，根据支票存根和银行退回的进账单第一联回单，借记“其他货币资金——信用卡”账户，贷记“银行存款”账户。用信用卡购物或支付费用时，根据发票等凭证借记“管理费用”等账户，贷记“其他货币资金——信用卡”。

以上 8 种结算方式按使用区域不同分类如下：

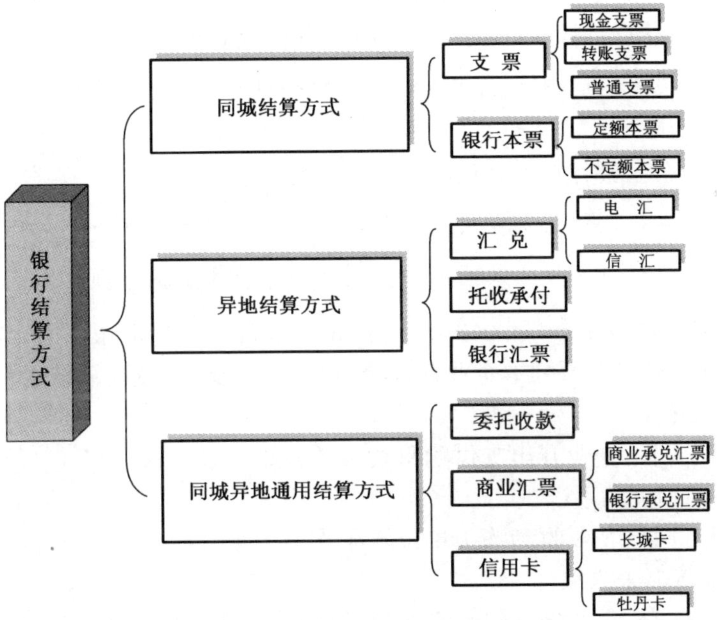

二、银行存款的核算

(一) 银行存款的序时核算

银行存款日记账应由出纳人员登记，账簿的格式与登记方法均与库存现金日记账基本相同。为了及时了解和掌握银行存款的收付动态和余额，银行存款日记账的登记，也应做到日清月结。

（二）银行存款的总分类核算

企业设置“银行存款”总账账户对银行存款进行总分类核算。该账户为资产类账户，借方登记收到的银行存款，贷方登记付出的银行存款。期末余额在借方，反映银行存款的余额。银行存款的总分类账簿由不从事出纳工作的会计人员登记，登记的方法、依据和账簿的格式均与库存现金总账基本相同。

（三）银行存款的清查

1. 企业银行存款的清查方法

企业的银行存款日记账应定期与银行对账单核对，至少每月核对一次。核对时，将企业的银行存款日记账与银行对账单逐笔核对。

2. 企业与银行双方账面余额不一致的原因

不一致的原因可能是记账差错，也可能是存在未达账项。如果是记账差错，应立即更正；如果存在未达账项，应按月编制“银行存款余额调节表”进行调节。

银行存款余额调节表的编制方法有多种，在实务中，多采用以双方的账面余额为起点，加减各自的未达账项，使双方的余额达到平衡。也可以叙述为根据企业银行存款日记账和银行对账单的余额，采用各自加上对方已经收款入账而自己尚未收款入账的款项，减去对方已经付款入账而自己尚未付款入账的款项。其调节公式如下：

企业银行存款日记账余额＋银行已收而企业未收的款项－银行已付而企业未付的款项＝银行对账单余额＋企业已收而银行未收的款项－企业已付而银行未付的款项

【例 1-4】 西夏机床厂 2013 年 1 月 31 日银行存款日记账账面余额为 32 400 元，开户银行的对账单所列本企业存款余额为 31 910 元，经逐笔核对，发现存在的未达账项主要有：

① 1 月 28 日，企业开出支付购料货款的转账支票一张，计 7 600 元，持票人尚未到银行办理相关的手续。

② 1 月 29 日，企业收到购买单位转账支票一张，计 8 840 元，已开具送款单送存银行，但银行尚未入账。

③ 1 月 30 日，企业经济纠纷案败诉，银行代扣违约罚金 6 500 元，企业尚未收到通知而未入账。

④ 1 月 31 日，银行计算企业存款利息 9 250 元，已记入企业存款账户，企业尚未收到通知而未入账。

⑤ 1 月 31 日，企业开出预付房租的现金支票 1 500 元，银行尚未入账。

⑥ 1月31日,银行为企业代付水费3 500元,企业尚未入账。

根据以上未达账项编制“银行存款余额调节表”如表2-1所示。

表2-1 **银行存款余额调节表**

2013年1月31日 单位:元

项　目	金　额	项　目	金　额
企业银行存款日记账余额	32 400	银行对账单余额	31 910
加:	9 250	加:	8 840
减:	6 500	减:	1 500
	3 500		7 600
调节后的存款余额	31 650	调节后的存款余额	31 650

经过银行存款余额调节表调节后,如果双方的余额相等,则表明双方记账基本正确,而这个相等的金额表示企业可动用的银行存款实有数;若不符,则表示本单位及开户银行的一方或双方存在记账错误,应进一步查明原因,采用正确的方法进行更正。

注意:

1. 企业不应该也不需要根据调节后的余额来调整银行存款日记账的余额,银行存款余额调节表不能作为记账的原始依据。

2. 对于银行已入账而企业尚未入账的未达账项,企业应在收到有关结算凭证后再进行有关账务处理。

【例1-5】 下例账款中属于未达账项的有(BCD):

A. 企业未入账,银行也未入账的账项

B. 企业已收款入账,但银行尚未收款入账

C. 银行收到委托款项但尚未通知企业

D. 银行划付电话费但未将其通知单送达企业

知识点链接1-3

银行存款内部控制的内容

单位内部完善的银行存款控制制度,应当包括以下8个控制点:

1. 审批

这是指企业的主管人员,对将要发生的银行存款收付业务进行审查批准,或是授权银行存款收支业务经办人,并规定其经办权限。审批一般以签字盖章方式表示。该过程主要为了保证银行存款的收支业务在授权下进行。

2. 结算

这是指出纳人员在复核银行存款收付业务的原始凭证后，应及时填制或取得结算凭证，办理银行存款的结算业务，并对结算凭证和原始凭证加盖“收讫”或“付讫”戳记，表示该凭证的款项已实际收入或付出，避免重复登记。

3. 分管

这是指银行存款管理中不相容职务的分离，如支票保管职务与印章保管职务相分离；银行存款总账与明细账登记相分离，借以保障银行存款的安全。

4. 审核

这是指在编制银行收款凭证和付款凭证前，银行存款业务主管会计应审核银行存款收付原始凭证基本内容的完整性，处理手续的完备性，以及经济业务内容的合理、合法性；同时，还要对结算凭证的描述内容进行审核，并把它与原始凭证相核对，审核其一致性，然后签字盖章。该环节的目的是为了保证银行存款收支业务记录的真实性、核算的准确性和银行存款账务处理的正确性。

5. 稽核

这是指记账前稽核人员、审核人员审核银行存款收付款原始凭证和收付款记账凭证内容的完整性、手续的完备性和所反映经济内容的合法、合规性，同时对这些凭证的一致性进行审核，并签字盖章以示稽核。该环节的目的是为了保证证证相符，以及对银行存款记录和核算的正确性。

6. 记账

这是指出纳人员根据审核无误的银行存款收、付款凭证登记银行存款日记账，记账完毕，核对其发生额与收款凭证、付款凭证的合计金额，并签字盖章表示已经登记。银行存款总账会计根据审核无误的收款凭证、付款凭证或汇总的银行存款收付款凭证，登记银行存款总账，登记完毕，核对其发生额与银行收款凭证和付款凭证或银行存款汇总记账凭证的合计金额，并签字盖章表示已经登记。该环节是用以保证账证相符，以及银行存款账务处理的正确性。

7. 对账

这是指在稽核人员的监督下，出纳人员与银行存款总账会计对银行存款日记账，以及银行存款总账的发生额和余额进行核对，并互相取得对方签字以示对账。该环节的目的是为了保证账账相符，保证会计资料的正确性、可靠性，以及银行账务处理的正确性。

8. 调账

这是指银行存款主管会计定期根据银行对账单，对银行存款日记账进行核对，编制“银行存款余额调节表”，并在规定的天数内对各未达账项进行检查，以保证企业的银行存款账与银行账相符，保证会计信息的准确性和及时性。

银行存款内部控制的实施

在实施银行存款内部控制时，各企业应根据自身特点，设定合理的控制点，制定符合自身情况的、健全的银行存款内部控制制度。

1. 授权与批准

建立银行存款的内部控制制度，首先就要确立授权与批准的制度，即银行存款收付业务的发生，需要经企业主管人员或财务主管人员或总会计师的审批，并授权具体的人员经办。

2. 职责分离，内部牵制

该程序是对不相容职务由不同的人承担，体现钱账分管、内部牵制的原则。其具体程序包括：

(1) 银行存款收付业务授权与经办、审查、记账相分离。

(2) 银行存款票据保管与银行存款记账职务相分离。

(3) 银行存款收付凭证填制与银行存款日记账的登记职务相分离。

(4) 银行存款日记账和总账的登记职务相分离。

(5) 银行存款各种票据的保管与签发职务相分离，其中包括银行单据保管与印章保管职务相分离。

(6) 银行存款的登账和审核职务相分离。

3. 记录与审核

企业对其银行存款收付业务，通过编制记账凭证、登记账簿进行反映和记录之前，都必须经过审核，只有审核无误的凭证单据才可作为会计记录的依据。其具体程序包括：

(1) 出纳人员要根据其审核无误的银行存款收付原始凭证办理结算。办理银行结算后的原始凭证和结算凭证，要加盖“收讫”或“付讫”戳记。

(2) 会计人员要根据财务主管审核无误的原始凭证或原始凭证汇总表填制记账凭证。

(3) 原始凭证、收付款凭证须经过财会部门主管或其授权人审签、稽核人稽核签字盖章，才能据以登账。

4. 记录与文件的管理

为了将已发生的经济业务进行完整的反映，有关的文件必须加以适当的整理、管理和保存。其具体内容包括：

(1) 银行支票、银行汇票、银行本票和商业汇票领用时，须经财会部门主管人或其指定人批准，并经领用人签字。

(2) 银行支票、银行汇票、银行本票和商业汇票由专人负责管理。

(3) 收、付款凭证要连续编号。

(4) 须使用事先连续编号的发货单、发票、支票等。

5. 核对

核对是账账相符、账实相符的保证。对账工作对保证银行存款安全起着举足轻重的作用。

任务三 其他货币资金

一、其他货币资金概述

其他货币资金是指除库存现金和银行存款以外的货币资金,包括外埠存款、银行汇票存款、银行本票存款、信用证保证金存款、信用卡存款和存出投资款等。

(一) 外埠存款

外埠存款是指企业到外地进行临时或零星采购时,汇往采购地银行开立采购专户的款项。企业汇出款项时,须填写汇款委托书,加盖“采购资金”字样。汇入银行对汇入的采购款项,以汇款单位名义开立采购账户。采购账户只付不收,付完后注销该账户。

(二) 银行汇票存款

银行汇票存款是指企业为取得银行汇票,按照规定存入银行的款项。

(三) 银行本票存款

银行本票存款是指企业为取得银行本票,按照规定存入银行的款项。

(四) 信用证保证金存款

信用证是指开证银行依照申请人(购货方)的申请,向受益人(销货方)开出的有一定金额、在一定期限内凭信用证规定的单据支付款项的书面承诺。

信用证保证金存款是指采用信用证结算方式的企业,为开具信用证而存入银行信用证保证金专户的款项。

(五) 信用卡存款

信用卡存款是指企业为取得信用卡而存入银行信用卡专户的款项。信用卡按使用对象分为单位卡和个人卡,按信誉等级分为金卡和普通卡。信用卡允许透支,透支期限最长 90 天。

单位卡账户资金一律从基本存款账户转入,不得交存现金,不得用于 10 万元以上的商品交易、劳务供应等,不得支取现金。

(六) 存出投资款

存出投资款是指企业已存入证券公司但尚未进行投资的现金。

二、其他货币资金核算

为了总括地反映其他货币资金的增减变动及结余情况，企业应设置“其他货币资金”总账账户。该账户为资产类账户，借方反映其他货币资金增加的金额，贷方反映其他货币资金由于使用而减少的金额；期末余额在借方，反映企业实际持有的其他货币资金。该账户应设置“外埠存款”“银行汇票”“银行本票”“信用卡”“信用证保证金”“存出投资款”等明细账户。

（一）外埠存款的核算

企业将款项委托当地银行汇往采购地开立专户，根据汇出款项凭证，编制付款凭证，进行账务处理，借记“其他货币资金——外埠存款”账户，贷记“银行存款”账户。外出采购人员报销用外埠存款支付材料的采购货款等款项时，企业应根据供应单位发票账单等凭证，借记“原材料”“应交税费——应交增值税（进项税额）”等账户，贷记“其他货币资金——外埠存款”账户。采购员完成采购任务，将多余的外埠存款转回当地银行时，应根据银行的收款通知，借记“银行存款”，贷记“其他货币资金——外埠存款”。

【例 1-6】 西夏机床厂于 2013 年 1 月 1 日汇款 250 000 元开立采购专户。根据汇款凭证编制会计分录如下：

借：其他货币资金——外埠存款　　250 000
　　贷：银行存款　　250 000

1 月 8 日收到增值税专用发票上注明购入材料价款 200 000 元，增值税 34 000 元，材料已经验收入库。编制会计分录如下：

借：原材料　　200 000
　　应交税费——应交增值税（进项税额）　　34 000
　　贷：其他货币资金——外埠存款　　234 000

1 月 15 日，多余的外埠存款 16 000 转回当地银行，根据银行的收账通知，编制会计分录如下：

借：银行存款　　16 000
　　贷：其他货币资金——外埠存款　　16 000

（二）银行汇票存款的核算

企业向银行提交“银行汇票委托书”并将款项交存开户银行，取得汇票后，根据银行盖章的委托书存根联，编制付款凭证，借记“其他货币资金——银行汇票”账户，贷记“银行存款”账户。企业使用银行汇票支付款项后，应根据发票账单及开户行转来的银行汇票副联等凭证，经核对无误后编制会计分录，借记“原材料”“应交税费——应交增值税（进项税额）”等账户，贷记“其他货币资金——银行汇票”账户。银行汇票使用完毕，应转销“其他货币资金——银行汇票”账户。如实际采购支付后银行汇票有余额，多余部分应借记“银行存款”账户，贷记“其他货币资金

——银行汇票”账户。汇票因超过付款期限或其他原因未曾使用而退还款项时，应借记“银行存款”账户，贷记“其他货币资金——银行汇票”账户。

【例 1-7】 西夏机床厂到乙企业采购 A 材料，发生下列经济业务：

① 2月3日，填制银行汇票申请书 38 000 元，银行已受理。根据银行汇票申请书存根联，作分录如下：

借：其他货币资金——银行汇票　　38 000
　　贷：银行存款　　38 000

② 2月7日，向乙企业购进 A 材料一批，共计货款 30 000 元，增值税税额 5 100元，上述款项以银行汇票付讫，材料已经验收入库，余款尚未退回。作分录如下：

借：原材料　　30 000
　　应交税费——应交增值税(进项税额)　　5 100
　　贷：其他货币资金——银行汇票　　35 100

③ 2月11日，银行转来多余款收账通知，金额为 2 900 元，系本月 3 日签发的银行汇票使用后的余额。作分录如下：

借：银行存款　　2 900
　　贷：其他货币资金——银行汇票　　2 900

(三) 银行本票存款的核算

企业向银行提交“银行本票申请书”并将款项交存银行，取得银行本票时，应根据银行盖章退回的申请书存根联，编制付款凭证，借记“其他货币资金——银行本票”账户，贷记“银行存款”账户。企业用银行本票支付购货款等款项后，应根据发票账单等有关凭证，借记“原材料”“应交税费——应交增值税(进项税额)”等账户，贷记“其他货币资金——银行本票”账户。如企业因银行本票超过付款期等原因未曾使用而要求银行退款时，应填制进账单一式两联，连同银行本票一并交给银行，然后根据银行收回银行本票时盖章退回的一联进账单，借记“银行存款”账户，贷记“其他货币资金——银行本票”账户。

(四) 信用证保证金存款

企业向银行交纳保证金，根据银行退回的进账单第一联，借记“其他货币资金——信用证保证金”账户，贷记“银行存款”账户；根据银行转来的信用证结算凭证及有关单据列明的金额，借记“原材料”“应交税费”等账户，贷记“其他货币资金——信用证保证金”账户。

(五) 信用卡存款的核算

企业按规定填制申请表，连同支票和有关资料一并交给发卡银行，根据银行盖章退回的进账单第一联，借记“其他货币资金——信用卡存款”账户，贷记“银行存款”账户；企业用信用卡购物或支付有关费用时，借记有关账户，贷记“其他货币资金——信用卡存款”账户。

（六）存出投资款的核算

企业将款项存入证券公司，借记“其他货币资金——存出投资款”账户，贷记“银行存款”账户。

【例 1-8】 西夏机床厂向证券公司划出款项 800 000 元，拟购买股票。划出款项时，作会计分录如下：

借：其他货币资金——存出投资款　　800 000
　　贷：银行存款　　800 000

归纳：

结算方式	使用者	使用范围	付款期限	相关规定
1. 银行汇票	单位或个人	同城或异地	出票日起 1 个月内	按实际金额付款，可背书，可转账，填明现金的也可支取现金
2. 银行本票	单位或个人	同城或同一票据交换区域内	出票日起 2 个月内。	分定额本票和不定额本票，定额本票面值分别为 1 000 元、5 000 元、10 000 元和 50 000 元。可背书，申请人或收款人为单位的不予签发现金本票
3. 商业汇票	单位	同城或异地	最长不超过 6 个月	按承兑人不同分为商业承兑汇票和银行承兑汇票，须具有真实的交易关系或债权债务关系，才能使用。提示后 10 日内付款，如拒绝承兑应在提示后 3 日内
4. 支票	单位或个人	同城或同一票据交换区域内	提示付款期限在出票日起 10 天内	划线支票只能转账，空头支票处罚（银行对出票人 5%但不低于 1 000，持票人可要求出票人 2%的赔偿）
5. 信用卡	单位或个人	同城或异地		单位卡不得用于 10 万元以上结算和支取现金
6. 汇兑	单位或个人	异地		信汇和电汇
7. 委托收款	单位或个人	同城或异地	3 日内通知	邮寄或电报
8. 托收承付	国有企业、供销社、审查同意的集体所有制工业企业	异地	验单 3 日或验货 10 日承付。	起点单位金额 10 000 元、新华书店 1 000 元，必须是商品交易和因商品交易产生的劳务供应，不含代销、寄销、赊销商品
9. 信用证	单位	异地		主要用于国际结算仅限于商品交易

一、单项选择题

1. 按照国家《人民币银行结算账户管理办法》的规定，企业的发放工资、奖金、津贴等支取的现金，只能通过（　　）。

A. 基本存款账户　　B. 一般存款账户

C. 临时存款账户　　D. 专用存款账户

2. 企业在进行现金清查中发现多余的现金，在未经批准处理之前，应借记“库存现金”科目，贷记（　　）科目。

A. 其他应付款　　B. 营业外收入
C. 待处理财产损溢　　D. 其他业务收入

3. 企业的工资、奖金等现金的支取，只能通过（　　）账户办理。

A. 基本存款账户　　B. 一般存款账户
C. 临时存款账户　　D. 专项存款账户

4. 下列各项可交存现金但不能支取现金的账户是（　　）。

A. 基本存款账户　　B. 一般存款账户
C. 临时存款账户　　D. 专项存款账户

5. 下列结算方式中，同城和异地均可使用的是（　　）。

A. 汇兑结算方式　　B. 信用证结算方式
C. 托收承付结算方式　　D. 商业汇票结算方式

6. 下列关于托收承付结算方式的表述，正确的是（　　）。

A. 同城异地均可使用　　B. 金额起点 100 000 元
C. 必须是有经济合同的商品交易　　D. 代销商品也可使用

7. 对于银行已经入账而企业尚未入账的未达账项，企业应当（　　）。

A. 在编制“银行存款余额调节表”的同时入账
B. 根据“银行对账单”记录的金额入账
C. 根据“银行对账单”编制自制凭证入账
D. 待结算凭证到达后入账

8. 企业支付的银行承兑汇票手续费应记入（　　）。

A. 管理费用　　B. 财务费用
C. 营业外支出　　D. 其他业务成本

9. 办理（　　）结算的款项，必须是商品交易以及因商品交易而产生的劳务供应款项。

A. 商业汇票　　B. 委托收款　　C. 托收承付　　D. 汇兑

10. 下列结算方式中，应通过“应收票据”账户核算的是（　　）。

A. 银行汇票结算方式　　B. 银行本票结算方式
C. 支票结算方式　　D. 商业汇票结算方式

11. 下列应通过“其他货币资金”核算的是（　　）。

A. 外埠存款　　B. 委托收款　　C. 支票　　D. 商业汇票

12. 下列各项中，不属于货币资金的是（　　）。

A. 银行存款　　B. 外埠存款
C. 银行本票存款　　D. 银行承兑汇票

13. 下列各项中，根据《现金管理暂行条例》规定，不能用现金结算的是(　　)。
A. 职工工资和津贴　　B. 按规定发给个人的奖金
C. 向个人收购农副产品的价款　　D. 向农业企业收购农副产品的价款
14. 根据《现金管理暂行条例》规定，结算起点以下的零星支出是指支出金额在(　　)。
A. 2 000 元以下　　B. 1 000 元以下
C. 100 元以下　　D. 500 元以下
15. (　　)结算方式下，收付款的双方分别应通过“应收账款”和“应付账款”账户核算。
A. 商业汇票　B. 银行汇票　C. 委托收款　D. 都可以
16. 以下结算方式中，受结算金额起点限制的有(　　)。
A. 支票结算方式　　B. 汇兑结算方式
C. 委托收款结算方式　　D. 托收承付结算方式
17. 对无法查明原因的定额内现金短款，经批准后应记入(　　)。
A. 其他应付款　　B. 管理费用
C. 营业外支出　　D. 待处理财产损溢
18. 托收承付结算方式采用验货付款时，其承付期是货到后(　　)内。
A. 3 天　B. 5 天　C. 7 天　D. 10 天
19. 企业在会计岗位分工中，下列做法正确的是(　　)。
A. 出纳员兼记总账　　B. 出纳员兼记主营业务收入明细账
C. 出纳员兼记管理费用明细账　　D. 出纳员兼记固定资产明细账
20. 除中国人民银行另有规定外，支票的提示付款期限一般为自出票日起(　　)。
A. 7 天　B. 10 天　C. 15 天　D. 5 天
21. 对企业总务部门备用的现金，应通过(　　)科目进行核算。
A. 其他货币资金　　B. 预付账款
C. 备用金　　D. 其他应收款
22. 银行汇票的付款期限为自出票日起(　　)。
A. 半个月　B. 1 个月　C. 2 个月　D. 3 个月
23. 根据我国现行制度规定，企业库存现金限额一般是根据(　　)正常零星开支核定的。
A. 3 天　B. 3～5 天　C. 7 天　D. 15 天
24. 商业汇票的付款期限由交易双方商定，但最长不得超过(　　)个月。
A. 3　B. 6　C. 9　D. 12
25. 下列支付结算方式中，只能用于商品交易货款结算的方式有(　　)。
A. 托收承付结算方式　　B. 银行本票结算方式
C. 支票结算方式　　D. 商业汇票结算方式

二、多项选择题

1. 下列各项中，属于银行存款日记账核对内容的有（　　）。
   A. 银行存款日记账与银行存款总账的核对
   B. 银行存款日记账与银行存款对账单的核对
   C. 银行存款日记账与银行存款余额调节表的核对
   D. 银行存款日记账与银行存款收、付款凭证的核对
   E. 银行存款日记账与未达账项的核对
2. 企业发生的下列支出中，按规定可以使用现金支付的有（　　）。
   A. 支付职工张华的差旅费 2 000 元　B. 支付银行承兑汇票手续费 1 000 元
   C. 职工王明报差旅费 1 500 元　D. 支付购置打印机款 8 000 元
3. 既适用于同城又适用于异地的结算方式有（　　）。
   A. 委托收款结算方式　B. 银行本票结算方式
   C. 支票结算方式　D. 商业汇票结算方式
   E. 银行汇票结算方式
4. 下列各项中，属于其他货币资金账户核算的内容有（　　）。
   A. 信用卡存款　B. 存出投资款
   C. 银行汇票存款　D. 信用证保证金存款
   E. 银行本票存款
5. 未达账项的类型可以包括（　　）。
   A. 银行已收款入账，企业尚未收款入账
   B. 银行已付款入账，企业尚未付款入账
   C. 企业已收款入账，银行尚未收款入账
   D. 企业已付款入账，银行尚未付款入账
6. 货币资金包括（　　）。
   A. 现金　B. 银行存款
   C. 其他货币资金　D. 库存货币资金
7. 企业的下列存款中，应通过"其他货币资金"科目核算的有（　　）。
   A. 银行本票存款　B. 银行汇票存款
   C. 信用证存款　D. 信用卡存款
8. 企业库存现金限额的确定依据主要是（　　）。
   A. 日常零星开支所需的现金量　B. 日常营业额的多少
   C. 企业距离银行的远近　D. 与开户银行之间的关系
9. 现金日记账应根据（　　）登记。
   A. 现金收款凭证　B. 现金付款凭证
   C. 银行存款收款凭证　D. 银行存款付款凭证
10. 现金短缺的会计核算中可能涉及到的账户是（　　）。

A. 待处理财产损溢　　B. 营业外支出
C. 管理费用　　D. 其他应收款

11. 出纳人员不得兼任(　　)等工作。
A. 稽核　　B. 会计档案保管
C. 收入、支出、费用的登记　　D. 债权债务的登记

12. 企业银行存款账户的余额与银行账户中企业存款的余额不一致的原因有(　　)。
A. 存在未达账项　　B. 存在记账错误
C. 报表编制错误　　D. 以上都正确

13. 银行本票分为定额本票和不定额本票。其中定额本票面值包括(　　)元。
A. 1 000　　B. 5 000　　C. 10 000　　D. 50 000

14. 企业现金清查的主要内容有(　　)。
A. 是否存在贪污或挪用　　B. 是否存在白条抵库
C. 是否存在未达账项　　D. 是否存在超限额库存现金
E. 是否存在账款不符现象

15. 按照《银行账户管理办法》的规定,企业可以开立和使用的账户有(　　)。
A. 基本存款账户　　B. 一般存款账户
C. 临时存款账户　　D. 专用存款账户

16. 在商品交易款项结算中,商业汇票的承兑人可以是(　　)。
A. 付款人　　B. 收款人　　C. 销货方　　D. 购货人
E. 银行

17. 可支取现金的支票有(　　)。
A. 现金支票　　B. 转账支票　　C. 普通支票　　D. 划线支票

18. 关于现金管理,下列说法正确的有(　　)。
A. 在国家规定的范围内使用现金结算
B. 库存限额一经确定,不得变更
C. 收入的现金必须当天送存银行
D. 必须每天登记现金日记账

三、判断题

1. 企业的一般存款账户可以办理转账结算手续和现金交存,但不能办理现金支取。(　　)
2. 银行存款的清查一般采用实地盘点的方法进行。(　　)
3. 货币资金不仅包括库存现金,还包括银行存款及其他货币资金。(　　)
4. 无论现金日记账还是银行存款日记账都只能采用三栏式账页,并且使用订本式账簿。(　　)

5. 根据规定企业只能在一家银行开立一个存款账户。 ( )
6. 在普通支票左上角划两条平行线，为划线支票，划线支票只能用于转账，不能用于支取现金。 ( )
7. 由于银行存款余额调节表主要用来核对企业与银行双方的记账有无差错，因此不能作为记账的依据。 ( )
8. 如果企业签发空头支票，银行可以退票，并按票面金额处以5%但不低于10 000元的罚款。 ( )
9. 一般情况下，企业发生的少量零星开支可直接从本单位的现金收入中支付。 ( )
10. 单位的信用卡可以续存现金，但不能支取现金。 ( )
11. 所有的单位和个人都可以采用托收承付结算方式。 ( )
12. 经过银行存款余额调节表调节后的余额表示企业可动用的银行存款实有数。 ( )
13. 企业银行存款日记账至少每年与银行核对一次。 ( )
14. 在采用委托收款结算方式下，如果付款单位提出拒付，付款单位开户银行应审查其拒付理由是否正当。 ( )
15. 银行承兑汇票到期时，如果购货企业的存款不足支付票款，承兑银行应将汇票退还销货企业，由购销双方自行处理。 ( )
16. 企业采用代销、寄销、赊销方式销售商品的款项，不得采用托收承付结算方式结算货款。 ( )
17. 银行汇票和银行承兑汇票一样，都通过“其他货币资金”账户核算。 ( )
18. 托收承付和商业汇票结算方式所适用的业务范围必须是有经济合同的商品交易及商品交易所引起的劳务供应。 ( )
19. 汇兑是汇款人委托银行将其款项支付给收款人的结算方式。这种结算方式适用于同城的各种结算款项。 ( )
20. 信用证允许透支，透支期限最长90天。 ( )

四、实务题

习题一

1. 目的：练习货币资金的核算。
2. 资料：东方公司2013年9月20日至月末所记的经济业务如下：
   (1) 20日，开出转账支票购买办公用品1 200元。
   (2) 21日，开出转账支票支付购入甲材料的货款2 000元。
   (3) 22日，收到销货款6 800元，存入银行。
   (4) 23日，收到销货款5 000元，存入银行。
   (5) 24日，开出转账支票支付下半年报刊费600元。

(6) 25 日,开出转账支票支付购入甲材料的运费 500 元。

(7) 30 日,银行存款日记账余额为 20 636 元。

东方公司开户银行转来的对账单所列 2013 年 9 月 20 日至月末所记的经济业务如下:

(8) 23 日,收到销货款 5 000 元。

(9) 25 日,结算银行存款利息 282 元。

(10) 26 日,代收外地企业汇来的货款 2 800 元。

(11) 27 日,银行为企业代付水电费 540 元。

(12) 28 日,收到公司开出的转账支票,金额为 500 元。

(13) 29 日,收到公司开出的转账支票,金额为 2 000 元。

(14) 30 日,银行对账单余额为 18 178 元。

3. 要求:根据上述资料,进行银行存款的核对,找出未达账项,并编制银行存款余额调节表。

习题二

1. 目的:练习货币费金的核算。
2. 资料:某企业银行存款日记账余额为 19 825 元,比银行对账单多 1 370 元,经逐笔核对,发现有以下未达账项及错误记录:

(1) 银行代企业收取货款 4 900 元,企业尚未入账。

(2) 企业收入转账支票一张,价值 10 420 元,尚未送交银行。

(3) 银行代付水电费 2 450 元,企业尚未入账。

(4) 企业将存款收入 7 800 元误记为 8 700 元(记账凭证无误)。

(5) 企业开出转账支票 7 500 元,银行尚未入账。

3. 要求:

(1) 对于错账请指出运用何种错账更正方法,并说明如何更正错账;

(2) 编制银行存款余额调节表。

习题三

1. 目的:练习库存现金的核算。
2. 资料:美惠有限责任公司核定的现金库存限额为 6 000 元,2013 年 6 月 1 日现金日记账余额为 6 000 元。6 月份发生下列现金收支业务:

(1) 1 日,填制现金交款单,将现金 2 000 元送存银行。

(2) 5 日,从银行提取现金 30 000 元备发工资。

(3) 7 日,以现金发放在职职工工资 30 000 元。

(4) 9 日,以现金支付特困职工生活补助费 1 500 元。

(5) 10 日,经理宋琪出差归来,报销差旅费 2 800 元,补付现金 800 元,结清原借款。

(6) 12 日,从银行提取现金 6 000 元备零星开支用。

(7) 15 日，出租包装物一批，收到对方交来押金现金 3 000 元。

(8) 16 日，以现金购买办公用品 1 000 元，当即交付各办公室使用。

(9) 19 日，车间主任海鸣因公出差，预借差旅费 2 000 元，以现金付讫。

(10) 20 日，以现金支付车间办公费 652 元。

(11) 28 日，清查发现现金短缺 5 元，属于企业定额内短缺。

(12) 30 日，海鸣报销差旅费 1 660 元，退回现金 340 元，结清原借款。

3. 要求：根据经济业务编制会计分录，登记现金日记账。

习题四

1. 目的：练习银行结算及其他货币资金的核算。

2. 资料：美惠有限责任公司为一般纳税人（按 17%交纳增值税），存货日常核算采用实际成本法。2013 年 4 月发生下列经济业务：

(1) 从本市伟宏工厂购进 A 材料 2 万元，增值税 3 400 元，货款签发转账支票支付，材料验收入库。

(2) 签发现金支票，从银行提取现金 6 000 元备用。

(3) 填制银行汇票委托书，委托银行开出金额为 80 万元的银行汇票。银行收妥款项，开给银行汇票。

(4) 采购员持银行汇票到外地前进工厂采购 B 材料，收到有关发票账单，计列 B 材料 60 万元，增值税 10.2 万元。B 材料尚未到达。

(5) 收到银行转来多余款收账通知，银行汇票多余款 9.8 万元已收妥转入企业银行存款户。

(6) 向外地顺达公司销售甲产品一批，售价 4 万元，增值税 6 800 元。收到对方交来银行汇票及解讫通知，汇票金额 5 万元，填写实际结算金额和多余金额后，根据实际结算金额填制进账单，一并送存银行。

(7) 填制银行本票申请书，委托银行开出银行本票 12 万元。银行收妥款项，开给银行本票。

(8) 从本市宏达工厂购进 A 材料 10.2 万元，增值税 17 340 元，以面值 12 万元的银行本票结算，差额 660 元收到现金。

(9) 销售给本市大华工厂乙产品 10 万元，增值税 17 000 元，收到对方交来银行本票一张，面值 11.6 万元，差额收到对方交来的现金。

(10) 从本市亚希公司购进 C 材料 60 万元，增值税 10.2 万元，签发商业汇票一张，面值 70.2 万元，期限 5 个月，经承兑后交付对方。C 材料验收入库。

(11) 3 个月前交付外地兴华工厂的商业汇票今到期，以银行存款支付票款 46.8万元。

(12) 签发商业汇票 60 万元，向开户银行申请承兑，以银行存款交付万分之五的承兑手续费。

(13) 向外地欣然公司购进 D 材料 40 万元，增值税 6.8 万元，对方代垫运费

2 000元。款项以上述银行承兑汇票结算，材料当日到达，验收入库。

(14) 收到外地展特公司交来商业承兑汇票一张，面值 60 万元，期限 4 个月，以抵前欠本单位货款。

(15) 1 个月前收到的外地展特公司交来的银行承兑汇票 40 万元，今到期并收到票款，存入银行。

(16) 填制电汇结算凭证，将差旅费 3 万元汇给驻外地采购员刘烨，并以银行存款支付手续费 10.5 元。

(17) 收到外地振兴公司信汇结算凭证收账通知联，汇来前欠货款 4.4 万元。

(18) 收到本市供电公司托收凭证，采用委托收款方式收取电费 1 万元(其中 7 000元为生产车间耗用，其余为管理部门耗用，已在上月分配)，增值税 1 700元。审核无误，今日付款。

(19) 向外地展特公司销售乙产品 20 万元，增值税 3.4 万元，发货时以转账支票代对方垫付运费 3 000 元。填制托收承付结算凭证，连同有关单据一并送交银行。银行审核受理后，退回托收凭证受理回单联。

(20) 7 日后，上述托收款项划回，收到银行转来的托收凭证收账通知联。

(21) 向南疆市工商银行填制信用卡申请表及有关资料，申领牡丹卡。银行受理后，将款项 4 万元从基本存款账户转入信用卡专户，开给信用卡。

(22) 单位持卡人到特约单位购买办公用品 3 600 元，划卡结算。办公用品当即交付有关部门使用。

(23) 填制信汇结算凭证，汇往外地银行采购资金 16 万元，同时以银行存款支付手续费 15.5 万元。

(24) 收到采购员交来有关发票账单，购进 B 材料 10 万元，C 材料 2 万元，增值税共计 20 400 元，货款从外埠存款账户中支付。

(25) 上述 B 材料、C 材料均到达，验收入库。

(26) 收到多余款划回通知，结清外埠存款账户。

(27) 存入证券公司 40 万元备用。

(28) 用上述存款购买股票 20 万元，准备随时抛售。

3. 要求：根据经济业务编制会计分录。

项目二 Project 2 购货与付款业务活动

知 识 目 标

- ⊙ 掌握存货的确认条件和初始计量
- ⊙ 掌握原材料实际成本和计划成本的核算
- ⊙ 熟悉存货发出的计价方法
- ⊙ 掌握存货期末计量的核算
- ⊙ 掌握存货可变现净值的确认方法
- ⊙ 掌握应付票据、应付账款、预收账款和其他应付款业务的账务处理流程和核算方法

能 力 目 标

- ⊙ 能够准确界定企业的存货
- ⊙ 能够正确运用存货的不同计量方法
- ⊙ 能够合理运用数量进价金额核算法和售价金额核算法
- ⊙ 能够运用会计职业判断能力，合理确定不同存货的可变现净值
- ⊙ 能根据存货、应付款项等业务准确地编制记账凭证并登记相关明细账和总账

任务一 存货确认和计量

一、存货的确认及种类

（一）存货的概念

存货是企业的一项重要的流动资产。存货核算是否正确，直接影响到企业的财务状况和经营成果。本任务主要介绍存货的概念、分类、计量和核算。

《企业会计准则第一号——存货》中规定，存货是指企业在日常生产经营过程中持有的以备出售的产成品或商品。处生产过程中的在产品，生产过程或提供劳

务过程中耗用的材料、物料等。

（二）存货的范围

存货范围确认的标准是企业对货物是否具有法人财产权（或法定产权）。凡在盘存日期法定所有权属于企业的所有物品，不论其存放在何处或处于何种状态，都应视为企业存货；反之，凡是法定所有权不属于企业的物品，即使存放于企业，也不应包括在本企业存货范围中。例如，按照合同规定已经开出发票售出，其所有权已经转移的物品，即使货物尚未运离企业，也不能确认为本企业的存货。

（三）存货确认的条件

存货的确认条件有：

① 与该存货有关的经济利益很可能流入企业；

② 该存货的成本能够可靠地计量。

（四）存货的分类

① 原材料，指企业在生产过程中经加工改变其形态或性质，并构成产品主要实体的各种原料及主要材料、辅助材料、外购半成品（外购件）、修理用备件（备品备件）、包装材料、燃料等。

② 在产品，指企业正在制造但尚未完工的生产物，包括正在各生产工序加工的产品和已加工完毕但尚未检验或已检验但尚未办理入库手续的产品。

③ 半成品，指经过一定生产过程并已检验合格交付半成品仓库保管，但还未制造成为产成品，仍需进一步加工的中间产品。半成品不包括从一个生产车间转给另一个生产车间继续加工的自制半成品，以及不能单独计算成本的自制半成品。

④ 产成品，指工业企业已经完成全部生产过程并验收入库，可以按照合同规定的条件送交订货单位，或者可以作为商品对外销售的产品。企业接受外来原材料加工制造代制品和为外单位加工修理的代修品，制造和修理完成验收入库后，应视同企业的产成品。

⑤ 商品，指商品流通企业的商品，包括外购或委托加工完成验收入库用于销售的各种商品。

⑥ 周转材料，指企业能够多次使用但不符合固定资产定义的材料，如为了包装本企业商品而储备的各种包装物及各种工具、管理用具、玻璃器皿、劳动保护用品等低值易耗品。

⑦ 委托加工物资，指委托其他单位加工的物资。

⑧ 委托代销商品，指企业委托其他单位代销的商品。

二、存货的计量

存货的计量包括取得存货的计量、发出存货的计量和期末存货的计量三种。

企业取得存货应当按照成本进行计量。存货成本包括采购成本、加工成本和其他成本。企业取得存货的途径不同,其成本构成内容也不同。

(一) 外购存货的成本

企业外购存货主要包括原材料和商品。外购存货的成本也称存货的采购成本,是指企业物资从采购到入库前所发生的全部支出,包括购买价款、相关税费和其他采购成本。具体包括:

① 买价,指企业购入的材料或商品的发票账单上列明的价款,但不包括按规定可以抵扣的增值税税额。

② 运杂费,包括运输费、包装费、装卸费、保险费、仓储费等,不包括按规定根据运费的一定比例计算的可抵扣的增值税税额。

③ 运输途中的合理损耗。

④ 入库前的挑选整理费用。

⑤ 其他税金,指进口关税、消费税、资源税和不能抵扣的增值税进项税额等。

(二) 自制存货的成本

自制存货的成本主要由采购成本、加工成本,以及使存货达到目前场所和状态所发生的其他成本而构成。其中存货的加工成本是指存货加工过程中发生的追加费用,包括直接人工,以及按照一定方法分配的制造费用。存货的其他成本,是指除采购成本、加工成本以外,使存货达到目前场所和状态所发生的其他支出,如为特定客户设计产品所发生的设计费用等。

(三) 委托加工存货的成本

委托加工存货的成本以实际耗用的原材料或半成品和加工费、运输费、装卸费、保险费等费用,以及按规定应计入成本的税金,作为实际成本。

(四) 接受投资存货的成本

投资者投入的存货,应当按照投资合同或协议约定的价值确定,但合同或协议约定价值不公允的除外。在投资合同或协议约定价值不公允的情况下,按照该项存货的公允价值作为其入账价值。

(五) 盘盈存货的计价

盘盈的存货应按其重置成本作为入账价值,按管理权限报经批准后冲减当期管理费用。

注意:

下列费用不应当计入存货成本,而应当在其发生时计入当期损益:

(1) 非正常消耗的直接材料、直接人工及制造费用应计入当期损益,不得计入存货成本。例如:由于自然灾害而发生的直接材料、直接人工及制造费用,因为这些费用的发生无助于使该存货达到目前场所和状态,不应计入存货成本,应确认为当期损益。

---

(2) 仓储费用指企业在采购入库后发生的储存费用,应计入当期损益。但是,在生产过程中为达到下一个生产阶段所必需的仓储费用,应计入存货成本。

(3) 不能归属于使存货达到目前场所和状态的其他支出,应在发生时计入当期损益,不得计入存货成本。

任务二 实际成本法下原材料的核算

存货的日常核算,可以按实际成本核算,也可以按计划成本核算。当存货按实际成本核算时,总分类核算和明细分类核算都应按实际成本计价。实际成本法一般适用于规模较小、存货品种简单、采购业务不多的企业。

一、实际成本法下原材料核算的账户设置

原材料按实际成本核算时,应设置"原材料""在途物资"等账户。

"原材料"账户,属于资产类账户,用来核算企业库存的各种原材料的实际成本。该账户借方登记收入原材料的实际成本,贷方登记发出原材料的实际成本,期末余额在借方,表示库存原材料的实际成本。该账户可以按材料保管地点(仓库)、材料的类别、品种和规格等种类进行明细核算。

"在途物资"账户,用来核算企业已经付款或已开出、承兑商业汇票但尚未到达或尚未验收入库的各种物资的实际成本。该账户借方登记已支付或已开出、承兑商业汇票的各种在途物资的实际成本;贷方登记已验收入库物资的实际成本;期末余额在借方,表示已经付款或已开出、承兑商业汇票但尚未到达或尚未验收入库的在途物资的实际成本。该账户可按照供应单位进行明细核算。

二、实际成本法下原材料取得的核算

(一) 外购原材料的核算

企业外购存货时,由于结算方式和采购地点的不同,材料入库和货款的支付在时间上往往不一定完全同步,因而其账务处理也有所不同。由于材料入库和货款支付的时间不同,形成以下三种基本情况:

1. 材料到达企业并验收入库,同时货款已经支付

一般纳税人购入材料的,在支付货款、材料验收入库后,应根据结算凭证、发票账单、收料单等确定入库材料实际成本,借记"原材料"科目,根据取得的增值税专用发票上注明的税额(不计入材料成本的部分),借记"应交税费——应交增

值税（进项税额）”科目；按照实际支付的款项，贷记“银行存款”“其他货币资金”等科目。

【例 2-1】 西夏机床厂为一般纳税人，2013 年 1 月 15 日该企业从宝丰集团公司购进钢材 100 吨，取得的增值税专用发票上注明的材料货款计 400 000 元，增值税税额为 68 000 元，发票结算凭证等已经收到，材料已验收入库，货款已通过银行转账支付。

表 2-1 入 库 单

供货单位：宝丰集团　　　　2013 年 1 月 15 日　　　　第　　号

材料类别	规格	计量单位	数量		买价		运费	其他	合计
			应收	实收	单价	金额			
钢材	10ϕ	吨	100	100	4 000	400 000			

质量检验：罗凯　　　　采购经手人：梦瑶　　　　仓库管理员：王超

表 2-2

560140　　宁夏增值税专用发票　　N002060557

全国统一发票监制章 宁夏 国家税务总局监制

发票联

开票日期：2013年1月15日

购货单位	名称：西夏机床厂 纳税人识别号：200020101314 地址、电话：银川市大连路168号0951-2230001 开户行及账号：中国建设银行新区支行4564512	密码区	5<-/566<273>21/0990// >/59220556+4/75>+980/ -7->-0008+8//525889<0 *1>-28*036+55-170>>0+ 加密版本：01

货物或应税劳务名称	规格型号	单位	数量	单价	金额	税率	税额
钢材	螺纹钢	吨	100	4000	400000	17%	68000
合　计					¥ 400000		¥ 68000
价税合计（大写）	肆拾陆万捌仟元整				（小写） ¥ 468000		

销货单位	名称：宝丰集团有限公司 纳税人识别号：120000003458756 地址、电话：宝湖路0951-400123 开户行及账号：工商银行宝湖支行0210	备注	宝丰集团有限公司 120000003458756 发票专用章

收款人：马萍　　复核：马兰　　开票人：马兰　　销货单位：章

国税函〔2012〕314号厦门华税股份有限公司

第三联：发票联 购货方记账凭证

表 2-3

国税函〔2012〕314号厦门安妮股份有限公司

560140

宁夏增值税专用发票　　NO02060557

抵扣联

（印章：全国统一发票监制章 宁夏 国家税务总局监制）

开票日期：2013年1月15日

购货单位	名　　称：西夏机床厂 纳税人识别号：200020101314 地址、电话：银川市大连路168号0951-2230001 开户行及账号：中国建设银行新区支行4564512				密码区	5<-/566<273>21/0990// >/59220556+4/75>+980/ -7->-0008+8//525889<0 *1>-28*036+55-170>>0+	加密版本：01
货物或应税劳务名称	规格型号	单位	数量	单价	金额	税率	税额
钢材	螺纹钢	吨	100	4000	400000	17%	68000
合　计					￥400000		￥68000
价税合计（大写）	肆拾陆万捌仟元整				（小写）￥468000		
销货单位	名　　称：宝丰集团有限公司 纳税人识别号：120000003458756 地址、电话：宝湖路 0951-4000123 开户行及账号：工商银行宝湖支行 0210				备注	（印章：宝丰集团有限公司 120000003458756 发票专用章）	

收款人：马萍　　复核：马兰　　开票人：马兰　　销货单位：章

第二联：抵扣联 购货方扣税凭证

表 2-4

中国建设银行**转账支票存根**

支票号码 IV V　0085631

附加信息

出票日期 2013 年 11 月 16 日

收款人	宝丰集团有限公司
金额	468 000
用途	购买钢材
备注	

（印章：宝丰集团有限公司 120000003458756 发票专用章）

单位主管　　会计

复核　　记账

借：原材料——钢材　　400 000

　　应交税费——应交增值税（进项税额）　　68 000

　　贷：银行存款　　468 000

2. 结算凭证已到，货款已付，材料尚未验收入库

发生此类业务时，应根据有关结算凭证、增值税专用发票中记载的已付款的材料价款及增值税税额，借记“在途物资”“应交税费——应交增值税（进项税额）”科

目。根据实际付款金额，贷记“银行存款”或“其他货币资金”科目。待材料验收入库后，再借记“原材料”科目，贷记“在途物资”科目。

【例 2-2】 西夏机床厂为一般纳税人，该企业 2013 年 1 月 21 日向大华工厂购进方钢一批，买价 210 000 元，增值税税额 35 700 元，经审核无误，款项已通过银行支付，但货物尚未到达。

表 2-5

560520　　宁夏增值税专用发票　　NO020609047

发票联

开票日期：2013年1月21日

购货单位	名称：西夏机床厂 纳税人识别号：200020101314 地址、电话：银川市大连路168号0951-2230001 开户行及账号：中国建设银行新区支行4564512				密码区	5<-/566<273>21/0990// >/59220556+4/75>+980/ -7->-0008+8//525889<0 *1>-28*036+55-170>>0+	加密版本：01
货物或应税劳务名称	规格型号	单位	数量	单价	金额	税率	税额
钢材	方钢	吨	50	4200	210000	17%	35700
合计					￥210000		￥35700
价税合计（大写）	贰拾肆万伍仟柒佰元整				（小写）￥245700		
销货单位	名称：大华工厂 纳税人识别号：380454503 地址、电话：兴洲路 0951-2030767 开户行及账号：工商银行兴洲路支行 803				备注	大华工厂 100303589248675 发票专用章	

收款人：张苑　　复核：马兰　　开票人：刘玲　　销货单位：章

国税函〔2012〕314号厦门安妮股份有限公司

第三联：发票联 购货方记账凭证

表 2-6

560520　　宁夏增值税专用发票　　NO020609047

抵扣联

开票日期：2013年1月21日

购货单位	名称：西夏机床厂 纳税人识别号：200020101314 地址、电话：银川市大连路168号0951-2230001 开户行及账号：中国建设银行新区支行4564512				密码区	5<-/566<273>21/0990// >/59220556+4/75>+980/ -7->-0008+8//525889<0 *1>-28*036+55-170>>0+	加密版本：01
货物或应税劳务名称	规格型号	单位	数量	单价	金额	税率	税额
钢材	方钢	吨	50	4200	210000	17%	35700
合计					￥210000		￥35700
价税合计（大写）	贰拾肆万伍仟柒佰元整				（小写）￥245700		
销货单位	名称：大华工厂 纳税人识别号：380454503685475 地址、电话：兴洲路 0951-2030767 开户行及账号：工商银行兴洲路支行 803				备注	大华工厂 380454503685475 发票专用章	

收款人：张苑　　复核：马兰　　开票人：刘玲　　销货单位：章

国税函〔2012〕314号厦门安妮股份有限公司

第二联：抵扣联 购货方扣税凭证

表 2-7

中国建设银行**转账支票存根**

支票号码 IV V　0085634

附加信息

出票日期 2013 年 1 月 23 日

收款人	大华工厂
金额	245 700
用途	购买钢材
备注	

大华工厂 380454503685475 发票专用章

单位主管　　会计

复核　　记账

借：在途物资——大华工厂　210 000

　应交税费——应交增值税（进项税额）　35 700

　贷：银行存款　245 700

【例 2-3】　承接【例 2-2】，2013 年 1 月 25 日收到仓库送来的收料单，大华工厂方钢到货并验收入库。

表 2-8

入　库　单

供货单位：大华公司　　2013 年 1 月 25 日　　第　号

材料类别	规格	计量单位	数量		买价		运费	其他	合计
			应收	实收	单价	金额			
钢材	方钢	吨	50	50	4 200	210 000			

质量检验：罗凯　　采购经手人：梦瑶　　仓库管理员：王超

根据收料单编制如下会计分录：

借：原材料——钢材　210 000

　贷：在途物资——大华工厂　210 000

3. 材料已验收入库，货款尚未支付

根据货款未付的几种形式，又分为下面三种情况：

（1）发票账单已到，货款暂欠

根据发票、银行结算凭证、收料单等，借记“原材料”“应交税费——应交增值税（进项税额）”科目，贷记“应付账款”等科目。

【例 2-4】 西夏机床厂为一般纳税人，该企业 2013 年 1 月 26 日从外地华丰有限责任公司购进碳钢，买价 600 000 元，增值税税额 102 000 元，材料已到达企业并验收入库，企业无款支付，货款暂欠。

表 2-9

562530　　宁夏增值税专用发票　　NO02060111457

抵扣联

开票日期：2013年1月26日

国税函〔2012〕314号厦门安妮股份有限公司

购货单位	名　称：西夏机床厂 纳税人识别号：200020101314 地址、电话：银川市大连路168号0951-2230001 开户行及账号：中国建设银行新区支行4564512			密码区	5<-/566<273>21/0990// >/59220556+4/75>+980/ -7->-0008+8//525889<0 *1>-28*036+55-170>>0+	加密版本：01	
货物或应税劳务名称	规格型号	单位	数量	单价	金额	税率	税额
钢材	碳钢	吨	200	3000	600000	17%	102000
合　计					¥ 600000		¥ 102000
价税合计（大写）	柒拾万零贰仟元整				（小写） ¥ 702000		
销货单位	名　称：华丰有限责任公司 纳税人识别号：1202356899900013 地址、电话：文昌路 0951-2080123 开户行及账号：工商银行文昌支行 0280			备注	华丰有限责任公司 1202356899900013 发票专用章		

收款人：周丹　　复核：崔睿　　开票人：刘玲　　销货单位：章

第二联：抵扣联　购货方扣税凭证

562530　　宁夏增值税专用发票　　NO02060111457

发票联

开票日期：2013年1月26日

国税函〔2012〕314号厦门安妮股份有限公司

购货单位	名　称：西夏机床厂 纳税人识别号：200020101314 地址、电话：银川市大连路168号0951-2230001 开户行及账号：中国建设银行新区支行4564512			密码区	5<-/566<273>21/0990// >/59220556+4/75>+980/ -7->-0008+8//525889<0 *1>-28*036+55-170>>0+	加密版本：01	
货物或应税劳务名称	规格型号	单位	数量	单价	金额	税率	税额
钢材	碳钢	吨	200	3000	600000	17%	102000
合　计					¥ 600000		¥ 102000
价税合计（大写）	柒拾万零贰仟元整				（小写） ¥ 702000		
销货单位	名　称：华丰有限责任公司 纳税人识别号：1202356899900013 地址、电话：文昌路 0951-2080123 开户行及账号：工商银行文昌支行 0280			备注	华丰有限责任公司 1202356899900013 发票专用章		

收款人：周丹　　复核：崔睿　　开票人：刘玲　　销货单位：章

第三联：发票联　购货方记账凭证

入 库 单

供货单位：华丰有限责任公司　　2013 年 1 月 28 日　　第　号

材料类别	规格	计量单位	数量		买价		运费	其他	合计
			应收	实收	单价	金额			
钢材	碳钢	吨	200	200	3 000	600 000			

质量检验：罗凯　　采购经手人：梦瑶　　仓库管理员：王超

借：原材料——碳钢　600 000

应交税费——应交增值税（进项税额）　102 000

贷：应付账款——华丰有限责任公司　702 000

（2）发票账单已到，企业开出商业汇票

【例 2-5】 如果【例 2-4】中企业开出商业汇票结算货款。

借：原材料——碳钢　600 000

应交税费——应交增值税（进项税额）　102 000

贷：应付票据——华丰有限责任公司　702 000

（3）发票账单未到，货款未付

材料已到并验收入库，但由于发票账单等结算凭证未到，企业无法准确计算入库材料的实际成本及销售方代垫的采购费用，因此应于月末按材料的暂估价值，借记“原材料”科目，贷记“应付账款——暂估应付款”科目。下月初用红字作同样的记账凭证予以冲回，待结算凭证到达后，借记“原材料”“应交税费——应交增值税（进项税额）”账户，贷记“银行存款”“其他货币资金”或“应付票据”等账户。

【例 2-6】 西夏机床厂为一般纳税人，该公司 2013 年 1 月 29 日从外地利丰厂购进乙材料，2 月 15 日结算凭证到达，价款 10 000 元，增值税税额 1 700 元，货款以银行存款支付。

1 月 29 日结算凭证未到，按材料价款 12 000 元估价入账：

借：原材料——乙材料（暂估）　12 000

贷：应付账款——暂估应付款　12 000

2 月 1 日将估价入账的材料以红字冲回：

借：原材料——乙材料（暂估）　[12 000]

贷：应付账款——暂估应付款　[12 000]

2 月 15 日结算凭证到达，并支付货款时：

借：原材料——乙材料　10 000

应交税费——应交增值税（进项税额）　1 700

贷：银行存款　11 700

4. 采购中发生短缺和毁损(略)

(二) 自制原材料的核算

自制并已验收入库的原材料,以实际成本借记"原材料"科目,贷记"生产成本"科目。

【例 2-7】 西夏机床厂生产车间本月加工完成 1# 轴承 1 500 件,单位成本 12 元,已全部验收入库,实际成本为 18 000 元。账务处理如下:

借:原材料——轴承　　18 000

　贷:生产成本　　18 000

入　库　单

供货单位:自制　　2013 年 2 月 15 日　　第　　号

产品类别	规格	计量单位	数量		买价		运费	其他	合计
			应收	实收	单价	金额			
轴承	1#	件	1 500	1 500	12	18 000			18 000

质量检验:罗凯　　采购经手人:梦瑶　　仓库管理员:王超

(三) 投资者投入原材料的核算

投资者投入的原材料,按投资合同或协议约定的价值,借记"原材料"账户。若该企业为一般纳税人,还应按增值税专用发票上注明的增值税税额,借记"应交税费——应交增值税(进项税额)"账户,按其在注册资本中所占有的份额,贷记"实收资本"(或"股本")账户,按其差额,贷记"资本公积"账户。但在投资合同或协议约定价值不公允的情况下,应当按照该项原材料的公允价值进行计量。

三、实际成本法下原材料发出的核算

(一) 存货发出计量方法

由于采购时间、采购地点等的不同,企业购进同样的存货,其单位成本往往会不同。因此,合理地选择发出存货成本的计算方法,以便合理地确定当期发出存货的实际成本。

根据《企业会计准则》的规定,企业在确定发出存货的成本时,可以采用先进先出法、月末一次加权平均法、移动加权平均法和个别计价法四种方法。存货发出计量方法一经确定后,不得随意变更。

1. 先进先出法

先进先出法是指根据先入库先发出的原则,对于发出的存货,以先入库存货的单价进行计价,从而计算发出存货成本的方法。采用先进先出法计算发出存货成本的具体做法是:先按第一批入库存货的单价计算发出存货的成本,领发完毕后,再按第二批入库存货的单价计算，以此类推。若领发的存货属于前后两批入库的，而且单价不同时，就需要分别用两个单价计算。其具体计算方法见表 2-1 所示。

【例 2-8】 西夏机床厂 2013 年 3 月 1 日期初结存 A 材料：300 千克，单价为 50 元，金额 15 000 元；本月 10 日、18 日、23 日分别购入 900 千克、600 千克、200 千克，单价分别为 60 元、70 元、80 元；本月 11 日发出 800 千克，20 日发出 800 千克。采用先进先出法计算存货的发出成本和结存成本。

表 2-1 **材料明细分类账(先进先出法)**

计量单位：千克；金额单位：元

2013 年		编号	摘要	收入			发出			结存		
月	日			数量	单价	金额	数量	单价	金额	数量	单价	金额
3	1		期初余额							300	50	15 000
	10		购入	900	60	54 000				300 900	50 60	69 000
	11		发出				300 500	50 60	45 000	400	60	24 000
	18		购入	600	70	42 000				400 600	60 70	66 000
	20		发出				400 400	60 70	52 000	200	70	14 000
	23		购入	200	80	16 000				200 200	70 80	30 000
	31		本月合计	1 700		112 000	1 600		97 000	200 200	70 80	30 000

在采用先进先出法的情况下，由于期末结存材料金额是根据近期入库存货成本计价，其价值接近于市场价格，并能随时结转发出存货的实际成本。但每次发出存货要根据先入库的单价计算，工作量较大，一般适用于收发存货次数不多的情况。当物价上涨时，采用先进先出法，会高估企业当期利润和库存存货价值；反之，会低估企业存货价值和当期利润。

2. 加权平均法

加权平均法包括月末一次加权平均法和移动加权平均法。

(1) 月末一次加权平均法

月末一次加权平均法是指在期末计算存货的平均单位成本时，用期初存货数量和本期各批收入的数量作为权数来确定存货的平均单位成本，从而计算出期末存货和已销存货成本的一种计价方法。计算公式如下：

存货单位成本＝(月初存货实际成本＋本月购进存货实际成本)÷(月初存货数量＋本月购进存货数量)

本月发出存货成本＝本月发出存货数量×存货单位成本

月末库存存货成本＝月末库存存货数量×存货单位成本

当平均单价除不尽的时候：

期末结存成本＝月初存货实际成本＋本月购进存货实际成本－本月发出存货实际成本

【例 2-9】 以【例 2-8】的资料为例，采用加权平均法计算存货的发出成本和结存成本。

加权平均单价＝(15 000＋112 000)/(300＋1 700)＝63.50(元/千克)

发出材料成本＝1 600×63.5＝101 600(元)

期末结存材料成本＝400×63.5＝25 400(元)

采用月末一次加权平均法，只需在月末计算一次加权平均单价，比较简单。但平时账上无法提供存货的收、发、存情况，不利于存货的日常管理。

(2) 移动加权平均法

移动加权平均法是指在每次收到存货以后，以各批收入数量与各批收入前的结存数量为权数，为存货计算出新的加权平均单位成本的一种方法。每次进货后，都要重新计算一次加权平均单位成本。计算公式如下：

移动加权平均单位成本＝(原有库存存货实际成本＋本次进货的实际成本)÷(原有库存存货数量＋本次进货数量)

本次发出存货成本＝本次发出存货数量×移动加权平均单位成本

【例 2-10】 以【例 2-8】的资料为例，采用移动加权平均法计算存货的发出成本和结存成本。

3 月 10 日平均单价＝(15 000＋54 000)/(300＋900)＝57.5(元/千克)

3 月 11 日发出成本＝800×57.5＝46 000(元)

3 月 18 日平均单价＝(23 000＋42 000)/(400＋600)＝65(元/千克)

3 月 20 发出成本＝800×65＝52 000(元)

3 月 23 日平均单价＝(13 000＋16 000)/(200＋200)＝72.5(元/千克)

移动加权平均法的优点是便于管理人员及时了解存货的结存情况，并且每次购入新的存货，都要重新计算加权平均单位成本，使得存货的单价比较接近于市场价格，其缺点是计算量较大。

3. 个别计价法

个别计价法又称为分批计价法，是指认定每一件或每一批的实际单价，计算发出该件或该批存货成本的方法。其计算公式如下：

$$每次(批)存货发出存货成本=\frac{该次(批)发}{出存货数量}\times\frac{该次(批)存货}{的单位成本}$$

采用个别计价法，对每件或每批购进的存货应分别存放，并分别登记存货明细分类账。对每次领用的存货，应在存货领用单上注明购进的件别或批次，便于按照该件或该批存货的实际单价计算其耗用金额。

个别计价法适用于房屋、船舶、飞机、汽车、珠宝、名画等数量和品种较少、单位价值高的存货。

存货发出计价方法归纳如下：

种类	计算方法	特点
先进先出法	以“先购进存货先发出”为假定前提	期末存货成本接近市价
全月一次加权平均法	存货单位成本=(月初存货实际成本+本月进货实际成本)÷(月初存货数量+本月进货数量) 本月发出存货成本=本月发出存货数量×存货单位成本 月末库存存货成本=月末库存存货数量×存货单位成本	存货成本分摊较为折中，月末一次计算成本
移动加权平均法	存货单位成本=(原有存货实际成本+本次进货实际成本)÷(原有存货数量+本次进货数量) 本次发出存货成本=本次发货数量×本次发货前存货单位成本 月末库存存货成本=月末库存存货数量×月末存货单位成本	月中分次计算成本，即购进一次存货，计算一次成本
个别计价法	逐一辨认发出存货和期末存货所属的购进、生产批别，分别按其购进、生产时确定的单位成本，计算发出存货和期末存货成本	存货成本流转和实物流转相一致，成本比较合理、准确，实务操作工作量大，适用于不能替代使用的存货、为特定项目专门购入或制造的存货以及提供的劳务

（二）原材料发出的核算

根据“领料单”或“限额领料单”“领料登记簿”或“发出材料汇总表”填制发出材料的记账凭证，进而登记原材料明细账。企业发出的材料，根据不同的用途，借记“生产成本”“制造费用”“管理费用”等账户，贷记“原材料”账户。

【例 2-11】 西夏机床厂 2013 年 3 月份发出 A 材料共计 15 390 元。其中：用于制造产品领用 10 000 元，车间一般耗用 5 000 元，管理部门领用 390 元。账务处理如下：

借：生产成本　　10 000
　　制造费用　　5 000
　　管理费用　　390
　　贷：原材料——A 材料　　15 390

任务三　计划成本法下原材料的核算

计划成本法一般适用于企业规模大、计划成本资料健全、存货品种繁多、收发业务频繁的企业。

一、计划成本法下原材料核算的账户设置

原材料按计划成本核算时，应设置“材料采购”“原材料”和“材料成本差异”等账户。

“材料采购”账户核算企业采用计划成本进行材料日常核算而购入材料的采购成本。该账户的借方登记外购材料的实际成本（包括买价和采购费用），以及实际成本小于计划成本的节约差异；贷方登记已验收入库材料的计划成本，以及实际成本大于计划成本的超支差异；月末借方余额表示尚未验收入库的在途材料的实际成本。该账户应按供应单位和材料品种设置明细账，进行明细核算。

“原材料”账户属资产类账户。在计划成本法下，该账户用来核算企业库存的各种原材料的计划成本。该账户借方登记验收入库原材料的计划成本；贷方登记发出原材料的计划成本；期末余额在借方，表示库存原材料的计划成本。

“材料成本差异”账户用于核算各种材料实际成本与计划成本的差异。该账户属于资产类账户，是“原材料”账户的调整账户，借方登记验收入库材料的实际成本大于计划成本的超支差异，以及发出材料应承担的节约差异；贷方登记验收入库材料的实际成本小于计划成本的节约差异，以及发出材料应分担的超支差异；期末余额在借方表示库存各种材料实际成本大于计划成本的超支差异，若在贷方则表示库存各种材料实际成本小于计划成本的节约差异。

二、计划成本法下原材料取得的核算

（一）外购材料的核算

1. 货款已经支付（或已开出承兑商业汇票），同时材料已经验收入库

【例 2-12】　2013 年 3 月 5 日，西夏机床厂向云海轴承厂购进丝杠一批，增值税专用发票注明的材料价款为 155 000 元，增值税额 26 350 元。账务处理如下：

560037

宁夏增值税专用发票

NO0206532013

抵扣联

开票日期：2013年3月5日

购货单位	名称：西夏机床厂 纳税人识别号：200020101314 地址、电话：银川市大连路168号0951-2230001 开户行及账号：中国建设银行新区支行4564512			密码区	5<-/566<273>21/0990// >/59220556+4/75>+980/ -7->-0008+8//525889<0 *1>-28*036+55-170>>0+	加密版本：01	
货物或应税劳务名称	规格型号	单位	数量	单价	金额	税率	税额
丝杠	8#	件	500	310	155000	17%	26350
合　计					￥155000		￥26350
价税合计（大写）	壹拾捌万壹仟叁佰伍拾元整				（小写）￥181350		
销货单位	名称：云海轴承厂 纳税人识别号：310000002457910 地址、电话：西夏西路534# 0951-2000185 开户行及账号：建设银行西夏支行 0879			备注	云海轴承厂 310000002457910 发票专用章		

收款人：王芳　复核：孙萍　开票人：刘玲　销货单位：章

国税函〔2012〕314号厦门宋税股份有限公司

第二联：抵扣联 购货方扣税凭证

560037

宁夏增值税专用发票

NO0206532013

发票联

开票日期：2013年3月5日

购货单位	名称：西夏机床厂 纳税人识别号：200020101314 地址、电话：银川市大连路168号0951-2230001 开户行及账号：中国建设银行新区支行4564512			密码区	5<-/566<273>21/0990// >/59220556+4/75>+980/ -7->-0008+8//525889<0 *1>-28*036+55-170>>0+	加密版本：01	
货物或应税劳务名称	规格型号	单位	数量	单价	金额	税率	税额
丝杠	8#	件	500	310	155000	17%	26350
合　计					￥155000		￥26350
价税合计（大写）	壹拾捌万壹仟叁佰伍拾元整				（小写）￥181350		
销货单位	名称：云海轴承厂 纳税人识别号：310000002457910 地址、电话：西夏西路534# 0951-2000185 开户行及账号：建设银行西夏支行 0879			备注	云海轴承厂 310000002457910 发票专用章		

收款人：王芳　复核：孙萍　开票人：刘玲　销货单位：章

国税函〔2012〕314号厦门宋税股份有限公司

第三联：发票联 购货方记账凭证

借：材料采购——丝杠　155 000

　应交税费——应交增值税（进项税额）　26 350

　贷：银行存款　181 350

入 库 单

供货单位:元海轴承厂　　　　2013 年 3 月 6 日　　　　第　　号

材料类别	规格	计量单位	数量		买价		运(杂)费	其他	合计
			应收	实收	单价	金额			
丝杠	8ϕ	件	500	500	310	155 000			155 000

质量检验:罗凯　　　　采购经手人:梦瑶　　　　仓库管理员:王超

3 月 12 日,仓库转来的收料单显示该批材料已验收入库,其计划成本为 161 000元。账务处理如下:

借:原材料——丝杠　　　　161 000

　贷:材料采购——丝杠　　　　161 000

同时,结转入库丝杠成本差异。账务处理如下:

借:材料采购——丝杠　　　　6 000

　贷:材料成本差异——丝杠　　　　6 000

需要说明的是,在计划成本法下,购入的材料无论是否验收入库,都要先通过"材料采购"科目进行核算,以反映企业所购材料的实际成本,从而与"原材料"科目相比较,计算确定材料成本差异。(材料成本差异=材料实际成本-材料计划成本)

2. 货款已经支付(或已开出承兑商业汇票),材料尚未验收入库

【例 2-13】 2013 年 3 月 12 日西夏机床厂向玉泉山机械厂采购卡盘一批,增值税专用发票注明的价款为 90 000 元,增值税额 15 300 元。款项已通过银行支付,材料尚未验收入库。根据结算凭证,按实际成本支付结算款项时,账务处理如下:

5602019　　　　宁夏增值税专用发票　　　　NO0208452130

抵扣联

开票日期:2013年3月12日

购货单位
名　　称:西夏机床厂
纳税人识别号:200020101314
地址、电话:银川市大连路168号0951-2230001
开户行及账号:中国建设银行新区支行4564512

密码区
5<-/566<273>21/0990//
>/59220556+4/75>+980/
-7->-0008+8//525889<0
*1>-28*036+55-170>>0+
加密版本:01

货物或应税劳务名称	规格型号	单位	数量	单价	金额	税率	税额
卡盘	16寸	只	100	900	90000	17%	15300
合　计					¥ 90000		¥ 15300
价税合计(大写)	壹拾万零伍仟叁佰元整				(小写) ¥ 105300		

销货单位
名　　称:玉泉山机械厂
纳税人识别号:65000004378200
地址、电话:玉泉路120号 0952-8200099
开户行及账号:工商银行玉泉支行0705

备注　玉泉山机械厂 65000004378200 发票专用章

收款人:张婧　　复核:肖雪　　开票人:刘玲　　销货单位:章

国税函〔2012〕314号厦门安妮股份有限公司

第二联:抵扣联 购货方扣税凭证

宁夏增值税专用发票

5602019　　　　　　　　发票联　　　　　　NO0208452130

开票日期：2013年3月12日

购货单位	名称：西夏机床厂 纳税人识别号：200020101314 地址、电话：银川市大连路168号0951-2230001 开户行及账号：中国建设银行新区支行4564512			密码区	5<-/566<273>21/0990// >/59220556+4/75>+980/ -7->-0008+8//525889<0 *1>-28*036+55-170>>0+	加密版本：01	
货物或应税劳务名称	规格型号	单位	数量	单价	金额	税率	税额
卡盘	16寸	只	100	900	90000	17%	15300
合　计					¥ 90000		¥ 15300
价税合计（大写）	壹拾万零伍仟叁佰元整				（小写）¥ 105300		
销货单位	名称：玉泉山机械厂 纳税人识别号：65000004378200 地址、电话：玉泉路120号 0952-8200099 开户行及账号：工商银行玉泉支行0705			备注	玉泉山机械厂 65000004378200 发票专用章		

销货单位：章

收款人：张婧　　复核：肖雪　　开票人：刘玲　　销货单位：章

国税函〔2012〕314号厦门实施股份有限公司

第三联：发票联　购货方记账凭证

入　库　单

供货单位：玉泉山机械厂　　　　2013年3月18日　　　　第　　号

材料类别	规格	计量单位	数量		买价		运费	其他	合计	计划成本
			应收	实收	单价	金额				
卡盘	16寸	件	100	100	900	90 000				93 000

质量检验：罗凯　　　　采购经手人：梦瑶　　　　仓库管理员：王超

借：材料采购——卡盘　　90 000

　应交税费——应交增值税（进项税额）　　15 300

　贷：银行存款　　105 300

如果上述材料于3月18日运到，并验收入库，其计划成本为93 000元，根据入库单等作如下账务处理：

借：原材料——卡盘　　93 000

　贷：材料采购——卡盘　　93 000

同时，结转入库卡盘的成本差异。账务处理如下：

借：材料采购——卡盘　　3 000

　贷：材料成本差异——卡盘　　3 000

3. 材料已验收入库，货款尚未支付

对于发票账单月末尚未到达，月终为了达到账账相符，账实相符，根据收料单按计划成本暂估入账。下月初作相反的分录冲销暂估入账记录，待付款或开出承兑汇票后，按正常程序进行账务处理。

【例 2-14】 2013 年 9 月 15 日西夏机床厂向甲企业采购丙材料一批，材料已运到并验收入库，其计划成本为 50 000 元。月末，该批材料的发票结算凭证尚未到达，货款未付。账务处理如下：

借：原材料——丙材料　50 000
　　贷：应付账款——暂估应付账款　50 000

下月初，作相反方向分录冲销：

借：应付账款——暂估应付账款　50 000
　　贷：原材料——丙材料　50 000

（二）自制材料的核算

自制并已验收入库的原材料，按计划成本借记“原材料”账户，贷记“生产成本”账户。同时结转材料成本差异，若实际成本大于计划成本的差异，借记“材料成本差异”账户，贷记“生产成本”账户；若实际成本小于计划成本的差异，则作相反的会计分录。

【例 2-15】 西夏机床厂本月第一生产车间加工完成齿轮 20 000 个，已全部验收入库，实际成本 80 000 元，计划单价为 4.4 元/个。账务处理如下：

借：原材料——A 材料　88 000
　　贷：生产成本　88 000

同时结转材料成本差异，账务处理如下：

借：生产成本　8 000
　　贷：材料成本差异　8 000

三、计划成本法下原材料发出的核算

在计划成本计价方式下，企业发出材料时一律按计划成本计算发出材料的成本，根据不同的用途，借记“生产成本”“制造费用”“管理费用”等账户，贷记“原材料”账户。期末再将发出材料计划成本调整为实际成本，调整的关键是计算发出材料应负担的材料成本差异额。

【例 2-16】 西夏机床厂 2013 年 9 月末根据发料凭证汇总表的记录，本月发出甲材料计划成本如下：基本生产车间生产产品领用 2 000 000 元，车间一般耗用 250 000元，专设销售机构领用 600 000 元，企业行政管理部门领用 50 000 元。西夏机床厂应编制如下会计分录：

借：生产成本　2 000 000
　　制造费用　250 000
　　销售费用　600 000
　　管理费用　50 000
　　贷：原材料　2 900 000

根据《企业会计准则第 1 号——存货》的规定，企业日常采用计划成本核算的，发出的材料成本应由计划成本调整为实际成本，通过“材料成本差异”科目进行结转，按照发出材料用途，分别计入“生产成本、制造费用、销售费用 、管理费用”等科目。发出材料应负担的成本差异应当按期（月）分摊，不得在季末或年末一次计算。

一般企业材料成本差异额都是根据材料成本差异率来计算的。材料成本差异率是材料成本差异额与材料计划成本的比率。它是衡量收入材料的采购成本和将发出材料计划成本调整为实际成本的依据。通常材料成本差异率有两种：

1. 月初材料成本差异率

月初材料成本差异率是指月初结存材料成本差异额与月初结存材料计划成本的比率，据以反映结存材料的成本差异情况，其计算公式如下：

月初材料成本差异率 = 月初结存材料的成本差异额 ÷ 月初结存材料的计划成本 ×100%

2. 本月材料成本差异率

本月材料成本差异率是指本月累计材料成本差异额与本月累计材料计划成本的比率，据以反映累计材料成本差异情况，其计算公式如下：

本月材料成本差异率＝（月初结存材料成本差异额＋本月收入材料成本差异额）/（月初结存材料计划成本＋本月收入材料计划成本）×100%

发出材料应负担的差异额＝发出材料的计划成本×材料成本差异率

本月发出材料的实际成本＝发出材料的计划成本×（1±材料成本差异率）

本月结存材料的实际成本＝（月初结存材料计划成本＋本月收入材料计划成本－发出材料的计划成本）×（1±材料成本差异率）

注意：

1. 在计算本月材料成本差异率时，分子部分数据如果直接以差异给出，那么超支差异为“正数”，节约差异为“负数”。当差异率为“正”，说明是超支差异率；当差异率为“负”，说明是节约差异率。

2. 在计算本月材料成本差异率时，分母中“本月收入材料计划成本”不包括月末暂估入账的计划成本。

【例 2-17】　承接【例 2-16】，西夏机床厂 2013 年 9 月 1 日“原材料”甲材料账户的期初结存材料的计划成本为 600 000 元，实际成本为 605 000 元，本月入库材料的计划成本为 1 400 000 元，实际成本为 1 355 000 元。则：

材料成本差异率＝(605 000－600 000)＋(1 355 000－1 400 000)÷(600 000＋1 400 000)×100%＝－2%

借：材料成本差异　　58 000
　贷：生产成本　　40 000
　　　制造费用　　5 000
　　　销售费用　　12 000
　　　管理费用　　1 000

任务四　周转材料的核算

一、包装物

(一) 包装物的内容

包装物是指生产经营过程中为包装本企业产品而储备的各种包装容器，如桶、箱、瓶、坛、袋等。企业的包装物按其具体用途的不同，可以分为以下几种：

① 生产过程中用于包装产品并作为产品组成部分的包装物。

② 随同商品出售而不单独计价的包装物。

③ 随同商品出售而单独计价的包装物。

④ 出租或出借给购买单位使用的包装物。

下列各项不属于包装物核算的范围：

① 各种包装材料，如纸、绳、铁丝、铁皮等，应在"原材料"科目核算。

② 用于储存和保管产品、材料而不对外出售、出租或出借的包装物，应按价值大小和使用年限长短分别在"固定资产"或"低值易耗品"科目核算。

(二) 包装物的核算

包装物的核算，既可按实际成本进行，又可按计划成本进行。

企业应设置"周转材料——包装物"账户，用以核算企业库存的各种包装物的实际成本或计划成本。该账户借方登记购入、自制、委托外单位加工，已完成验收入库的包装物的成本，贷方登记发出包装物的成本，期末借方余额反映企业库存未用包装物的成本和在用包装物的摊余价值。该账户可按包装物的种类设置明细账户进行明细核算。

1. 包装物取得的核算

包装物实际成本的组成内容与原材料相同，其核算方法参照原材料的核算。这里不再重复。

2. 包装物发出的核算

包装物的摊销方法主要有一次摊销法和五五摊销法。一次摊销法是指包装物在领用时就将其全部价值计入相关成本费用；五五摊销法是指包装物在领用时先摊销其价值的一半，在报废时再摊销其价值的另一半。

(1) 生产领用包装物

对于生产领用的用于包装本企业产品并构成产品组成部分的包装物，应根据领用包装物的实际成本，借记"生产成本"等账户，贷记"周转材料——包装物"账户。

【例 2-18】 西夏机床厂生产车间为包装产品领用包装物一批，计划成本为28 000元，材料成本差异为1%。编制会计分录如下：

借：生产成本——基本生产成本　　28 280
　贷：周转材料——包装物　　28 000
　　材料成本差异——包装物　　280

(2) 随同商品出售单独计价的包装物

随同商品出售而单独计价的包装物，实际上在销售商品的同时也销售包装物。为了单独核算包装物的销售利润，应按出售包装物的收入记入"其他业务收入"账户，按包装物的成本记入"其他业务成本"账户。

【例 2-19】 西夏机床厂本月销售包装物实际成本为450 000元，该包装物单独计价，出售收入为500 000元，增值税税额为85 000元。收到转账支票存入银行，账务处理如下：

借：银行存款　　585 000
　贷：其他业务收入　　500 000
　　应交税费——应交增值税(销项税额)　　85 000

结转销售成本：

借：其他业务成本　　450 000
　贷：周转材料——包装物　　450 000

(3) 随同商品出售但不单独计价的包装物

随同商品出售但不单独计价的包装物，其不计价收费的实质是为了推销或扩大商品的销售，因此，包装物的成本作为包装费计入"销售费用"账户。即结转发出包装物的成本时，借记"销售费用"账户，贷记"周转材料——包装物"账户。

【例 2-20】 假设【例 2-19】的资料中，领用的包装物不单独计价，账务处理如下：

借：销售费用　　450 000
　贷：周转材料——包装物　　450 000

(4) 出租、出借包装物

出租包装物是企业为了促进销售而向客户提供的一种有偿服务，其租金收入应记入"其他业务收入"账户，出租包装物的实际成本应记入"其他业务成本"账户。

出借包装物是没有业务收入的，是给购货单位免费使用的。因此，出借包装物的实际成本应视为企业在销售过程中的耗费，记入“销售费用”账户。

出租、出借的包装物不能使用而报废时，其残料价值应分别冲减“其他业务成本”“销售费用”账户。出租、出借包装物使用频繁且数量多、金额大的企业，出租、出借包装物的成本也可以采用五五摊销法进行核算。在这种情况下，应在“周转材料——包装物”账户下分别设置“在库”“在用”“出租”“出借”“摊销”等明细账户。

【例 2-21】 西夏机床厂 2013 年 3 月 1 日出租包装物一批，计划成本 300 000 元，差异率为 2%；收取押金 400 000 元，每月租金收入 46 000 元，存入银行；经过一段时间后，退还对方押金，同时包装物报废，残料价值 2 000 元。（假设不考虑相关税费）采用一次摊销法的账务处理如下：

① 领用时结转成本：

借：其他业务成本——出租包装物 306 000

　贷：周转材料——包装物 300 000

　　材料成本差异——包装物 6 000

② 收到押金时：

借：银行存款 400 000

　贷：其他应付款——包装物押金 400 000

③ 收到租金时：

借：银行存款 46 000

　贷：其他业务收入 46 000

④ 退还押金时：

借：其他应付款——包装物押金 400 000

　贷：银行存款 400 000

⑤ 包装物报废时：

借：原材料 2 000

　贷：其他业务成本 2 000

注意：

1. 随同商品出售单独计价包装物的实际成本及出租包装物的实际成本应通过“其他业务成本”科目核算。

2. 随同商品出售不单独计价包装物的实际成本及出借包装物的实际成本应通过“销售费用”科目核算。

二、低值易耗品的核算

（一）低值易耗品概述

低值易耗品是指单位价值较低或容易毁损，不能作为固定资产的各种用具和物品。低值易耗品按用途可以分为以下几类：

① 一般工具。一般工具是指生产中常用的各种工具，如刀具、量具、夹具等。

② 专用工具。专用工具是指专门用于制造某一特定产品或在某一特定工序上使用的工具，如专用的刀具、夹具等。

③ 替换设备。替换设备是指容易磨损或为制造不同产品需要更换使用的各种设备，如轧钢用的钢棍等。

④ 管理用具。管理用具是指经营管理过程中使用的各种办公用具、家具等。

⑤ 劳动保护用品。劳动保护用品是指为了安全生产、劳动保护而发给职工的工作服、工作鞋和各种劳动保护用品。

（二）低值易耗品的核算

低值易耗品也属于企业的周转材料。为了加强对低值易耗品的管理与核算，企业应设置“周转材料——低值易耗品”账户进行核算。该账户核算企业库存的低值易耗品的实际成本或计划成本。该账户的结构可以比照“周转材料——包装物”账户。这里不重复。

1. 低值易耗品取得的核算

企业购入、自制、委托外单位加工，已完成验收入库的低值易耗品的核算与原材料核算方法相同。这里不再赘述。

2. 低值易耗品发出的核算

发出低值易耗品有两种摊销方法：一次摊销法和五五摊销法。一次摊销法是指低值易耗品在领用时就将其全部价值计入相关成本费用；通常对于金额较小的，可在领用时一次计入成本费用；五五摊销法是指低值易耗品在领用时先摊销其价值的一半，在报废时再摊销其价值的另一半，通常适用于可供多次反复使用的低值易耗品。在这种情况下，应设置“周转材料——低值易耗品——在用”“周转材料——低值易耗品——在库”“周转材料——低值易耗品——摊销”三个明细科目进行核算。

【例 2-22】 西夏机床厂 2013 年 4 月 5 日生产车间领用 300 件管理用具，每件 200 元，共计 60 000 元。2013 年 11 月 30 日报废，残料作价 1 000 元入库。（五五摊销法）编制分录如下：

① 4 月 5 日领用时：

借：周转材料——低值易耗品——在用　　60 000

　　贷：周转材料——低值易耗品——在库　　60 000

同时摊销其价值的一半：

借：制造费用　　30 000

　　贷：周转材料——低值易耗品——摊销　　30 000

② 11 月 30 日报废时：

经批准报废该低值易耗品，按其全部成本再摊销 50%。编制分录如下：

借：制造费用　　30 000

　　贷：周转材料——低值易耗品——摊销　　30 000

同时冲销已报废低值易耗品留存在其明细账上的在用数和摊销数：

借：周转材料——低值易耗品——摊销　　60 000

　贷：周转材料——低值易耗品——在用　　60 000

报废的两套管理用具残料作价 1 000 元，入废料仓库。编制分录如下：

借：原材料　　1 000

　贷：制造费用　　1 000

对在用低值易耗品，以及使用部门退回仓库的低值易耗品，应加强管理，并在备查簿上进行登记。

任务五　其他存货的核算

一、工业企业库存商品

（一）库存商品概述

库存商品是指库存的外购商品、自制商品产品、存放在门市部准备出售的商品、发出展览的商品，以及寄存在外或存放在仓库的商品等。工业企业的库存商品主要指产成品。产成品是指企业已经完成全部生产过程，并已验收入库，合乎标准规格和技术条件，可以按照合同规定的条件送交订货单位，或者可以作为商品对外销售的产品。企业接受外来原材料加工制造的代制品和为外单位加工修理的代修品，制造和修理完成验收入库后，视同企业的产成品。商品流通企业的库存商品主要指外购或委托加工完成验收入库用于销售的各种商品。

需要注意的是，已完成销售手续，但购买单位在月末未提取的产品，不应作为企业的库存商品，而作为代管商品处理。

为了反映和监督库存商品的增减变动及其结存情况，企业应设置“库存商品”科目。库存商品增加记借方，库存商品减少记贷方，余额在借方反映期末库存商品的成本（计划成本或实际成本）。

（二）库存商品的核算

1. 产成品的核算

（1）完工产品验收入库

对于库存商品按实际成本核算的企业，企业生产完成验收入库时，按其实际成本，借记“库存商品”科目，贷记“生产成本”科目。

【例 2-23】 西夏机床厂 9 月份“完工产品汇总表”中显示已验收入库 X 产品 1 000台，实际单位成本 500 元，共计 500 000 元；Y 产品 2 000 台，实际单位成本 300 元，共计 600 000 元。西夏机床厂账务处理如下：

借：库存商品——X 产品　　500 000
　　　　　　——Y 产品　　600 000
　贷：生产成本——X 产品　　500 000
　　　　　　　——Y 产品　　600 000

（2）销售库存商品结转成本

企业结转对外销售商品（包括采用分期收款方式销售商品）的成本时，应借记"主营业务成本"科目，贷记"库存商品"科目。

【例 2-24】 西夏机床厂 3 月份销售 X 产品 800 台，实际单位成本 500 元，共计 400 000 元；Y 产品 1 500 台，实际单位成本 300 元，共计 450 000 元。西夏机床厂账务处理如下：

借：主营业务成本——X 产品　　400 000
　　　　　　　　——Y 产品　　450 000
　贷：库存商品——X 产品　　400 000
　　　　　　　——Y 产品　　450 000

商品流通企业购入的商品可以采用进价或售价核算，采用售价核算的，商品售价和进价的差额可通过"商品进销差价"科目核算。月末，应分摊已销商品进销差价，将已销商品的销售成本调整为实际成本，借记"商品进销差价"科目，贷记"主营业务成本"科目。

2. 商品流通企业库存商品的核算

商品流通企业的库存商品核算方法主要包括数量进价金额核算法和售价金额核算法两种。

（1）数量进价金额核算法

数量进价金额核算法是同时以实物量和进价金额反映商品增减变动以及结存情况的方法。这种方法一般适用于商品批发企业。其商品收发的核算可参照原材料按实际成本计价的核算。

商品批发企业发出商品的实际成本，可以采用先进先出法、加权平均法或个别计价法计算确定，还可用毛利率法等计算发出商品和期末库存商品的成本。

毛利率法是根据本期销售净额乘以上期实际（或本月计划）毛利率匡算本期销售毛利，并计算发出存货成本和期末存货成本的一种方法。相关计算公式如下：

毛利率 = 销售毛利 ÷ 销售净额 × 100%

销售净额 = 商品销售收入 − 销售折让和销售退回

销售毛利 = 销售净额 × 毛利率

销售成本 = 销售净额 − 销售毛利

　　　或 = 销售净额 × (1 − 毛利率)

期末存货成本 = 期初存货成本 + 本期收入存货成本 − 本期销售成本

【例 2-25】 东方公司采用毛利率法进行核算。2013 年 5 月 1 日针织品库存存货 200 000 元，本月购货 400 000 元，本月商品销售收入净额 440 000 元，上季度该类商品毛利率为 25%。计算本月已销售存货和月末存货的成本：

销售毛利 = 440 000 × 25% = 110 000(元)
销售成本 = 440 000 − 110 000 = 330 000(元)
期末存货成本 = 200 000 + 400 000 − 330 000 = 270 000(元)

用毛利率法计算本期销售成本和期末存货成本适用于商业批发企业。一般来讲，采用这种方法，由于同类商品的毛利率大致相同，所以计算手续简便，同时也减轻了工作量，但每个季度中前两个月的销售成本计算结果往往不够准确。

(2) 售价金额核算法

售价金额核算法是以售价金额来反映商品增减变动以及结存情况的核算方法。这种方法一般适用于商品零售企业，需增设"商品进销差价"账户，反映库存商品进价和售价之间的差额，期末计算商品进销差价率和本期已销商品应分摊的商品进销差价，并据以调整本期销售成本。相关计算公式如下：

商品进销差价率＝(期初库存商品进销差价＋本期购入商品进销差价)÷(期初库存商品售价＋本期购入商品售价)×100%
本期销售商品应分摊的商品进销差价＝本期商品销售收入×商品进销差价率
本期销售商品成本＝本期商品销售收入－本期销售商品应分摊的商品进销差价
或＝本期商品销售收入×(1－商品进销差价率)
期末结存商品的成本＝期初库存商品的进价成本＋本期购入商品进价成本－本期销售商品的成本

【例 2-26】 新华商场采用售价金额核算。2013 年 6 月 1 日库存商品进价成本 150 000 元，售价总额为 187 500 元，本期购进该商品的进价成本 527 250 元，售价总额为 780 000 元，本期销售收入为 832 000 元。有关计算如下：

商品进销差价率 = (187 500 − 150 000) + (780 000 − 527 250) ÷ (187 500 + 780 000) × 100% = 30%
已销商品应分摊的商品进销差价 = 832 000 × 30% = 249 600(元)
本期销售商品实际成本 = 832 000 − 249 600 = 582 400(元)
期末结存商品的成本 = 150 000 + 527 250 − 582 400 = 94 850(元)

如果企业的进销差价率各期之间是比较均衡的，也可以采用上期商品进销差价率来分摊本期的商品进销差价。年度终了，应对商品进销差价进行核实调整。

二、委托加工物资的核算

（一）委托加工物资概述

企业从外部购入的原材料等存货，有时在规格和质量上不能直接满足生产上的需要，由于企业受到自身工艺设备条件的限制或从降低成本的角度考虑，需要将这部分存货委托外单位制造成另一种性能和用途的存货，从而形成委托加工物资。

委托加工物资的实际成本包括实际耗用物资的成本、发生的加工费、负担的运杂费、支付的税费等。

（二）委托加工物资的核算

企业应设置“委托加工物资”账户，核算企业委托外单位加工的各种物资的实际成本。发给外单位加工的物资，按实际成本，借记“委托加工物资”科目，贷记“原材料”“库存商品”等科目。按计划成本（或售价）核算的企业，还应当同时结转成本差异。企业支付的加工费用、应负担的运杂费等，借记“委托加工物资”“应交税费——应交增值税（进项税额）”等科目，贷记“银行存款”等科目。加工完成验收入库的物资和剩余的物资，按加工收回物资的实际成本和剩余物资的实际成本，借记“原材料”“库存商品”等科目，贷记“委托加工物资”科目。采用计划成本或售价核算的，按计划成本或售价借记“原材料”或“库存商品”科目；按实际成本，贷记“委托加工物资”科目；按实际成本与计划成本或售价之间的差额，借记或贷记“材料成本差异”或“商品进销差价”科目。

【例 2-27】 西夏机床厂为一般纳税人，2013 年 5 月 8 日发出钢材委托华夏公司（一般纳税人）加工轴承一批 100 000 件（属于应税消费品），发出材料的计划成本为 6 000 000 元，材料成本差异率－3%；5 月 18 日通过银行支付加工费 120 000 元，支付应交纳的消费税 660 000 元；该商品收回后用于连续生产，加工完毕以银行存款支付往返运杂费 10 000 元。5 月 28 日验收入库时该批商品的计划成本为 6 500 000元（每件计划成本 65 元）。根据业务作如下会计分录：

领 料 单

领料单位：华夏公司　用途：委托加工　2013 年 5 月 8 日　　　　第　　号

材料类别	规格	计量单位	数量		计划价格		差异率	差异	实际成本
			请领	实领	单价	金额			
钢材	方钢	吨	2 000	2 000	3 000	6 000 000	－3%	180 000	5 820 000

质量检验：罗凯　　　　领料人：张华　　　　发料人：王超

委托加工收料单

材料账户：轴承　　　　　　　　　　　　　　　　　　编号：034
材料类别：原料及主要材料　　　　　　　　　　　　　收料仓库：2号
加工单位：华夏公司　　　　2013年5月28日　　　　　发票号码：002 867

材料编号	材料名称	数量	计划成本		实际成本				
			单价	金额	材料成本	加工费	运费	其他	合计
008	轴承	100 000	65	6 500 000	5 820 000	120 000	10 000		5 950 000

采购员　　　　　　检验员：沈丽萍　　　　　　记账员　　　　　保管员：刘峰

① 发出材料：

借：委托加工物资　　5 820 000
　　材料成本差异　　180 000
　　贷：原材料——A材料　　6 000 000

② 支付运杂费：

借：委托加工物资　　10 000
　　贷：银行存款　　10 000

③ 支付加工费用：

借：委托加工物资　　120 000
　　应交税费——应交消费税　　660 000
　　　　　　——应交增值税（进项税额）　　20 400
　　贷：银行存款　　800 400

④ 完工验收入库：

借：库存商品　　6 500 000
　　贷：委托加工物资　　5 950 000
　　　　材料成本差异　　550 000

委托加工物资的核算，还应按照加工合同设置明细账，进行明细分类核算。

注意：

应记入委托加工物资成本的税金的处理。

增值税：一般纳税人支付加工费时，支付的增值税不记入“委托加工物资”科目，而是记入“应交税费——应交增值税（进项税额）”科目；小规模纳税人支付的增值税应记入委托加工物资成本。

消费税：需要交纳消费税的委托加工物资，由受托方代收代交的消费税，收回后用于直接销售的，应记入“委托加工物资”科目；收回后用于继续加工的，记入“应交税费——应交消费税”科目的借方。

任务六 存货清查

一、存货清查概述

存货清查是指通过存货的实地盘点，确定存货的实有数量，并与账面结存数核对，从而确定存货实存数与账面结存数是否相符的一种专门方法。

由于存货的品种、规格繁多，收发频繁，在日常收发过程中可能发生计量或计算上的差错、自然损耗、丢失、被盗或毁损等情况，造成账实不符。因此，企业必须建立和健全各种规章制度，对存货进行定期或不定期的清查盘点，如实反映企业存货的实有数额，保证存货核算的真实性，确保存货的安全完整。对于存货的盘盈、盘亏，应填写存货盘点报告表（如实存账存对比表），及时查明原因，按规定程序报批处理。

二、存货清查核算

为了正确核算存货清查的情况，应设置"待处理财产损溢"账户。该账户核算企业在清查财产过程中查明的各种财产盘盈、盘亏和毁损的价值，贷方登记各种财产（不包括固定资产）的盘盈数，以及经批准结转的各项资产的盘亏、毁损数；借方登记各种财产的盘亏、毁损数，以及经批准结转的各项资产的盘盈数。企业的财产损溢（盘盈或盘亏）应查明原因，在期末结账前结转完毕，结转后本账户应无余额。

《企业会计准则》规定，经股东大会或董事会、经理（厂长）会议或类似机构批准后，对盘盈、盘亏和毁损的存货，在期末结账前处理完毕。如在期末结账前未经批准的，应在对外提供财务报告时先进行处理，并在会计报表附注中做出说明，如果其后批准处理的金额与已处理的金额不一致，应按其差额调整会计报表相关项目的年初数。

材料盘点溢(缺)报告单

库号：1　　2013 年 7 月 31 日

名称	型号	单位	单价	账面数	实有数	盘盈	盘亏	原因
甲材料		千克	50			5 000		计量差错
丙材料		千克	25				10 000	自然灾害
进项税额							1 700	
审批意见	盘盈冲减管理费用；自然灾害损失记入营业外支出							

部门主管：向萍　　保管员：赵强　　复查人：刘梅芳

（一）存货盘盈的核算

对存货盘盈的金额，一般应冲减企业当期管理费用。

【例 2-28】 西夏机床厂在 2013 年 7 月 31 日的财产清查中，盘盈原材料甲材料 100 千克，单价 50 元，金额 5 000 元，经批准，期末冲减管理费用。应作会计分录如下：

① 批准前：

借：原材料　　5 000

　贷：待处理财产损溢——待处理流动资产损溢　　5 000

② 批准后：

借：待处理财产损溢——待处理流动资产损溢　　5 000

　贷：管理费用　　5 000

（二）存货盘亏的核算

对盘亏、毁损等损失，要分别按不同性质的原因进行处理：由于自然损耗造成的定额内的短缺，应在相关成本费用中核销；由于各种原因造成的超定额损耗，应该明确责任后，由有关单位或个人赔偿，应收赔款时通过“其他应收款”核算；实在无法确定责任或由于管理不善造成的损失，在“管理费用”账户中核算；由于自然灾害等不可抗拒原因而发生的非常损失，应在扣除保险公司赔偿后，在“营业外支出”账户中列支。

【例 2-29】 西夏机床厂 2013 年 7 月 31 日在财产清查中盘亏丙材料 400 千克，单价 25 元，金额 10 000 元，该批材料的进项税额为 1 700 元，经查明，是属于自然灾害造成的损失。应作会计分录如下：

① 批准前：

借：待处理财产损溢——待处理流动资产损溢　　11 700

　贷：原材料　　10 000

　　　应交税费——应交增值税（进项税额转出）　　1 700

② 批准后：

借：营业外支出　　11 700

　贷：待处理财产损溢——待处理流动资产损溢　　11 700

任务七　存货的期末计量

一、存货期末计量的原则

资产负债表日（指会计年末和会计中期期末），存货应当按照成本与可变现净值的孰低计量。当存货成本低于可变现净值时，存货按成本计量；当存货成本高于可变现净值时，存货按可变现净值计量，同时按照成本高于可变现净值的差额计提存货跌价准备，计入当期损益。

这里所讲的“成本”是指存货的实际成本，如果企业在存货成本的日常核算中采用计划成本法、数量售价金额法等简化核算法，则成本为经调整后的实际成本。“可变现净值”是指在日常活动中，存货的估计售价减去至完工时估计将要发生的成本、估计的销售费用，以及相关税费后的金额。

二、存货减值迹象的判断

（一）资产负债表日，当存在下列情况之一时，应当计提存货跌价准备

① 市价持续下跌，并且在可预见的未来无回升的希望；

② 企业使用该项原材料生产的产品的成本大于产品的销售价格；

③ 企业因产品更新换代，原有库存原材料已经不适应新产品的需要，而该原材料的市场价格又低于其账面价值；

④ 因企业所提供的商品或劳务过时，或消费者偏好改变而使市场的需求发生变化，导致市场价格逐渐下跌；

⑤ 其他足以证明该项存货实质上已经发生减值的情形。

（二）存货可变现净值为零的情况

存货存在下列情形之一的，通常表明该存货的可变现净值为零：

① 已霉烂变质的存货；

② 已过期且无转让价值的存货；

③ 生产中已不再需要，并且已无使用价值和转让价值的存货；

④ 其他足以证明已无使用价值和转让价值的存货。

（三）计提存货跌价准备的方法

如果期末存货的成本低于可变现净值，不需要进行会计处理，资产负债表中的存货仍按期末的账面价值列示；如果期末可变现净值低于成本，则必须确认当期的期末存货跌价损失，计提存货跌价准备。具体计提方法有：

1. 按单个存货项目计提存货跌价准备

按单个存货项目计提存货跌价准备，是指企业将每个存货项目的成本与其可变现净值逐一进行比较，按较低者计量存货，并且按成本高于可变现净值的差额，计提存货跌价准备。

2. 按类别计提存货跌价准备

按类别计提存货跌价准备，是将存货类别的成本总额与可变现净值的总额进行比较，每个存货类别均取较低者确定该类存货的期末价值。按照存货类别计提存货跌价准备适用于数量繁多、单位价值较低的存货。

3. 合并计提存货跌价准备

存货具有相同或类似最终用途或目的，并在同一地区生产和销售，意味着存货所处的经济环境、法律环境、市场环境等相同，具有相同的风险和报酬。因此，与在

同一地区生产和销售的产品系列相关，具有相同或类似的最终用途或目的，且难以与其他项目分开计量的存货，可以合并计提存货跌价准备。

(四) 存货跌价准备的核算

1. 设置账户

企业计提存货跌价准备，应设置“存货跌价准备”账户和“资产减值损失”账户核算。“存货跌价准备”账户是存货的备抵账户，贷方登记企业计提的减值准备的数额，借方登记冲减恢复的减值准备、发出存货应转出的减值准备；余额在贷方，反映企业已计提但尚未转销的存货跌价准备。

“资产减值损失——计提存货跌价准备”账户属于损益类账户，借方登记企业计提的存货跌价准备的数额，贷方登记企业转回的存货跌价准备的数额；期末，应将本账户余额转入“本年利润”账户，结转后本账户无余额。

2. 账务处理

资产负债表日，企业首次计提存货跌价准备时，应按存货可变现净值低于其成本的差额，借记“资产减值损失——计提存货跌价准备”账户，贷记“存货跌价准备”账户。以后各期，比较成本与可变现净值，计算出应计提的存货跌价准备数额(应提数)与“存货跌价准备”账户的余额(已提数)进行比较，如果应提数大于已提数，应予以补提；反之，应冲销多提部分数额。如果以前减记存货价值的影响因素已经消失，则减记的金额应当予以恢复，并在原已计提的存货跌价准备的金额内转回，转回的存货跌价准备与计提该准备的存货项目或类别应当存在直接对应关系，转回金额应以存货跌价准备的余额冲减至零为限。

企业计提了存货跌价准备，如果其中有部分存货已经销售，则企业在结转销售成本时，应同时结转对其已计提的存货跌价准备。

【例 2-30】 西夏机床厂 2012 年 6 月 30 日存货的账面成本为 120 000 元，预计可变现净值为 110 000 元。(假设以前没有计提过存货跌价准备)

① 因存货的预计可变现净值低于其成本，因此，按其差额计提存货跌价准备 10 000(120 000－110 000)元。作如下会计分录：

借：资产减值损失——计提存货跌价准备　　10 000
　　贷：存货跌价准备　　10 000

② 假设 2012 年 12 月 31 日该存货预计可变现净值为 100 000 元，则应提数 20 000(120 000－100 000)元，因前期已提 10 000 元，所以本期应补提 10 000(20 000－10 000)元。应作如下会计分录：

借：资产减值损失——计提存货跌价准备　　10 000
　　贷：存货跌价准备　　10 000

③ 假设 2013 年 6 月 30 日该存货的可变现净值有所恢复，预计可变现净值 105 000 元，则应提数 15 000(120 000－105 000)元，因前期已提 20 000 元，所以本期应冲减 5 000(20 000－15 000)元。应作如下会计分录：

借：存货跌价准备　　5 000

　　贷：资产减值损失——计提存货跌价准备　　5 000

④ 假设2013年年末该存货预计可变现净值恢复到135 000元，则应提数为0（120 000<135 000）元，因前期已提15 000元，所以本期应冲减15 000元，以“存货跌价准备”科目余额冲减至零为限。应作如下会计分录：

借：存货跌价准备　　15 000

　　贷：资产减值损失——计提存货跌价准备　　15 000

任务八　应付款项

一、应付票据

（一）应付票据的概述

应付票据是指企业采用商业汇票的支付方式购买材料、商品和接受劳务供应等开出、承兑的商业汇票，按承兑人不同可分为银行承兑汇票和商业承兑汇票。通常情况下，商业汇票的付款期限不超过6个月，因此在会计上应作为流动负债管理和核算。

商业汇票按是否计息可分为带息商业汇票和不带息商业汇票。对于带息票据，一般情况下不用计提利息，在偿还时直接计入“财务费用”科目；但如果是跨期商业汇票，按照权责发生制的要求，在资产负债表日要计提利息，通过“应付利息”科目核算。

应付票据的核算主要包括签发或承兑商业汇票、计提票据利息、支付票款等内容。为了核算应付票据的发生、支付和结存情况，企业应设置“应付票据”科目。该科目的借方登记到期承兑支付或转出的商业汇票的票面金额，贷方登记开出承兑汇票的票面金额；期末余额在贷方，表示尚未到期的商业汇票的票面金额。

（二）签发、承兑商业汇票

企业签发、承兑商业汇票以购买货物或抵付应付账款时，应按其票面金额作为应付票据的入账金额，借记“原材料”“应交税费——应交增值税（进项税额）”“库存商品”或“应付账款”等科目，贷记“应付票据”科目。对于开出、承兑的银行承兑汇票，在按面值的万分之五向承兑银行支付手续费时，应作为财务费用处理，借记“财务费用”科目，贷记“银行存款”科目。

【例2-31】 西夏机床厂2013年3月5日开出一张面值为129 168元、期限为5个月的不带息商业承兑汇票一张，用于从宝丰集团采购油缸20台，每台3 300元，三爪卡盘20台，每台1 500元，变压器30台，每台480元。材料已经验收入库。增值税专用发票上注明材料价款为110 400元，增值税税额为18 768元。西夏机床厂为增值税一般纳税人。西夏机床厂应作如下账务处理：

借：原材料——主要材料	110 400	
应交税费——应交增值税（进项税额）	18 768	
贷：应付票据		129 168

5600758　　宁夏增值税专用发票　　NO0206275321

（印章：全国统一发票监制章 宁夏 国家税务总局监制）

抵扣联

开票日期：2013年3月5日

购货单位	名　　称：西夏机床厂 纳税人识别号：200020101314 地址、电话：银川市大连路168号0951-2230001 开户行及账号：中国建设银行新区支行4564512	密码区	5<-/566<273>21/0990// >/59220556+4/75>+980/ -7->-0008+8//525889<0 *1>-28*036+55-170>>0+ 加密版本：01

货物或应税劳务名称	规格型号	单位	数量	单价	金额	税率	税额
油缸		台	20	3300	66000	17%	11220
三爪卡盘		台	20	1500	30000	17%	5100
变压器		台	30	480	14400	17%	2448
合　　计					¥ 110400		¥ 18768
价税合计（大写）	壹拾贰万玖仟壹佰陆拾捌元整				（小写）¥ 129168		

销货单位	名　　称：宝丰集团有限公司 纳税人识别号：120000003854756 地址、电话：宝湖路 0951-4000123 开户行及账号：工商银行宝湖支行 0210	备注	（印章：宝丰集团有限公司 120000003458756 发票专用章）

收款人：马萍　　复核：马文　　开票人：刘玲　　销货单位：章

国税函〔2012〕314号厦门宇航股份有限公司

第二联：抵扣联　购货方扣税凭证

5600758　　宁夏增值税专用发票　　NO0206275321

（印章：全国统一发票监制章 宁夏 国家税务总局监制）

发票联

开票日期：2013年3月5日

购货单位	名　　称：西夏机床厂 纳税人识别号：200020101314 地址、电话：银川市大连路168号0951-2230001 开户行及账号：中国建设银行新区支行4564512	密码区	5<-/566<273>21/0990// >/59220556+4/75>+980/ -7->-0008+8//525889<0 *1>-28*036+55-170>>0+ 加密版本：01

货物或应税劳务名称	规格型号	单位	数量	单价	金额	税率	税额
油缸		台	20	3300	66000	17%	11220
三爪卡盘		台	20	1500	30000	17%	5100
变压器		台	30	480	14400	17%	2448
合　　计					¥ 110400		¥ 18768
价税合计（大写）	壹拾贰万玖仟壹佰陆拾捌元整				（小写）¥ 129168		

销货单位	名　　称：宝丰集团有限公司 纳税人识别号：120000003854756 地址、电话：宝湖路 0951-4000123 开户行及账号：工商银行宝湖支行 0210	备注	（印章：宝丰集团有限公司 120000003854756 发票专用章）

收款人：马萍　　复核：马文　　开票人：刘玲　　销货单位：章

国税函〔2012〕314号厦门宇航股份有限公司

第三联：发票联　购货方记账凭证

商业承兑汇票 2 AB 01 00354729

出票日期（大写）贰零壹叁 年零叁 月零伍 日

付款人	全称	西夏机床厂	收款人	全称	宝丰集团股份有限公司
	账号	4564512		账号	0210
	开户银行	中国建设银行新区支行		开户银行	工商银行宝湖支行
出票金额	人民币（大写）	壹拾贰万玖仟壹佰陆拾捌元整		亿千百十万千百十元角分	¥12916800
汇票到期日（大写）	贰零壹叁年零捌月零伍日		付款行	行号	8888
交易合同号码				地址	银川市大连路168号
本汇票已经承兑，到期无条件支付票款 承兑人签章 承兑日期：2013 年03 月05 日			本汇票请予以承兑于到期日汇款 出票人签章：		

西夏机床 财务专用章

此联收款人开户行随托收凭证寄付款行作借方凭证附件

注意事项
一、本票在指定的城市范围使用。
二、本票经背书人可以转让。

被背书人	被背书人	被背书人
背书人签章 年 月 日	背书人签章 年 月 日	背书人签章 年 月 日

【例 2-32】 假设【例 2-31】中的商业汇票为银行承兑汇票，已支付承兑手续费 64.58 元，还应作如下账务处理：

借：财务费用 64.58

贷：银行存款 64.58

（三）偿付应付票据

应付票据到期支付票款时，应按票面金额予以结转，借记“应付票据”科目，贷记“银行存款”科目。

【例 2-33】 假设【例 2-31】中的商业承兑汇票到期，企业以银行存款全额支付票款时，应作如下账务处理：

借：应付票据 129 168

贷：银行存款 129 168

（四）转销应付票据

应付商业汇票到期，企业无力支付票款，应根据不同情况进行处理：如果是商业承兑汇票，应转作“应付账款”，待协商后再处理，按应付票据的票面金额借记“应付票据”科目，贷记“应付账款”科目；如果是银行承兑汇票，银行已代为付款，应将应付票据的票面金额转作短期借款，借记“应付票据”科目，贷记“短期借款”科目。

【例 2-34】 承【例 2-33】中的商业汇票若为银行承兑汇票，企业到期无力支付票款，承兑银行已代为支付，故转为企业的短期借款，应作如下账务处理：

借：应付票据　　129 168

　贷：短期借款　　129 168

二、应付账款的核算

（一）应付账款的概述

应付账款是指企业因购买材料、商品和接受劳务供应等应支付给供应单位的款项。

应付账款的入账时间应为所购物资的所有权发生转移或接受劳务发生的时间。在会计工作中，为了使所购入物资的金额、品种、数量和质量等与合同规定的条款相符，避免因验收时发现所购物资存在数量或质量问题而对入账的物资或应付账款金额进行改动，在物资和发票账单同时到达的情况下，一般在所购物资验收入库后，再根据发票账单登记入账，确认应付账款。在所购物资已经验收入库，但是发票账单未能同时到达的情况下，企业应付物资供应单位的债务已经成立，在会计期末，为了反映企业的负债情况，需要将所购物资和相关的应付账款暂估入账，待下月初以红字冲销。

应付账款一般按实际应付金额入账，而不是按到期应付金额的现值入账。如果购货条件规定，在限定的付款期内付款可享受一定的现金折扣，其入账金额应采用总价法确认。

为了核算应付账款的发生、偿还及其转销等情况，企业应设置“应付账款”科目。该科目的贷方登记企业购买材料、商品和接受劳务等所形成的应付未付款项；借方登记偿还的应付账款，或开出商业汇票抵付应付账款的款项，或冲销无法支付的应付账款；期末余额一般在贷方，表示尚未偿还的应付款项。本账户按供应单位名称设置明细科目，进行明细分类核算。企业的各种应付赔款、应付租金、应付存入保证金等，不在本科目核算，而应在“其他应付款”科目核算。

（二）应付账款的核算

企业购入材料、商品或接受劳务等所产生的应付账款，应按应付金额入账。购入材料、商品等验收入库，但货款尚未支付，根据有关凭证，借记“材料采购”“在途物资”等科目，按可抵扣的增值税税额，借记“应交税费——应交增值税（进项税额）”科目，按应付的价款，贷记“应付账款”科目；企业接受供应单位提供劳务而发生的应付未付款项，根据供应单位的发票账单，借记“生产成本”“管理费用”等科目，贷记“应付账款”科目。

【例 2-35】　西夏机床厂 2013 年 6 月 10 日，采用托收承付结算方式从东方集团有限公司购入 PCL 主机 50 台，每台单价 1 600 元，专用发票注明价款 80 000 元，增值税 13 600 元。材料已运到并验收入库（该企业材料按实际成本计价核算），款项尚未支付。作如下账务处理：

宁夏增值税专用发票　NO020609047

5600186520　　发票联　　（全国统一发票监制章　宁夏　国家税务总局监制）

开票日期：2013年6月10日

购货单位	名称：西夏机床厂 纳税人识别号：200020101314 地址、电话：银川市大连路168号0951-2230001 开户行及账号：中国建设银行新区支行4564512	密码区	5<-/566<273>21/0990// >/59220556+4/75>+980/ -7->-0008+8//525889<0 *1>-28*036+55-170>>0+ 加密版本：01				
货物或应税劳务名称	规格型号	单位	数量	单价	金额	税率	税额
Pcl主机		台	50	1600	80000	17%	13600
合　计					￥ 80000		￥ 13600
价税合计（大写）	玖万叁仟陆佰元整				（小写）￥ 93600		
销货单位	名称：东方集团有限公司 纳税人识别号：120004852012354 地址、电话：香榭路 0951-5610123 开户行及账号：中国银行西门支行 85200	备注	（东方集团有限公司 120004852012354 发票专用章）				

收款人：江川　　复核：小敏　　开票人：刘玲　　销货单位：章

国税函〔2012〕314号厦门安锐股份有限公司

第三联：发票联　购货方记账凭证

宁夏增值税专用发票　NO020609047

5600186520　　抵扣联　　（全国统一发票监制章　宁夏　国家税务总局监制）

开票日期：2013年6月10日

购货单位	名称：西夏机床厂 纳税人识别号：200020101314 地址、电话：银川市大连路168号0951-2230001 开户行及账号：中国建设银行新区支行4564512	密码区	5<-/566<273>21/0990// >/59220556+4/75>+980/ -7->-0008+8//525889<0 *1>-28*036+55-170>>0+ 加密版本：01				
货物或应税劳务名称	规格型号	单位	数量	单价	金额	税率	税额
Pcl主机		台	50	1600	80000	17%	13600
合　计					￥ 80000		￥ 13600
价税合计（大写）	玖万叁仟陆佰元整				（小写）￥ 93600		
销货单位	名称：东方集团有限公司 纳税人识别号：120004852012354 地址、电话：香榭路 0951-5610123 开户行及账号：中国银行西门支行 85200	备注	（东方集团有限公司 120004852012354 发票专用章）				

收款人：江川　　复核：小敏　　开票人：刘玲　　销货单位：章

国税函〔2012〕314号厦门安锐股份有限公司

第二联：抵扣联　购货方扣税凭证

中国建设银行**转账支票存根**

支票号码 IV V 009 612 431

附加信息

出票日期 2013 年 6 月 10 日

收款人	东方集团有限公司
金额	63 600
用途	购买原料
备注	

东方集团有限公司 120004852012354 发票专用章

单位主管　　会计

复核　　记账

借：原材料——PCL 主机　　80 000

　应交税费——应交增值税(进项税额)　　13 600

　贷：应付账款——东方集团公司　　93 600

当企业偿还上述应付账款时，作如下账务处理：

借：应付账款——东方集团公司　　93 600

　贷：银行存款　　93 600

【例 2-35】 西夏机床厂 2013 年 6 月 18 日从东方集团公司购入电磁阀 300 只，每只 40 元，专用发票上注明价款 12 000 元，增值税 2 040 元，材料已经验收入库，款项尚未支付。

5600186520　　宁夏增值税专用发票　　N0020609064

抵扣联

全国统一发票监制章 宁夏 国家税务总局监制

开票日期：2013年6月18日

购货单位	名　称：西夏机床厂 纳税人识别号：200020101314 地址、电话：银川市大连路168号0951-2230001 开户行及账号：中国建设银行新区支行4564512			密码区	5<-/566<273>21/0990// >/59220556+4/75>+980/ -7->-0008+8//525889<0 *1>-28*036+55-170>>0+		加密版本：01	
货物或应税劳务名称	规格型号	单位	数量	单价	金额	税率	税额	
电磁阀		只	300	40	12000	17%	2040	
合　计					￥ 12000		￥ 2040	
价税合计(大写)	壹万肆仟零肆拾元整				(小写) ￥ 14040			
销货单位	名　称：东方集团有限公司 纳税人识别号：120004852012354 地址、电话：香榭路 0951-5610123 开户行及账号：中国银行西门支行 85200			备注	东方集团有限公司 120004852012354 发票专用章			

收款人：江川　　复核：小敏　　开票人：刘玲　　销货单位：章

国税函〔2012〕314号厦门安妮股份有限公司

第二联：抵扣联 购货方扣税凭证

借：原材料　　　　　　　　　　　　　　　　12 000

　　应交税费——应交增值税(进项税额)　　　　2 040

　　贷：应付账款——东方集团公司　　　　　　　　14 040

宁夏增值税专用发票　　NONo020609064

5600186520　　　　发票联　　　　开票日期：2013年6月18日

购货单位	名　　称：西夏机床厂 纳税人识别号：200020101314 地址、电话：银川市大连路168号0951-2230001 开户行及账号：中国建设银行新区支行4564512
密码区	5<-/566<273>21/0990// >/59220556+4/75>+980/ -7->-0008+8//525889<0 *1>-28*036+55-170>>0+ 加密版本：01

货物或应税劳务名称	规格型号	单位	数量	单价	金额	税率	税额
电磁阀		只	300	40	12000	17%	2040
合　　计					￥ 12000		￥ 2040
价税合计(大写)	壹万肆仟零肆拾元整				（小写）￥ 14040		

销货单位	名　　称：东方集团有限公司 纳税人识别号：120004852012345 地址、电话：香榭路 0951-5610123 开户行及账号：中国银行西门支行 85200
备注	东方集团有限公司 120004852012345 发票专用章

收款人：江川　　复核：小敏　　开票人：刘玲　　销货单位：章

第三联：发票联　购货方记账凭证

国税函〔2012〕314号厦门安妥股份有限公司

【例 2-36】 根据供电部门通知，企业本月应付电费 48 000 元。其中生产车间电费 32 000 元。企业行政管理部门电费 16 000 元，款项尚未支付，作如下账务处理：

借：制造费用　　　　　　　　　　　　32 000

　　管理费用　　　　　　　　　　　　16 000

　　贷：应付账款——××供电局　　　　　　48 000

需要指出的是，企业转销确定无法支付的应付账款，应按其账面余额转入“营业外收入”科目，借记“应付账款”科目，贷记“营业外收入”科目。

【例 2-37】 西夏机床厂 2013 年末，确定一笔 C 公司的应付账款 8 000 元为无法支付的款项，经批准予以转销，作如下账务处理：

借：应付账款——C 公司　　　　　　　8 000

　　贷：营业外收入　　　　　　　　　　　8 000

三、预收账款的核算

(一) 预收账款概述

预收账款，是指企业按照合同规定，向购货单位预先收取的款项。与应付账款不同，预收账款所形成的负债不是以货币偿付，而是以货物偿付。

企业为了核算预收账款的发生和偿还情况，应设置“预收账款”科目。该科目的贷方登记预收货款的数额和购货单位补付货款的数额；借方登记企业向购货方发货后冲销的预收货款数额和退回购货方多付货款的数额；期末余额一般在贷方，表示已预收货款但尚未向购货方发货的数额；期末如为借方余额，反映企业尚未转销的款项。本科目应按购货单位的名称设置明细科目，进行明细分类核算。预收货款业务不多的企业，可以不单独设置预收账款科目，其所发生的预收货款，可通过“应收账款”科目核算。

（二）预收账款的核算

企业向购货单位预收货款时，借记“银行存款”科目，贷记“预收账款”科目；将货物交给购货方时，按售价及增值税，借记“预收账款”科目，贷记“主营业务收入”“应交税费——应交增值税（销项税额）”科目；购货单位补付的货款，借记“银行存款”科目，贷记“预收账款”科目；向购货单位退回其多付的款项时，借记“预收账款”科目，贷记“银行存款”科目。

【例 2-38】 西夏机床厂为增值税一般纳税人。2013 年 7 月 5 日，西夏机床厂与东方集团有限公司签订供货合同，向其出售科发数控系统 5 套，每套售价 400 000元，金额共计 2 000 000 元，增值税 340 000 元。根据购货合同规定，东方公司在购货合同签订一周内应当向西夏机床厂预付货款 1 600 000 元，剩余货款在交货后付清。2013 年 7 月 10 日，西夏机床厂收到东方公司交来的预付款 1 600 000元并存入银行，7 月 14 日西夏机床厂将货物发到东方公司并开出增值税专用发票，东方集团公司验收后付清了剩余货款。西夏机床厂的有关账务处理如下：

中国银行**进账单**（回单）　　**1**

2013 年 7 月 10 日

出票人	全　称	东方集团有限公司	收款人	全　称	西夏机床厂
	账　号	85200		账　号	4564512
	开户银行	中国银行西门支行		开户银行	中国建设银行新区支行
金额	人民币（大写）壹佰陆拾万元整				亿　千　百　十　万　千　百　十　元　角　分 ¥　1　6　0　0　0　0　0　0　0
票据种类		票据张数			中国银行 业务受理 开户银行签章
票据号码					
复核：		记账：			

此联是开户银行交持（出）票人的回单

中国银行**进账单**（贷方凭证） 2

2013 年 7 月 10 日

出票人	全　　称	东方集团有限公司	收款人	全　　称	西夏机床厂
	账　　号	85200		账　　号	4564512
	开户银行	中国银行西门支行		开户银行	中国建设银行新区支行

金额	人民币（大写）壹佰陆拾万元整	亿	千	百	十	万	千	百	十	元	角	分
			¥	1	6	0	0	0	0	0	0	0

票据种类		票据张数		中国银行 业务受理
票据号码				
复核：		记账：		

此联由收款人开户银行作贷方凭证

中国银行**进账单**（收账通知） 3

2013 年 7 月 10 日

出票人	全　　称	东方集团有限公司	收款人	全　　称	西夏机床厂
	账　　号	85200		账　　号	4564512
	开户银行	中国银行西门支行		开户银行	中国建设银行新区支行

金额	人民币（大写）壹佰陆拾万元整	亿	千	百	十	万	千	百	十	元	角	分
			¥	1	6	0	0	0	0	0	0	0

票据种类		票据张数		中国银行 业务受理 开户银行签章
票据号码				
复核：		记账：		

此联是收款人开户银行给收款人的收账通知

宁夏增值税专用发票　　N00600000253001

全国统一发票监制 宁夏 国家税务总局监制

56009842

记账联

开票日期：2013年7月14日

国税函〔2012〕314号厦门荣税股份有限公司

购货单位	名　称：东方集团有限公司 纳税人识别号：120004852012354 地址、电话：香榭路 0951-5610123 开户行及账号：中国银行西门支行 85200	密码区	5<-/566<273>21/0990// >/59220556+4/75>+980/ -7->-0008+8//525889<0 *1>-28*036+55-170>>0+ 加密版本：01

货物或应税劳务名称	规格型号	单位	数量	单价	金额	税率	税额
科发数控系统		套	5	400000	2000000	17%	340000
合　计					¥ 2000000		¥ 340000
价税合计（大写）	贰佰叁拾肆万元整				（小写）	¥ 2340000	

销货单位	名　称：西夏机床厂 纳税人识别号：200020101314123 地址、电话：银川市大连路168号0951-2230001 开户行及账号：中国建设银行新区支行4564512	备注	西夏机床厂 200020101314123 发票专用章

收款人：贾媛　　复核：杨彤　　开票人：刘玲　　销货单位：章

第一联：记账联　销货方记账凭证

中国银行进账单（回单）　　1

2013 年 7 月 14 日

出票人	全　称	东方集团有限公司	收款人	全　称	西夏机床厂
	账　号	85200		账　号	4564512
	开户银行	中国银行西门支行		开户银行	中国建设银行新区支行

金额	亿	千	百	十	万	千	百	十	元	角	分
人民币（大写）柒拾肆万元整			¥	7	4	0	0	0	0	0	0

票据种类		票据张数		中国银行 业务受理 开户银行签章
票据号码				
复核：		记账：		

此联是开户银行交持（出）票人的回单

中国银行**进账单**（贷方凭证） 2

2013 年 7 月 14 日

出票人	全　　称	东方集团有限公司	收款人	全　　称	西夏机床厂
	账　　号	85200		账　　号	4564512
	开户银行	中国银行西门支行		开户银行	中国建设银行新区支行

金额		亿	千	百	十	万	千	百	十	元	角	分
	人民币（大写）柒拾肆万元整			¥	7	4	0	0	0	0	0	0

票据种类		票据张数		中国银行 业务受理
票据号码				
	复核：	记账：		开户银行签章

此联由收款人开户银行作贷方凭证

中国银行**进账单**（收账通知） 3

2013 年 7 月 14 日

出票人	全　　称	东方集团有限公司	收款人	全　　称	西夏机床厂
	账　　号	85200		账　　号	4564512
	开户银行	中国银行西门支行		开户银行	中国建设银行新区支行

金额		亿	千	百	十	万	千	百	十	元	角	分
	人民币（大写）柒拾肆万元整			¥	7	4	0	0	0	0	0	0

票据种类		票据张数		中国银行 业务受理
票据号码				
	复核：	记账：		开户银行签章

此联是收款人开户银行给收款人的收账通知

① 7 月 10 日收到东方公司交来的预付款 1 600 000 元时：

借：银行存款　　1 600 000

　　贷：预收账款——东方集团公司　　1 600 000

② 7 月 14 日按合同规定，向东方公司发出货物时：

借：预收账款——东方集团公司　　2 340 000

　　贷：主营业务收入　　2 000 000

　　　　应交税费——应交增值税（销项税额）　　340 000

借：银行存款　　740 000

　　贷：预收账款——东方集团公司　　740 000

【例 2-39】 以【例 2-38】中的资料为例，假设西夏机床厂不设置“预收账款”科目，而是通过“应收账款”科目核算。西夏机床厂有关业务的账务处理如下：

① 7 月 10 日收到东方公司交来的预付款 1 600 000 元时：

借：银行存款 1 600 000

　贷：应收账款——东方集团公司 1 600 000

② 7 月 14 日向东方集团公司发出货物：

借：应收账款——东方集团公司 2 340 000

　贷：主营业务收入 2 000 000

　　应交税费——应交增值税（销项税额） 340 000

借：银行存款 740 000

　贷：应收账款——东方集团公司 740 000

四、其他应付款

其他应付款是指除应付账款、应付票据、预收账款、应付职工薪酬、应付股利、应交税费以外的其他各项应付、暂收款项，核算内容包括应付租入包装物的租金、经营租入固定资产的租金、出租或出借包装物收取的押金、应付及暂收其他单位的款项等。

企业应设置“其他应付款”科目。该科目的贷方登记发生的各种应付、暂收款项；借方登记偿还或转销的各种应付、暂收款项；期末余额在贷方，表示应付而未付的其他应付款项。本科目应按应付、暂收款项的项目和对方单位或个人设置明细账户，进行明细分类核算。

企业发生各种应付、暂收款项时，借记“管理费用”“银行存款”等科目，贷记“其他应付款”科目；支付或退回有关款项时，借记“其他应付款”科目，贷记“银行存款”等科目。

【例 2-40】 西夏机床厂从 2013 年 1 月 1 日起，以经营租赁方式租入管理用办公设备一批，每月租金 6 000 元，按季支付。3 月 31 日，以银行存款支付应付租金。西夏机床厂的有关账务处理如下：

① 1 月 31 日计提应付经营租入固定资产租金：

借：管理费用 6 000

　贷：其他应付款 6 000

2 月末计提应付经营租入固定资产租金的账务处理同 1 月末的账务处理。

② 3 月 31 日支付租金：

借：其他应付款 12 000

　管理费用 6 000

　贷：银行存款 18 000

任务九 管理费用

管理费用是指企业为组织和管理生产经营活动而发生的各种管理费用,包括企业在筹建期间发生的开办费,董事会和行政管理部门在企业经营管理过程中发生的或者应由企业统一负担的公司经费(包括行政管理部门的职工薪酬、物料消耗、低值易耗品摊销、办公费和差旅费等)、工会经费、董事会费(包括董事会成员津贴、会议费和差旅费等)、聘请中介机构费、咨询费(含顾问费)、诉讼费、业务招待费、房产税、车船使用税、土地使用税、印花税、技术转让费、矿产资源补偿费、研究费用、排污费,以及企业生产车间(部门)和行政管理部门发生的固定资产修理费等。

企业应通过"管理费用"科目,核算管理费用的发生和结转情况。该科目借方登记企业发生的各项管理费用,贷方登记期末转入"本年利润"科目的管理费用,结转后该科目应无余额。该科目应按管理费用的费用项目进行明细核算。

【例 2-41】 西夏机床厂筹建期间发生办公费、差旅费等开办费 30 000 元,均用银行存款支付。会计分录如下:

借:管理费用　　30 000

　贷:银行存款　　30 000

【例 2-42】 西夏机床厂为销售产品发生业务招待费 5 000 元,用银行存款支付。会计分录如下:

借:管理费用　　5 000

　贷:银行存款　　5 000

【例 2-43】 2013 年 9 月 20 日西夏机床厂以银行存款支付金财咨询公司咨询费8 000元。会计分录如下:

借:管理费用　　8 000

　贷:银行存款　　8 000

【例 2-44】 西夏机床厂行政部 2013 年 10 月份共发生费用 120 000 元,其中:行政人员薪酬 50 000 元,行政部专用办公设备折旧费 41 000 元,报销行政人员差旅费 21 000 元(假定报销人均未预借差旅费),其他办公费、水电费共 8 000 元(均用银行存款支付)。会计分录如下:

借:管理费用　　120 000

　贷:应付职工薪酬　　50 000

　　累计折旧　　41 000

　　库存现金　　21 000

　　银行存款　　8 000

【例 2-45】 夏机床厂 2013 年 10 月按规定计算确定的应交房产税为 3 000 元、应交车船使用税为 4 600 元、应交土地使用税为 2 400 元。会计分录如下：

借：管理费用	10 000
贷：应交税费——应交房产税	3 000
——应交车船使用税	4 600
——应交土地使用税	2 400

项目训练

一、单项选择题

1. 某企业采用计划成本法核算发出存货，钢筋的计划成本为 1 000 元/吨，本月发出钢筋 20 吨，本月材料成本差异率为 0.2%，则本月发出钢筋应分担的材料成本差异额（　　）。

   A. 20 元　　B. 40 元　　C. 30 元　　D. 10 元

2. 某企业对发出的存货采用先进先出法计价，本月期初钢材的数量为 100 吨，单价为 1 200 元/吨，本月 3 日购入一批，数量为 100 吨，单价 1 000 元/吨，本月 10 日发出钢材 200 吨，则本月发出存货的价值为（　　）元。

   A. 24 万　　B. 20 万　　C. 22 万　　D. 16 万

3. 下列各项物品中不属于企业存货的有（　　）。

   A. 在途物资　　B. 委托加工物资

   C. 自制半成品　　D. 特种储备物资

4. 按照规定，在成本与可变现净值孰低法下，对成本与可变现净值进行比较，以确定当期存货跌价准备金额时，一般应当（　　）。

   A. 分别单个存货项目进行比较　　B. 分别存货类别进行比较

   C. 按全部存货进行比较　　D. 企业根据实际情况作出选择

5. 出租包装物发生修理费时，应通过（　　）账户核算。

   A. 销售费用　　B. 其他业务成本

   C. 生产成本　　D. 管理费用

6. 出借包装物发生的包装物摊销费，应列入（　　）。

   A. 管理费用　　B. 销售费用

   C. 主营业务成本　　D. 其他业务成本

7. 关于“材料成本差异”账户说法正确的有（　　）。

   A. 该账户的借方登记超支差额　　B. 该账户的贷方登记超支差额

   C. 该账户的月末余额只能在贷方　　D. 该账户按供应单位设置明细账

8. 企业在具体运用“成本与可变现净值孰低法”时，需要进行账务处理的情况是（　　）。

A. 可变现净值高于成本　　B. 可变现净值低于成本
C. 可变现净值等于成本　　D. 以上都需要进行账务处理

9. 某企业采用“五五摊销法”对低值易耗品进行摊销，本月企业领用低值易耗品一批，成本为3 000元，则本月应摊销(　　)元。
A. 0　　B. 750　　C. 1 500　　D. 3 000

10. 某企业期末“工程物资”科目的余额为100万元，“发出商品”科目的余额为50万元，“原材料”科目的余额为60万元，“材料成本差异”科目的贷方余额为5万元。“存货跌价准备”科目的余额为20万元，假定不考虑其他因素，该企业资产负债表中“存货”项目的金额为(　　)万元。
A. 85　　B. 95　　C. 185　　D. 195

11. 小规模纳税企业购入原材料取得的增值税专用发票上注明：货款2万元，增值税3 400元，在购入材料的过程中另支付运杂费500元。则该企业原材料的入账价值为(　　)元。
A. 19 500　　B. 20 500　　C. 23 300　　D. 23 900

12. 下列各项支出中，可能不计入存货成本的项目是(　　)。
A. 购进存货时的进项增值税　　B. 入库前的挑选整理费
C. 购买存货而发生的运输费　　D. 购买存货而交纳的消费税

13. 采用计划成本进行原材料日常核算时，月末发出材料应分摊的成本节约差异应记入(　　)。
A. “材料成本差异”账户的借方　　B. “材料成本差异”账户的贷方
C. “材料成本差异”账户的借方或贷方　　D. 其他账户

14. 商品流通企业对于存货的附带成本一般应计入(　　)。
A. 存货成本　　B. 期间费用
C. 销售成本　　D. 营业外支出

15. 某股份有限公司从2013年1月1日起对期末存货采用成本与可变现净值孰低计价，成本与可变现净值的比较采用单项比较法。该公司2013年12月31日A、B、C三种存货的成本分别为30万元、21万元、33万元，A、B、C三种存货的可变现净值分别为28万元、25万元、33万元。该公司当年12月31日资产负债表中反映的存货净额为(　　)万元。
A. 85　　B. 86　　C. 82　　D. 84

16. 存货清查中，盘亏与毁损的存货，由于自然灾害、意外事故造成的，扣除保险公司赔偿后的净损失，经批准，应记入(　　)。
A. “待处理财产损溢”　　B. “营业外支出”
C. “其他应收款”　　D. “管理费用”

17. 采用计划成本进行材料日常核算时，月末发出材料应分摊的成本差异，如是超支差异，应记入(　　)。

A. “材料成本差异”账户的借方　　B. “材料成本差异”账户的贷方
C. “材料成本差异”账户的借方或贷方　　D. 其他账户

18. 下列各项资产中，(　　)不属于存货范围。
A. 委托加工材料　　B. 委托代销商品
C. 租入包装物　　D. 在途材料

19. 某工业企业为增值税一般纳税企业，2013 年 4 月购入 A 材料 1 000 公斤，增值税专用发票上注明的买价为 30 000 元，增值税额为 5 100 元，该批 A 材料在运输途中发生 1%的合理损耗，实际验收入库 990 公斤，在入库前发生挑选整理费用 300 元。该批入库 A 材料的实际总成本为(　　)元。
A. 29 700　　B. 29 997　　C. 30 300　　D. 35 400

20. 期末对存货采用成本与可变现净值孰低法计价时，其可变现净值的含义是(　　)。
A. 预计存货的售价
B. 预计售价减去进一步加工成本和销售所必须的预计税金及费用
C. 现时重置成本
D. 现时重置成本加正常利润

21. 某企业委托其他单位加工材料，收回后直接对外销售。加工中共发生下列支出：发出材料的实际成本 5 000 元，支付的加工费 2 000 元，增值税 340 元，往返运杂费 200 元，受托方加工企业代收代交消费税 500 元。材料加工完毕，收回剩余残料价值 200 元，则委托加工物资入账价值应为(　　)元。
A. 7 540　　B. 7 700　　C 7 500　　D. 7 200

22. 企业对应付的商业承兑汇票，如果到期不能足额付款，在会计处理上应将其转作(　　)。
A. 应付账款　　B. 其他应付款　　C. 预付账款　　D. 短期借款

23. 某公司为一般纳税人，2013 年 6 月购入一批商品，发票上注明价款为 100 万元，增值税率 17%，并取得运费单据一张，注明运费为 30 万元，则该批商品的入账成本为(　　)。
A. 130 万元　　B. 127.9 万元　　C. 146.1 万元　　D. 117 万元

24. 预收货款业务不多的企业可以不设“预收账款”科目，而是将其预收的货款记入(　　)
A. 应付账款　　B. 其他应付款　　C. 应收账款　　D. 预付账款

25. 委托加工应纳消费税产品(非金银首饰)收回后，如直接对外销售，其由受托方代扣代交的消费税，应记入(　　)。
A. 生产成本　　B. 应交税费——应交消费税
C. 委托加工物资　　D. 主营业务成本

26. 委托加工应纳消费税产品收回后，如用于连续生产应税消费品，其由受托方代扣代交的消费税,应计入(　　)。

A. 生产成本　　B. 应交税费——应交消费税的借方
C. 委托加工产品的成本　　D. 主营业务成本

27. 企业在转销已经确认无法支付的应付账款时,应贷记的会计科目是(　　)。
A. 其他业务收入　B. 营业外收入　C. 盈余公积　D. 资本公积

28. 企业收取包装物押金及其他各种暂收款项时,应贷记(　　)科目。
A. 营业外收入　B. 其他业务收入　C. 其他应付款　D. 其他应收款

29. 下列各项中不应计入“营业税金及附加”的是(　　)。
A. 消费税　　B. 资源税
C. 城市维护建设税　　D. 增值税的销项税额

30. 企业交纳的应由单位承担的医疗保险费应通过(　　)账户进行核算。
A. 应交税费　B. 应付职工薪酬　C. 其他应交款　D. 其他应付款

31. 企业出售固定资产应交的营业税,应借记的会计科目是(　　)。
A. 营业税金及附加　　B. 固定资产清理
C. 营业外支出　　D. 其他业务成本

32. 企业开出的商业汇票为银行承兑汇票,其无力支付票款时,应将应付票据的票面金额转作(　　)。
A. 应付账款　B. 其他应付款　C. 预付账款　D. 短期借款

33. 企业交纳的下列税款,不需要通过“应交税费”科目核算的是(　　)。
A. 增值税　B. 印花税　C. 土地增值税　D. 资源税

34. 下列各项税金中不影响企业损益的是(　　)。
A. 消费税　　B. 营业税
C. 一般纳税企业的增值税销项税额　　D. 所得税

35. 企业购进货物用于工程项目时,该货物负担的增值税额应当计入(　　)。
A. 应交税费——应交增值税　　B. 工程物资
C. 营业外支出　　D. 管理费用

36. 下列原材料相关损失项目中,应记入管理费用的是(　　)。
A. 自然灾害造成的原材料损失　　B. 人为责任造成的原材料损失
C. 计量差错引起的原材料盘亏　　D. 原材料运输途中发生的合理损耗

二、多项选择题

1. 在“周转材料——包装物”账户核算的包装物是指(　　)。
A. 一次性消耗的包装材料
B. 用于储存和保管产品、材料而不对外出售、出租和出借的包装物
C. 用于包装本企业产品,并对外出租和出借的包装物
D. 用于包装本企业产品,并对外出售的包装物

2. 存货的成本包括(　　)。
A. 采购成本　　B. 加工成本
C. 主营业务成本　　D. 其他成本
3. 用于储存和保管产品、材料而不对外出售的包装物,应按其价值大小和使用年限长短,分别在(　　)或(　　)账户核算。
A. 周转材料——包装物　　B. 原材料
C. 固定资产　　D. 周转材料——低值易耗品
4. “材料成本差异”科目贷方核算的内容有(　　)。
A. 购入材料实际成本大于计划成本的差异
B. 购入材料实际成本小于计划成本的差异
C. 发出材料实际成本大于计划成本的差异
D. 发出材料实际成本小于计划成本的差异
5. 企业发生的预收货款可以通过(　　)账户核算。
A. 预付账款　B. 应付账款　C. 预收账款　D. 应收账款
6. 下列属于发出存货计价方法的是(　　)。
A. 先进先出法　B. 后进先出法　C. 加权平均法　D. 个别计价法
7. 下列应计入存货采购成本的是(　　)。
A. 买价　　B. 运输途中的合理损耗
C. 增值税　　D. 进口关税
8. “材料成本差异”账户贷方的核算内容有(　　)。
A. 入库材料成本超支差异　　B. 入库材料成本节约差异
C. 结转发出材料应负担的超支差异　　D. 结转发出材料应负担的节约差异
E. 库存材料节约差异
9. 下列各项中,应作为原材料进行核算和管理的是(　　)。
A. 原料及主要材料　　B. 修理用备件
C. 包装材料　　D. 出租包装物
10. 下列业务中,通过“其他业务收入”核算的是(　　)。
A. 销售材料取得的收入　　B. 出租包装物的租金收入
C. 随商品出售,单独计价的包装物收入　　D. 出借包装物收到的押金
11. 一般纳税人企业委托外单位加工用于直接对外销售的存货,其实际成本应包括(　　)。
A. 加工中实际耗用存货的实际成本　　B. 加工费用
C. 加工环节的消费税　　D. 加工存货的往返运杂费
E. 加工中支付的增值税
12. 企业购进材料一批,已验收入库,但结算凭证未到,货款尚未支付,应作如下会计处理(　　)。

A. 材料验收入库即入账
B. 材料验收入库时暂不入账
C. 月末按暂估价入账
D. 下月初用红字冲回
E. 收到结算凭证并支付货款时入账

13. 采用五五摊销法对低值易耗品价值进行摊销，适用于(　　)的低值易耗品。
A. 使用期限较长
B. 单位价值较高
C. 一次领用数量较大
D. 容易破损
E. 单位价值较低

14. 在物价持续上涨的时期，存货采用先进先出法计价的特点是(　　)。
A. 当期成本费用降低
B. 当期成本费用升高
C. 当期利润降低
D. 当期利润增加
E. 减少通货膨胀的不利影响

15. 企业应定期对存货进行全面清查，如由于(　　)等原因，使存货成本不可收回，应提取存货跌价准备。
A. 存货短缺
B. 存货毁损
C. 存货陈旧过时
D. 存货销售价格低于成本
E. 存货发生自然损耗

16. 包装物的摊销方法有(　　)。
A. 一次转销法
B. 分次摊销法
C. 报废核销法
D. 盘存摊销法
E. 五五摊销法

17. 下列项目中，应作为销售费用处理的有(　　)。
A. 销售材料的成本
B. 出租包装物的摊销额
C. 随商品出售，不单独计价的包装物的成本
D. 出借包装物的摊销额

18. 企业对于下列的存货盘亏或毁损事项进行处理时，应当计入管理费用的有(　　)。
A. 因收发计量原因造成的存货盘亏净损失
B. 因核算差错造成的存货盘亏净损失
C. 因定额内损耗造成的存货盘亏净损失
D. 因管理不善造成的存货盘亏净损失
E. 因自然灾害造成的存货毁损净损失

19. 计入“管理费用”的税金有(　　)。
A. 房产税
B. 车船税
C. 土地使用税
D. 契税

三、判断题

1. 随同产品出售单独计价的包装物应按出售包装物的收入记入“主营业务收入”。（　）
2. 盘盈存货的计价应按照同类或类似存货的市场价格，作为实际成本。（　）
3. 购入材料在运输途中发生的合理损耗不需单独进行账务处理。（　）
4. 采用成本与可变现净值孰低法计价时，如果期末存货的成本低于可变现净值时，资产负债表中的存货仍按期末账面价值列示。（　）
5. 非正常消耗的直接材料、直接人工及制造费用应计入当期损益，不得计入存货成本。（　）
6. “成本与可变现净值孰低法”中的“成本”是指重置成本。（　）
7. 未经批准转销前，存货的盘盈应通过“待处理财产损溢”账户进行核算。（　）
8. 构成产品组成部分的包装物，在领用时，其成本计入企业的“销售费用”账户。（　）
9. 物资采购明细账必须按材料总账科目设置。（　）
10. 对于已霉烂变质的存货，企业应当计提存货跌价准备。（　）
11. 凡在盘存日期，法定所有权属于企业的存货，不论其存放地点在何处，均视为企业的存货。（　）
12. 委托代销商品属于企业的存货。（　）
13. 存货的购货价格是指已扣除现金折扣以后的金额。（　）
14. 一般纳税人企业购进生产用材料时，按照税法的有关规定，可以按支付的外地运费的一定比例计算增值税进项税额，该运费的进项税额不应计入购进材料的采购成本。（　）
15. 非常损失造成的存货毁损，应按该存货的实际成本计入营业外支出。（　）
16. 企业发出材料如采用先进先出法计价，在物价变动的情况下，可使发出材料的成本比较接近现时的成本水平。（　）
17. 自制存货的实际成本由制造过程中发生的直接材料费、人工费用和制造费用组成的。（　）
18. 商品流通企业购进商品所发生的采购费用应计入销售费用。（　）
19. 采用毛利率法计算的商品销售成本不够准确，因此每季度最后一个月应采用其他方法计算出该季度的销售成本，并倒挤最后一个月的销售成本。（　）
20. 采用成本与可变现净值孰低法计价时，如果期末存货的成本低于可变现净值时，资产负债表中的存货仍按期末账面价值列示。（　）
21. 当存货的可变现净值高于其实际成本时，应将原存货跌价准备中已有的金额全部冲减，但最多将存货跌价准备冲减至零为止。（　）
22. 一次领用的包装物数额较大时，应当分次摊销计入各期的成本费用。（　）

23. 发生不可抗拒的自然灾害造成存货损失，其增值税进项税额不需转出。 （ ）

24. 企业将自产或委托加工的货物用于职工福利，在会计上按照货物成本转账，不用计税。 （ ）

25. 预收账款不多的企业，可以不设置“预收账款”科目。企业预收客户货款时，直接将其记入“应付账款”科目的贷方。 （ ）

26. 按计划成本对发出材料计价，可以剔除材料单价变动对车间材料耗费的影响，便于考核车间的经济效果。 （ ）

四、实务题

习题一

1. 目的：练习材料按实际成本的核算。
2. 资料：银泰机床有限责任公司对材料采用实际成本计价，该公司2013年7月份发生的有关材料采购业务如下：

   (1) 7月1日，从外地晓光公司购入一批铜材3 000千克，买价6万元，专用发票注明增值税税率17%，运杂费800元（其中运费700元，可以抵扣的进项税额49元），本公司签发一张两个月到期的银行承兑汇票，材料尚未运到。

   (2) 7月3日，接受溪帝公司投入材料一批，投资协议确定的公允价值为10万元，收到投资方开出的增值税专用发票，注明增值税17 000元。

   (3) 7月4日，购入钢材一批，买价4.2万元，专用发票注明的增值税税率17%，运杂费1 200元（其中运输费1 000元，可以抵扣的进项税额70元），价税款以银行存款支付，材料验收入库。

   (4) 7月21日，上月购入的钢材一批，实际成本为45 800元，今日验收入库，该货款已于上月支付。

   (5) 7月31日，当月生产车间自制加工的材料完工验收入库，实际成本5 360元。
3. 要求：根据上述资料编制会计分录。

习题二(一)

1. 目的：练习存货的计价。
2. 资料：

   (1) 2013年6月4日，汉灵公司从外地购入A材料一批3 000千克，每千克5元，计15 000元，增值税2 550元，支付外地运杂费500元（其中运费465元，可抵扣增值税35元），采购人员差旅费300元，材料验收入库时，短少20千克属定额内损耗。

   (2) 汉灵公司6月份A材料资料如下：期初结存500千克，单价22元；3日购进 200 千克，单价 21 元；8 日发出 600 千克；14 日购进 500 千克，单价 20 元；16 日发出 300 千克；23 日购进 150 千克，单价 22 元；29 日发出存货 300 千克。

3. 要求：

(1) 根据资料(1)，计算购入 A 材料的采购总成本和单位成本。

(2) 根据资料(2)，在永续盘存制下，分别按先进先出法、加权平均法计算本月发出 A 材料的存货成本和期末结存的 A 材料成本。

习题二(二)

1. 目的：练习存货发出的计价方法。
2. 资料：2013 年 8 月 1 日，甲公司存货数量 3 000 件，成本为 15 000 元，8 月期末结存 5 100 件，8 月份购货情况如下表：

购入日期	数　量	单　价	金　额	发出日期	数　量
8 月 2 日	1 500 件	5.00	7 500	8 月 11 日	1 000 件
8 月 7 日	2 400 件	5.10	12 240	8 月 16 日	1 000 件
8 月 13 日	3 000 件	5.20	15 600	8 月 30 日	8 000 件
8 月 15 日	2 500 件	5.15	12 875		
8 月 28 日	2 700 件	5.16	13 932		

3. 要求：用先进先出法、加权平均法计算发出存货成本，并登记材料明细分类账。

习题三(一)

1. 目的：练习材料成本差异的计算和核算。
2. 资料：汉灵公司为一般纳税企业，增值税税率 17%，采用计划成本计价法进行原材料的核算。2013 年 9 月 1 日，该企业原材料账面计划成本为 100 万元，材料成本差异的借方余额为 2 万元。2013 年 9 月份该企业有关原材料的业务资料如下：

(1) 9 月 2 日，购入材料一批，材料已运到并验收入库，但发票等结算凭证尚未收到，货款尚未支付。该批材料的计划成本为 7 万元。

(2) 9 月 14 日，购入原材料一批，增值税发票注明的材料价款 20 万元，增值税额 34 000 元，外地运费 2 万元(按 7%计算增值税进项税额)。有关款项以银行存款支付。该批材料的计划成本为 22 万元，材料已验收入库。

(3) 9 月 20 日，收到 9 月 2 日购入材料的发票账单，其买价 65 000 元，增值税 11 050元，运费 1 000 元(其中可以抵扣的进项税额 70 元)，企业因资金不足，暂未付款。

(4) 本月领用材料的计划成本为 70 万元，其中：生产 3＃产品领用 48 万元，车间管理部门领用 10 万元，厂部管理部门领用 4 万元，在建工程领用 8 万元。

3. 要求：

(1) 计算并分摊该企业 9 月份的材料成本差异。

(2) 根据上述资料,编制有关的会计分录。

习题三(二)

1. 目的:练习材料按计划成本的核算。
2. 资料:美林有限责任公司为一般纳税企业,对材料采用计划成本计价,2013 年 10 月份有关材料业务如下:
   (1) 10 月 1 日,冲回上月末暂估价入账的 2 万元的“原材料——B 材料”。
   (2) 10 月 3 日,收到银行转来上月购进 B 材料的结算单据,增值税专用发票上注明买价 18 000 元,增值税税率 17%,另有供货方代垫运杂费 1 400 元(其中运费 1 000 元,可抵增值税进项税额 70 元),货款及运杂费今日承付,材料的计划成本为 2 万元,同时结转材料成本差异。
   (3) 10 月 15 日,从运通公司购入 A 材料一批,货款 3 万元,增值税额 5 100 元,运杂费 1 100 元(其中运费 1 000 元,可抵增值税进项税额 70 元),A 材料已验收入库,该批材料的计划成本为 28 500 元,发票等结算凭证已收到,企业因资金不足而尚未付款。
   (4) 10 月 23 日,以银行存款偿还运通公司本月 15 日的材料货款。
   (5) 10 月 25 日,向凤城公司购入 A 材料一批,增值税专用发票上记载的买价 81 800 元,增值税 13 906 元,计划成本 80 000 元,材料已验收入库,签发两个月期的商业承兑汇票。
   (6) 10 月 31 日,本月发出材料汇总表如表下。

发料凭证汇总表

2013 年 10 月　　　　单位:元

领用部门及用途		A 材料	B 材料	合计
基本生产车间	甲产品	70 000	50 000	120 000
辅助生产车间	供电车间	10 000	12 000	22 600
基本生产车间一般耗用	一车间	4 000	3 000	7 000
管理部门		5 000	2 000	7 000
销售部门			1 000	1 000
合 计		89 000	68 000	157 000

其中,A 材料的材料成本差异率为 2%,B 材料的材料成本差异率为−1%。结转发出材料的计划成本和本月发出材料应分配的成本差异额。

3. 要求:根据资料编制会计分录。

习题三(三)

1. 目的:练习存货购进的核算。
2. 资料:甲企业购入 A 材料,2013 年 11 月 1 日有关账户的期初余额如下:
   (1) 原材料账户:A 材料 2 000 千克　　计划单价 10 元　金额 20 000 元

(2) 材料成本差异账户(借方余额):720 元

(3) 11 月份发生下列有关经济业务:

① 11 月 1 日银行转来美帝公司的托收凭证,金额为 19 710 元,内附增值税专用发票一张,开列 A 材料 1 500 千克,每千克 11 元,货款计 16 500 元,增值税额为 2 805 元,运杂费凭证一张,金额 405 元,经审核无误立即承付。

② 11 月 5 日向丙企业赊购 A 材料 3 000 千克,单价 9 元,货款计 27 000 元,增值税 4 590 元,运费 500 元,A 材料已验收入库,款未付。

③ 11 月 10 日仓库转来通知,8 日从丙企业发来的 A 材料到达,并准备验收入库,入库盘点时发现短缺 200 千克,其中 50 千克属于正常损耗,150 千克由运输单位赔偿。(假设该材料市价与成本价相同)

④ 11 月 12 日仓库转来收料单,11 月 1 日乙公司购入 A 材料已到,验收入库,予以转账。

⑤ 11 月 14 日甲企业用银行存款支付 5 日购买丙企业 A 材料的款项。

⑥ 11 月 16 日银行转来丙企业有关托收凭证,金额为 28 080 元,内附增值税专用发票一张,开列 A 材料 2 000 千克,货款为 24 000 元,增值税为 4 080 元,运杂费由对方承付,经审核无误,予以支付。

⑦ 本月共发出 A 材料 6 000 千克,全部用于生产甲产品。

3. 要求:(1) 根据上述资料作出有关账务处理。

(2) 计算材料成本差异率,将本月发出的材料计划成本调整为实际成本,并做出相关的会计分录。

习题四(一)

1. 目的:练习委托加工物资的核算。
2. 资料:恒通公司 2013 年 11 月份发生下列有关委托加工业务:

(1) 11 月 4 日,发出材料一批,其实际成本 12 000 元,委托华泰工厂加工成 A 材料。

(2) 11 月 5 日,以现金支付发出材料的运杂费 400 元。

(3) 11 月 24 日,以银行存款支付加工费用 2 000 元,增值税 340 元,运杂费 300 元。

(4) 11 月 25 日,A 材料加工完毕并验收入库,同时收回余料 240 元,也验收入库。

3. 要求:根据资料编制会计分录。

习题四(二)

1. 目的:练习委托加工物资的核算。
2. 资料:A 公司委托 B 公司代为加工一批应税消费品。A 公司发出原材料的成本为 15 000 元,发生加工费用 3 000 元,由 B 公司代收代交的消费税税额为

1 200。材料已经加工完并验收入库。两个公司均为一般纳税人，适用增值税税率为 17%。有关款项的收付已经银行办妥。

3. 要求：分别作出 A 公司收回的委托加工物资用于继续生产应税消费品和直接对外销售的会计处理。

习题五

1. 目的：练习包装物和低值易耗品的核算。
2. 资料：安然公司对包装物和低值易耗品采用实际成本法核算，包装物采用一次转销法；低值易耗品中，专用工具、办公用具采用五五摊销法，其余采用一次转销法。
   (1) 企业购入一批专用工具，买价 3 000 元，增值税 510 元，运杂费 120 元(不考虑增值税)，货款以银行存款支付，专用工具验收入库。
   (2) 生产车间领用专用工具一批，其实际成本 36 000 元。
   (3) 管理部门领用办公用具一批，成本 1 600 元。
   (4) 生产 A 产品从仓库领用包装物 100 个，成本 360 元。
   (5) 随同产品出售包装物一批，单独计价 936 元(其中增值税 136 元)，其实际成本 720 元，所收款项已存入银行。
   (6) 到期收回出租的包装物，扣取租金 585 元，以现金退回押金 415 元。
   (7) 企业出借给某企业包装物 500 个，每个成本 10 元，每个包装物收取押金 15 元存入银行。
   (8) 生产车间报废低值易耗品一批，其实际成本 20 000 元，收回残料作价 400 元，作辅助材料入库。
3. 要求：根据资料编制会计分录。

习题六

1. 目的：练习应付及预收账款的核算。
2. 资料：新华有限责任公司发生下列业务：
   (1) 从曙光工厂购入原材料一批，价款为 2 万元，增值税为 3 400 元，对方代垫运费 2 000 元(可抵扣增值税进项税额 140 元)，原材料已到达并验收入库。开出为期三个月的银行 承兑汇票一张，并以银行存款支付承兑手续费 12.7 元。
   (2) 从兴化工厂购入原材料一批，价款 3 万元，增值税为 5 100 元，付款条件为 2/10，1/20，n/30，原材料已到达并验收入库。
   (3) 交付给曙光工厂的银行承兑汇票到期，企业账面银行存款金额不足以支付。将不足支付额 4 000 元转做短期借款。
   (4) 15 日后开出转账支票，支付兴化工厂购入材料款。
   (5) 向泰兴工厂销售产品一批，价款 25 000 元，增值税 4 250 元，原预收 28 000 元，不足部分收到泰兴公司的转账支票，并送存银行。

3. 要求:根据资料编制会计分录。

习题七

1. 目的:练习存货期末计价的核算。
2. 资料:长江公司是一家生产电子产品的上市公司,为增值税一般纳税企业,该公司按单项存货、按年计提跌价准备。2013 年 12 月 31 日,有关存货资料如下:
   (1) 甲产品市场销售价格为每台 13 万元,预计销售费用及税金为每台 0.5 万元。甲产品期末结存数量 280 台,单位成本 15 万元,账面余额 4 200 万元。
   (2) 乙产品市场销售价格为每台 3 万元。长江公司已经与某企业签订一份不可撤销的销售合同,约定在 2014 年 2 月 10 日向该企业销售乙产品 300 台,合同价格为每台 3.2 万元。乙产品预计销售费用及税金为每台 0.2 万元。乙产品期末存货数量 500 台,单位成本 3 万元,账面余额 1 500 万元。
   (3) 丙产品市场销售价格为每台 2 万元,预计销售费用及税金为每台 0.15 万元。丙产品期末存货数量 1 000 台,单位成本 1.7 万元,账面余额 1 700 万元。
   (4) 丁配件的市场销售价格为每件 1.2 万元。现有丁配件可用于生产 400 台丙产品,用丁配件加工成丙产品后预计丙产品单位成本为 1.75 万元。丁配件期末结存数量 400 台,单位成本 1.5 万元,账面余额 600 万元。

2012 年 12 月 31 日甲产品和丙产品的存货跌价准备余额分别为 800 万元和 150 万元,对其他存货未计提存货跌价准备;2013 年销售甲产品和丙产品分别结转存货跌价准备 200 万元和 100 万元。

3. 要求:计算长江公司 2013 年 12 月 31 日应计提或转回的存货跌价准备,并编制相关的会计分录。

项目三 Project 3 职工薪酬业务活动

知识目标

⊙ 了解应付职工薪酬的主要内容

⊙ 掌握职工薪酬的确认及发放业务的账务处理流程和核算方法

能力目标

⊙ 能准确地填制与审核工资结算单、工资结算汇总表等业务单据

⊙ 能根据应付职工薪酬业务准确地编制记账凭证并登记相关账户

任务一　职工薪酬的内容

根据企业会计准则的规定，职工薪酬是指企业为获得职工提供的服务而给予其各种形式的报酬和其他相关支出。从薪酬的涵盖时间和支付形式来看，职工薪酬包括企业职工在职期间和离职后提供的全部货币性薪酬和非货币性福利；从薪酬支付的对象来看，职工薪酬包括提供给职工本人和其配偶、子女或其他被赡养人的福利等，比如支付给因公伤亡职工的配偶、子女或其他被赡养人的抚恤金。

具体地说，职工薪酬包括以下内容：

① 职工工资、奖金、津贴和补贴。如职工的基本工资、绩效工资、岗位津贴和其他补贴等。

② 职工福利费。职工福利费一般是指用于改善职工生活条件如内部职工医院、浴室及食堂支出等方面的支出。

③ 医疗保险费、养老保险费、失业保险费、工伤保险费和生育保险费等社会保险费，以及根据《企业年金试行办法》《企业年金基金管理试行办法》等相关规定，向有关单位交纳的补充养老保险费。此外，以商业保险形式提供给职工的各种保险待遇，也属于企业提供的职工薪酬。

④ 住房公积金。

⑤ 工会经费和职工教育经费。

⑥ 非货币性福利。非货币性福利通常包括企业以自己的产品或其他有形资产发放给职工的福利，向职工无偿提供自己拥有的资产供其使用，为职工无偿提供类似医疗保健服务等等。

⑦ 因解除与职工的劳动关系而给予的补偿。企业在劳动合同尚未到期之前解除与职工的劳动关系，或者为了鼓励职工自愿接受裁员而给予职工的经济补偿，即“辞退福利”。该补偿也包括近年来企业改革中出现的内部退休和待退休职工的基本工资及其保险支出。

⑧ 股份支付。股份支付是指企业为获取职工服务而授予权益工具或者承担以权益工具为基础确定的负债的交易。

⑨ 其他与获得职工提供的服务相关的支出。

任务二　职工薪酬的核算

一、职工薪酬会计核算应设置的会计科目

企业为了核算职工薪酬，应当设置“应付职工薪酬”总账科目，进行总账核算，并在总账科目下分别设置“工资”“职工福利”“社会保险费”“住房公积金”“工会经费”“职工教育经费”“辞退福利”“非货币性福利”“股份支付”等明细科目进行明细核算。

根据企业会计准则的规定，企业应当在职工为其提供服务的会计期间，将应付的职工薪酬确认为负债，除因解除与职工的劳动关系而给予的补偿外，应当根据职工提供服务的受益对象，分别按下列情况处理：

① 应由生产产品、提供劳务负担的职工薪酬，计入产品成本或劳务成本。

② 应由在建工程、无形资产负担的职工薪酬，计入建造的固定资产或无形资产的成本。

③ 除上述①和②之外的其他职工薪酬，计入当前损益，比如企业行政管理人员的职工薪酬应计入“管理费用”科目，销售人员的职工薪酬计入“销售费用”科目。

二、职工工资、奖金、津贴和补贴的核算

（一）应付工资的内容

企业应付给职工的工资、奖金、津贴和补贴构成企业职工的工资总额，也是企业在一定时期内支付给全体职工的劳动报酬总额。企业应当根据考勤记

录、工时记录、产量记录、工资标准、工资等级等资料，编制“工资单”，计算职工工资。

根据国家统计局1990年第1号令发布的《关于工资总额组成的规定》的规定，工资总额由以下内容组成：计时工资，计件工资，奖金，津贴和补贴，加班加点工资，特殊情况下支付的工资。

（二）结算应付工资

“工资”明细科目核算的职工工资、奖金、津贴和补贴等，不论是否在当月支付，都应当通过“工资”明细科目核算，不包括在工资总额内企业发给职工的款项。如福利费、退休费等，不应当通过“工资”明细科目核算。

期末，企业财会部门应将“工资单”进行汇总，编制“工资汇总表”。按照规定从银行提取现金准备发放工资时，借记“库存现金”科目，贷记“银行存款”科目。支付工资时，借记“应付职工薪酬——工资”科目，贷记“库存现金”科目。从应付工资中扣还的各种款项（如代垫的房租费、个人所得税及应由职工个人交纳的住房公积金、社会保险费等），应从实际支付给职工的工资数额中扣减，借记“应付职工薪酬——工资”科目，贷记“其他应收款”“其他应付款”“应交税费——应交个人所得税”等科目。职工在规定期限内未领取的工资，应由发放的单位及时交回财会部门，借记“库存现金”科目，贷记“其他应付款”科目。企业按规定将应发给职工的住房补贴专户存储时，借记“应付职工薪酬——工资”科目，贷记“银行存款”科目。

（三）货币性职工薪酬的确认与发放账务处理

1. 货币性职工薪酬的确认

月份终了，企业应将本月应发的工资，根据职工劳动服务的对象和部门及其发生工资费用的情况进行分配：生产、管理部门的人员（包括炊事人员、工会人员）工资，借记“生产成本”“制造费用”“管理费用”等科目，贷记“应付职工薪酬——工资”科目；销售人员的工资，借记“销售费用”科目，贷记“应付职工薪酬——工资”科目；应由在建工程、自创无形资产等负担的人员工资，借记“在建工程”“研发支出”等科目，贷记“应付职工薪酬——工资”科目。

【例3-1】 2013年10月，西夏机床厂发生工资总额562 000元，其中：基本生产车间生产工人工资420 000元，车间管理人员工资70 000元，行政管理人员工资60 400元，产品销售部门人员工资11 600元。西夏机床厂的账务处理如下：

借：生产成本——基本生产成本	420 000	
制造费用	70 000	
管理费用	60 400	
销售费用	11 600	
贷：应付职工薪酬——工资		562 000

2. 货币性职工薪酬的发放

【例 3-2】 2013 年 11 月 10 日，西夏机床厂根据“工资结算汇总表”结算 10 月份应付职工工资总额 562 000 元，代扣职工个人所得税 40 000 元，扣除企业代垫职工家属医药费 2 000 元，实际发放 520 000 元。该企业开出现金支票提现金发放工资。根据表 3-1 的计算结果，西夏机床厂的账务处理如下：

表 3-1 **工资结算汇总表**

2013 年 10 月 31 日 单位：元

序号	姓名	应付工资				代扣款项			实发工资	签字
		基本工资	奖金	津贴	小计	代垫款项	个人所得税	小计		
	张三	……	……	··	……	····	·······	·······	·······	
	……	……	……	··	……	····	·······	·······	·······	
	……	……	……	··	……	····	·······	·······	·······	
	……	……	……	··	……	····	·······	·······	·······	
	……	……	……	··	……	····	·······	·······	·······	
	……	……	……	··	……	····	·······	·······	·······	
	李四	……	……	··	……	····	·······	·······	·······	
	合计				562 000	2 000	40 000	42 000	520 000	

中国建设银行**现金支票存根**

支票号码 IV V 0 085 634

附加信息

出票日期 2013 年 11 月 10 日

收款人：西夏机床厂
金额：520000
用途：工资
备注

单位主管 会计

复核 记账

① 向银行提取现金准备发放工资：

借：库存现金 520 000

  贷：银行存款 520 000

② 用现金发放工资：

借:应付职工薪酬——工资　520 000

　贷:库存现金　520 000

③ 结转本月代扣款项:

借:应付职工薪酬——工资　42 000

　贷:其他应收款——代垫医药费　2 000

　　应交税费——应交个人所得税　40 000

三、职工福利费的核算

(一) 职工福利费的内容

职工福利主要是企业对职工食堂的补助支出或对困难职工的困难补助。

按照 2009 年 11 月 12 日财政部印发的《关于企业加强职工福利费财务管理的通知》规定,福利费主要用于以下五个方面:

第一,为职工卫生保健、生活等发放或支付的各项现金补贴和非货币性福利。如职工因公赴外地就医费用,职工疗养费用,自办食堂经费补贴或者统一供应午餐支出,符合国家有关规定的取暖费补贴、防暑降温费等。

第二,企业尚未分离的内设集体福利部门所发生的设备、设施折旧,维护和工作人员的人工费用。

第三,职工困难补助或者企业统筹建立和管理的专门用于帮助、救济困难职工的基金支出。

第四,离退休人员统筹外费用。

第五,按规定发生的其他职工福利费,包括丧葬补助费、抚恤费、职工异地安家费、独生子女费、探亲假路费,以及符合企业职工福利费定义但没有包括在《通知》各条款项目中的其他支出。

(二) 福利费的核算

"职工福利"明细科目核算企业发生的职工福利费,应按职工福利费项目进行明细核算。外商投资企业按规定从税后利润中提取的职工奖励和福利基金,用于支付职工的非经常性奖金(如特别贡献奖、年终奖等)和职工集体福利,也在该科目核算。

企业决定支付职工福利时,借记"生产成本""制造费用""管理费用""研发支出"等科目,贷记"应付职工薪酬"——职工福利,实际支付职工福利费时,按照支付金额,借记"应付职工薪酬——职工福利"科目,贷记"银行存款"、"库存现金"等科目。

【例 3-3】 2013 年西夏机床厂以库存现金发放职工困难补助 10 000 元,账务处理如下:

借:应付职工薪酬——职工福利　10 000

　贷:库存现金　10 000

四、社会保险费

社会保险费是指企业为职工交纳的医疗保险费、养老保险费、失业保险费、工伤保险费、生育保险费等保险费，应当在职工为企业提供服务的会计期间，根据工资总额的一定比例计算得出。

期末，企业除了计算本月应发的工资外，还应按照工资总额的一定比例，计提企业为职工交纳的社会保险费，并根据劳动服务的对象和部门进行分配：生产、管理部门的人员的（包括炊事人员、工会人员）社会保险费，借记“生产成本”“制造费用”“管理费用”等科目，贷记“应付职工薪酬——社会保险费”科目；应由销售费用开支的人员的社会保险费，借记“销售费用”科目，贷记“应付职工薪酬——社会保险费”科目；应由在建工程、自创无形资产等负担的人员的社会保险费，借记“在建工程”“研发支出”等科目，贷记“应付职工薪酬——社会保险费”科目。

企业支付社会保险费时，按照支付的社会保险费金额中，应由单位承担的部分，借记“应付职工薪酬——社会保险费”科目，应由职工个人承担的部分，借记“其他应付款”科目，贷记“银行存款”“库存现金”等科目。

注意：

根据所在地政府规定，各企业应按照当地社会平均工资基数的28%（单位负担20%，个人负担8%）计提养老保险，按8%（企业负担6%，个人负担2%）计提医疗保险，按3%（企业负担2%，个人负担1%）计提失业保险，按0.5%～1.6%计提工伤保险，按0.9%计提生育保险，工伤保险和生育保险个人不负担。

五、住房公积金

住房公积金是指企业按照国务院《住房公积金管理条例》规定的基准和比例计算，向住房公积金管理机构交存的用于职工住房方面的资金，应当在职工为企业提供服务的会计期间，根据工资总额的一定比例计算得出。

期末，企业除了计算本月应发的工资外，还应按照工资总额的一定比例计提企业为职工交纳的住房公积金，并根据职工劳动服务的对象和部门进行分配：生产、管理部门的人员（包括炊事人员、工会人员）的住房公积金，借记“生产成本”“制造费用”“管理费用”等科目，贷记“应付职工薪酬——住房公积金”科目；应由销售费用开支的人员的住房公积金，借记“销售费用”科目，贷记“应付职工薪酬——住房公积金”科目；应由在建工程、自创无形资产等负担的人员的住房公积金，借记“在建工程”“研发支出”等科目，贷记“应付职工薪酬——住房公积金”科目。

企业支付住房公积金时，其中应由单位承担的，借记“应付职工薪酬——住房公积金”科目；应由职工个人承担的，借记“其他应付款”科目，贷记“银行存款”“库存现金”等科目。

六、工会经费

工会经费是指企业为职工交纳的用于工会运作方面的经费，应当在职工为企业提供服务的会计期间，根据工资总额的2%的比例计算得出。

期末，企业除了计算本月应发的工资外，还应按照工资总额的一定比例，计提企业为职工交纳的工会经费，并根据职工劳动服务的对象和部门进行分配：生产、管理部门的人员（包括炊事人员、工会人员）的工会经费，借记“生产成本”“制造费用”“管理费用”等科目，贷记“应付职工薪酬——工会经费”科目；应由销售费用开支的人员的工会经费，借记“销售费用”科目，贷记“应付职工薪酬——工会经费”科目；应由在建工程、自创无形资产等负担的人员的工会经费，借记“在建工程”“无形资产”等科目，贷记“应付职工薪酬——工会经费”科目。

企业支付工会经费用于工会运作时，按照支付的工会经费金额，借记“应付职工薪酬——工会经费”科目，贷记“银行存款”“库存现金”等科目。

七、职工教育经费

职工教育经费是指企业为职工交纳的用于职工培训方面的经费，应当在职工为企业提供服务的会计期间，根据工资总额的1.5%的比例计算得出。

期末，企业除了计算本月应发的工资外，还应按照工资总额的一定比例，计提企业为职工交纳的职工教育经费，并根据职工劳动服务的对象和部门进行分配：生产、管理部门的人员（包括炊事人员、工会人员）的职工教育经费，借记“生产成本”“制造费用”“管理费用”等科目，贷记“应付职工薪酬——职工教育经费”科目；应由销售费用开支的人员的职工教育经费，借记“销售费用”科目，贷记“应付职工薪酬——职工教育经费”科目；应由在建工程、无形资产等负担的人员的职工教育经费，借记“在建工程”“无形资产”等科目，贷记“应付职工薪酬——职工教育经费”科目。

企业支付职工教育经费用于职工培训时，按照支付的职工教育经费金额，借记“应付职工薪酬——职工教育经费”科目，贷记“银行存款”“库存现金”等科目。

八、非货币性职工薪酬

（一）以自产产品作为非货币性福利发放给职工的业务处理

1. 非货币性职工薪酬的确认

企业以其自产产品作为非货币性福利发放给职工的，应当根据受益对象，按照该产品的公允价值，计入相关资产成本或当期损益，同时确认应付职工薪酬，借记“管理费用”“生产成本”“制造费用”等科目，贷记“应付职工薪酬——非货币性福利”科目。

【例3-5】 西夏机床厂下属的子公司为一般纳税人，2013年2月份将自产的一批产品作为福利发放给职工。该公司共有职工200名，其中170名为生产工人，

30 名为企业管理人员。发放的产品每台成本价为 900 元，市场售价每台为 1 000 元。该公司确认非货币性职工薪酬时，账务处理如下：

借：生产成本　　198 900
　　管理费用　　35 100
　　贷：应付职工薪酬——非货币性福利　　234 000

本例中，按含税售价确认应付职工薪酬：200×1 000＋200×1 000×17%＝234 000(元)，其中，应计入"生产成本"科目的金额＝170× 1 000×(1＋17%)＝198 900(元)，应计入"管理费用"科目的金额＝30×1 000×(1＋17%)＝35 100(元)。

2. 发放非货币性职工薪酬

企业以自产产品作为职工薪酬发放给职工时，应先确认主营业务收入，借记"应付职工薪酬——非货币性福利"科目，贷记"主营业务收入"科目，同时结转相关成本，涉及增值税销项税额的，还应进行相应的处理。

【例 3-6】 承【例 3-5】，西夏机床厂下属的子公司发放该批自产产品 200 台时，账务处理如下：

借：应付职工薪酬——非货币性福利　　234 000
　　贷：主营业务收入　　200 000
　　　　应交税费——应交增值税(销项税额)　　34 000

同时：

借：主营业务成本　　180 000
　　贷：库存商品　　180 000

(二) 将企业拥有的房屋、车辆等资产无偿提供给职工使用的业务处理

企业拥有的房屋、车辆等资产无偿提供给职工使用的，应当根据资产的受益对象，将每期应计提的折旧计入相关资产成本或当期损益，同时确认应付职工薪酬，借记"管理费用""生产成本""制造费用"等科目，贷记"应付职工薪酬——非货币性福利"科目；期末，借记"应付职工薪酬——非货币性福利"科目，贷记"累计折旧"科目。

【例 3-7】 西夏机床厂下属的子公司共有部门经理以上职工 30 名。该企业为这 30 名管理人员，每人提供一辆桑塔纳汽车免费使用，假定每辆桑塔纳汽车每月计提折旧 1 000 元。账务处理如下：

① 确认非货币性职工薪酬时：

借：管理费用　　30 000
　　贷：应付职工薪酬——非货币性福利　　30 000

② 期末结转时：

借：应付职工薪酬——非货币性福利　　30 000
　　贷：累计折旧　　30 000

（三）租赁住房等资产供职工无偿使用的业务

租赁住房等资产供职工无偿使用的业务应当根据其受益对象，将每期应付的租金计入相关资产成本或当期损益，并确认应付职工薪酬，借记“管理费用”“生产成本”“制造费用”等科目，贷记“应付职工薪酬——非货币性福利”科目；支付租金时，借记“应付职工薪酬——非货币性福利”科目，贷记“银行存款”科目等。

【例 3-8】 西夏机床厂下属的子公司共有副总裁以上的高级管理人员 5 名。该企业为这 5 名高级管理人员，每人租赁一套面积为 200 平方米带有家具和家电的住房，月租金每套 4 000 元。账务处理如下：

① 确认非货币性职工薪酬时：

借：管理费用　　20 000

　贷：应付职工薪酬——非货币性福利　　20 000

② 支付租金时：

借：应付职工薪酬——非货币性福利　　20 000

　贷：银行存款　　20 000

难以认定受益对象的非货币性福利，直接计入当期损益和应付职工薪酬。

九、解除劳动关系给予职工的补偿

根据企业会计准则的规定，企业在职工劳动合同到期之前解除与职工的劳动关系，或者为鼓励职工自愿接受裁减而提出给予补偿的建议，同时满足以下两个条件：

① 企业已经制定正式的解除劳动关系计划或提出自愿裁减建议，并即将实施。

② 企业不能单方面撤回解除劳动关系计划或裁减建议。

应当确认因解除与职工的劳动关系给予补偿而产生的预计负债，企业可确认辞退福利同时计入当期损益。

具体地说，企业因解除与职工的劳动关系而给予其补偿时，应当按照预计的负债金额借记“管理费用”科目，贷记“应付职工薪酬——辞退福利”科目；实际支付因解除与职工的劳动关系而给予的补偿时，应当按照支付的补偿金额借记“应付职工薪酬——辞退福利”科目，贷记“银行存款”“库存现金”等科目。

项目训练

一、单项选择题

1. 下列项目中，不属于职工薪酬的是（　　）。

　A. 职工工资　　B. 职工福利费

　C. 医疗保险费　　D. 职工出差报销的火车票

2. 应由生产产品、提供劳务负担的职工薪酬，应当（　　）。
   A. 记入管理费用　　B. 记入存货成本或劳务成本
   C. 确认为当期费用　　D. 记入销售费用
3. 企业在无形资产研究阶段发生的职工薪酬，应当（　　）。
   A. 记入当期损益　　B. 记入在建工程成本
   C. 记入无形资产成本　　D. 记入固定资产成本
4. 企业因解除与职工的劳动关系给予职工补偿而发生的职工薪酬，应借记的会计科目是（　　）。
   A. 管理费用　　B. 记入存货成本或劳务成本
   C. 营业外支出　　D. 记入销售费用

二、多项选择题

1. 下列项目中，属于职工薪酬的有（　　）。
   A. 职工工资、奖金、津贴和补贴
   B. 住房公积金
   C. 工会经费和职工教育经费
   D. 因解除与职工的劳动关系给予的补偿
2. 下列项目中，属于其他应付款核算范围的有（　　）。
   A. 职工未按期领取的工资　　B. 应付经营租入固定资产租金
   C. 存出投资款　　D. 应付、暂收所属单位、个人的款项
3. 下列各项税金中，应记入有关成本的有（　　）。
   A. 以库存商品对外投资应交的增值税
   B. 购入工程用物资所支付的增值税
   C. 小规模的纳税企业购入商品已交的增值税
   D. 购入用于集体福利的固定资产已交的增值税
4. 企业计提的职工福利费，主要用于（　　）。
   A. 职工医药费用　　B. 职工因公负伤赴外地就医路费
   C. 职工生活困难补助　　D. 福利部门人员工资
5. 计算应付职工工资时可能涉及到的账户是（　　）。
   A. 生产成本　　B. 制造费用　　C. 管理费用　　D. 在建工程
6. 企业采用（　　）结算方式时应通过“应付票据”账户核算。
   A. 银行汇票　　B. 商业承兑汇票
   C. 银行承兑汇票　　D. 银行本票

三、判断题

1. 职工薪酬，是指企业为获得职工提供的服务而给予各种形式的报酬和其他相

关支出。（　）

2. 工会经费和职工教育经费不属于职工薪酬的范围，不通过“应付职工薪酬”科目核算。（　）

3. 职工薪酬中的非货币性福利应当根据职工提供服务的受益对象分别计入成本费用。（　）

4. 企业生产工人的医疗保险费、养老保险费、失业保险费、工伤保险费和生育保险费等社会保险费应计入当期管理费用。（　）

5. 计量应付职工薪酬时，国家规定了计提基础和计提比例的，应当按照国家规定的标准计提；没有规定计提基础和计提比例的，企业不得预计当期应付职工薪酬。（　）

6. 职工因公负伤赴外地就医路费应计入管理费用，在当期损益中列支。（　）

四、实务题

习题一

1. 目的：练习职工薪酬的核算。
2. 资料：某企业5月份职工薪酬的资料如下：
   (1) 签发现金支票提取158 000元现金，备发工资。
   (2) 应付工资情况如下：生产工人工资106 000元；生产车间管理人员工资16 000元；行政管理人员工资20 000元；福利部门人员工资4 000元；在建工程人员工资12 000元。
   (3) 发放工资并代扣代垫水电费3 000元。
   (4) 本月发放职工困难补助2 000元，以银行存款支付。
3. 要求：根据上述资料，编制有关经济业务的会计分录。

习题二

1. 目的：练习应付职工薪酬及社保费的核算。
2. 资料：新华有限责任公司发生下列业务：
   (1) 分配本月应付工资6万元。其中，生产A产品工人工资为2万元，生产B产品工人工资为16 000元，车间管理人员工资为6 000元，厂部管理人员工资为8 000元销售部门人员工资为4 000元，福利部门人员工资为6 000元。
   (2) 按以上工资总额的25.6%计提社会保险费。
   (3) 以银行存款交纳职工社会保险费15 360元。
3. 要求：根据资料编制会计分录。

习题三

1. 目的：练习职工薪酬的核算。
2. 资料：甲上市公司为增值税一般纳税人，税率为17%，2013年6月份发生下列经济业务：

(1) 对行政管理部门使用的设备进行日常维修，应付企业内部维修人员工资 2.4 万元。

(2) 为公司总部下属 25 位部门经理每人配备汽车一辆免费使用，假定每辆汽车每月折旧 0.08 万元。

(3) 将 50 台自产的厨房清洁器作为福利分给本公司行政管理人员，该厨房清洁器每台成本为 1.5 万元，市场售价为 2 万元(不含增值税)

(4) 月末，分配职工工资 150 万元，其中在建工程人员工资 105 万元，车间管理人员工资 15 万元，企业行政管理人员工资 20 万元，专设销售机构人员工资 10 万元。

(5) 以银行存款交纳职工医疗保险费 10 万元。

(6) 按规定计算代扣代交职工个人所得税 0.8 万元。

(7) 以现金支付职工李某生活困难补助 0.2 万元。

(8) 从应付张经理的工资中，扣回上月代垫的应由其本人负担的医疗费 2 万元。

3. 要求：根据资料编制会计分录。

项目四 Project 4 销售与收款业务活动

知识目标

⊙ 理解商品销售收入的确认条件

⊙ 掌握一般销售商品业务、商业折扣业务、现金折扣业务、销售折让业务、销货退回业务、预收账款业务、委托代销业务等的会计处理

⊙ 理解提供劳务收入和让渡资产使用权收入的确认条件和会计处理方法

⊙ 理解商业汇票结算方式的相关规定，掌握应收票据和应收账款取得、转让和收回业务的账务处理流程和方法

⊙ 掌握预付账款和其他应收款业务的账务处理流程和方法

⊙ 掌握应收款项减值损失的确认与估计方法，掌握计提坏账准备、核销坏账准备业务的账务处理流程和方法

能力目标

⊙ 能通过相关原始凭证判断收入的种类

⊙ 能根据销售商品、提供劳务、让渡资产使用权等业务单据准确编制记账凭证，并登记相关明细账和总账

⊙ 能根据应收票据和应收账款取得、转让和收回业务单据准确编制记账凭证，并登记相关明细账和总账

⊙ 能根据预付账款和其他应收款业务单据准确编制记账凭证，并登记相关明细账和总账

⊙ 能根据应款项减值损失的确认与估计方法，掌握计提坏账准备、核销坏账准备业务单据，准确编制记账凭证，并登记相关明细账和总账

任务一 收入业务核算

一、收入的概念

收入是指企业在日常活动中所形成的，会导致所有者权益增加，与所有者投入

资本无关的经济利益的总流入。收入通常包括销售商品收入、提供劳务收入、让渡资产使用权收入等，但不包括为第三方或客户代收的款项，如增值税、代收的款项等。

二、收入的分类

根据不同的标准，可以对收入进行不同的分类。

① 收入按企业从事日常活动的性质不同，可以分为销售商品的收入、提供劳务的收入和让渡资产使用权的收入等：

销售商品收入主要指企业通过销售商品实现的收入。商品包括企业为销售而生产的产品和为转售而购进的商品，如工业企业生产的产品、商业企业购进的商品等。企业销售的其他存货，如原材料、包装物等，也视同企业的商品。

提供劳务收入是指企业通过提供劳务实现的收入，主要有企业提供旅游、运输、饮食、广告、理发、照相、洗染、咨询、代理、培训、产品安装等劳务所获取的收入。

让渡资产使用权收入是企业通过让渡资产使用权所取得的收入，包括利息收入和使用费收入等。利息收入主要指金融企业对外贷款形成的利息收入，以及同业之间发生往来形成的利息收入等。使用费收入主要指让渡专利权、商标权、专营权、版权、计算机软件等无形资产的使用权而收取的使用费收入。企业对外出租资产收取的租金、进行债权投资收取的利息、进行股权投资取得的现金股利，也构成让渡资产使用权收入。

② 按企业经营业务的主次不同，收入可分为主营业务收入和其他业务收入：

主营业务收入是指企业为完成经营目标所从事的经营性活动所实现的收入，一般占企业收入的比重较大，对企业的经济效益产生较大的影响。比如：工业性企业的主营业务收入主要为销售产品、自制半成品、代制品、代修品、提供工业性劳务等取得的收入；商业企业的主营业务收入主要为销售商品实现的收入；咨询公司的主营业务收入主要为提供咨询服务实现的收入。

其他业务收入是指企业为完成其经营目标所从事的与经营性活动相关的活动所实现的收入。其他业务收入属于企业日常活动中次要交易实现的收入，一般占企业总收入的比重较小。如固定资产经营出租收入、无形资产出租收入（即转让无形资产的使用权取得的使用费收入）、销售材料取得的收入、出租包装物收入等。

三、销售商品收入的确认与计量

（一）销售商品收入的确认

企业会计准则规定，销售商品收入同时满足下列条件的，才能予以确认：

① 企业已将商品所有权上的主要风险和报酬转移给购货方。这是确认销售商品收入的重要条件。与商品所有权有关的风险，是指商品可能发生减值或毁损

等形成的损失;与商品所有权有关的报酬,是指商品价值增值或通过使用商品等形成的经济利益。

判断企业是否已将商品所有权上的主要风险和报酬转移给购货方,应当关注交易的实质,并结合所有权凭证的转移和实物的交付进行判断。通常情况下,转移商品所有权凭证并交付实物后,商品所有权上的主要风险和报酬随之转移,如大多数零售商品。某些情况下,转移商品所有权凭证但未交付实物,商品所有权上的主要风险和报酬随之转移,企业只保留了次要风险和报酬,如交款提货方式销售商品。有时,已交付实物但未转移商品所有权凭证,商品所有权上的主要风险和报酬并未随之转移,如采用收取手续费方式委托代销的商品。

② 企业既没有保留通常与所有权相联系的继续管理权,也没有对已售出的商品实施有效控制。通常情况下,企业出售商品后不再保留与商品所有权相联系的继续管理权,也不再对售出商品实施有效控制,商品所有权上的主要风险和报酬已经转移给购货方,通常应在发出商品时确认收入。如果企业在商品销售后保留了与商品所有权相联系的继续管理权,或能够继续对其实施有效控制,说明商品所有权上的主要风险和报酬没有转移,销售交易不能成立,不应确认收入,如售后租回。

③ 收入的金额能够可靠地计量。这是指收入的金额能够合理地估计。收入金额能否合理地估计是确认收入的基本前提,如果收入的金额不能够合理估计,就无法确认收入。企业在销售商品时,商品销售价格通常已经确定。但是,由于销售商品过程中某些不确定因素的影响,也有可能存在商品销售价格发生变动的情况。在这种情况下,新的商品销售价格未确定前,通常不应确认销售商品收入。

④ 相关经济利益很可能流入企业。这是指销售商品价款收回的可能性大于不能收回的可能性,即销售商品价款收回的可能性超过50%。企业在确定销售商品价款收回的可能性时,应当结合以前和买方交往的直接经验、政府有关政策、其他方面取得信息等因素进行分析。企业销售的商品符合合同或协议要求,已将发票账单交付买方,买方承诺付款,通常表明满足本确认条件(相关的经济利益很可能流入企业)。如果企业根据以前与买方交往的直接经验判断买方信誉较差,或销售时得知买方在另一项交易中发生了巨额亏损,资金周转十分困难,或在出口商品时不能肯定进口企业所在国政府是否允许将款项汇出等就可能会出现与销售商品相关的经济利益不能流入企业的情况,不应确认收入。如果企业判断销售商品收入满足确认条件确认了一笔应收债权,以后由于购货方资金周转困难无法收回该债权时,不应调整原确认的收入,而应对该债权计提坏账准备,确认坏账损失。

⑤ 相关的已发生或将发生的成本能够可靠地计量。这是指与销售商品有关的已发生或将发生的成本能够合理地估计。

根据收入和费用配比原则，销售商品收入满足其他确认条件时，相关的已发生或将发生的成本通常能够合理地估计，如库存商品的成本。如果销售商品相关的已发生或将发生的成本不能够合理地估计，此时企业不应确认收入，若已收到价款，应将已收到的价款确认为负债。

（二）销售商品收入的计量

企业应当按照从购货方已收或应收的合同或协议价款来确定销售商品收入金额，但已收或应收的合同或协议价款不公允的除外。

合同或协议价款的收取采用递延方式，实际上是具有融资性质的，应当按照应收的合同或协议价款的公允价值确定销售商品收入金额。应收的合同或协议价款与其公允价值之间的差额，应当在合同或协议期间内采用实际利率法进行摊销，计入当期损益。

四、销售商品收入的核算

为总括地反映主营业务收入的实现情况，企业应设置以下账户：

①“主营业务收入”账户，核算企业销售商品和提供劳务发生的收入，企业发生的销货退回、销售折让都要冲减销售商品收入。该账户的贷方登记出售商品、自制半成品、提供劳务等取得的收入，借方登记发生的销货退回、销售折让时冲减的主营业务收入，以及期末转入“本年利润”账户的主营业务收入。结转后，该账户应无余额。该账户应按商品或劳务种类设置明细分类账，进行明细分类核算。

②“主营业务成本”账户，核算企业销售商品、提供劳务等日常活动中主要业务交易所发生的实际成本。该账户的借方登记本期结转的销售商品、提供劳务的实际成本，贷方反映期末转入“本年利润”账户的成本，以及因销售退回而冲减的主营业务成本。结转后，该账户应无余额。

③“其他业务收入”账户，核算企业除主营业务以外的其他销售或其他业务取得的收入。如材料销售、代购代销、包装物出租等业务的收入。企业实现的其他业务收入，按实际价款，借记“库存现金”“银行存款”“应收账款”“应收票据”等账户；按实现的营业收入，贷记“其他业务收入”；按专用发票上注明的增值税税额，贷记“应交税费——应交增值税（销项税额）”账户；月末将“其他业务收入”账户的余额转入“本年利润”账户，结转后无余额。该账户应按其他业务的种类设置明细账，进行明细分类核算。

④“其他业务成本”账户，核算企业除主营业务以外的其他销售或其他业务所发生的支出，包括销售成本、提供劳务而发生的相关成本、费用及交纳的税金等。企业发生的其他业务成本，借记“其他业务成本”账户，贷记“原材料”“包装物”“应付职工薪酬”“应交税费”“银行存款”“其他应付款”等有关账户。期末应将本账户的余额转入“本年利润”，账户，结转后本账户无余额。本账户应按其他业务的种类

设置明细账，进行明细分类核算。

⑤“营业税金及附加”账户，主要用来核算企业销售商品、销售材料、提供劳务等日常营业活动中业务交易所负担的税金及附加，包括消费税、城市维护建设税、资源税和教育费附加等。该账户的借方登记按照规定计算出的企业日常营业活动应负担的税金及附加，贷方反映期末结转至“本年利润”账户的营业税金及附加，结转后该账户应无余额。

五、销售商品业务的账务处理

（一）一般商品销售业务的处理

在进行销售商品的会计处理时，首先要考虑销售商品收入是否符合收入的确认条件，符合所规定的五个确认条件的，企业应及时确认收入，并结转相关成本。

① 销售商品应在收入确认时，按确定的收入金额与应收取的增值税税额，借记“银行存款”“应收账款”“应收票据”等账户；按确定的收入金额，贷记“主营业务收入”账户；按应收取的增值税税额，贷记“应交税费——应交增值税（销项税额）”账户。

② 企业销售商品、提供劳务，通常在月份终了时，编制“商品发出汇总表”，汇总结转已销商品、已提供劳务的实际成本，借记“主营业务成本”账户，贷记“库存商品”“发出商品”等账户。

③ 企业销售商品、提供劳务，应按规定计算销售商品、销售材料、提供劳务等日常营业活动应交纳的消费税、资源税、城市维护建设税和教育费附加，计算得出的税金和附加费，借记“营业税金及附加”账户，贷记“应交税费（按各税金分列明细科目）”账户。

【例 4-1】 西夏机床厂于 2013 年 10 月 5 日发给长江机械厂西子数控系统 1 套，增值税专用发票注明货款 400 000 元，增值税款 68 000 元，该项收入符合销售收入确认的五个条件，已向银行办妥托收手续。月末结转该批产品的成本 300 000 元。应作如下会计分录：

出库单　　NO 00000012548

会计部门编号 25
仓库部门编号 1
2013 年 10 月 5 日

编号	名称	规格	单位	出库数量	单价	金额	备注
	西子数控设备		套	1	300000	300000	
	合　计						

第二联交财务部

花莉莉

生产车间或部门：王涛　　仓库管理员：花莉莉

56000267

宁夏增值税专用发票

NO20135648884

记账联

开票日期：2013年10月5日

国税函〔2012〕314号厦门安航股份有限公司

购货单位	名　　称：长江机械厂 纳税人识别号：3200000000159 地址、电话：银川市朔方路64号 0591-2100088 开户行及账号：中国工商银行朔方支行23014537549			密码区	5<-/566<273>21/0990// >/59220556+4/75>+980/ -7->-0008+8//525889<0 *1>-28*036+55-170>>0+		加密版本：01	
货物或应税劳务名称	规格型号	单位	数量	单价	金额	税率	税额	
西子数控设备		套	1	400000	400000	17%	68000	
合　　计					¥400000		¥ 68000	
价税合计（大写）	肆拾陆万捌仟元整				（小写）¥468000			
销货单位	名　　称：西夏机床厂 纳税人识别号：200020101314 地址、电话：银川市大连路168号 0951-2230001 开户行及账号：中国建设银行新区支行 4564512			备注	西夏机床厂 200020101314 发票专用章			

第一联：记账联　销货方记账凭证

收款人：杨彤　　复核：王萍　　开票人：张瑞　　销货单位：章

托收凭证（收款通知）　　4

委托日期：2013年10月5日

业务类型	委托收款（☐邮划、☑电划）			托收承付（☐邮划、☑电划）		
付款人	全称	长江机械厂	收款人	全称	西夏机床厂	
	账号	23014537549		账号	4564512	
	地址	宁夏省银川市县　开户行：工商银行朔方支行		地址	宁夏省银川市县　开户行：建行新区支行	
金额	人民币（大写）	肆拾陆万捌仟元整			千百十万千百十元角分：¥46800000	
款项内容	货款	托收凭据名称		附寄单证张数		
商品发运情况		合同名称号码				
备注： 复核　　记账		款项收妥日期 年　月　日		收款人开户银行签章 年　月　日		

工商银行 转讫

此联付款人开户行凭以汇款或收款人开户行作收账通知

① 借：应收账款——长江机械厂　　468 000

　贷：主营业务收入　　400 000

　　应交税费——应交增值税（销项税额）　　68 000

② 借：主营业务成本　　300 000

　　贷：库存商品　　300 000

【例 4-2】 西夏机床厂于 10 月末计算应交纳的城市维护建设税为 20 650 元，教育费附加为 8 850 元。应作如下会计分录：

借：营业税金及附加　　29 500

　　贷：应交税费——应交城市维护建设税　　20 650

　　　　　　　——应交教育费附加　　8 850

（二）已经发出但不符合销售商品收入确认条件的商品的处理

如果企业售出的商品不符合销售收入确认的五项条件中的任何一项，均不应确认收入。对于在一般销售方式下，已经发出但尚未确认销售收入的商品成本，应通过“发出商品”账户核算。“发出商品”账户是一个资产类账户，专门用于核算一般销售方式下，已经发出但尚未确认销售收入的商品成本。对尚未确认收入的发出商品，在发出时记入该账户的借方；待确认收入后，按已实现收入的商品实际成本记入该账户的贷方，其余额表示尚未确认收入的发出商品的实际成本。

【例 4-3】 西夏机床厂于 2013 年 6 月 5 日发给长江机械厂 B 产品 1 000 件，该批商品的成本为 450 000 元，增值税专用发票注明货款 600 000 元，增值税款 102 000元，已向银行办妥托收手续。在发出商品并办妥托收手续后得知，该厂在另一笔交易中发生巨额损失，资金周转十分困难，经与购货方交涉，确定此项收入本月收回的可能性不大，决定不确认收入。则企业应作如下会计处理：

① 将已发出商品成本转入“发出商品”科目：

借：发出商品　　450 000

　　贷：库存商品——B 产品　　450 000

② 将增值税发票上注明的增值税税额转入应收账款：

借：应收账款——长江机械厂　　102 000

　　贷：应交税费——应交增值税（销项税额）　　102 000

（注：如果销售该批商品的纳税义务尚未发生，则不作这笔处理，待纳税义务发生时再作应交增值税处理）

③ 2013 年 11 月 12 日该企业得知长江机械厂经营和财务状况已经好转，长江机械厂也承诺付款。此时，该企业应确认该项收入，应作如下会计分录：

借：应收账款——长江机械厂　　600 000

　　贷：主营业务收入　　600 000

同时结转成本：

借：主营业务成本　　450 000

　　贷：发出商品　　450 000

假定西夏机床厂于当年 11 月 16 日收到长江机械厂支付的货款，应作如下会计分录：

借：银行存款　　702 000

　　贷：应收账款　　702 000

（三）商业折扣、现金折扣的处理

1. 商业折扣

所谓商业折扣，是指销售企业为了鼓励客户多购买商品而在商品标价上给予的扣除，是企业最常用的促销手段，通常用百分数表示，如10%、20%等。扣减后的净额才是实际销售价格。商业折扣一般在交易发生时即已确定。它仅仅是确定实际销售价格的一种手段，不需在买卖双方任何一方的账上反映，所以对应收账款的入账价值没有影响。因此，在存在商业折扣的情况下，企业应按扣除商业折扣以后的实际售价确认销售商品收入金额。

【例4-4】 西夏机床厂2013年8月5日销售一批产品给西南公司，按价目表标明的价格计算金额为10 000元，由于是成批销售，西夏机床厂给西南公司10%的商业折扣，折扣金额为1 000元，增值税税率为17%。西夏机床厂作如下账务处理：

借：应收账款——西南公司　　10 530

　　贷：主营业务收入　　9 000

　　　　应交税费——应交增值税（销项税额）　　1 530

西夏机床厂收到银行收款通知，收到上述货款时，作如下账务处理：

借：银行存款　　10 530

　　贷：应收账款——西南公司　　10 530

2. 现金折扣

所谓现金折扣，是指债权人为了鼓励债务人在规定的期限内早日付款，而向债务人提供的债务扣除。现金折扣通常发生在以赊销方式销售商品及提供劳务的交易中。企业为了鼓励客户提前偿付货款，通常与债务人达成协议，债务人在不同的期限内付款可享受不同比例的折扣优惠。现金折扣一般用符号"折扣率/付款期限"表示。如"2/10，1/20，n/30"，表示10天内付款，可按售价给予2%的折扣；20天内付款，按售价给予1%的折扣；30天内付款，则不给折扣。

在存在现金折扣的情况下，应收账款入账价值的确定有两种方法：一是总价法；二是净价法。我国《企业会计准则》规定，应收账款入账价值应按总价法确定。总价法是将未减去现金折扣前的金额作为实际售价，作为应收账款的入账价值。也就是说，企业销售商品涉及现金折扣的，应当按照扣除现金折扣前的金额确定销售商品收入金额，现金折扣只有客户在折扣期内支付货款时，才予以确认。现金折扣实际上是企业为了尽快回笼资金而发生的理财费用，应在实际发生时计入当期的财务费用处理。

在计算现金折扣时，还应注意销售方式是按不包含增值税的价款提供现金折扣，还是按包含增值税的价款提供现金折扣，两种情况下购买方享有的折扣金额不同。

需特别指出的是，企业发生的应收账款在有现金折扣的情况下，采用总价法入账，发生的现金折扣作为财务费用处理。

【例 4-5】 西夏机床厂在 2013 年 9 月 1 日销售一批产品给西亚公司，增值税专用发票注明售价为 10 000 元，规定的现金折扣条件为“2/10，1/20，n/30”，适用的增值税率为 17%，产品交付并办妥托收手续。假定计算现金折扣时不考虑增值税。企业应作如下账务处理：

① 9 月 1 日赊销商品时：

借：应收账款——西亚公司	11 700	
贷：主营业务收入		10 000
应交税费——应交增值税（销项税额）		1 700

② 如果西亚公司在 10 日内付款，西夏机床厂应作如下账务处理：

借：银行存款	11 500	
财务费用	200	
贷：应收账款——西亚公司		11 700

③ 如果丁公司在 20 日内付款，西夏机床厂应作如下账务处理：

借：银行存款	11 600	
财务费用	100	
贷：应收账款——西亚公司		11 700

④ 如果西亚公司在超过现金折扣的最后期限付款，西夏机床厂应作如下账务处理：

借：银行存款	11 700	
贷：应收账款——西亚公司		11 700

（四）销售折让、销售退回的处理

1. 销售折让的核算

销售折让是指企业因售出商品的质量不合格等原因而在售价上给予的减让。销售折让如果发生在确认销售收入之前，应直接按扣除折让后的金额确认销售商品收入；已经确认销售收入的售出商品发生销售折让，且不属于资产负债表日后事项的，应在实际发生时冲减当期的销售收入，如按规定允许扣减当期销项税额，应同时用红字冲减已确认的“应交税费——应交增值税（销项税额）。

【例 4-6】 西夏机床厂上月销售给宏伟公司的一批商品，因质量有问题，经双方协商同意给予宏伟公司 30 000 元折让；增值税税率 17%。该批商品的销售收入已于上月确认入账，但货款尚未收到。

根据有关凭证，该企业应作如下会计分录：

借：主营业务收入——销售折让　　30 000
　应交税费——应交增值税(销项税额)　　5 100
　贷：应收账款——B公司　　35 100

2. 销售退回的核算

销售退回是指企业售出的商品由于质量、品种等不符合合同规定的要求等原因而发生的退货。销售退回应分别按以下情况进行不同的会计处理：

① 尚未确认销售商品收入的售出商品发生销售退回时，只需要将已记入“发出商品”科目的商品成本转回“库存商品”科目，借记“库存商品”账户，贷记“发出商品”账户。

② 企业已经确认销售商品收入的售出商品发生销售退回时，除属于资产负债表日后事项外，一般应在发生时冲减退回当月的销售商品收入，同时冲减退回当月的销售商品成本，借记“主营业务收入”账户，贷记“银行存款”“应收账款”等账户，并按增值税发票上注明的应冲减的增值税税额，用红字贷记“应交税费——应交增值税(销项税额)”账户；同时应借记“库存商品”账户，贷记“主营业务成本”账户。

③ 已确认销售商品收入的售出商品发生的销售退回，属于资产负债表日后事项的，应当按照有关资产负债表日后事项的相关规定进行会计处理。

【例4-7】 西夏机床厂2013年11月6日收到上月发给西南公司的不合格A产品50件，货款20 000元，增值税3 400元，西南公司已于上月付款，该商品因出现严重质量问题本月被退回，西夏机床厂同意并办妥了有关手续，所收货款以银行存款退回，A产品的单位成本250元，上月已结转。西夏机床厂应作如下会计分录：

借：主营业务收入　　20 000
　贷：应交税费——应交增值税(销项税额)　　[3 400]
　　银行存款　　23 400
借：库存商品——A产品　　12 500
　贷：主营业务成本　　12 500

(五) 采用预收款方式销售商品的处理

在采用预收款方式销售时，销售方在收到最后一笔款项时才将商品交付购货方，表明商品所有权上的主要风险和报酬只有在收到最后一笔款项时才转移给购货方。企业通常应在发出商品时确认收入，在此之前预收的货款应确认为预收账款。

【例4-8】 西夏机床厂2013年5月与宏大公司签订协议，采用预收款方式向宏大公司销售一批商品。2013年5月10日，西夏机床厂收到宏大公司预付的货款330 000元，存入银行。2013年5月20日西夏机床厂向宏大公司发出该批商品，该批商品销售价格为400 000元，增值税税额为68 000元；该批商品实

际成本为300 000元。协议约定,不足的货款于1个月后支付。西夏机床厂的会计处理如下:

① 5月10日收到货款时:

借:银行存款 330 000

贷:预收账款 330 000

② 5月20日发出商品时:

借:预收账款 468 000

贷:主营业务收入 400 000

应交税费——应交增值税(销项税额) 68 000

③ 结转该批产品成本时:

借:主营业务成本 300 000

贷:库存商品 300 000

④ 1个月后收到宏大公司补付的货款时:

借:银行存款 138 000

贷:预收账款 138 000

(六)商品代销业务的处理

代销业务通常有视同买断和收取手续费两种方式。

1. 视同买断方式

视同买断方式,即由委托方和受托方签订协议,委托方按协议价收取所代销的货款,实际售价可由受托方自行确定,实际售价与协议价之间的差额归受托方所有的销售方式。在视同买断方式下,委托方的收入确认应贯彻实质重于形式原则,即应根据协议内容的实质来确定收入实现时间。具体地说,如果委托方和受托方之间的协议明确标明,受托方在取得代销商品后,无论是否能够卖出、是否获利,均与委托方无关,那么可以认为委托方发出商品时,商品所有权上的主要风险和报酬已转移给受托方。在这种情况下,委托方在发出商品时,应确认销售收入。如果委托方和受托方之间的协议明确标明,将来受托方没有将商品售出时可以将商品退回给委托方,或受托方因代销商品出现亏损时可以要求委托方补偿,那么委托方在交付商品时,商品所有权上的主要风险和报酬并未转移给受托方,此时不应确认销售收入,委托方只有在收到受托方开具的代销清单时,才确认销售收入。

企业委托其他单位代销商品,如果按协议内容,在发出代销商品时不确认收入的实现,应按发出商品的实际成本,借记“发出商品”账户,贷记“库存商品”账户;在收到代销单位的代销清单时确认收入,并按协议价和相应的增值税,借记“应收账款”账户,按协议价贷记“主营业务收入”账户,按增值税税额贷记“应交税费——应交增值税(销项税额)”账户;同时按代销商品的实际成本,借记“主营业务成本”账户,贷记“发出商品”账户。

【例 4-9】 2013 年 7 月份，西夏机床厂委托红星公司代销发那数控机床 2 套。双方签订的代销协议明确标明，将来受托方没有将商品售出时可以将商品退回给委托方。双方签订的代销协议确定的协议价为 135 720 元（含 17%的增值税），单位成本 47 000 元，于 7 月 20 日发出该商品。8 月 20 日收到红星公司转来的代销清单上表明售出 2 套，西夏机床厂开具增值税专用发票，注明售价 116 000 元，增值税 19 720 元。红星公司实际销售时开具增值税专用发票，注明售价136 000元，增值税 23 120 元。8 月 25 日，西夏机床厂收到红星公司按合同协议价支付的款项 135 720 元。

（1）西夏机床厂应作如下会计分录：

① 发出代销商品时：

借：发出商品——发那数控机床　　94 000

　　贷：库存商品——发那数控机床　　94 000

② 8 月 20 日收到代销清单时：

借：应收账款——红星公司　　135 720

　　贷：主营业务收入　　116 000

　　　　应交税费——应交增值税（销项税额）　　19 720

借：主营业务成本　　94 000

　　贷：发出商品——发那数控机床　　94 000

③ 收到红星公司汇来的货款时：

借：银行存款　　135 720

　　贷：应收账款——红星公司　　135 720

（2）红星公司应作如下会计分录：

① 收到发来的发那数控机床时：

借：受托代销商品——发那数控机床　　116 000

　　贷：受托代销商品款——西夏机床厂　　116 000

② 实际销售发那数控机床时：

借：银行存款　　159 120

　　贷：主营业务收入　　136 000

　　　　应交税费——应交增值税（销项税额）　　23 120

③ 结转销售成本：

借：主营业务成本　　116 000

　　贷：受托代销商品——发那数控机床　　116 000

④ 收到委托方开来的增值税发票时：

借：受托代销商品款——西夏机床厂　　116 000

　　应交税费——应交增值税（进项税额）　　19 720

　　贷：应付账款——西夏机床厂　　135 720

⑤ 按合同协议价将款项付给西夏机床厂时：

借：应付账款——西夏机床厂 135 720
　贷：银行存款 135 720

2. 收取手续费方式

收取手续费方式，即受托方根据代销的商品数量向委托方收取手续费的代销方式。对受托方来说，收取的手续费实际上是一种劳务收入。这种代销方式与视同买断方式相比，主要特点是受托方通常按照委托方规定的价格销售，不得自行改变售价。

在这种方式下，委托方在发出商品时，通常不应确认销售商品收入，而应在收到受托方开出的代销清单时确认销售商品收入，同时按应支付的代销手续费计入销售费用；受托方应在代销商品销售后，按合同协议约定的方式计算确定代销手续费，确认劳务收入。

【例 4-10】 西夏机床厂委托红星公司销售 A 产品 200 件，商品已发出，每件成本 60 元。合同约定红星公司应按每件 100 元对外销售，西夏机床厂按售价的 10%向红星公司支付手续费。红星公司对外实际销售 100 件，开出的增值税专用发票上注明售价 10 000 元，增值税 1 700 元，款项已收到。西夏机床厂收到红星公司开具的代销清单时，向红星公司开具一张相同金额的增值税专用发票。

(1) 西夏机床厂应作如下会计分录：

① 发出代销商品时：

借：委托代销商品——A 产品 12 000
　贷：库存商品——A 产品 12 000

② 收到代销清单时：

借：应收账款——红星公司 11 700
　贷：主营业务收入 10 000
　　应交税费——应交增值税(销项税额) 1 700
借：主营业务成本 6 000
　贷：委托代销商品——A 产品 6 000
借：销售费用——代销手续费 1 000
　贷：应收账款——红星公司 1 000

③ 收到红星公司汇来的代销货款净额时：

借：银行存款 10 700
　贷：应收账款——红星公司 10 700

(2) 红星公司应作如下会计分录：

① 收到西夏机床厂发来的 A 商品时：

借：受托代销商品——A 产品 20 000
　贷：受托代销商品款 20 000

② 实际销售 A 商品时：

借:银行存款　　11 700
　　贷:受托代销商品——A 产品　　10 000
　　　　应交税费——应交增值税(销项税额)　　1 700

③ 收到西夏机床厂开来的增值税专用发票时:

借:受托代销商品款——西夏机床厂　　10 000
　　应交税费——应交增值税(销项税额)　　1 700
　　贷:应付账款　　11 700

④ 支付货款并确认手续费收入时:

借:应付账款——西夏机床厂　　11 700
　　贷:其他业务收入　　1 000
　　　　银行存款　　10 700

(七) 销售材料等存货业务的处理

企业销售材料、包装物等存货也视同商品销售,其收入的确认、计量和会计处理比照商品销售处理。企业为了反映和监督销售材料、包装物等存货实现的收入,应设置“其他业务收入”和“其他业务成本”账户进行核算。

【例 4-11】 西夏机床厂向蓝翔公司销售一批材料,增值税专用发票上注明价款 8 000 元,增值税 1 360 元,款项收存银行。该批材料的实际成本为 6 000 元。西夏机床厂应作如下会计分录:

借:银行存款　　9 360
　　贷:其他业务收入——材料销售　　8 000
　　　　应交税费——应交增值税(销项税额)　　1 360

同时结转已销材料的实际成本:

借:其他业务成本　　6 000
　　贷:原材料——甲材料　　6 000

注意:

1. 在商业折扣下,商品销售收入按扣除商业折扣后的金额确认;在现金折扣的总价法下,商品销售收入按扣减现金折扣前的金额确认,销货方发生现金折扣时计入“财务费用”科目的借方,购货方享受现金折扣时计入“财务费用”账户的贷方。

2. 销售折让、销售退回在已经确认销售收入后发生的,应在发生时借记“主营业务收入”,同时借记“应交税费——应交增值税(销项税额)”账户,对于销售退回业务,在发生时除了冲减当期商品销售收入外,还应同时冲减当期销售成本。

3. 委托代销方式下,委托方在发出商品时不能确认收入实现,只有在收到受托方代销清单时才能确认收入实现。

4. 采用预收款方式销售商品方式下,企业通常应在发出商品时确认收入,在此之前预收的货款应确认为预收账款。

六、提供劳务收入

(一) 提供劳务收入的确认与计量

1. 提供劳务收入的确认

劳务收入的确认应分为两类情况:一类是劳务开始和完成都在同一会计期间内,应在劳务完成时确认收入;另一类是在资产负债表日未完成的劳务,企业在资产负债表日提供劳务交易的结果能够可靠估计的,应当按照完工百分比法确认提供劳务收入。完工百分比法,是指按照提供劳务交易的完工进度确认收入与费用的方法。

提供劳务交易的结果能够可靠估计,是指同时具备以下条件:

① 收入的金额能够可靠地计量。

② 相关的经济利益很可能流入企业。

③ 交易的完工进度能够可靠确定。

④ 交易中已发生的和将发生的成本能够可靠计量。

2. 提供劳务收入的计量

(1) 按照完工百分比法确认收入与费用,需要确定提供劳务交易的完工进度。企业可以选用下列方法之一来确定提供劳务交易的完工进度:

① 已完工作的测量。

② 已经提供的劳务占应提供劳务总量的比例(完工进度=已完成工作时间/总工作时间×100%)。

③ 已发生的成本占估计成本的比例(完工进度=截止当期已发生劳务成本/劳务预计总成本×100%)。

(2) 企业应当按照从接受劳务方已收或应收的合同或协议价款来确定提供劳务收入总额,已收或应收的合同或协议价款不公允的除外。

(3) 企业应当在资产负债表日,按提供劳务收入总额乘以完工进度,再扣除以前会计期间累计已确认提供劳务收入后的金额,确认当期提供劳务收入;同时,按照提供劳务预计总成本乘以完工进度,再扣除以前会计期间累计已确认提供劳务成本后的金额,确认当期提供劳务成本。

(4) 如果企业在资产负债表日提供劳务交易结果不能够可靠估计,则应当分别按下列情况处理:

① 已发生的劳务成本预计全部能够得到补偿的,应按已收或预计能够收回的金额确认提供劳务收入,并结转已发生的劳务成本。

② 已发生的劳务成本预计部分能够得到补偿的,应按能够得到部分补偿的劳务成本金额确认提供劳务收入,并结转已发生的劳务成本。

③ 已发生的劳务成本预计全部不能得到补偿的,应当将已经发生的劳务成本计入当期损益,不确认提供劳务收入。

（二）提供劳务收入的核算

1. 劳务完成时确认收入的会计处理

对于一次就能完成的劳务，企业应在提供劳务完成时按所确定的收入金额，借记“应收账款”“银行存款”等科目，贷记“主营业务收入”等科目；对于发生的有关支出，借记“主营业务成本”等科目，贷记“银行存款”等科目。

对于持续一段时间在同一会计期间内开始并完成的劳务，企业应在提供劳务完成时确认收入。有关支出确认为费用之前，企业可增设“劳务成本”科目予以归集；待确认为费用时，再借记“主营业务成本”科目，贷记“劳务成本”科目。

【例 4-12】 2013 年 8 月 5 日，西夏机床厂下属的子公司接受长虹公司的一项设备安装任务。该安装任务可一次完成，合同总收入为 30 000 元，以银行存款实际支付安装费用 21 000 元。西夏机床厂下属的子公司应作如下会计分录：

（1）确认所提供的劳务收入时：

借：应收账款——长虹公司	30 000	
贷：主营业务收入		30 000

（2）发生并确认有关成本费用时：

借：主营业务成本	21 000	
贷：银行存款		21 000

【例 4-13】 西夏机床厂下属的子公司 2013 年 9 月 15 日接受长江公司的一项设备安装任务，合同规定该安装任务在 2013 年 12 月 31 日完成，合同总收入为 20 000元，以银行存款实际支付安装费用 11 000 元。该子公司应作如下会计分录：

（1）发生有关成本费用时：

借：劳务成本	11 000	
贷：银行存款		11 000

（2）2013 年 12 月 31 日完成劳务确认收入、费用时：

借：应收账款——长江公司	20 000	
贷：主营业务收入		20 000
借：主营业务成本	11 000	
贷：劳务成本		11 000

2. 按完工百分比法确认收入的会计处理

对于不能在同一会计期间内完成，但在期末能对劳务交易的结果做出可靠估计的劳务，应按完工百分比法确认收入及相关的费用。对于预收的款项，应借记“银行存款”账户，贷记“预收账款”或“应收账款”账户；对于所发生的成本，可增设“劳务成本”账户予以归集，借记“劳务成本”账户，贷记“银行存款”“应付职工薪酬”等账户；确认本期的劳务收入时，按确定的金额借记“银行存款”“预收账款”“应收账款”等账户，贷记“主营业务收入”账户；确认本期的费用时，按确定的金额，借记“主营业务成本”账户，贷记“劳务成本”账户。完工百分比法下，劳务收入和相关费用应按下列公式计算：

$$\text{本期确认的收入}=\text{劳务总收入}\times\text{本期末止劳务的完工进度}-\text{以前期间已确认的收入}$$

$$\text{本期确认的费用}=\text{劳务总成本}\times\text{本期末止劳务的完工进度}-\text{以前期间已确认的费用}$$

在劳务总收入和总成本能够可靠计量的情况下，关键是确定劳务的完成程度。企业应根据所提供劳务的特点，选择确定劳务完成程度的方法，包括通过对已经完成的工作或工程的测量来确定完成程度，或按已经提供的劳务量（如已完成的工作时间）占应提供的劳务总量（如完成此项劳务所需的总的工作时间）的百分比来确定完成程度，或按已经发生的成本占估计总成本的百分比来确定完成程度。

【例 4-14】 西夏机床厂下属的子公司于 2013 年 12 月 1 日接受一项设备安装任务，安装期为 3 个月，合同总收入 600 000 元，至年底已预收安装费 440 000 元，实际发生安装费用为 280 000 元（假定均为安装人员薪酬），估计还会发生安装费用 120 000 元。假定西夏机床厂下属的子公司按实际发生的成本占估计总成本的比例确定劳务的完工进度。该子公司会计处理如下：

$$\text{实际发生的成本占估计总成本的比例}=280\ 000\div(280\ 000+120\ 000)=70\%$$

$$\text{2013 年 12 月 31 日确认的劳务收入}=600\ 000\times70\%-0=420\ 000(\text{元})$$

$$\text{2013 年 12 月 31 日确认的劳务成本}=(280\ 000+120\ 000)\times70\%-0=280\ 000(\text{元})$$

① 实际发生劳务成本时：

借：劳务成本　　280 000

　贷：应付职工薪酬　　280 000

② 预收劳务款时：

借：银行存款　　440 000

　贷：预收账款　　440 000

③ 2013 年 12 月 31 日确认劳务收入并结转劳务成本时：

借：预收账款　　420 000

　贷：主营业务收入　　420 000

借：主营业务成本　　280 000

　贷：劳务成本　　280 000

七、让渡资产使用权收入

（一）让渡资产使用权收入的确认与计量

1. 让渡资产使用权收入的确认

除了销售商品和提供劳务之外，企业还可以通过让渡资产的使用权来取得收入。让渡资产使用权收入同时满足下列条件的，才能予以确认：

① 相关的经济利益很可能流入企业。

② 收入的金额能够可靠地计量。

2. 让渡资产使用权收入的计量

让渡资产使用权收入包括利息收入、使用费收入等。企业对外出租资产收取的租金，进行债权投资收取的利息，进行股权投资取得的现金股利，也构成让渡资产使用权收入。当让渡资产使用权收入被确认后，企业应当分别按下列情况确定让渡资产使用权收入的金额：

① 利息收入金额，按照他人使用本企业货币资金的时间和实际利率计算确定。

② 使用费收入金额，按照有关合同或协议约定的收费时间和方法计算确定。

（二）让渡资产使用权收入的核算

使用费收入应当按照有关合同或协议约定的收费时间和方法计算确定。不同的使用费收入，收费时间和方法也各不相同。有一次性收取一笔固定金额的，如一次收取 10 年的场地使用费；也有在合同或协议规定的有效期内分期等额收取的，如合同或协议规定按资产使用方每期销售额的百分比收取使用费等。

如果合同或协议规定一次性收取使用费，且不提供后续服务的，应当视同销售该项资产一次性确认收入；提供后续服务的，应在合同或协议规定的有效期内分期确认收入。如果合同或协议规定分期收取使用费的，应按合同或协议规定的收款时间和金额或规定的收费方法计算确定的金额，分期确认收入。

【例 4-15】 西夏机床厂下属的子公司向丁公司转让其商品的商标使用权，约定丁公司每年年末按年销售收入的 10%支付使用费，使用期 10 年。第一年，丁公司实现销售收入 200 000 元；第二年，丁公司实现销售收入 500 000 元。假定西夏机床厂下属的子公司均于每年年末收到使用费，不考虑其他因素。西夏机床厂下属子公司的账务处理如下：

① 第一年年末确认使用费收入时：

借：银行存款　　20 000

　　贷：主营业务收入　　20 000

② 第二年年末确认使用费收入时：

借：银行存款　　50 000

　　贷：主营业务收入　　50 000

任务二　应收款项

应收及预付款项是指企业在日常生产经营中发生的各项债权，包括应收款项和预付款项。应收款项包括应收票据、应收账款、其他应收款、应收利息、应收股利、长期应收款等；预付款项是指企业按照合同规定预付的款项，如预付账款。

一、应收票据

（一）应收票据的概念

应收票据是指企业因采用商业汇票支付方式销售商品、产品或提供劳务等而收到的商业汇票。

商业汇票是出票人签发的，委托付款人在指定日期无条件支付确定的金额给收款人或持票人的票据。在银行开立存款账户的法人，以及其他组织之间须具有真实的交易关系或债权债务关系，才能使用商业汇票。

（二）应收票据的分类与计价

1. 应收票据的分类

（1）商业汇票按承兑人的不同，分为商业承兑汇票和银行承兑汇票：

商业承兑汇票由银行以外的付款人承兑。商业承兑汇票按交易双方约定，由销货企业或购货企业签发，但由购货企业承兑。承兑时，购货企业应在汇票正面记载“承兑”字样和承兑日期并签章。银行承兑汇票由银行承兑，由在承兑银行开立账户的存款人签发，承兑银行按票面金额向出票人收取万分之五的手续费。购货企业应于汇票到期前将票款足额交存其开户银行，以备承兑银行在汇票到期日或到期日后的见票当日支付票款。销货企业应在汇票到期时将汇票连同进账单送交开户银行以便转账收款。承兑银行凭汇票将承兑款项无条件支付给销货企业。如果购货企业于汇票到期日未能足额交存票款，承兑银行除凭票向持票人无条件付款外，对出票人尚未支付的汇票金额按每天万分之五计收罚息。

（2）商业汇票按照是否计息，可分为带息商业汇票和不带息商业汇票：

带息票据指在票据到期时，承兑人必须按票面金额（面值）加上应计利息向收款人或被背书人支付票款的票据。不带息票据，是指商业汇票到期时，承兑人只按票面金额向收款人或被背书人支付款项的票据。

2. 应收票据的计价

企业收到商业汇票时，一般按照票据的面值入账。

（三）应收票据的核算

为了反映和监督应收票据取得、收回票款和票据贴现等业务，企业应设置“应收票据”账户。该账户的借方登记取得应收票据的面值和计提的票据利息，贷方登记到期收回票款或到期前向银行贴现的应收票据的票面余额，期末余额在借方，反映企业尚未收回且未申请贴现的应收票据的面值和应计利息。本科目应按照商业汇票的种类设置明细科目，并设置“应收票据备查簿”，逐笔登记每一张应收票据的种类、号数、签发日期、票面金额、交易合同号、承兑人、背书人的姓名或单位名称、到期日、贴现日、贴现率、贴现净额、收款日期、收款金额等事项。

1. 不带息应收票据的核算

不带息票据的到期值等于其面值。企业因销售商品、产品或提供劳务而收到对方开出并承兑的商业汇票时,按应收票据的面值,借记"应收票据"科目,按实现的营业收入,贷记"主营业务收入"科目;按专用发票上注明的增值税税额,贷记"应交税费——应交增值税(销项税额)"科目;应收票据到期收回时,按票面金额,借记"银行存款"科目,贷记"应收票据"科目。

【例 4-16】 西夏机床厂 2013 年 6 月 10 日销售一批产品给东方公司,货已发出,货款 30 000 元,增值税税额为 5 100 元。双方商定采用商业汇票结算。东方公司交给西夏机床厂一张不带息的 3 个月到期的商业承兑汇票,面额为 35 100 元。西夏机床厂的账务处理如下:

借:应收票据	35 100	
贷:主营业务收入		30 000
应交税费——应交增值税(销项税额)		5 100

3 个月后,应收票据到期,西夏机床厂收回款项 35 100 元,存入银行:

借:银行存款	35 100	
贷:应收票据		35 100

如果该票据到期时东方公司无力偿还票款,西夏机床厂将到期票据的票面金额转入"应收账款"科目。应作如下账务处理:

借:应收账款——东方公司	35 100	
贷:应收票据		35 100

2. 带息应收票据的核算

企业收到带息应收票据,按应收票据的票面价值和票面利率计算票据的利息,并计算票据的到期值。计算公式为:

$$票据到期值 = 面值 + 票据利息$$
$$票据利息 = 票面金额 \times 票面利率 \times 期限$$

公式中,"票面利率"一般指年利率,"期限"指签发日至到期日的时间间隔。

票据期限,有按月表示和按日表示两种:

票据期限按月表示时,应以到期月份中与出票日相同的那一天为到期日。如 2013 年 4 月 15 日签发的 3 个月票据,到期日应为 7 月 15 日。月末签发的票据,不论月份大小,到期月份的月末那一天为到期日。如 2013 年 2 月 28 日签发的 3 个月票据,到期日应为 5 月 31 日。票据期限按月表示时,计算利息使用的利率要换算成月利率(年利率÷12)。

票据期限按日表示时,应从出票日起的实际经历天数计算。通常出票日和到期日,只能计算其中的一天,即"算头不算尾"或"算尾不算头"。例如,3 月 10 日签发的 90 天票据,其到期日应为 6 月 7 日。同时,计算利息使用的利率要换算成日利率(年利率÷360)。

企业收到带息票据时,按应收票据的面值,借记"应收票据"科目;按实现的营业收入,贷记"主营业务收入"科目;按专用发票上注明的增值税税额,贷记"应交税费——应交增值税(销项税额)"科目。

对于带息应收票据,应于期末按应收票据的面值和确定的利率计提利息,并增加应收票据的账面价值,借记"应收票据"科目,贷记"财务费用"科目。

带息票据到期时,收到承兑人兑付的到期值票款时,按实际收到的款项,借记"银行存款"科目,按票据面值贷记"应收票据"科目,两者差额贷记"财务费用"科目。

因付款人无力支付票款,收到银行退回的商业承兑汇票、委托收款凭证、未付票款通知书或拒绝付款证明等,应将票据面值与应计未收利息之和一并转为应收账款,借记"应收账款"科目,贷记"应收票据"科目和"财务费用"科目。到期不能收回的带息应收票据,转入"应收账款"账户核算后,期末不再计提利息。其所包含的利息,在有关备查簿中进行登记,待实际收到时再冲减收到当期的财务费用。

【例 4-17】 西夏机床厂 2013 年 5 月 1 日销售一批产品给长虹公司,货已发出,专用发票上注明的销售收入为 20 000 元,增值税税额为 3 400 元。收到长虹公司交来的金额为 23 400 元的商业承兑汇票一张,期限为 5 个月,票面利率为 4%。西夏机床厂应作如下账务处理:

① 收到票据时:

借:应收票据　23 400
　贷:主营业务收入　20 000
　　应交税费——应交增值税(销项税额)　3 400

② 票据到期收回款项时:

$$收款金额 = 23\,400 \times (1 + 4\% \div 12 \times 5) = 23\,790(元)$$

借:银行存款　23 790
　贷:应收票据　23 400
　　财务费用　390

【例 4-18】 西夏机床厂 2013 年 11 月 1 日销售一批产品给红星公司,货已发出,专用发票上注明的销售收入为 10 000 元,增值税税额为 1 700 元。收到红星公司交来的商业承兑汇票一张,票面金额为 11 700 元,期限为 3 个月,票面利率为 6%。西夏机床厂应作如下账务处理:

① 2013 年 11 月 1 日收到票据时:

借:应收票据　11 700
　贷:主营业务收入　10 000
　　应交税费——应交增值税(销项税额)　1 700

② 2013 年 12 月 31 日计提利息时:

借：应收票据　　117

　贷：财务费用　　117

③ 2010 年 2 月 1 日票据到期收回款项时：

$$收款金额 = 11\,700 + 11\,700 \times 6\% \div 12 \times 3 = 11\,875.50(元)$$

借：银行存款　　11 875.50

　贷：应收票据　　11 817

　　　财务费用　　58.50

④ 假设 2013 年 2 月 1 日票据到期，因红星公司无力支付，收到银行退回的商业承兑汇票时：

借：应收账款——红星公司　　11 875.50

　贷：应收票据　　11 817

　　　财务费用　　58.50

3. 应收票据转让的核算

企业可以将自己持有的商业汇票背书转让。背书是指持票人在票据背面签字。签字人称为背书人。背书人对票据的到期付款负连带责任。

企业将持有的应收票据背书转让以取得所需物资时，按应计入取得物资成本的价值，借记“材料采购”或“原材料”“库存商品”等科目；按专用发票上注明的增值税税额，借记“应交税费——应交增值税(进项税额)”科目；按应收票据的账面余额，贷记“应收票据”科目；如有差额，借记或贷记“银行存款”等科目。

如为带息应收票据，企业将其转让以取得所需物资时，按应计入取得物资成本的价值，借记“材料采购”或“原材料”“库存商品”等科目；按专用发票上注明的增值税税额，借记“应交税费——应交增值税(进项税额)”科目；按应收票据的账面余额，贷记“应收票据”科目；按尚未计提的利息，贷记“财务费用”科目；按应收或应付的金额，借记或贷记“银行存款”等科目。

4. 应收票据贴现

(1) 应收票据贴现的概念

应收票据贴现是指持票人因急需资金，将未到期的商业汇票背书后转让给银行，银行受理后，从票面金额中扣除按银行的贴现率计算的贴现息后，将余额付给贴现企业的业务活动。票据贴现实质上是企业融资的一种形式。在贴现中，企业付给银行的利息，称为贴现利息；银行计算贴现利息的利率，称为贴现率；企业从银行获得的票据到期值扣除贴现利息后的货币收入，称为贴现所得，即贴现净额。

(2) 应收票据贴现的计算及账务处理

应收票据的贴现要计算贴现期、贴现利息和贴现净额。其中贴现期是指自贴现日起至到期日为止的实际天数，也采用“算头不算尾”或“算尾不算头”的方法计算确定。贴现相关的计算公式如下：

贴现利息 = 票据到期值 × 贴现率 × 贴现期

贴现净额 = 票据到期值 − 贴现利息

不带息应收票据的到期值就是其面值；带息应收票据的到期值是其面值加上按票面利率计算的票据全部期间的利息之和。

企业持有未到期的应收票据向银行申请贴现时，应根据银行盖章退回的贴现凭证第四联收账通知，按贴现净额，借记“银行存款”账户；如果是银行承兑汇票，按应收票据的账面余额，贷记“应收票据”账户；如果是商业承兑汇票，按贴现净额借记“银行存款”账户，按应收票据的到期值贷记“短期借款”账户，并按两者的差额借记或贷记“财务费用”账户。

【例 4-19】 西夏机床厂 2013 年 3 月 1 日取得一张面值 20 000 元、期限 3 个月的不带息银行承兑汇票。企业持有 1 个月后向银行申请贴现，贴现率为 6%，计算贴现净额并进行账务处理。

银行承兑汇票 2 CA 01 00000000

出票日期（大写） 贰零壹叁 年零叁 月零壹 日

出票人全称	宁夏云光电工厂	收款人	全称	西夏机床厂
出票人账号	20111452003		账号	4564521
付款行全称	宁夏银行光明支行		开户银行	建设银行新区支行
出票金额	人民币（大写） 贰万元整		亿千百十万千百十元角分	¥2000000
汇票到期日（大写）	贰零壹叁年零陆月零壹日	付款行	行号	0591
承兑协议编号			地址	宁夏银川市光明大道63号

本汇票请你行承兑，到期无条件付款

出票人签章

本汇票已经承兑，到期日由本行付款汇票。

宁夏银行光明支行 业务受理

承兑行签章

承兑日期：2013 年 4 月 1 日

备注：

复核 记账

此联收款人开户行随托收凭证寄付款行作借方凭证附件

被背书人	被背书人	被背书人
背书人签章 年 月 日	背书人签章 年 月 日	背书人签章 年 月 日

粘贴处

持票人向银行提示付款签章：

身份证件名称：

号 码：

发 证 机 关：

票据到期值 = 面值 = 20 000(元)

贴现利息 = 20 000 × 6% ÷ 12 × 2 = 200(元)

贴现净额 = 20 000 − 200 = 19 800(元)

根据上述计算结果,作会计分录如下:

借:银行存款　　19 800

　财务费用　　200

　贷:应收票据　　20 000

贴现凭证(收账通知)　5

填写日期:2013　年4　月1　日　　第2000号

贴现汇票	种类	银行承兑汇票	号码	申请人	全称	西夏机床厂
	出票日	2013年3月1日			账号	4564521
	到期日	2013年6月1日			开户银行	建设银行新区支行
汇票承兑人(或银行)	名称	宁夏银行光明支行		账号		开户银行
汇票金额	人民币(大写) 贰万元整				千百十万千百十元角分	
贴现率	6 %	贴现利息	¥20000	实付贴现金额	¥1980000	
上述款项已入你单位账户 此致 银行盖章 2013　年4　月1　日			备注:			

复核:　　记账

此联银行给贴现申请人的收账通知

二、应收账款

(一)应收账款的概念

应收账款是指企业因销售商品、产品或提供劳务等业务,应向购货单位或接受劳务单位收取的款项,是企业因销售商品、产品或提供劳务等经营活动所形成的债权。核算应收账款时,必须确定其入账价值,及时反映应收账款的形成、收回情况,合理地确认和计量坏账损失,并按规定计提坏账准备。

(二)应收账款的计价

应收账款应按实际发生额计价入账。其入账价值包括销售货物或提供劳务的价款、增值税税额,以及代购货单位垫付的包装费、运杂费等。在确认应收账款的入账价值时,还要考虑商业折扣和现金折扣等因素。商业折扣和现金折扣的内容已经在收入部分介绍,不再赘述。

(三)应收账款的核算

企业销售商品或材料等发生全部金额借记“应收账款”科目,贷记“主营业务收入”“其他业务收入”“应交税费——应交增值税(销项税额)”等科目;收回款项实际发生的现金折扣,作为一种理财费用,计入“财务费用”科目;收回款项时,借记“银行存款”科目,贷记“应收账款”科目。

【例 4-20】 西夏机床厂 2013 年 9 月 6 日向宏大公司销售一批商品,价款 30 000 元,增值税税率为 17%,西夏机床厂以银行存款代宏大公司垫付运费1 500 元,已办妥委托银行收款手续。西夏机床厂作如下账务处理:

借:应收账款——宏大公司 36 600
　贷:主营业务收入 30 000
　　应交税费——应交增值税(销项税额) 5 100
　　银行存款 1 500

西夏机床厂收到银行收款通知,作如下账务处理:

借:银行存款 36 600
　贷:应收账款——宏大公司 36 600

企业发生的应收账款,在有商业折扣的情况下,应按扣除商业折扣后的金额入账。例题见收入中商业折扣核算。

企业发生的应收账款,在有现金折扣的情况下,采用总价法入账,发生的现金折扣作为财务费用处理。例题见收入中现金折扣核算。

三、预付账款

(一) 预付账款的概念

预付账款是指企业按照购货合同规定预付给供应单位的款项。预付账款是企业暂时被供应单位占用的资金。企业预付货款后,有权要求对方按照购货合同规定发货。预付账款必须以购销双方签订的购货合同为条件,按照规定的程序和方法进行核算。预付账款按实际付出的金额入账。期末,预付账款按历史成本反映。

预付账款与应收账款都属于企业的债权,但二者产生的原因不同:应收账款是企业赊销商品后应向购货方收取的款项;预付账款是企业按照合同规定预先付给供货方的款项。

为了反映和监督预付账款的增减变动情况,企业应设置“预付账款”账户。该账户借方登记预付的款项和补付的款项,贷方登记收到采购货物时按发票金额冲销的预付账款数和因预付货款多余而退回的款项;期末余额一般在借方,反映企业实际预付的款项;若期末余额在贷方,反映企业应付供货方的款项。

预付账款业务不多的企业,可以不单独设置“预付账款”账户,将预付的货款直接记入“应付账款”账户的借方,但在编制会计报表时,仍然要将“预付账款”和“应付账款”的金额分开列示。预付账款按实际付出的金额入账。期末,预付账款按历史成本反映。

（二）预付账款的核算

预付账款的核算主要包括预付款项和收回货物等方面。

企业根据购货合同的规定向供货方预付账款时，应借记“预付账款”科目，贷记“银行存款”科目。企业收到预购的材料或商品时，根据有关发票账单金额，借记“原材料”“应交税费——应交增值税（进项税额）”等科目，贷记“预付账款”科目。

【例 4-21】 西夏机床厂 2013 年 9 月 8 日向南梁公司采购甲材料 5 000 吨，单价 10 元，所需支付的款项总额为 50 000 元。西夏机床厂按合同规定，预付给南梁公司购买甲材料货款 25 000 元，验收货物后补付其余款项。西夏机床厂会计分录如下：

借：预付账款——南梁公司	25 000	
贷：银行存款		25 000

西夏机床厂收到上述甲材料并验收，增值税专用发票上注明货款 50 000 元，增值税税额 8 500 元。西夏机床厂会计分录如下：

借：原材料——甲材料	50 000	
应交税费——应交增值税（进项税额）	8 500	
贷：预付账款——南梁公司		58 500

同时，通过银行补付余款：

借：预付账款——南梁公司	33 500	
贷：银行存款		33 500

四、其他应收款

（一）其他应收款的概念

其他应收款是指企业除应收票据、应收账款、预付账款、应收股利等以外的其他各种应收、暂付款项。其主要内容包括：

① 预付企业各内部单位或个人的备用金。

② 应收保险公司或其他单位或个人的各种赔款。

③ 应收的各种罚款。

④ 应收的出租包装物租金。

⑤ 应向职工收取的各种垫付款项。

⑥ 存出保证金，如租入包装物支付的押金。

（二）其他应收款的核算

1. 备用金的会计处理

备用金是指为了满足企业内部各部门和职工个人的经营活动的需要，暂付给有关部门和职工个人使用的备用现金。

为了反映和监督备用金的领用和使用情况，应在“其他应收款”账户下设置“备用金”明细账户，或设置“备用金”总账账户，借方登记备用金的领用数额，贷方登记备用金的使用数额。期末余额在借方，反映企业暂付周转使用的备用金数额。

根据备用金管理制度，备用金的核算分为定额备用金制和非定额备用金制两种。

(1) 定额备用金制

它是指根据使用部门工作的实际需要，先核定其备用金定额，并依此拨付备用金，使用后再拨付现金，补足其定额的制度。

【例 4-22】 西夏机床厂的后勤科核定的备用金定额为 6 000 元，以现金拨付。作会计分录如下：

借：其他应收款——后勤科	6 000	
贷：库存现金		6 000

后勤科报销日常管理支出 3 000 元。作会计分录如下：

借：管理费用	3 000	
贷：库存现金		3 000

年终，收回后勤科备用金。作会计分录如下：

借：库存现金	6 000	
贷：其他应收款——总务科		6 000

(2) 非定额备用金制

它是为了满足临时性需要而暂付给有关部门和个人现金，使用后实报实销的制度。

【例 4-23】 西夏机床厂采购员李阳外出预借差旅费 5 000 元，以现金付讫。作会计分录如下：

借：其他应收款——李阳	5 000	
贷：库存现金		5 000

李阳出差归来，报销 3 800 元，余款退回现金 1 200 元。作会计分录如下：

借：管理费用一差旅费	3 800	
库存现金	1 200	
贷：其他应收款——李阳		5 000

2. 备用金以外的其他应收款的会计处理

企业发生备用金以外的其他应收款时，借记“其他应收款”科目，贷记“库存现金”“银行存款”等科目。

【例 4-24】 西夏机床厂以银行存款代职工李刚垫付应由其个人负担的医药费 2 000 元，拟从工资中扣除。垫支时作会计分录如下：

借：其他应收款——李刚	2 000	
贷：银行存款		2 000

扣款时作会计分录如下：

借：应付职工薪酬——工资	2 000	
贷：其他应收款——李刚		2 000

【例4-23】 西夏机床厂租入包装物一批，以银行存款向出租方支付押金4 000元。会计分录如下：

借：其他应收款——押金　　　　4 000

　　贷：银行存款　　　　4 000

任务三　坏账损失

一、坏账损失概述

（一）坏账损失的概念

坏账是指企业无法收回或收回的可能性极小的应收款项。由于发生坏账而产生的损失，称为坏账损失。

（二）坏账损失的确认

企业应当在期末对应收款项进行检查，并预计可能产生的坏账损失。对预计可能发生的坏账损失，计提坏账准备。企业计提坏账准备的方法由企业自行确定。企业应当制定计提坏账准备的政策，明确计提的范围、方法、账龄的划分和提取比例，按照管理权限，经股东大会或董事会或经理（厂长）会议等类似机构批准，按照法律、行政法规的规定报有关各方备案，并备案于企业所在地，以供投资者查阅。坏账准备计提方法一经确定，不得随意变更。如需变更，仍需按上述程序，经批准后报送有关各方备案，并在会计报表附注中予以说明。

企业确认坏账时，应遵循财务报告的目标和会计核算的基本原则，具体分析各应收款项的特性、金额大小、信用期限、债务人的信誉和当时的经营情况等因素。一般来讲，企业的应收款项符合下列条件之一的，应确认为坏账：

① 债务人死亡，以其遗产清偿后仍然无法收回。

② 债务人破产，以其资产清偿后仍然无法收回。

③ 债务人较长时间内未能履行偿债义务，并有足够证据表明无法收回或者收回的可能性很小。

另外，除有确凿证据表明该项应收款项不能收回或收回的可能性不大外（如债务单位已撤销、破产、资不抵债、现金流量严重不足、发生严重的自然灾害等导致停产而在短时间内无法偿付债务等），下列情况不能全额计提坏账准备：

① 当年发生的应收款项。

② 计划对应收款项进行重组。

③ 与关联方发生的应收款项。

④ 其他已逾期但无确凿证据表明不能收回的应收款项。

注意：确认为坏账的应收账款，并不意味企业放弃了对其追索权，一旦重新收回，应及时入账。

二、坏账损失的核算

坏账损失的核算方法一般有两种：直接转销法和备抵法。在我国会计实务中，对坏账损失的核算采用备抵法。

（一）备抵法的概念

备抵法是指采用一定的方法按期估计坏账损失，计入当期费用，同时建立坏账准备。当某一应收款项全部或部分被确认为坏账时，应根据其金额冲减坏账准备，同时转销相应的应收款项。

在备抵法下，企业应设置“坏账准备”账户。该账户是资产类账户，同时也是“应收账款”“其他应收款”“应收票据”“预付账款”等账户的备抵账户。该账户贷方登记当期提取的坏账准备金额，以及收回前期已确认并核销的坏账金额，借方登记实际发生的坏账损失金额和冲减多提的坏账准备金额。期末余额一般在贷方，反映企业已经提取但尚未转销的坏账准备金额。本科目应按应收款项的类别进行明细核算。

（二）坏账准备金额的计算

采用备抵法，坏账准备可按下列公式计算：

当期应提取的坏账准备 ＝ 当期按应收款项计算应提坏账准备金额 － “坏账准备”科目的贷方余额（或＋“坏账准备”科目的借方余额）

（三）坏账损失的核算

企业采用备抵法进行坏账损失的核算，首先应按期估计坏账损失。估计坏账损失的方法有应收款项余额百分比法、账龄分析法、销货百分比法、个别认定法。

项　目	余额百分比法	账龄分析法	个别认定法	赊销百分比法
预计损失的确定方式	按照应收款项余额和估计的坏账率计算	按应收款项账龄的长短来估计损失，账龄越长，估计的损失越多	按单个应收项目计算	按赊销（销售）金额的一定比例计算
预计损失确定的特点比较	①分别按应收账款和其他应收款的余额计算，相当于按大类确定 ②工作量小，计算结果不太准确	①在应收账款和其他应收款的基础上，分别账龄计算，相当于按小类确定 ②工作量适中，计算结果较准确	①按单个项目计算 ②工作量最大，最准确	确定坏账损失的依据不是账面余额，而是本期发生额，与前三种方式完全不同

（四）账务处理

通常分为三个阶段。

第一阶段：计提坏账准备金。

① 首次计提时，当期期末应提坏账准备金额＝当期期末应收款项账户的期末

余额×坏账准备计提比例。会计分录如下：

借：资产减值损失——计提的坏账准备

贷：坏账准备

② 以后年度计提时，如果“坏账准备”账户已有贷方余额，那么当期期末应提坏账准备金额＝当期期末应收款项账户的期末余额×坏账准备计提比例——“坏账准备”账户贷方余额。当差额为正数时应补提，差额为负数时冲销。

按差额补提时，会计分录如下：

借：资产减值损失——计提的坏账准备

贷：坏账准备

按差额冲销时，会计分录如下：

借：坏账准备

贷：资产减值损失——计提的坏账准备

注意：如果当期按应收款项计算的应提坏账准备金额为零，应将“坏账准备”科目的余额全部冲回。

③ 以后年度计提时，如果“坏账准备”账户已有借方余额，那么当期期末应提坏账准备金额＝本期应收款项账户的期末余额×坏账准备计提比例＋“坏账准备”账户借方余额

第二阶段：实际发生坏账，经批准予以转销时，会计分录如下：

借：坏账准备

贷：应收账款（或其他应收款等）

如果已确认并转销的坏账以后期间收回，则应按收回的金额：

借：应收账款（其他应收款等）

贷：坏账准备

同时：

借：银行存款

贷：应收账款（其他应收款等）

或者会计分录如下：

借：银行存款

贷：坏账准备

下面重点介绍采用应收款项余额百分比法核算坏账损失：

应收款项余额百分比法，是根据会计期末应收款项的余额乘以估计坏账率来确定当期应估计的坏账损失，据此提取坏账准备的方法。估计坏账率可以按照以往的数据资料加以确定，一般情况下，企业赊销发生的越多，坏账比例就越高；反之则越低。

【例 4-26】 西夏机床厂第一年末应收账款的余额为 2 000 000 元，提取坏账准备的比例为 4‰；第二年发生坏账损失 6 000 元，年末应收账款余额为2 200 000元；第三年，已冲销的应收账款收回 4 000 元，期末应收账款的余额为2 400 000元。

编制会计分录如下：

① 第一年提取坏账准备：

$$坏账准备提取额 = 2\ 000\ 000 \times 4‰ = 8\ 000(元)$$

借：资产减值损失　　8 000
　贷：坏账准备　　8 000

② 第二年转销坏账：

借：坏账准备　　6 000
　贷：应收账款　　6 000

③ 第二年年末按应收账款的余额计算提取坏账准备：

$$坏账准备提取额 = 2\ 200\ 000 \times 4‰ - 2\ 000 = 6\ 800(元)$$

年末计提坏账准备前，"坏账准备"科目的贷方余额为 2 000 元，本年度应提的坏账准备为 6 800(8 800－2 000)元。

借：资产减值损失　　6 800
　贷：坏账准备　　6 800

④ 第三年，已冲销的应收账款收回 4 000 元：

借：应收账款　　4 000
　贷：坏账准备　　4 000

同时：

借：银行存款　　4 000
　贷：应收账款　　4 000

⑤ 第三年年末按应收账款的余额计算提取坏账准备：

$$坏账准备提取额 = 2\ 400\ 000 \times 4‰ - 12\ 800 = -3\ 200(元)$$

至第三年年末，计提坏账准备前的"坏账准备"科目的贷方余额为 12 800 元，本年度应冲销多提的坏账准备金额为 3 200(9 600－12 800)元。

借：坏账准备　　3 200
　贷：资产减值损失　　3 200

注意：

引起应收账款账面价值变化的有：

① 计提坏账准备；
② 收回应收账款；
③ 收回已转销的坏账；
④ 结转到期不能收回的商业承兑汇票；
⑤ 本期发生的销售退回；
⑥ 本期发生的销售折让。

任务四　销 售 费 用

销售费用是指企业在销售商品和材料、提供劳务过程中发生的各项费用，包括企业在销售商品过程中发生的包装费、保险费、展览费和广告费、商品维修费、预计产品质量保证损失、运输费、装卸费等费用，以及企业发生的为销售本企业商品而专设的销售机构的职工薪酬、业务费、折旧费、固定资产修理费等费用。

企业应通过“销售费用”科目，核算销售费用的发生和结转情况。该科目借方登记企业所发生的各项销售费用，贷方登记期末结转入“本年利润”科目的销售费用，结转后该科目应无余额。该科目应按销售费用的费用项目进行明细核算。

【例 4-27】 西夏机床厂为宣传新产品发生广告费 50 000 元，以银行存款支付。会计分录如下：

借：销售费用　　50 000
　贷：银行存款　　50 000

【例 4-28】 西夏机床厂销售部 8 月份共发生费用 120 000 元，其中：销售人员薪酬 50 000 元，销售部专用办公设备折旧费 40 000 元，业务费 30 000 元（均用银行存款支付）。会计分录如下：

借：销售费用　　120 000
　贷：应付职工薪酬　　50 000
　　累计折旧　　40 000
　　银行存款　　30 000

【例 4-29】 西夏机床厂销售一批产品，销售过程中发生运输费 5 000 元、装卸费 1 000 元，均以银行存款支付。（运输费用的进项税额扣除率为 7%）会计分录如下：

借：销售费用　　5 650
　应交税费——应交增值税（进项税额）　　350
　贷：银行存款　　6 000

项目训练

一、单项选择题

1. 最终计入产品成本的费用是(　　)。
   A. 管理费用　　B. 销售费用　　C. 制造费用　　D. 财务费用
2. 向乙公司销售商品一批，在增值税专用发票上注明“2/10；1/20；n/30”字样，表明这笔销售业务中(　　)。

A. 存在现金折扣　　B. 存在商业折扣
C. 存在销售折让　　D. 存在商业回扣

3. 预收款业务不多的企业，可将发生的预收账款业务并入(　　)账户核算。
A. 应收账款　　B. 应付账款　　C. 其他应收款　　D. 预付账款

4. 下列收益中属于利得的是(　　)。
A. 商品销售收入　　B. 修理劳务收入
C. 固定资产处置收益　　D. 固定资产出租收入

5. 作为收入确认的一种方法，完工百分比法主要适用于(　　)。
A. 商品销售收入的确认　　B. 提供劳务收入的确认
C. 让渡资产使用权收入的确认　　D. 对外投资收益的确认

6. 企业为职工垫付的各种款项应当在(　　)账户中核算。
A. 应收账款　　B. 其他应收款　　C. 应收票据　　D. 应收股利

7. 对于已核销又收回的应收账款，原则上应当(　　)。
A. 直接调整坏账损失
B. 先转回到应收账款，再作收回处理
C. 只在备查账中记录
D. 由企业自行确定处理方法

8. 向丙公司销售商品一批，计货款 10 万元，增值税 1 7 000 元，在增值税专用发票上注明“2/10;1/20;n/30”字样。如果在商品销售后的第 10 天收到丙公司支付的款项，则公司收到的款项金额是(　　)元。
A. 117 000　　B. 115 000　　C. 116 000　　D. 114 660

9. 商业汇票按承兑人不同分为(　　)。
A. 商业承兑汇票与银行承兑汇票　　B. 商业汇票与银行汇票
C. 商业汇票与银行本票　　D. 商业承兑汇票与银行汇票

10. 对预付账款业务较少的企业，在发生预付账款时，一般可在(　　)账户核算。
A. 应收账款　　B. 预付账款　　C. 预收账款　　D. 应付账款

11. 下列各项目中，属于工业企业的主营业务收入的是(　　)。
A. 产品销售收入　　B. 原材料销售收入
C. 包装物出租收入　　D. 购买债券取得的收入

12. 以下属于让渡资产使用权收入的是(　　)。
A. 他人使用本企业无形资产的使用费收入
B. 为他人提供运输服务的收入
C. 转让包装物收入
D. 销售库存商品收入

13. 销货方对于现金折扣的入账应在(　　)。
A. 销售时　　B. 预计可能发生时

C. 期末　　D. 实际发生时

14. 销售一批产品，价目表标明不含税价格为40 000元，增值税税率为17%，商业折扣为10%，现金折扣条件为“5/10；3/20；n/30”，代垫运费500元（不考虑运费增值税），客户于第8天付款。该销售业务的应收账款入账金额为（　　）元。

A. 40 000　　B. 44 320　　C. 40 820　　D. 42 620

15. 企业销售商品时代垫的运杂费应记入（　　）科目。

A. 应收账款　　B. 预付账款　　C. 其他应收款　　D. 应付账款

16. 我国会计准则规定，企业发生的销售折让应（　　）。

A. 冲减主营业务收入　　B. 计入营业外支出

C. 增加主营业务收入　　D. 增加销售费用

17. 在采用收取手续费方式委托代销商品时，委托方确认销售商品收入的时点为（　　）。

A. 委托方发出商品时

B. 委托方销售商品时

C. 委托方收到受托方代销清单时

D. 受托方收到受托代销商品的销售货款时

18. 大华公司委托某商场代销一批产品，代销价款200万元，3个月后收到商场交来的代销清单，代销清单列明已销售代销商品的50%。大华公司收到清单时向商场开具增值税发票，商场按代销价款的5%收取手续费。该批产品的实际成本为120万元，大华公司应确认的销售收入为（　　）万元。

A. 120　　B. 100　　C. 80　　D. 150

19. 企业对于已经发生但尚未确认销售收入的商品成本，应借记的会计科目是（　　）。

A. 在途物资　　B. 库存商品　　C. 主营业务成本　　D. 发出商品

20. 销售合同中规定了由于特定原因买方有权退货的条款，而企业又不能确定退货的可能性，其收入应在（　　）时确认。

A. 签定合同　　B. 发出商品　　C. 收到货款　　D. 退货期满

21. 企业为扩大生产经营而发生的业务招待费，应计入（　　）科目。

A. 管理费用　　B. 财务费用

C. 销售费用　　D. 其他业务成本

22. 销售费用不包括（　　）。

A. 包装费　　B. 公司经费　　C. 广告费　　D. 保险费

二、多项选择题

1. 收入的特点是（　　）。

A. 收入产生于企业的日常活动
B. 其表现形式是增加资产、减少负债,或两者兼而有之
C. 收入能导致企业的所有者权益增加
D. 收入仅包括本企业的经济利益的流入
E. 收入包括企业的所有款项的收入

2. 甲公司将一批商品按9.5折的价格销售给乙公司,发票上注明“2/10;n/30”的字样。乙公司在付款前提出,商品质量尚有问题,甲公司同意在现价款的基础上再给予3%的折让。在该项销售业务中,存在(　　)。
A. 商业折扣　B. 商业回扣　C. 现金折扣　D. 现金折让
E. 销售折让

3. 下列各项收入中,属于其他业务收入的有(　　)。
A. 出售材料的收入　B. 随同商品出售的包装物收入
C. 转让专利所有权的收入　D. 固定资产清理的收入
E. 转让无形资产使用权收入

4. 下列各项中属于企业的应收及预付款项的有(　　)。
A. 应收票据　B. 应收股利　C. 应收账款　D. 预付账款
E. 其他应收款

5. 应收账款的入账价值中包括(　　)。
A. 商品或劳务的售价　B. 增值税销项税额
C. 为购货方垫付的运杂费　D. 为购货方垫付的包装费
E. 销售时发生的商业折扣

6. 下列说法中正确的有(　　)。
A. 银行汇票就是银行承兑汇票
B. 商业汇票的票据到期日是付款日
C. 商业汇票的付款提示期为10天
D. 对不能如期收回票款的商业汇票继续在“应收票据”核算

7. 作为应收票据核算的有(　　)。
A. 转账支票　B. 银行承兑汇票
C. 银行汇票　D. 商业承兑汇票
E. 银行本票

8. 坏账准备账户的借方登记(　　)。
A. 计提的坏账准备　B. 发生坏账损失
C. 转销坏账损失　D. 已核销又收回的坏账
E. 冲销多计提的坏账准备

9. 下列各项中,企业可以计提坏账准备的有(　　)。
A. 应收账款　B. 应收票据　C. 应收股利　D. 其他应收款

10. 转销发生的坏账时，涉及的会计科目有（　　）。
A. 应收账款　B. 管理费用　C. 营业外支出
D. 资产减值损失　E. 坏账准备

11. 按现行会计制度的规定，下列项目中，不应确认为收入的是（　　）。
A. 固定资产出售收入　B. 设备出租收入
C. 罚款收入　D. 销售商品收取的增值税

12. 下列各项收入中，属于工业企业的其他业务收入的有（　　）。
A. 提供运输劳务所取得的收入　B. 提供加工装配劳务所取得的收入
C. 出租无形资产所取得的收入　D. 销售材料产生的收入

13. 关于销售商品收入的确认，下列说法中正确的有（　　）。
A. 企业已将商品所有权上的主要风险和报酬转移给购货方，构成确认销售商品收入的重要条件
B. 判断企业是否已将商品所有权上的主要风险和报酬转移给购货方，应当关注交易的实质而不是形式
C. 采用托收承付方式销售商品的，应在办妥托收手续时确认收入
D. 交付实物后，商品所有权上的主要风险和报酬一定随之转移，应确认收入

14. 提供劳务交易的结果能够可靠估计，应同时满足的条件包括（　　）。
A. 收入的金额能够可靠地计量
B. 相关的经济利益很可能流入企业
C. 交易中已发生的成本能够可靠地计量
D. 交易中将发生的成本能够可靠地计量

15. 在完工百分比法中，确定完工比例的方法有（　　）。
A. 按专业测量师测量的结果确定
B. 按提供的劳务量占应提供劳务总量的比例确定
C. 按劳务各期耗时长短来确定
D. 按已发生成本占估计总成本的比例来确定

16. 下列属于其他业务成本核算内容的是（　　）。
A. 销售材料结转的材料成本
B. 经营出租固定资产计提的折旧费
C. 出售固定资产发生的清理费
D. 出售无形资产结转的账面价值

17. 企业费用的主要内容包括（　　）。
A. 主营业务成本　B. 营业税金及附加
C. 销售费用　D. 管理费用

三、判断题

1. 收入能够导致企业所有者权益增加，但导致所有者权益增加的并不一定都是收入。（　）
2. 企业为客户代收的款项先记为收入，待以后再冲减。（　）
3. 如果企业保留与商品所有权相联系的继续管理权，则在发出商品时不能确认该项商品销售收入。（　）
4. 企业在销售商品时，如果商品的成本不能可靠的计量，则不能确认相关的收入。（　）
5. 采用分期收款销售时，只有在符合收入确认条件的前提下，才能按合同约定的收款日期分期确认收入；如不符合收入确认条件的，即使合同约定采用分期收款销售形式，也不能按合同约定的收款日期分期确认收入。（　）
6. 在采用完工百分比法确认劳务收入时，其相关的销售成本应以实际发生的全部成本确认。（　）
7. 如劳务的开始和完成分属不同的会计年度，就应按完工百分比法确认收入。（　）
8. 按准则规定，企业发生的现金折扣应冲减主营业务收入。（　）
9. 企业发生销售退回时，不论销售退回的商品是本年销售的还是以前年度销售的，均可冲减本年度的销售收入与销售成本。（　）
10. 不符合商品销售收入确认条件但已发出的商品的成本，应当在资产负债表的“存货”项目中反映。（　）
11. 企业在销售收入确认之后发生的销售折让，应在实际发生时冲减发生当期的收入。（　）
12. 在采用预收货款方式销售产品的情况下，应当在收到货款时确认收入的实现。（　）
13. 企业在确定销售商品收入时，不考虑各种可能发生的现金折扣和销售折让。（　）
14. 企业在销售商品时，如果估计价款收回的可能性不大，即使收入确认的其他条件均已满足，也不应当确认收入。（　）
15. 在代销业务中，委托方收到代销清单时可以确认收入。（　）
16. 按准则规定，企业发生的销售折让应作为财务费用处理。（　）

四、实务题

习题一

1. 目的：练习主营业务和其他业务的核算。
2. 资料：惠美有限责任公司 2013 年 9 月份发生下列有关经济业务：

(1) 9 月 5 日，向甲公司销售商品一批，计售价 80 万元，增值税率 17%，收到等额转账支票，填制进账单送存银行。

(2) 9月8日，向外地甲公司销售商品一批，计售价20万元，增值税3.4万元，商品发出，以银行存款为甲公司垫付运费3 000元。

(3) 9月9日，根据增值税发票及垫付运费清单，填制托收凭证，办妥向甲公司托收上述货款及运费的手续。

(4) 9月12日，向乙公司销售商品一批，计售价10万元，增值税17 000元，收到乙公司签发的2个月期商业汇票一张。

(5) 9月15日，向丙公司销售商品一批，计售价18万元，增值税30 600元，销售合同上注明“2/10;1/20;n/30”字样，货款未收。

(6) 9月16日，收到银行转来“托收凭证(收账通知)”，收到甲公司承付的款项118 500元。

(7) 9月18日，外地丁公司持一份面值为10万元的银行汇票到公司购货，实际销售商品8万元，增值税13 600元，收妥银行汇票，填写实际结算金额93 600元，填制“进账单”送银行进账。

(8) 9月22日，接戊公司来函，称上月从本公司购买的商品一批，其中有10 000元因质量问题要求退货，经了解情况属实，同意办理退货手续，根据戊公司提供的当地税务机关出具的退货证明单，开出红字增值税发票，计货款10 000元及增值税1 700元，并从银行汇出退货款11 700元。

(9) 9月24日，收到丙公司转账支票一张计92 000元，系收回本月15日的销货款，填制“进账单”送银行进账。

(10) 7月25日，上月销售给丁公司的商品一批，因质量问题，一直未收回货款，经多次交涉，本公司同意给予5%的销售折让。当日，收到丁公司寄来的所在地税务机关出具的“商品销售折让证明单”，开出红字增值税发票，折让货款10 000元，增值税1 700元。

(11) 9月30日，计算出本月商品销售成本360万元，予以结转。

(12) 9月30日，转让原材料一批，转让价2万元，增值税3 400元，款项收妥存入银行。该批原材料的实际成本为1.8万元，予以结转。

(13) 9月30日，转让专利使用权一项，收取本月的转让费6万元，收妥存入银行。

(14) 9月30日，根据当月无形资产转让收入计提5%的营业税，并按营业税的7%和3%交纳城市维护建设税及教育费附加。

3. 要求：根据资料编制会计分录。

习题二

1. 目的：练习代销商品业务的核算。

2. 资料：

(1) 蓝地公司与和永公司签订A商品代销协议，由和永公司为蓝地公司代销

A 商品 2 000 件,每件成本 300 元,协议价 600 元,和永公司对外销售价 500 元。商品于 2013 年 8 月 1 日发出,当月和永公司实际代销 A 商品 800 件,8 月 31 日将“代销商品清单”送交蓝地公司。蓝地公司据此开出增值税发票,价款未结算。

(2) 若代销协议中规定采用收取手续费方式,手续费率为和永公司实际销售收入的 10%,其他业务如资料(1)所示。

3. 要求:根据资料分别为蓝地公司和和永公司编制有关的会计分录。

习题三(一)

1. 目的:练习应收票据业务的核算。
2. 资料:A 公司 2013 年 2 月 28 日销售产品一批,售价 10 000 元,增值税 1 700 元,收到甲企业一张期限为 6 个月,年利率为 9%,面值为 11 700 元的商业承兑汇票。票据到期时,收到甲企业承兑的款项存入银行。
3. 要求:(1) 确定该票据的到期日、到期值。
(2) 作出相关的会计分录。

习题三(二)

1. 目的:练习应收票据业务的核算。
2. 资料:A 公司 2013 年 3 月 1 日因销售产品,收到甲企业一张期限为 6 个月,年利率为 9%,面值为 10 000 元的商业承兑汇票。4 月 1 日因公司急需资金,故将该票据向其开户银行贴现,贴现率为 10%。票据到期时,甲企业无力偿付。
3. 要求:(1) 计算该票据的贴现息、实际贴现所得。
(2) 作出贴现及到期时 A 企业相关的会计分录。

习题三(三)

1. 目的:练习应收票据业务的核算。
2. 资料:甲企业在 2012 年 12 月 10 日销售一批商品,增值税专用发票上注明售价 50 000 元,税款 8 500 元,企业为了及早收回货款,给予的现金折扣条件为:2/10, 1/20, N/30。假定计算现金折扣时不考虑增值税。
3. 要求:(1) 编制甲企业实现销售收入时的会计分录。
(2) 若买方 2012 年 12 月 25 日支付货款,编制收到货款时的会计分录。
(3) 若买方 2013 年 1 月 10 日以一张面值 58 500 元,年利率为 6%期限 4 个月的商业承兑汇票抵偿该到期无力支付的货款,试编制该会计分录。

习题四(一)

1. 目的:练习坏账损失的核算。
2. 资料:甲公司按照应收账款余额的 5%提取坏账准备,该公司第一年末应收账款余额为 300 万元;第二年发生坏账 16 000 元,其中 A 公司 6 000 元,B 公司 10 000 元,年末应收账款余额为 360 万元;第三年,上年已核销的 A

公司应收账款 6 000 元被重新收回，年末应收账款余额为 320 万元。

3. 要求：计算甲公司每年应计提的坏账准备，作有关会计分录。

习题四(二)

1. 目的：练习坏账准备的核算。
2. 资料：甲企业采用备抵法核算坏账损失，按应收账款年末余额的 5%计提坏账准备。2013 年 1 月 1 日，甲企业应收账款余额为 3 000 000 元，坏账准备贷方余额为150 000元。2013 年度，甲企业发生了如下相关业务：
   (1) 销售商品一批，增值税专用发票上注明的价款为 5 000 000 元，增值税额为 850 000元，货款尚未收到。
   (2) 因某客户破产，该客户所欠货款 10 000 元不能收回，确认为坏账损失。
   (3) 收回上年度已转销为坏账损失的应收账款 8 000 元并存入银行。
   (4) 收到某客户以前所欠的货款 4 000 000 元并存入银行。
3. 要求：
   (1) 编制 2013 年度确认坏账损失的会计分录。
   (2) 编制收到上年度已转销为坏账损失的应收账款的会计分录。
   (3) 计算 2013 年末"坏账准备"科目余额。
   (4) 编制 2013 年末计提坏账准备的会计分录。

习题四(三)

1. 目的：练习坏账准备的核算。
2. 资料：某企业按照应收账款余额的 3%提取坏账准备。该企业第一年末的应收账款余额为 100 000 元；第二年发生坏账 6 000 元，其中甲单位 1 000 元，乙单位 5 000 元，年末应收款余额为 1 200 000 元；第三年，已冲销的上年乙单位的应收账款又收回5 000元，期末应收账款余额为 1 300 000 元。
3. 要求：根据上述材料，计算企业每年提取的坏账准备，并做出有关会计分录。

习题五(一)

1. 目的：练习提供劳务收入的核算业务
2. 资料：金城安装有限责任公司是一家二级资质的设备安装公司。2013 年发生了下列有关业务：
   (1) 10 月 25 日，与铜牛公司签订一项设备安装合同，合同总价为人民币 1 000 万元。
   (2) 10 月 28 日，收到铜牛公司工程预付款 60 万元，存入银行(其他收款业务从略)
   (3) 11 月 5 日，购进安装用材料 30 万元，并直接交安装工地使用(其他劳务成本支出从略)。
   (4) 12 月 31 日，已累计发生劳务成本 300 万元，并以银行存款支付。预计到安装工程完工尚需发生劳务成本 200 万元。据以确定该项劳务的完工程度，计算本年度的劳务收入、劳务成本，并予以结转。

(5) 按确认的劳务收入的3%计算营业税，并按应交营业税计算城市维护建设税的7%和3%和教育费附加。

3. 要求：根据资料编制有关会计分录。

习题五(二)

1. 目的：练习劳务收入的核算。
2. 资料：美达公司2013年3月1日与客户签订了一项工期为期一年的劳务供应合同。合同总收入为100万元，预计合同总成本为80万元，预收客户支付的劳务款75万元存入银行。至2013年12月31日，实际发生劳务费用64万(均以银行存款支付)元；此外，经专业测量师测量，至2013年12月31日，该工程的完工程度为70%。
3. 要求：分别采用以下方法确定2013年的劳务收入与成本，并编制有关会计分录：

(1) 按专业测量的完工程度确定该劳务的完成程度。

(2) 按已发生的成本占估计总成本的百分比确定该劳务的完成程度。

项目五 Project 5 应交税费业务活动

知识目标

- ⊙ 掌握企业应交税费的核算
- ⊙ 掌握增值税、营业税、消费税等税种的计算方法和账务处理
- ⊙ 掌握期间费用的核算

能力目标

- ⊙ 会运用应交税费的理论知识分析经济业务，并进行正确的会计处理
- ⊙ 会分析期间费用，并进行正确的会计处理

任务一　应交税费概述

企业在一定时期内取得收入或实现利润或发生特定经营行为等，按照税法规定应向国家交纳各种税金和费用，这些应交的税费按照权责发生制的原则确认，在尚未向国家交纳之前，形成企业的一项负债，即应交税费。

应交税费是指企业根据税法规定计算的应当交纳的各种税费，具体包括增值税、消费税、营业税、城市维护建设税、资源税、土地增值税、房产税、车船使用税、土地使用税、教育费附加、矿产资源补偿费、所得税等。这些项目均属于应交税费的核算内容，应通过"应交税费"科目核算。企业代扣代交的个人所得税等，也通过本科目核算。此外，税金中的印花税、耕地占用税、车辆购置税、契税等不需要预计应交税金数、直接交纳的税金，不需要通过"应交税费"科目核算。

为了核算各种应交税金、教育费附加、矿产资源补偿费的形成及其交纳情况，企业应设置"应交税费"科目。该科目的贷方登记应交纳的各种税费以及出口退税、税务机关退回多交的税费等，借方登记已支付和实际交纳的税费。该科目的期末余额在贷方，表示企业尚未交纳的税费；余额在借方，表示多交或尚未抵扣的税费。本科目按应交税费的项目设置明细科目，进行明细分类核算。

任务二 增 值 税

一、增值税概述

(一) 增值税的概念

增值税是指对在我国境内销售货物、进口货物或提供加工、修理修配劳务的单位和个人就其实现的增值额征收的一种流转税。这里的货物指有形动产,包括电力、热力、气体在内。它是我国目前税制中最重要的税种,对于公平税赋、促进竞争、规范纳税方式、保护国家与纳税人的经济利益都有重要作用。

(二) 纳税义务人分类

增值税的纳税人是在我国境内销售货物、进口货物或提供加工、修理修配劳务的单位和个人。按照纳税人的经营规模及会计核算的健全程度,增值税纳税人分为一般纳税人和小规模纳税人。

小规模纳税人的认定标准为:

① 从事货物生产或者提供应税劳务的纳税人,以及以从事货物生产或者提供应税劳务为主,并兼营货物批发或者零售的纳税人,年应征增值税销售额(以下简称应税销售额)在50万元以下(含本数,下同)的。其中“以从事货物生产或者提供应税劳务为主”,是指纳税人的年货物生产或者提供应税劳务的销售额占年应税销售额的比例在50%以上。

② 除上述规定以外的纳税人,年应税销售额在80万元以下的。

小规模纳税人以外的纳税人,即为一般纳税人。

(三) 税率与征收率

1. 基本税率

一般纳税人销售或者进口货物,提供加工、修理修配劳务,除13%低税率适用范围外,税率一律为17%。这就是通常所说的基本税率。

2. 低税率

纳税人销售或者进口以下货物,按低税率计征增值税,低税率为13%。实行低税率的货物有粮食、食用植物油、自来水、暖气、冷气、热水、煤气、石油液化气、天然气、沼气、居民用煤炭制品、图书、报纸、杂志、饲料、化肥、农机、农膜、国务院规定的其他货物。

3. 征收率

考虑到小规模纳税人的经营规模小,且会计核算不健全,难以按上述两档税率计税和使用增值税发票抵扣进项税款,因此实行按销售额与征收率计算应纳税额的简易办法。小规模纳税人增值税的征收率为3%。

二、增值税的计算

（一）一般纳税人增值税的计算

一般纳税人销售货物或者提供应税劳务（简称销售货物或者应税劳务），应纳税额为当期销项税额抵扣当期进项税额后的余额。其计算公式为：

应纳税额 = 当期销项税额 − 当期进项税额

其中：

（1）销项税额，指纳税人销售货物或者提供应税劳务，按照销售额和规定的税率计算，并向购买方收取的增值税税额。销项税额的计算公式为：

销项税额 = 销售额 × 税率

这里的“销售额”为纳税人销售货物或者提供应税劳务向购买方收取的全部价款和价外费用，但不包括收取的销项税额。其中，价外费用包括价外向购买方收取的手续费、补贴、基金、集资费、返还利润、奖励费、违约金、滞纳金、延期付款利息、赔偿金、代收款项、代垫款项、包装费、包装物租金、储备费、优质费、运输装卸费，以及其他各种性质的价外收费。

（2）进项税额，指纳税人购进货物或者接受应税劳务，支付或者负担的增值税税额。按照规定，企业购入货物或接受劳务必须具备以下凭证，其进项税额才能予以扣除：

① 增值税专用发票。从销售方取得的增值税专用发票上注明的增值税税额，作为扣税和记账的依据。

② 海关进口增值税专用交款书。进口货物交纳的增值税根据从海关取得的完税凭证上注明的增值税税额，作为扣税和记账依据。

③ 农产品收购发票和农产品销售发票。购进农产品，除取得增值税专用发票或者海关进口增值税专用交款书外，按照农产品收购发票或者销售发票上注明的农产品买价和13%的扣除率计算进项税额，计算公式为：

进项税额 = 买价 × 扣除率

④ 运输费用结算单据。购进或者销售货物，以及在生产经营过程中支付运输费用的，按照运输费用结算单据上注明的运输费用金额和7%的扣除率计算进项税额，计算公式为：

进项税额 = 运输费用金额 × 扣除率

会计处理时，应按照运费金额的93%借记“在途物资”或“材料采购”“原材料”“库存商品”等科目，按运费金额的7%借记“应交税费——应交增值税（进项税额）”科目，按支付的运费贷记“库存现金”“银行存款”等科目。

注意：

按照修订后的《增值税暂行条例》，企业购入的机器设备等生产经营用的固定资产所支付的增值税进项税额，在符合税法规定的情况下，也应从销项税额中扣除，不再计入固定资产成本。按照税法规定，购入的用于集体福利或个人消费等项目的固定资产支付的增值税进项税额，不得从销项税额中扣除，仍应计入固定资产成本。

纳税人购入货物或接受应税劳务，未按规定取得并保存增值税扣税凭证，或增值税扣税凭证上未按规定注明增值税额及其他有关事项的进项税额，不得抵扣。若当期销项税额小于当期进项税额不足抵扣时，其不足部分可以结转下期继续抵扣。

（二）小规模纳税人增值税的计算

小规模纳税人销售货物或提供应税劳务时，只能开具普通发票，不能开具增值税专用发票，不享有进项税额的抵扣权。其应纳增值税采用简易计征方法，计算公式为：

$$应纳税额 = 销售额 \times 征收率$$

其中，销售额应为不含税销售额。若企业采用销售额和应纳税额合并定价的，应将含税销售额还原为不含税销售额，计算公式为：

$$不含税销售额 = 含税销售额 \div (1 + 征收率)$$

三、增值税的会计处理

（一）一般纳税人的会计处理

实行增值税的一般纳税企业，从税务角度看，一是可以使用增值税专用发票，企业销售货物或提供劳务可以开具增值税专用发票；二是购入货物取得的增值税专用发票上注明的增值税额，可以用销项税额抵扣；三是如果企业销售货物或者提供劳务采用销售额和销项税额合并定价方法的，按公式“销售额＝含税销售额÷(1＋增值税税率)”还原为不含税销售额，并按不含税销售额计算销项税额。

根据上述特点，一般纳税企业在会计处理上的主要特点：一是在购进阶段，会计处理时实行价与税的分离，价与税分离的依据为增值税专用发票上注明的价款与增值税，属于价款部分，计入购入货物的成本；属于增值税额部分，计入进项税额。二是在销售阶段，销售价格中不再含税，如果定价时含税，应还原为不含税价格作为销售收入，向购买方收取的增值税作为销项税额。

为了核算企业应交增值税的发生、抵扣、交纳、退税及转出等情况，应在“应交税费”科目下设置二级科目“应交增值税”“未交增值税”，在“应交增值税”明细科目内应设置“进项税额”“已交税金”“转出未交增值税”“销项税额”“出口退税”“进项税额转出”“转出多交增值税”等专栏。

1. 国内采购物资

企业从国内采购物资时，根据专用发票上记载的应计入采购成本的金额，借记“在途物资”或“材料采购”“原材料”等科目；根据专用发票上注明的可抵扣的增值税税额，借记“应交税费——应交增值税（进项税额）”科目；按照应付或实际支付的金额，贷记“应付账款”“应付票据”“银行存款”等科目。购入货物发生退货时，做相反的会计分录。

【例 5-1】 西夏机床厂 2013 年 8 月 2 日 从东方集团公司购入电机 10 台，每台 1 250 元，离合器 10 台，每台 450 元，高压油管 100 根，每根 40 元，具体如增值税专用发票所示，货物尚未到达，款项以银行存款支付。

中国建设银行**转账支票存根**

支票号码 III 008900310

附加信息

出票日期 2013 年 8 月 2 日

收款人	东方集团有限公司
金额	￥24 570.00
用途：	购料
备注	

（印章：东方集团有限公司 120004852012354 发票专用章）

单位主管　　会计

复核　　记账

宁夏增值税专用发票　　N0020609438

5600186793

发票联

（印章：全国统一发票监制章 宁夏 国家税务总局监制）

开票日期：2013年8月2日

购货单位	名　称：西夏机床厂 纳税人识别号：200020101314 地址、电话：银川市大连路168号0951-2230001 开户行及账号：中国建设银行新区支行4564512			密码区	5<-/566<273>21/0990// >/59220556+4/75>+980/ -7->-0008+8//525889<0 *1>-28*036+55-170>>0+	加密版本：01	
货物或应税劳务名称	规格型号	单位	数量	单价	金额	税率	税额
电机		台	10	1250	12500	17%	2125
离合器		台	10	450	4500	17%	765
高压油管		根	100	40	4000	17%	680
合　计					￥ 21000		￥ 3570
价税合计（大写）	贰万肆仟伍佰柒拾元整				（小写）￥ 24570		
销货单位	名　称：东方集团有限公司 纳税人识别号：120004852012354 地址、电话：香榭路 0951-5610123 开户行及账号：中国银行西门支行 85200			备注	（印章：东方集团有限公司 120004852012354 发票专用章）		

收款人：江川　　复核：小敏　　开票人：刘玲　　销货单位：章

国税函〔2012〕314号厦门安能股份有限公司

第三联：发票联 购货方记账凭证

借：在途物资（或材料采购）　　21 000
　　应交税费——应交增值税（进项税额）　　3 570
　　贷：银行存款　　24 570

【例 5-2】 西夏机床厂 2013 年 9 月 1 日从东方集团公司购入不需要安装的设备一台，价款 200 000 元，增值税专用发票上注明的增值税税额为34 000元，款项通过银行存款支付。作如下账务处理：

借：固定资产　　200 000
　　应交税费——应交增值税（进项税额）　　34 000
　　贷：应付账款——A 公司　　234 000

按照增值税暂行条例规定，对农业生产者销售的自产农业产品、古旧图书等部分项目免征增值税。企业销售免征增值税项目的货物，不能开具增值税专用发票，只能开具普通发票。企业购进免税产品，一般情况下不能扣税。但按税法规定，对于购入的免税农业产品、收购废旧物资等，可以按买价（或收购金额）的一定比率计算进项税额，并准予从销项税额中抵扣。这里，购入免税农业产品的买价是指企业购进免税农业产品支付给农业生产者的价款。在会计核算时，一是按购进免税农业产品有关凭证上确定的金额（买价）或者按收购金额扣除一定比例的进项税额，作为购进农业产品（或收购废旧物资）的成本；二是扣除的部分作为进项税额，待以后用销项税额抵扣。

【例 5-3】 西夏机床厂购入免税农产品一批，价款 200 000 元，规定的扣除率为 13%，货物尚未到达，款项已用银行存款支付。作如下账务处理：

借：在途物资（或材料采购）　　174 000
　　应交税费——应交增值税（进项税额）　　26 000
　　贷：银行存款　　200 000

2. 接受应税劳务

企业接受应税劳务，应按照专用发票上记载的应计入加工、修理修配等物资成本的金额，借记“生产成本”“制造费用”“委托加工物资”“管理费用”等科目；按照专用发票上注明的增值税税额，借记“应交税费——应交增值税（进项税额）”科目；按照应付或实际支付的款项，贷记“应付账款”“应付票据”“银行存款”等账户。

【例 5-4】 西夏机床厂委托外单位修理设备，对方开来的增值税专用发票上注明修理费用 3 000 元，增值税税额 510 元，款项已用银行存款支付。作如下账务处理：

借：管理费用　　3 000
　　应交税费——应交增值税（进项税额）　　510
　　贷：银行存款　　3 510

3. 进项税额转出

企业因购进货物发生非正常损失，以及购进货物改变用途（如用于非增值税应税项目、集体福利或个人消费）等原因，其进项税额应转入有关科目，借记“待处理财产损溢”“在建工程”“应付职工薪酬”等科目，贷记“应交税费——应交增值税（进项税额转出)”科目。属于转作待处理财产损失的部分,应与遭受非正常损失的购进货物、在产品或库存商品的成本一并处理。

购进货物改变用途,通常是指购进的货物在没有经过任何加工的情况下,对内改变用途的行为。如企业下属医务室等福利部门领用原材料等。

【例 5-5】 西夏机床厂库存材料因意外火灾毁损一批,其实际成本为 20 000 元,经确认损失外购材料的增值税税额为 3 400 元。作如下账务处理:

借:待处理财产损溢——待处理流动资产损溢　　23 400
　贷:原材料　　20 000
　　应交税费——应交增值税(进项税额转出)　　3 400

【例 5-6】 西夏机床厂所属的职工医院维修领用原材料 5 000 元,该批材料购进时增值税为 850 元。作如下账务处理:

借:应付职工薪酬　　5 850
　贷:原材料　　5 000
　　应交税费——应交增值税(进项税额转出)　　850

【例 5-7】 西夏机床厂建造厂房领用生产用原材料 100 000,原材料购入时支付的增值税为 17 000 元。作如下账务处理:

借:在建工程　　117 000
　贷:原材料　　100 000
　　应交税费——应交增值税(进项税额转出)　　17 000

4. 销售货物或者提供应税劳务

企业销售货物或者提供应税劳务时,按照营业收入和应收取的增值税税额,借记“应收账款”“应收票据”“银行存款”等科目;按照实现的营业收入,贷记“主营业务收入”“其他业务收入”等科目;按照专用发票上注明的增值税税额,贷记“应交税费——应交增值税(销项税额)”科目。发生的销售退回,做相反的会计分录。

【例 5-8】 西夏机床厂销售给东方公司一批甲产品,价款 300 000 元,专用发票注明增值税税额为 51 000 元,提货单和增值税专用发票已交给买方,款项尚未收到。作如下会计分录:

借:应收账款——东方公司　　351 000
　贷:主营业务收入　　300 000
　　应交税费——应交增值税(销项税额)　　51 000

5. 视同销售行为

企业将自产或委托加工的货物用于非应税项目、集体福利或个人消费,将自产、委托加工或购买的货物作为投资、分配给股东或投资者、无偿赠送他人等,应视同对外销售货物处理,计算应交增值税,借记“在建工程”“长期股权投资”“营业外支出”等科目,贷记“应交税费——应交增值税(销项税额)”科目。

【例 5-9】 西夏机床厂将生产的一批产品用于自行建造职工俱乐部。该批产品的成本为 200 000 元，计税价格为 300 000 元，增值税税率为 17%。作如下会计分录：

借：在建工程　　251 000
　　贷：库存商品　　200 000
　　　　应交税费——应交增值税(销项税额)　　51 000

6. 出口退税

企业出口产品按规定退税的，按应收的出口退税额，借记“其他应收款”科目，贷记“应交税费——应交增值税(出口退税)”科目。

7. 交纳增值税

企业当月交纳当月的增值税时，借记“应交税费——应交增值税(已交税金)”科目，贷记“银行存款”科目。

【例 5-10】 2013 年 10 月末，西夏机床厂以银行存款交纳本月增值税 60 000 元。

中华人民共和国增值税税收交款书

隶属关系：　　　　　　　　　　　　　　　　　　经济性质：
收入机关：　　　　填发日期：2013 年 12 月 7 日　　　国字 第(　　)号

交款单位	代码	200020101314	预算科目	编码	
	全称	西夏机床厂		名称	
	开户银行	建设银行新区支行		级次	
	账号	4564512	收款国库		
税款所属时期		2013 年 10 月 1 日至 10 月 30 日		税款限交日期	2013 年 12 月 15 日
品目名称	课税数量	计税金额或销售收入	税率或单位税额	已交或扣除税额	实交金额
增值税			17		60 000.00
金额合计	(大写)陆万零元整				￥60 000.00
交款单位(人)(财务)经办人(盖章)	税务机关(盖章)填票人(章)		上列款项已收到并划转收款单位账户 国库(银行)盖章 2013 年 12 月 7 日		备注

作如下会计分录：

借：应交税费——应交增值税(已交税金)　　60 000
　　贷：银行存款　　60 000

【例 5-11】 西夏机床厂 2013 年 11 月份发生销项税额合计 64 770 元，进项税额转出 14 578 元，进项税额 10 440 元，已交增值税 60 000 元。月末，将应交增值税明细账余额，即未交纳的增值税转入“应交税费——未交增值税”。

该企业本月“应交税费——应交增值税”科目的余额为 8 908(64 770＋14 578－10 440－60 000)元。该余额在贷方，表示企业尚未交纳的增值税为 8 908 元，作如下会计分录：

借：应交税费——应交增值税（转出未交增值税）　　8 908

　　贷：应交税费——未交增值税　　8 908

次月 8 日交纳增值税时：

借：应交税费——未交增值税　　8 908

　　贷：银行存款　　8 908

如果该余额在借方，表示多交增值税 8 908 元，作如下会计分录：

借：应交税费——未交增值税　　8 908

　　贷：应交税费——应交增值税（转出多交增值税）　　8 908

（二）小规模纳税人的会计处理

小规模纳税人在购进货物和接受应税劳务时支付的增值税，直接计入有关货物和劳务的成本。即小规模纳税企业购入货物无论是否具有增值税专用发票，其支付的增值税税额均不计入进项税额，不得由销项税额抵扣，应计入购入货物的成本，只需要在“应交税费”科目下设置“应交增值税”明细科目，采用三栏式账户，不需要设置各项专栏。相应地，其他企业从小规模纳税企业购入货物或接受劳务支付的增值税税额，如不能取得增值税专用发票，也不能作为进项税额抵扣，而应计入购入货物或应税劳务的成本，借记“材料采购”“在途物资”“原材料”等科目，贷记“银行存款”“应付账款”等科目。小规模纳税人在取得销售收入时，借记“银行存款”等科目，贷记“主营业务收入”“应交税费——应交增值税”科目。

【例 5-12】 西夏机床厂下属某子公司夏华配件厂为小规模纳税企业。该企业购入钢材 5 吨，取得的专用发票中注明货款 20 000 元，增值税 3 400 元，款项以银行存款支付，材料已验收入库（该企业按实际成本计价核算）。

5600234009　　宁夏增值税专用发票　　N00560001248

发票联

（全国统一发票监制章 宁夏 国家税务总局监制）

开票日期：2013年8月2日

购货单位	名称：夏华配件厂 纳税人识别号：20002045823 地址、电话：银川市纬四路90号0951-2000061 开户行及账号：中国农业银行纬四路支行1203337			密码区	5<-/566<273>21/0990// >/59220556+4/75>+980/ -7->-0008+8//525889<0 *1>-28*036+55-170>>0+	加密版本：01	
货物或应税劳务名称	规格型号	单位	数量	单价	金额	税率	税额
钢材		吨	5	4000	20000	17%	3400
合计					¥ 20000		¥ 3400
价税合计（大写）	贰万叁仟肆佰元整				（小写）¥ 23400		
销货单位	名称：金鼎力经销部 纳税人识别号：120004201366543 地址、电话：黄河路 0951-4108888 开户行及账号：中国建设银行黄河支行25300			备注	（金鼎力经销部 120004201366543 发票专用章）		

收款人：李月　　复核：马文　　开票人：刘玲　　销货单位：章

国税函〔2012〕314号厦门安妮股份有限公司

第三联：发票联　购货方记账凭证

中国建设银行**转账支票存根**

支票号码 III　0000145

附加信息

出票日期 2013 年 8 月 2 日

收款人	金鼎盛力经销部
金额	￥23 400.00
用途	购买钢材
备注	

金鼎力经销部 120004201366545 发票专用章

单位主管　　会计

复核　　记账

做如下会计分录：

借：原材料　　23 400

　　贷：银行存款　　23 400

【例 5-13】 西夏机床厂下属夏华配件厂为小规模纳税企业。该企业销售产品一批，所开出的普通发票中注明的货款（含税）为 55 620 元，增值税征收率 3%，款项已存入银行。做如下会计分录：

不含税销售额＝含税销售额÷(1＋征收率)＝55 620÷(1＋3%)＝54 000(元)

应纳增值税＝不含税销售额×征收率＝54 000×3%＝1 620(元)

借：银行存款　　55 620

　　贷：主营业务收入　　54 000

　　　　应交税费——应交增值税　　1 620

该小规模纳税人次月初以银行存款 1 620 元上交增值税：

借：应交税费——应交增值税　　1 620

　　贷：银行存款　　1 620

（三）营业税改征增值税试点企业增值税的账务处理

经国务院批准，2012 年 1 月 1 日起，在我国部分地区的部分行业开展深化增值税制度改革试点，逐步将营业税改为增值税。自 2012 年 8 月 1 日起至年底，将交通运输业和部分现代服务业营业税改征增值税试点范围由上海市分批扩大到北京、天津、江苏、浙江、安徽、福建、湖北、广东和厦门、深圳 10 个省。2013 年 8 月 1 日起试点改革在全国范围推开，部分现代服务业新增广播影视作品的制作、播映、发行。

1. 纳税人范围

在中华人民共和国境内提供交通运输业和部分现代服务业服务（以下称应税服务）的单位和个人，为增值税纳税人。纳税人提供应税服务，应当按照规定交纳增值税，不再交纳营业税。

2. 纳税人的分类及标准

提供应税劳务的试点纳税人，分为一般纳税人和小规模纳税人。应税服务的年应征增值税销售额超过500万元的纳税人，为一般纳税人；未超过规定标准的纳税人，为小规模纳税人。非企业性单位、不经常提供应税服务的企业和个体工商户，可选择按照小规模纳税人纳税。

3. 扣交义务人

中华人民共和国境外（以下称“境外”）的单位或者个人，在境内提供应税服务，在境内未设有经营机构的，以其代理人为增值税扣交义务人；在境内没有代理人的，以接受方为增值税扣交义务人。

4. 征税范围

在中华人民共和国境内提供应税服务，应当交纳增值税。提供应税服务，是指有偿提供交通运输业和部分现代服务业的服务。下列不属于改征增值税的应税服务：

① 非企业性单位按照法律和行政法规的规定，为履行国家行政管理和公共服务职能收取政府性基金或者行政事业性收费的活动。

② 单位或者个体工商户聘用的员工为本单位或者雇主提供交通运输业和部分现代服务业的服务。

③ 单位或者个体工商户为员工提供交通运输业和部分现代服务业的服务。

单位和个体工商户向其他单位或者个人无偿提供交通运输业和部分现代服务业的服务，视同提供应税服务，应交纳增值税；但以公益活动为目的或者以社会公众为对象的除外。

5. 税目

交通运输业和现代服务业

应税行业	应税范围	具体税目	具体内容
交通运输业	使用运输工具将货物或者旅客送达目的地，使其空间位置得到转移的业务活动	陆路运输服务	包括公路运输、铁路运输、缆车运输、索道运输及其他陆路运输
		水路运输服务	远洋运输的程租、期租服务，属于水路运输服务
		航空运输服务	航空运输的湿租业务，属于航空运输服务
		管道运输服务	通过管道设施输送气体、液体、固体物质的运输业务服务
邮政业	中国邮政集团公司及其所属邮政企业提供邮件寄递、邮政汇兑、机要通信和邮政代理等邮政基本服务的业务活动。	邮政普遍服务	中国邮政集团公司及其所属邮政企业提供邮件寄递、邮政汇兑、机要通信和邮政代理等邮政基本服务的业务活动。包括邮政普遍服务、邮政特殊服务和其他邮政服务
		邮政特殊服务	义务兵平常信函、机要通信、盲人读物和革命烈士遗物的寄递等业务活动
		其他邮政服务	其他邮政服务，是指邮册等邮品销售、邮政代理等业务活动

（续表）

应税行业	应税范围	具体税目	具体内容
现代服务业	制造业、文化产业、现代物流产业等提供技术性、知识性服务的业务活动	研发和技术服务	包括研发服务、技术转让服务、技术咨询服务、合同能源管理服务、工程勘察勘探服务
		信息技术服务	包括软件服务、电路设计及测试服务、信息系统服务和业务流程管理服务
		文化创意服务	包括设计服务、商标著作权转让服务、知识产权服务、广告服务和会议展览服务
		物流辅助服务	包括航空服务、港口码头服务、货运客运场站服务、打捞救助服务、货物运输管理服务、代理报关服务、仓储服务和装卸搬运服务
		有形动产租赁服务	包括有形动产融资租赁和有形动产经营性租赁
		鉴证咨询服务	包括认证服务、鉴证服务和咨询服务
		广播影视服务	包括广播影视节目(作品)的制作服务、发行服务和播映(含放映)服务

6. 税率和征收率

税率和征收率		适用范围
税率	17%	提供有形动产租赁服务
	11%	提供交通运输业服务
	6%	提供现代服务业服务(有形动产租赁服务除外)
	0%	国际运输服务、向境外单位提供的研发服务和设计服务(国际运输服务，是指在境内载运旅客或者货物出境；在境外载运旅客或者货物入境；在境外载运旅客或者货物)
征收率	3%	小规模纳税人

7. 试点纳税人差额征税的会计账务处理

为配合营业税改征增值税试点工作，2012年7月5日，财政部以财会〔2012〕13号印发《营业税改征增值税试点有关企业会计处理规定》。该《规定》分试点纳税人差额征税的会计处理、增值税期末留抵税额的会计处理、取得过渡性财政扶持资金的会计处理、增值税税控系统专用设备和技术维护费用抵减增值税额的会计处理四个部分。本教材重点介绍试点纳税人差额征税的会计处理、增值税期末留抵税额的会计处理。

(1) 一般纳税人的会计处理

一般纳税人提供应税服务，试点期间按照营业税改征增值税有关规定允许从销售额中扣除其支付给非试点纳税人价款的，应在“应交税费——应交增值税”科目下增设“营改增抵减的销项税额”专栏，用于记录该企业因按规定扣减销售额而减少的销项税额；同时，“主营业务收入”“主营业务成本”等相关科目应按经营业务的种类进行明细核算。

企业接受应税服务时,按规定允许扣减销售额而减少的销项税额,借记“应交税费——应交增值税(营改增抵减的销项税额)”科目;按实际支付或应付的金额与上述增值税额的差额,借记“主营业务成本”等科目;按实际支付或应付的金额,贷记“银行存款”“应付账款”等科目。

对于期末一次性进行账务处理的企业,期末按规定当期允许扣减销售额而减少的销项税额,借记“应交税费——应交增值税(营改增抵减的销项税额)”科目,贷记“主营业务成本”等科目。

【例 5-14】 某运输公司为营业税改征增值税试点的增值税一般纳税人,适用的增值税税率为 11%。2013 年 8 月提供国内货物运输服务取得价税款合计 3 330 000元,款项存入银行。支付非试点联运企业运费 555 000 元,并取得交通运输业专用发票。(不考虑其他因素)该运输公司应编制如下会计分录:

① 接受联运企业应税服务

借:主营业务成本　　500 000

　应交税费——应交增值税(营改增抵减的销项税额)　　55 000

　贷:银行存款　　555 000

营业税改增值税抵减的销项税额=[555 000÷(1+11%)]×11% = 55 000(元)

② 确认提供货物运输服务应交增值税

借:银行存款　　3 330 000

　贷:主营业务收入　　3 000 000

　　应交税费——应交增值税(销项税额)　　330 000

增值税销项税额 =[3 330 000÷(1+11%)]×11% = 330 000(元)

(2) 小规模纳税人的会计处理

小规模纳税人提供应税服务,按规定扣减销售额而减少的应交增值税,应直接冲减“应交税费——应交增值税”科目。

企业接受应税服务时,按规定允许扣减销售额而减少的应交增值税,借记“应交税费——应交增值税”科目,按实际支付或应付的金额与上述增值税额的差额,借记“主营业务成本”科目,贷记“银行存款”“应付账款”等科目。

对于期末一次性进行账务处理的企业,期末按规定当期允许扣减销售额而减少的应交增值税,借记“应交税费——应交增值税”科目,贷记“主营业务成本”等科目。

(3) 增值税期末留抵税额的会计处理

试点地区兼有应税服务的原增值税一般纳税人,截止到开始试点当月月初的增值税留抵税额,按照营业税改征增值税有关规定,不得从应税服务的销项税额中抵扣的，应在“应交税费”科目下增设“增值税留抵税额”明细科目。

开始试点当月月初，企业应按不得从应税服务的销项税额中抵扣的增值税留抵税额，借记“应交税费——增值税留抵税额”科目，贷记“应交税费——应交增值税（进项税额转出）”科目。待以后期间允许抵扣时，按允许抵扣的金额，借记“应交税费——应交增值税（进项税额）”科目，贷记“应交税费——增值税留抵税额”科目。

“应交税费——增值税留抵税额”科目的期末余额，应根据其流动性，在资产负债表中的“其他流动资产”项目或“其他非流动资产”项目中列示。

任务三 消 费 税

一、消费税的概念

消费税，是指在我国境内生产、委托加工和进口应税消费品的单位和个人，按其流转额交纳的一种税。

二、应交消费税的计算

消费税实行从价定率、从量定额或者从价定率和从量定额复合计税（以下简称“复合计税”）的办法，计算应纳税额。

（一）从价定率办法

从价定率是指按应税消费品销售额的一定比例计算征收消费税，计算公式为：

应纳税额 = 销售额 × 比例税率

其中的“销售额”是纳税人有偿转让应税消费品所取得的全部收入，即纳税人销售应税消费品向购买方收取的全部价款和价外费用，但不包括从购买方取得的增值税款。价外费用是指价外向购买方收取的手续费、补贴、基金、集资费、返还利润、奖励费、违约金、滞纳金、延期付款利息、赔偿金、代收款项、代垫款项、包装费、包装物租金、储备费、优质费、运输装卸费，以及其他各种性质的价外收费。

（二）从量定额办法

从量定额是指按应税消费品的销售数量和定额税率计算征收消费税，计算公式为：

应纳税额 = 销售数量 × 定额税率

其中的“销售数量”是指应税消费品的数量，具体为：销售应税消费品的，为应税消费品的销售数量；自产自用应税消费品的，为应税消费品的移送使用数量；委托加工应税消费品的，为纳税人收回的应税消费品数量；进口应税消费品的，为海关核定的应税消费品进口征税数量。

（三）从价定率和从量定额复合计税办法

从价定率和从量定额复合计税是指对应税消费品同时采用从价定率办法和从量定额办法计算征收消费税，计算公式为：

$$应纳税额 = 销售额 \times 比例税率 + 销售数量 \times 定额税率$$

三、应交消费税的核算

交纳消费税的企业，应在“应交税费”科目下设置“应交消费税”明细科目，核算应交消费税的发生、交纳情况。该科目贷方登记应交纳的消费税，借方登记已交纳的消费税；期末贷方余额为尚未交纳的消费税，借方余额为多交纳或待扣的消费税。

（一）销售应税消费品

企业对外销售应税消费品时，按规定需要交纳的消费税，应借记“营业税金及附加”科目，贷记“应交税费——应交消费税”科目。

【例 5-15】 西夏机床厂下属子公司销售所生产的一批应税消费品，价款 50 000 元（不含增值税），适用的消费税税率 30%。做如下账务处理：

$$应交消费税税额 = 50\ 000 \times 30\% = 15\ 000（元）$$

借：营业税金及附加	15 000	
贷：应交税费——应交消费税		15 000

（二）自产自用应税消费品

企业将生产的应税消费品用于在建工程、非生产部门等，按规定应交纳的消费税，借记“在建工程”等科目，贷记“应交税费——应交消费税”科目。

【例 5-16】 西夏机床厂下属子公司在建工程领用自产应税消费品 50 000 元，应纳增值税 10 200 元，应纳消费税 6 000 元。做如下账务处理：

借：在建工程	66 200	
贷：库存商品		50 000
应交税费——应交消费税		6 000
——应交增值税（销项税额）		10 200

（三）委托加工应税消费品

需要交纳消费税的委托加工物资，一般由受托方代收代交税款。受托方按应交税款金额，借记“应收账款”“银行存款”等科目，贷记“应交税费——应交消费税”科目。委托加工物资收回后，直接用于销售的，委托方应将代收代交的消费税计入委托加工物资成本，借记“委托加工物资”科目，贷记“应付账款”“银行存款”等科目;若委托加工物资收回后用于连续生产应税消费品,按规定准予抵扣的,委托方按代收代交的消费税款,借记"应交税费——应交消费税"科目,贷记"应付账款""银行存款"等科目。

【例 5-17】 西夏机床厂下属子公司委托新华公司代为加工一批应交消费税的材料(非金银首饰)。该公司发出的材料成本为 1 100 000 元,以银行存款支付加工费为 200 000 元,增值税 34 000 元,以及由新华公司代收代交的消费税为 80 000 元,材料已经加工完成,并由甲企业收回验收入库。

① 假设西夏机床厂下属子公司收回的委托加工物资用于继续生产应税消费品,做账务处理如下:

借:委托加工物资	1 100 000	
贷:原材料		1 100 000
借:委托加工物资	200 000	
应交税费——应交消费税	80 000	
——应交增值税(进项税额)	34 000	
贷:银行存款		314 000
借:原材料	1 300 000	
贷:委托加工物资		1 300 000

② 假设西夏机床厂下属子公司收回的委托加工物资直接用于对外销售。该企业的账务处理如下:

借:委托加工物资	1 100 000	
贷:原材料		1 100 000
借:委托加工物资	280 000	
应交税费——应交增值税(进项税额)	34 000	
贷:银行存款		314 000
借:原材料	1 380 000	
贷:委托加工物资		1 380 000

(四) 进口应税消费品

企业进口应税物资在进口环节应交纳的消费税,计入该项物资的成本,借记"原材料""固定资产"等科目,贷记"银行存款"科目。

【例 5-18】 西夏机床厂从国外进口一批需要交纳消费税的商品,商品价值 3 000 000元,进口环节需要交纳的消费税为 400 000 元(不考虑增值税),采购的商品已经验收入库,货款尚未支付,税款已经用银行存款支付。账务处理如下:

借:库存商品	3 400 000	
贷:应付账款		3 000 000
银行存款		400 000

任务四 营 业 税

一、营业税概述

营业税是对在我国境内提供营业税应税劳务、转让无形资产或销售不动产的单位和个人征收的流转税。营业税以营业额作为计税依据，计算公式为：

应纳税额 = 营业额 × 税率

公式中的营业额是指企业提供应税劳务、转让无形资产或销售不动产时向对方收取的全部价款和价外费用。价外费用包括向对方收取的手续费、补贴、基金、集资费、返还利润、奖励费、违约金、滞纳金、延期付款利息、赔偿金、代收款项、代垫款项、罚息及其他各种性质的价外收费。

二、应交营业税的会计处理

为了核算企业营业税及其交纳情况，应在“应交税费”科目下设置“应交营业税”明细科目。该科目的贷方登记应交纳的营业税，借方登记已交纳的营业税；期末贷方余额为尚未交纳的营业税，期末借方余额为企业多交的营业税。企业按照营业额及其适用的税率，计算应交纳的营业税，借记“营业税金及附加”贷记“应交税费——应交营业税”科目；销售不动产时，计算应交的营业税，借记“固定资产清理”等科目，贷记“应交税费——应交营业税”科目；实际上交时，借记“应交税费——应交营业税”科目，贷记“银行存款”科目。

【例 5-19】 西夏机床厂将一年前购入的一项商标权转让给另一企业。该商标权的转让价格为 80 000 元，适用的营业税税率为 5%。该商标权的账面价值为 70 000 元，累计摊销数额为 40 000 元。该商标权未计提减值准备。该公司做如下账务处理：

① 转让该商标权应当交纳的营业税为 4 000(80 000×5%)元：

借：银行存款	80 000	
累计摊销	40 000	
贷：无形资产		70 000
应交税费——应交营业税		4 000
营业外收入		46 000

② 用银行存款上交营业税 4 000 元：

借：应交税费——应交营业税	4 000	
贷：银行存款		4 000

【例 5-20】 西夏机床厂企业出售一栋办公楼，出售取得收入 320 000 元，已存入银行。销售该项固定资产适用的营业税税率为 5%。对应交营业税的相关账务处理如下：

$$应交营业税 = 320\ 000 \times 5\% = 16\ 000(元)$$

借：固定资产清理　　16 000
　　贷：应交税费——应交营业税　　16 000

任务五 其他税费

其他应交税费是指除上述应交税费以外的其他各种应交税费，包括应交城市维护建设税、应交资源税、应交土地增值税、应交教育费附加、应交矿产资源补偿费、应交所得税等。以下分别做简要介绍。

一、应交城市维护建设税

城市维护建设税是以增值税、消费税、营业税为计税依据征收的一种税。其纳税人为交纳增值税、消费税、营业税的单位和个人。

城市维护建设税，以纳税人实际交纳的增值税、消费税、营业税税额为纳税依据，并按规定税率计算征收。税率以企业所在地作为划分依据，即所在地在市区的为 7%，在县、镇的为 5%，在市区、县、镇以外的为 1%。其计算公式为：

$$\begin{matrix}应纳城市维护\\建设税税额\end{matrix} = \left(\begin{matrix}应交\\增值税\end{matrix} + \begin{matrix}应交\\消费税\end{matrix} + \begin{matrix}应交\\营业税\end{matrix}\right) \times \begin{matrix}适用\\税率\end{matrix}$$

为了核算城市维护建设税的应交和实交情况，应设置"应交税费——应交城市维护建设税"科目，贷方登记应交纳的城市维护建设税，借方登记已交纳的城市维护建设税，期末贷方余额为尚未交纳的城市维护建设税。

企业计算出应交城市维护建设税时，借记"营业税金及附加"科目，贷记"应交税费——应交城市维护建设税"科目；实际交纳时，借记"应交税费——应交城市维护建设税"科目，贷记"银行存款"科目。

【例 5-21】 西夏机床厂下属子公司 2013 年 6 月份应上交增值税 500 000 元，消费税 241 000 元，营业税 16 000 元。该企业适用的城市维护建设税税率为 7%。做如下账务处理：

$$应交城市维护建设税 = (500\ 000 + 241\ 000 + 16\ 000) \times 7\% = 52\ 990(元)$$

借：营业税金及附加　　52 990
　　贷：应交税费——应交城市维护建设税　　52 990

次月初，用银行存款上交城市维护建设税时，做如下账务处理：

借：应交税费——应交城市维护建设税　　52 990
　贷：银行存款　　52 990

二、应交教育费附加

教育费附加是为了发展教育事业而向企业征收的附加费用。企业应以纳税人实际交纳的增值税、消费税、营业税税额为纳税依据，并按规定的比例计算征收。企业计算应交教育费附加时，借记“营业税金及附加”，贷记“应交税费——应交教育费附加”科目；实际交纳教育费附加时，借记“应交税费——应交教育费附加”科目，贷记“银行存款”科目。

【例 5-22】 西夏机床厂下属子公司 2013 年 6 月份应上交增值税 500 000 元，消费税 241 000 元，营业税 16 000 元。该企业教育费附加征收率 3%。做如下账务处理：

$$应交教育费附加 = (500\ 000 + 241\ 000 + 16\ 000) \times 3\% = 22\ 710(元)$$

借：营业税金及附加　　22 710
　贷：应交税费——教育费附加　　22 710

次月初，用银行存款上交教育费附加时，做如下账务处理：

借：应交税费——教育费附加　　22 710
　贷：银行存款　　22 710

三、应交资源税

资源税是对在我国境内开采矿产品或者生产盐的单位和个人征收的一种税。其计算公式为：

$$应纳税额 = 课税数量 \times 适用单位税额$$

为核算资源税的应交和实交情况，应在“应交税费”科目下设置“应交资源税”明细科目，贷方登记应交纳的资源税，借方登记已交纳的资源税，期末贷方余额为尚未交纳的资源税。企业自销应税产品计算应交纳的资源税时，借记“营业税金及附加”科目，贷记“应交税费——应交资源税”科目；计算自产自用的应税产品应交纳的资源税时，借记“生产成本”科目，贷记“应交税费——应交资源税”科目；实际交纳时，借记“应交税费——应交资源税”科目，贷记“银行存款”科目。

【例 5-23】 西夏机床厂下属子公司将自产的资源税应税矿产品 500 吨用于产品生产，每吨应交资源税 5 元。账务处理如下：

借：生产成本　　2 500
　贷：应交税费——应交资源税　　2 500

四、应交土地增值税

土地增值税，是指在我国境内有偿转让土地使用权及地上建筑物和其他附着物产权的单位和个人，就其土地增值额征收的一种税。土地增值税实行四级超率累进税率。为了核算土地增值税的应交和实交情况，应设置“应交税费——应交土地增值税”科目，贷方登记应交纳的土地增值税，借方登记已交纳的土地增值税，期末贷方余额为尚未交纳的土地增值税。

企业应交的土地增值税视具体情况计入不同科目：企业转让的土地使用权连同地上建筑物及其附着物一并在“固定资产”等科目核算的，转让时应交纳的土地增值税，借记“固定资产清理”科目，贷记“应交税费——应交土地增值税”科目；土地使用权在“无形资产”科目核算的，按实际收到的金额借记“银行存款”科目，按应交纳的土地增值税贷记“应交税费——应交土地增值税”科目，同时冲销土地使用权的账面价值，贷记“无形资产”科目，借记“累计摊销”“无形资产减值准备”等科目，并按其差额，借记“营业外支出”或贷记“营业外收入”科目。

【例 5-24】 西夏机床厂对外出售一栋厂房，依据税法的规定计算应交纳的土地增值税为 30 000 元。

① 计算应交纳的土地增值税时：

借：固定资产清理　　30 000

　　贷：应交税费——应交土地增值税　　30 000

② 企业用银行存款交纳土地增值税时：

借：应交税费——应交土地增值税　　30 000

　　贷：银行存款　　30 000

五、应交企业所得税

企业的生产经营所得和其他所得，依照有关所得税暂行条例及其细则的规定，需要交纳所得税。企业应交纳的所得税，在“应交税费”科目下设置“应交所得税的明细科目核算。企业按照一定方法计算计入损益的所得税时，借记“所得税费用”等科目，贷记“应交税费——应交所得税”科目。（详细内容见项目八）

六、应交房产税、土地使用税、车船使用税、矿产资源补偿费

房产税是国家在城市、县城、建制镇和工矿区征收的，由产权所有人交纳的税。土地使用税是国家为了合理利用城镇土地，调节土地级差收入，提高土地使用效益，加强土地管理而开征的一种税，以纳税人实际占用的土地面积为计税依据，依照规定税率计算征收；车船使用税由拥有并且使用车船的单位和个人，按照适用税率计算交纳；矿产资源补偿费是对在我国领域和管辖海域开采矿产资源而征收的费用，按照矿产品销售收入的一定比例计征，由采矿人交纳。

企业按规定计算应交的房产税、土地使用税、车船税、矿产资源补偿费时，借记“管理费用”科目，贷记“应交税费——应交房产税”“应交税费——应交土地使用税”“应交税费——应交车船税”“应交税费——应交矿产资源补偿费”科目；上交时，借记“应交税费——应交房产税”“应交税费——应交土地使用税”“应交税费——应交车船税”等科目，贷记“银行存款”科目。

七、应交个人所得税

企业按规定计算的应代扣、代交的职工个人所得税，借记“应付职工薪酬”科目，贷记“应交税费——应交个人所得税”账户；交纳个人所得税时，借记“应交税费——应交个人所得税”科目，贷记“银行存款”等科目。

八、应交耕地占用税、印花税、契税

耕地占用税是国家为了利用土地资源，加强土地管理，保护农用耕地而征收的一种税。企业交纳的耕地占用税，由于是按实际占用的耕地面积计税，按照规定税额一次性征收的，不存在与税务机关结算和清算的问题，因此不需要通过“应交税费”科目核算。企业按规定计算交纳时，借记“无形资产——土地使用权”科目，贷记“银行存款”科目。

印花税是对书立、领受购销合同等凭证行为而征收的税额，实行由纳税人根据规定自行计算应纳税额、购买并一次贴足印花税票的交纳方法。企业交纳的印花税不需要通过“应交税费”科目核算，购买印花税票时，直接借记“管理费用”科目，贷记“银行存款”科目。

契税是对境内转移土地、房屋权属而征收的税款。企业取得土地使用权、房屋按规定交纳的契税，由于是按实际取得的不动产的价格计税，按照规定的税额一次性征收的，不存在与税务机关结算和清算的问题，因此也不需要通过“应交税费”科目核算。企业按规定计算交纳的契税时，借记“固定资产”“无形资产”等科目，贷记“银行存款”科目。

项目训练

一、单项选择题

1. 企业交纳的下列税款，不需要通过“应交税费”科目核算的是(　　)。

   A. 增值税　　B. 印花税　　C. 土地增值税　　D. 资源税

2. 下列各项税金中不影响企业损益的是(　　)。

   A. 消费税　　B. 营业税

   C. 一般纳税企业的增值税销项税额　　D. 所得税

3. 企业购进货物用于工程项目时，该货物负担的增值税额应当计入(　　)。

A. 应交税费——应交增值税进项税额　　B. 工程物资
C. 营业外支出　　D. 管理费用

4. 企业为建造仓库而购进工程物资，负担的增值税额应当计入(　　)
A. 应交税费——应交增值税　　B. 工程物资
C. 营业外支出　　D. 管理费用

5. 小规模纳税企业购入原材料取得的增值税专用发票上注明：货款 20 000 元，增值税 3 400 元，在购入材料的过程中另支付运杂费 1 000 元。则企业购入该批原材料的入账价值为(　　)元。(假定不考虑运费增值税抵扣问题)
A. 20 000　　B. 20 600　　C. 23 400　　D. 24 400

6. 某一般纳税人购进免税农产品一批，支付购买价款 80 万元，增值税扣除率为 13%，另发生保险费 1 万元，装卸费 1.4 万元。该批农产品的采购成本为(　　)万元。
A. 62.4　　B. 72　　C. 56.4　　D. 60

7. 下列选项中，不属于营业税改增值税试点范围的是(　　)
A. 邮电通信业　　B. 交通运输业
C. 有形动产租赁　　D. 信息技术

8. 某企业为营业税改增值税试点的小规模纳税人，使用的增值税税率为 11%。2012 年 5 月对外运输服务价款合计 5 000 元，款项存入银行。支付非试点联运企业运费 5 500 元，并取得交通运输业专用发票。不考虑其他因素，则营业税改增值税抵减的增值税金额为(　　)元。
A. 500　　B. 675　　C. 605　　D. 545

9. 企业按规定计算交纳的下列税金，应当计入相关资产成本的是(　　)。
A. 房产税　　B. 土地使用税
C. 城市维护建设税　　D. 车辆购置税

10. 下列各项税费中，不可以计入“营业税金及附加”科目的是(　　)。
A. 增值税　　B. 印花税　　C. 车船税　　D. 土地使用税

二、多项选择题

1. 下列税金应通过“应交税费”账户核算的有(　　)。
A. 增值税　　B. 印花税　　C. 消费税　　D. 教育费附加

2. 计算委托加工应税消费品应交纳的消费税时，可能用到的会计账户有(　　)。
A. 营业税金及附加　　B. 委托加工物资
C. 应交税费　　D. 管理费用

3. 按照规定，企业购入货物或接受劳务必须具有以下(　　)凭证，其进项税额才能予以扣除。
A. 增值税专用发票　　B. 海关进口增值税专用交款书

C. 农产品收购发票和农产品销售发票　　D. 运输费用结算单据

4. 计入“管理费用”的税金有(　　)。

A. 房产税　　B. 车船税　　C. 土地使用税　　D. 契税

5. 一般纳税人在核算增值税时应通过“应交税费——应交增值税”账户核算，该明细科目应分别设置(　　)等专栏。

A. 进项税额　　B. 销项税额　　C. 已交税金　　D. 出口退税

E. 进项税额转出

6. 城市维护建设税应以(　　)为计税依据。

A. 增值税　　B. 消费税　　C. 营业税　　D. 契税

7. 下列行为中，应计征营业税的有(　　)。

A. 销售产品　　B. 销售不动产

C. 转让无形资产　　D. 提供应税劳务

8. 下列税金中，属于流转税的有(　　)。

A. 增值税　　B. 消费税　　C. 营业税　　D. 所得税

9. 下列各项中，能作为当期进项税额的有(　　)。

A. 从销售方取得的增值税专用发票上注明的增值税额

B. 从海关取得的完税凭证上注明的增值税额

C. 购进免税农产品准予抵扣的进项税额

D. 企业外购货物支付的运杂费

10. 下列各项应作为增值税进项税额转出处理的有(　　)。

A. 工程项目领用本企业的材料　　B. 非正常损失造成的存货盘亏

C. 工程项目领用本企业产品　　D. 以产品对外投资

11. 企业下列行为中，应视为销售必须计算交纳增值税销项税额的有(　　)。

A. 将货物对外捐赠　　B. 销售代销货物

C. 委托他人保管货物　　D. 将货物对外投资

12. 下列各项中，属于一般纳税人在购入资产时即可确认为不能抵扣的进项税额有(　　)。

A. 购入生产用设备一台　　B. 购入工程物资

C. 购入物资用于集体福利　　D. 购入生产用原材料

13. 可以不通过“应交税费”科目核算的税金有(　　)。

A. 房产税　　B. 耕地占用税　　C. 印花税　　D. 契税

14. 下列各项税费中，可以计入“营业税金及附加”科目的是(　　)。

A. 增值税　　B. 印花税

C. 车船税　　D. 土地使用税

15. 可以通过“应交税费”科目核算的税金有(　　)。

A. 房产税　　B. 耕地占用税　　C. 印花税　　D. 土地增值税

三、判断题

1. 企业购进非生产经营用固定资产支付的增值税，应计入“应交税费——应交增值税（进项税额）”科目。 （ ）
2. 企业交纳的印花税一般直接通过“管理费用”科目核算。 （ ）
3. 企业购入货物只要取得增值税专用发票的，就应该将支付的增值税额作为“应交税费——应交增值税（进项税额）”核算。 （ ）
4. 一般纳税企业购入货物支付的增值税，均应先通过“应交税费”科目进行核算，然后再将购入货物不能抵扣的增值税进项税额从“应交税费”科目中转出。 （ ）
5. 企业只有在对外销售消费税应税产品时，才应交纳消费税。 （ ）
6. 某企业为小规模纳税人，销售一批产品，含税价格为 41 200 元，增值税税率为 3%，该批产品应交增值税税额为 1 200 元。 （ ）
7. 企业应交的各项税金，均应通过“应交税费”科目核算。 （ ）
8. 企业交纳的车船税不通过“应交税费”科目核算。 （ ）

四、实务题

习题一

1. 目的：练习消费税和营业税的核算。
2. 资料：某公司发生有关消费税、营业税的经济业务如下：

（1）委托外单位加工材料一批（系应税消费品），发出原材料实际成本 14.4 万元；加工费 4 万元，增值税 6 800 元（取得专用发票），受托方代扣代交消费税 2 万元，共计 66 800 元均以存款支付；收回的加工材料 60%拟用于继续生产产品，40%直接用于出售。

① 发出原材料委托加工。

② 以存款支付加工费和代扣代交消费税。

③ 收回委托加工物资（收回物资为包装物）。

（2）销售产品（应税消费品）一批，取得销售收入 180 万元，增值税税率 17%，50%价税存款收存银行，其余 50%尚未收到（应交消费税月终计算）。

（3）公司出售旧厂房一幢，取得价款 160 万元，营业税率 5%，价款收存银行，计算结转应交营业税（不考虑应交的其他税费）。

（4）出售固定资产取得收入 60 000 元，按 5%的税率计算营业税。

（5）公司出售一项商标权，取得收入 60 万元存入银行，商标权账面余额 100 万元，已计摊销 50 万元，未计提过减值准备，营业税税率 5%（不考虑应交的其他税费），出售商标权已办妥手续。

（6）本月无其他销售业务，根据产品销售收入 90 万元，按 10%的消费税税率计算结转本月应交消费税

3. 要求：根据上述资料编制必要的会计分录。

习题二

1. 目的：练习增值税的核算。
2. 资料：某企业为增值税一般纳税企业，材料按实际成本核算，适用的增值税率为17%，2013年6月份发生如下经济业务：
   (1) 购入一批原材料，增值税专用发票上注明的材料价款为400万元（不含增值税），增值税为68万元。货款已付，材料验收入库。
   (2) 工程领用生产用材料，成本16万元，该批材料的计税价为20万元。
   (3) 出售一项商标权，转让收入10万元已存入银行，该项商标权的账面余额为12万元，已累计摊销8万元。适用的营业税率为5%。
   (4) 购入一台生产经营用的设备，增值税专用发票上记载的设备价款300万元，支付的增值税额为51万元，款项已由银行存款支付。
   (5) 销售产品一批，销售收入为600万元（不含税），货款尚未收到。
   (6) 从小规模纳税企业购入一批材料，发票上记载的货款351万元，材料已经验收入库，款项尚未支付。
3. 要求：根据上述资料编制有关经济业务的会计分录。

习题三

1. 目的：练习应交税费的核算。
2. 资料：黄山有限责任公司12月份发生如下经济业务：
   (1) 12月3日，购入甲材料3 000千克，增值税专用发票上注明的价款为5万元，增值税为8 500元，甲材料已到达并验收入库，款项尚未支付。
   (2) 12月5日，购入免税农产品一批，实际支付的价款为25 000元，农产品已验收入库，进项税额按买价的13%计算。农产品成本按价款扣除进项税额后确认。
   (3) 12月8日，从小规模纳税企业购入乙材料，收到销货方开具的普通发票，发票上注明的货款为10 600元，以银行汇票付讫。
   (4) 12月15日，收回上月委托A企业加工的原材料，上月发出原材料的实际成本为52 000元，发生的加工费用为18 000元，由委托方代收代交的消费税7 700元。收回的加工材料用于本企业连续生产应交消费税的产品。加工费用及税款尚未支付，材料收回入库。
   (5) 12月20日，收回上月自营出口退回的增值税5万元，存入银行。
   (6) 12月21日，在建工程领用产品，实际成本为8万元，售价为10万元，增值税率为17%。
   (7) 12月25日，出售大众轿车一辆，原价20万元，已提折旧15万元，出售取得价款6万元，存入银行。增值税率为4%，按规定减半征收，结转固定资产处置损益。

(8) 12 月 26 日，企业转让专利权一项，账面余额为 20 万元，累计摊销 5 万元，转让所得价款为 18 万元，款已收存银行，营业税率为 5%。

(9) 12 月 28 日，出售产品一批，价款为 3 万元，增值税为 5 100 元，收到对方开具的银行汇票一张，填制进账单送存银行。

(10) 12 月 31 日，开出转账支票，交纳本月应交增值税和营业税(注：本月税金应当在次月交纳，为完整反映纳税业务，故列为本月业务)。

(11) 12 月 31 日，根据本月实际交纳的增值税和营业税的按 7%和 3%，计提本月应交城市维护建设税和教育费附加。

3. 要求：根据上列经济业务编制会计分录。

Project 6 项目六 筹资业务活动

知识目标

⊙ 熟悉筹资渠道

⊙ 掌握短期借款取得、计算利息、本息归还的账务处理流程和方法

⊙ 理解长期借款的种类，掌握长期借款取得、计息归还的账务处理流程和方法

⊙ 理解应付债券的种类，掌握应付债券的取得、计息、归还的业务账务处理流程和方法

⊙ 熟悉实收资本的管理规定，掌握实收资本业务的账务处理流程和方法

⊙ 熟悉资本公积的来源和管理规定，掌握资本公积业务的账务处理流程和方法

能力目标

⊙ 能通过相关原始凭证判断筹资的渠道

⊙ 能根据短期借款的业务单据准确编制记账凭证，并登记相关明细账和总账

⊙ 能根据应付债券的相关业务单据准确编制记账凭证，并登记相关明细账和总账

⊙ 能根据审核无误的验资报告、募股说明书、银行进账单、相关财产转移证明和股东大会决议等原始凭证，准确识别实收资本和资本公积增减业务，准确编制记账凭证，并登记相关明细账和总账

任务一　短期借款

一、短期借款的概念和种类

短期借款是指企业为了满足正常生产经营的需要，向银行或其他金融机构等

借入的期限在1年以下(含1年)的各种借款。目前,我国企业短期借款主要有流动资金借款、临时借款、结算借款等。

为了核算企业的短期借款,应设置"短期借款"科目。该账户的贷方登记取得借款的本金数额,借方登记偿还借款的本金数额,余额在贷方表示尚未偿还的借款本金数额。本科目按照债权人的名称设置明细科目,并按借款种类、贷款人和币种进行明细核算。

二、短期借款的核算

(一) 借入短期借款

企业从银行或其他金融机构取得短期借款时,借记"银行存款"科目,贷记"短期借款"科目。

【例6-1】 西夏机床厂于2013年1月1日向银行借入一笔生产经营用的短期借款60 000元,期限9个月,年利率为8%。根据与银行签署的借款协议,该借款到期后一次归还,利息分月预提,按季支付。

企业借款借据(收账通知)

借款单位:西夏机床厂　　　　2013年1月1日

贷款种类	生产经营借款	贷款账号		存款账号	
借款金额	人民币(大写)陆万元整				百 十 万 千 百 十 元 角 分 ¥ 6 0 0 0 0 0 0
借款用途	生产经营借款				
约定还款期限:期限9个月		于2013年9月1日到期			
上列借款已批准发放,转入你单位存款账户。 此致 西夏机床厂 2013年1月1日 工商银行新区分行 转讫		(借) (贷) 主管　会计　复核　记账			

1月1日借入款项时,做如下会计分录:

借:银行存款　　　　60 000

　贷:短期借款　　　　60 000

(二) 短期借款利息的处理

短期借款利息发生时应作为财务费用计入当期损益。在实际工作中,按不同情况进行处理:如果短期借款利息数额较大,可采用预提方法,按月预提计入财务费用,借记"财务费用"科目,贷记"应付利息"科目;若短期借款利息数额不大,按月支付或在到期时连同本金一起支付,可在实际支付时直接记入当期财务费用,借记"财务费用"科目,贷记"银行存款"科目。在实际工作中,银行一般于每个季度末收取短期借款利息,为此,短期借款利息一般采用月末预提的方式进行核算。

值得注意的是，归还短期借款利息时，如果支付当期利息，应借记“财务费用”科目，贷记“银行存款”科目；如果支付前期已经预提利息，应借记“应付利息”科目，贷记“银行存款”科目。

【例 6-2】 承【例 6-1】，利息按月预提，按季支付。

借款利息费用计算表

2013 年 1 月 31 日　　单位：元

贷款银行	贷款种类	累计积数	月利率	利息额
工商银行新区支行	生产经营借款	60 000	8%÷12	400
合计				400

① 1 月末预提当月利息时，做如下会计分录：

借：财务费用　　400
　　贷：应付利息　　400

$$本月应计提的利息金额 = 60\ 000 \times 8\% \div 12 = 400(元)$$

2 月末预提当月利息的处理同上。

② 3 月末支付本季度(第一季度)应付银行借款利息时，做如下会计分录：

借：财务费用　　400
　　应付利息　　800
　　贷：银行存款　　1 200

第二季度、三季度的会计处理同上。

(三) 归还短期借款

企业到期归还短期借款时，借记“短期借款”科目，贷记“银行存款”科目。

【例 6-3】 承【例 6-2】，到期归还借款本金，并支付最后一季度利息。编制有关会计分录如下：

借：短期借款　　60 000
　　财务费用　　400
　　应付利息　　800
　　贷：银行存款　　61 200

任务二　财 务 费 用

财务费用是指企业为筹集生产经营所需资金等而发生的筹资费用，包括利息支出(减利息收入)、汇兑损益,以及相关的手续费、企业发生的现金折扣或收到的现金折扣等。

企业应通过"财务费用"科目核算财务费用的发生和结转情况。该科目借方登记企业发生的各项财务费用,贷方登记期末转入"本年利润"科目的财务费用。结转后该科目应无余额。该科目应按财务费用项目进行明细核算。

【例 6-4】 西夏机床厂于 2013 年 1 月 1 日向银行借入生产经营用短期借款 60 000 元,期限 6 个月,年利率 5%。该借款本金到期后一次归还,利息分月预提,按季支付。假定所有利息均不符合利息资本化条件。有关利息支出的会计处理如下:

每月末,预提当月应计利息时:

$$应计利息 = 60\ 000 \times 5\% \div 12 = 250(元)$$

借:财务费用　　250

　贷:应付利息　　250

【例 6-5】 2013 年 3 月西夏机床厂将 20 000 元暂时作为闲置资金存入银行,并获得利息收入 100 元。有关利息收入的会计处理如下:

(注:当月取得的利息收入应做冲减财务费用处理)

借:银行存款　　100

　贷:财务费用　　100

任务三　长期借款

长期借款是企业从银行或其他金融机构借入的期限在 1 年以上(不含 1 年)的各项借款,一般用于固定资产的购建、改扩建工程、大修理工程、对外投资,以及保持长期经营能力等方面。它是企业非流动负债的重要组成部分。

企业筹集的长期借款,按其偿还方式,可分为定期偿还和分期偿还的长期借款;按其利息支付方式,可分为还本时一次付息和在借款期限内分期付息的长期借款;按长期借款的条件,可以分为抵押借款、担保借款和信用借款;按借款的目的,可以分为形成固定资产的长期借款和形成流动资产的长期借款;按长期借款的币种,可以分为人民币借款和外币借款等。

长期借款利息的计算方法有单利和复利两种。所谓单利计息是指借款期内只对长期借款的本金计算利息,所生利息不加入本金重复计算利息;而复利计息是指借款期内不仅对长期借款的本金计算利息,而且将所生利息加入本金再计算利息。我国目前采用的是单利计息的方法。

长期借款核算

长期借款的核算主要包括借款借入和归还的核算、借款利息的核算、外币借款发生的汇兑损益的核算等。

（一）设置账户

长期借款的核算应设置“长期借款”和“应付利息”等账户。

“长期借款”是非流动负债类账户，是核算企业向银行或其他金融机构借入的期限在1年以上（不含1年）的各项借款。该账户贷方登记借入的本金、转销的利息差额，借方登记偿还的本金及取得借款时实收金额和借款本金的差额，期末贷方余额反映企业尚未偿还的长期借款的本金和利息。该科目按贷款单位和贷款种类，分别设“本金”“利息调整”“应计利息（一次还本付息的利息）”等明细科目进行明细核算。

“应付利息”是流动负债类账户，是核算企业按照合同约定应支付的利息，包括分期付息到期还本的长期借款、企业债券等应支付的利息。该账户贷方登记计提的利息，借方登记偿还的利息，期末贷方余额反映企业按照合同约定应支付但尚未支付的利息。

（二）账务处理

1．取得借款

企业借入长期借款时，应按借款本金扣除相关手续费后实际收到的款项，借记“银行存款”科目，贷记“长期借款——本金”科目，如存在差额，还应借记“长期借款——利息调整”科目。

中国工商银行

借款借据（收账通知）　　5

2013年12月1日

收款单位	名称	西夏机床厂	借款单位	名称	中国建设银行新区支行
	账号	4564521		借款账号	20020101314
	开户银行	中国工商银行江城市庆春支行		开户银行	中国建设银行新区支行
借款种类	长期借款	利率 年7.5%	约定偿还日期	2015年12月1日	
借款用途	购买设备		还款方式	到期一次还本付息，不计复利	
借款金额	人民币（大写）陆佰万元整				

亿	千	百	十	万	千	百	十	元	角	分
	￥	6	0	0	0	0	0	0	0	0

根据我单位与你行签订的借款合同，现立据申请办理上项贷款，贷款到期，由我单位主动归还。

财务专用章

分次还款记录

日期	还款金额	结欠本金	记账	复核

第五联收账通知

【例 6-6】 西夏机床厂于 2013 年 12 月 1 日从银行借入资金 6 000 000 元，借款期限为 3 年，利率为 7.2%(到期一次还本付息，不计复利)。所借款项已存入银行。西夏机床厂用该借款于当日购买不需要安装的设备一台，取得的增值税专用发票上注明价款 5 000 000 元，增值税 850 000 元，另支付运杂费及保险费 100 000 元。设备已于当日投入使用。

西夏机床厂的有关会计处理如下：

① 取得借款时：

借：银行存款　　6 000 000

　贷：长期借款——本金　　6 000 000

② 支付设备款和运杂费、保险费时：

借：固定资产　　5 100 000

　应交税费——应交增值税(进项税额)　　850 000

　贷：银行存款　　5 950 000

2. 长期借款利息的确认

利息是借款企业按照借入本金、利息率及借款期计付给债权人的报酬。它是一种资金成本，是企业举借债务而付出的代价。根据企业会计准则规定，企业取得长期借款所发生的利息费用，应根据权责发生制原则按期预提。属于筹建期间的，应记入"管理费用"账户；属于生产经营期间的，应记入"财务费用"账户；属于符合资本化条件的资产购建或者生产的，应当予以资本化，记入相关资产成本。计算确定的长期借款的利息费用，借记"在建工程""制造费用""财务费用""研发支出"等科目；按应付利息金额，贷记"长期借款——应计利息"(到期一次还本付息的)科目或"应付利息"(分期付息的)科目。

需要指出的是，在资产负债表日中，通常按照实际利率法计算确定利息费用；当实际利率与合同利率的差异较小时，也可以采用合同利率计算确定利息费用。

【例 6-7】 承接【例 6-6】，西夏机床厂于 2013 年 12 月 31 日计提长期借款利息。西夏机床厂的有关会计处理如下：

$$2013\text{ 年 }12\text{ 月应计提的利息} = 6\,000\,000 \times 7.2\% \div 12 = 36\,000(\text{元})$$

借：财务费用　　36 000

　贷：长期借款——应计利息　　36 000

2013 年 1 月至 2015 年 10 月每月月末计提利息分录同上。

3. 归还借款

企业归还长期借款的本金时，应按归还的金额，借记"长期借款——本金"科目，贷记"银行存款"科目；按归还的利息，借记"长期借款——应计利息"或"应付利息"，科目，贷记"银行存款"科目。

【例 6-8】 承接【例 6-7】,西夏机床厂到期偿还该项银行借款的本息。有关会计处理如下:

借:长期借款——本金	6 000 000	
——应计利息	1 260 000	
财务费用	36 000	
贷:银行存款		7 296 000

任务四 应付债券

应付债券是指企业向社会公开筹集资金而发行的,约定在一定时间内还本付息的有价证券。企业发行的超过 1 年期以上的债券,构成了企业的非流动负债。企业通过发行债券取得资金,负有将来归还债权人的本金和利息的义务。企业应当设置"企业债券备查簿",详细登记每一企业债券的票面金额、票面利率、还本付息期限与方式等资料。企业债券到期结清时,应当在备查簿内逐笔注销。

企业债券发行价格的高低一般取决于债券票面金额、债券票面利率、发行当时的市场利率,以及债券期限的长短等因素。

债券发行有面值发行、溢价发行和折价发行三种情况。假设其他条件不变,债券的票面利率高于市场利率时,可按超过债券面值的价格发行,称为溢价发行。溢价是企业以后各期多付利息而事先得到的补偿。如果债券的票面利率低于市场利率时,可按低于债券面值的价格发行,称为折价发行。折价是企业以后各期少付利息而预先给投资者的补偿。如果债券的票面利率与市场利率相同,可按票面价格发行,称为面值发行。溢价或折价是发行债券企业在债券存续期内对利息费用的一种调整,而不是发行债券企业的收益或损失。

企业在发行债券时,必然有一些开支,如委托他人代销债券支付的手续费或佣金、印刷债券费用,以及相关的律师费、注册会计师审计财务报告的费用、广告费等。这些费用一般可称为发行费用。

为了核算企业债券,企业应设置"应付债券""应付利息"等科目。"应付债券"核算企业为筹集长期资金而发行债券的本金和利息,贷方登记发行企业债券的面值、溢价、应计利息及折价摊销额,借方登记企业债券的偿还、发行时产生的折价及溢价摊销额,期末贷方余额反映企业尚未偿还的债券的摊余成本和应计利息。

应付债券可按"面值""利息调整""应计利息"等明细科目进行明细核算。如果债券到期一次还本付息,利息计提和偿还通过"应付债券——应计利息"科目核算;如果债券分期付息,利息计提和偿还则通过"应付利息"科目核算。

(一) 企业发行债券的核算

企业发行债券,无论是按面值发行,还是溢价发行或折价发行,均应按实际收到的金额,借记“银行存款”“库存现金”等科目;按债券票面金额,贷记“应付债券——面值”科目;实际收到的款项与票面价值存在差额的,还应借记或贷记“应付债券——利息调整”科目。

【例 6-9】 西夏机床厂于 2013 年 7 月 1 日发行 3 年期,到期一次还本付息,年利率为 8%(不计复利),发行面值总额为 10 000 000 元的债券。该债券按面值发行。西夏机床厂的有关会计处理如下:

借:银行存款 10 000 000

  贷:应付债券——面值 10 000 000

【例 6-10】 承接【例 6-9】,如果发行价为 10 300 000 元,西夏机床厂的有关会计分录如下:

借:银行存款 10 300 000

  贷:应付债券——面值 10 000 000

      ——利息调整 300 000

(二) 利息计算及利息调整摊销核算

企业债券在计息日应当按规定计算应付给债券持有人的利息,同时对因债券溢/折价形成的利息调整进行摊销。

1. 债券票面利息

债券票面利息即债券发行人定期支付给债券持有人的利息。其计算公式为:

债券票面利息 = 债券面值 × 票面利率 × 期限

票面利息一般按年度或半年计算,一方面是债券利息费用的组成部分,另一方面在未支付给债券持有人前形成企业的一项负债。按企业会计准则规定,在分期支付债券利息的情况下,它是一种流动负债,即“应付利息”;在到期一次支付债券利息的情况下,它是一种长期负债,即“应付债券——应计利息”。

2. 债券利息费用

债券利息费用按债券的摊余价值和实际利率计算确定,即采用实际利率法计算债券利息费用和对利息调整进行摊销。

实际利率法是指按照应付债券的实际利率计算其摊余成本及各期利息费用的方法。实际利率是指将应付债券在债券存续期内的未来现金流量,折现为该债券当前账面价值所使用的利率。其计算公式为:

债券利息费用 = 应付债券的期初账面价值(摊余成本) × 实际利率 × 期限

应摊销的利息调整 = 债券票面利息 − 债券利息费用

3. 会计处理

在资产负债表日,对于分期付息、到期一次还本的债券,企业应按应付债券的摊余成本和实际利率计算确定的债券利息费用，借记“在建工程”“制造费用”“财务费用”“研发支出”等科目；按票面利率计算确定的应付未付利息，贷记“应付利息”科目；按其差额借记或贷记“应付债券——利息调整”科目。对于到期一次还本付息的债券，企业应于资产负债表日，按应付债券的摊余成本和实际利率计算确定的债券利息费用，借记“在建工程”“制造费用”“财务费用”“研发支出”等科目；按票面利率计算确定的应付未付利息，贷记“应付债券——应计利息”科目；按其差额，借记或贷记“应付债券——利息调整”科目。

【例 6-11】 承接【例 6-10】，西夏机床厂发行债券所筹集资金用于建造固定资产，至 2013 年 12 月 31 日工程尚未完工，该债券产生的实际利息费用全部资本化，2014 年 7 月 1 日工程完工。西夏机床厂计提持有期间各年长期债券利息的有关会计处理如下：

① 2013 年 12 月 31 日计提利息时：

票面利息 $= 10\ 000\ 000 \times 8\% \div 2 = 400\ 000$(元)
利息费用 $= 10\ 000\ 000 \times 8\% \div 2 = 400\ 000$(元) （票面利率 = 实际利率）

借：在建工程　　400 000
　贷：应付债券——应计利息　　400 000

② 2014 年 12 月 31 日计提利息时：

票面利息 $= 10\ 000\ 000 \times 8\% = 800\ 000$(元)
利息费用 $= 10\ 000\ 000 \times 8\% = 800\ 000$(元) （资本化期间为半年）

借：在建工程　　400 000
　财务费用　　400 000
　贷：应付债券——应计利息　　800 000

③ 2015 年 12 月 31 日计提利息时：

票面利息 $= 10\ 000\ 000 \times 8\% = 800\ 000$(元)
利息费用 $= 10\ 000\ 000 \times 8\% = 800\ 000$(元) （费用化期间为一年）

借：财务费用　　800 000
　贷：应付债券——应计利息　　800 000

（三）债券还本付息

如企业采用一次还本付息方式，企业应于债券到期支付债券本息时，借记“应付债券——面值”和“应付债券——应计利息”科目，贷记“银行存款”科目；如采用一次还本、分期付息方式，在每期支付利息时，借记“应付利息”科目，贷记“银行存款”科目；债券到期偿还本金并支付最后一期利息时，借记“应付债券——面值”“在建工程”“制造费用”“财务费用”“研发支出”等科目，贷记“银行存款”科目；同时，存在利息调整余额的，借记或贷记“应付债券——利息调整”

科目。

【例6-12】 承接【例6-11】,2016年6月30日到期一次还本付息时,会计分录如下:

借:应付债券——面值	10 000 000
——应计利息	2 000 000
财务费用	400 000
贷:银行存款	12 400 000

任务五 投资者投入业务

投资者投入资本是企业资金来源的另外一条渠道,企业通常将投资者投入的资本金通过“实收资本”科目核算(股份公司通过“股本”科目核算)。实收资本属于所有者权益核算范畴。

一、所有者权益的概念与性质

(一)所有者权益的概念

所有者权益是指企业资产扣除负债后,由所有者享有的剩余权益。所有者权益来源于所有者投入的资本、直接计入所有者权益的利得和损失、留存收益等。直接计入所有者权益的利得和损失,是指不应计入当期损益,会导致所有者权益发生增减变动,与所有者投入资本或者向所有者分配利润无关的利得和损失。利得是由企业非日常活动所形成的,会导致所有者权益增加,与所有者投入资本无关的经济利益的流入;损失是由企业非日常活动所发生的,会导致所有者权益减少,与向所有者分配利润无关的经济利益的流出。

(二)所有者权益的性质

所有者权益与负债都属权益,都表现为对企业资产的求偿权,都反映在资产负债表的右边。所有者权益与负债合计总额等于资产总额,但两者又有明显的区别,主要表现为:

① 对象不同。负债是企业对债权人负担的经济责任;所有者权益是企业对所有者负担的经济责任。

② 清偿的次序不同。债权人有优先获取企业用以清偿债务的资产的要求权;所有者权益则是所有者对剩余资产的要求权,在顺序上置于债权人的要求权之后。

③ 享受的权利不同。债权人只有获取企业用以清偿债务的资产的要求权,而没有经营决策的参与权和收益分配权;所有者则可以参与企业的经营决策和收益分配。

④ 偿还的期限不同。企业的负债通常都有约定的偿还日期，企业必须定期偿还；所有者权益在企业的存续期内一般不存在偿还问题，即不存在约定的偿还日期，是企业的一项可以长期使用的资金，只有在企业清算时才予以偿还。

(三) 所有者权益的内容

在我国现行的会计核算中，所有者权益包括实收资本(或股本)、资本公积、盈余公积和未分配利润等部分，其中，盈余公积和未分配利润统称为留存收益。

二、实收资本

(一) 实收资本概述

实收资本是指投资人按照企业章程、合同、协议的约定，作为资本投入到企业的各种资产的价值，是企业注册登记的法定资本总额的来源。它表明所有者对企业的基本产权关系。在理解实收资本时，应注意三个概念：一是注册资本，二是实收资本，三是投入资本。

注册资本是企业在工商登记机关登记的投资者的出资额。在我国实行的注册资本制度下，企业的实收资本等于注册资本。根据注册资本制的要求，企业会计核算中的实收资本即为法定资本，应当与注册资本相一致，企业不得擅自改变注册资本数额或抽逃资金。实收资本的增减与变动超过注册资本的20%，应持资金使用证明或者验资证明向原登记机关申请变更登记。

投入资本是投资者实际投入到企业的资本数额。一般情况下，投资者的投入资本，即构成企业的实收资本，也正好等于其在登记机关的注册资本。但是，在一些特殊情况下，投资者会因种种原因超额投入(如资本溢价)，从而使得其投入资本超过企业注册资本。在这种情况下，企业进行会计核算时，不应将投入资本超过注册资本的部分作为实收资本核算，而应单独核算，计入资本公积。

投资者投入资本的形式可以有多种，可以用货币资产出资，也可以用实物、知识产权、土地使用权等可以用货币估价，并可以依法转让的非货币资产作价出资；但是，法律、行政法规规定不得作为出资的财产除外。企业应当对作为出资的非货币资产评估作价，核实财产，不得高估或者低估作价。法律、行政法规对评估作价有规定的，从其规定。

投入资本一般可分为国家投入资本、法人投入资本、个人投入资本和外商投入资本四类。在对实收资本的会计核算中，股份有限公司设置“股本”账户，其他企业设置“实收资本”账户。

(二) 实收资本核算

非股份制企业对投资者投入资本的核算，应设置“实收资本”账户。“实收资本”账户属于所有者权益类账户。该账户贷方反映企业实际收到的投资者交付的资本，借方反映企业按法定程序减资时所减少的注册资本数额，贷方余额为实收资本总额。“实收资本”账户应按投资者设置明细账户。

企业收到所有者投入企业的资本后，应根据有关原始凭证（如投资清单、银行通知单等），按不同的出资方式分别进行会计处理。

1. 以货币资金方式投入资本的核算

企业在收到投入的货币资金时，应以实际收到的金额借记“银行存款”科目；按投资者出资享有的企业注册资本的份额，贷记“实收资本”科目；投资者出资超过其占企业注册资本份额的部分，贷记“资本公积——资本溢价”科目。

【例 6-13】 西夏机床厂在设立之时收到国家投入的资本 50 000 000，新华公司投入的资本 20 000 000，全部款项存入银行。

借：银行存款　　70 000 000
　贷：实收资本——国家投资　　50 000 000
　　　　　　——新华公司　　20 000 000

2. 以实物资产方式投入资本的核算

企业接受实物资产投资时，应按投资合同或协议约定价值确定实物资产的价值（投资合同或协议约定价值不公允的除外），借记“固定资产”“原材料”等科目；按其在注册资本中应享有的份额，贷记“实收资本”科目。

【例 6-14】 西夏机床厂在设立之时收到新亚公司作为资本投入的原材料一批，协议约定价值为 30 000 元（公允价值），新亚公司提供的增值税专用发票上注明价款为 30 000 元，增值税税额为 5 100 元。

借：原材料　　30 000
　应交税费——应交增值税（进项税额）　　5 100
　贷：实收资本——新亚公司　　35 100

3. 以无形资产方式投入资本的核算

企业收到以无形资产方式投入的资本，应按投资合同或协议约定价值确定无形资产的价值（投资合同或协议约定价值不公允的除外），借记“无形资产”科目；按其在注册资本中应享有的份额，贷记“实收资本”科目。

【例 6-15】 西夏机床厂在设立之时接受某外商投入专利技术一项，投资各方确认的价值与公允价值相等，均为 200 000 元。其账务处理如下：

借：无形资产　　200 000
　贷：实收资本——某外商　　200 000

4. 企业资本变动的核算

企业实收资本（或股本）除下列情况外，不得随意变动：

① 符合增资条件，并经有关部门批准增资后，登记入账。企业实收资本增加的渠道一般有接受追加投资、将资本公积转增资本、盈余公积转增资本几种。需要注意的是，用其转增资本时，如果是独资企业，直接结转即可；如果是股份有限公司或有限责任公司，应该按照原投资者各自投资比例，相应增加各投资者的

出资额。

② 企业按法定程序报经批准减少注册资本的，在实际减少时登记入账。企业实收资本减少的原因一般有两种：一是资本过剩；二是企业发生重大亏损，因而需要减少实收资本。

有限责任公司和一般企业返还投资比较简单，按返还投资数额，借记“实收资本”账户，贷记“银行存款”等账户。

三、股份有限公司股本核算

股票的面值与股份总数的乘积为股本。对于收到的股东投资，股份有限公司设置“股本”账户核算。公司因发行股票、将可转换公司债券转换为股票、分派股票股利等原因取得股本时，记入该账户贷方；按法定程序报经批准减少注册资本的公司，在实际返还股款时记入该账户借方。“股本”账户贷方余额表示公司所拥有的股本总额。公司发行股票取得收入大于股本总额，称为溢价发行；小于股本总额的，称为折价发行；等于股本总额的，称为面值发行。股份有限公司的设立，包括发起式和募集式两种方式：发起式筹资费用低，一般只发生印刷费等少量费用，发生时可以直接记入“管理费用”科目；募集式筹资费用高，发行股票支付的手续费或佣金等相关费用，如果溢价发行的，则从发行股票的溢价收入中抵扣，按扣除后余额记入“资本公积——股本溢价”账户，若溢价不足扣减或者按面值发行的，则依次冲减盈余公积和未分配利润。我国不允许折价发行股票。

【例 6-16】 三洋股份公司委托证券公司发行股票 50 000 000 股，每股面值 1 元，每股发行价格为 4 元。三洋公司与证券公司约定按发行收入的 3% 支付手续费，从发行收入中扣除。假定收到的股款已存入银行。

借：银行存款　　194 000 000
　贷：股本　　50 000 000
　　资本公积——股本溢价　　144 000 000

企业有时采用发行股票股利的方式增加股本。股票股利是企业用增发的股票代替现金派发给股东的股利。当企业实现净利润但现金不足时，为了满足股东的要求，通常派发股票股利。分派股票股利，一般不会使所有者权益总额发生变动，而仅仅使所有者权益各项目结构发生内部的调整，而且不需要企业支付现金。企业按股东大会或类似机构批准的应分配的股票股利或转增的资本金额，在办理增资手续后再进行账务处理，实际发放股票股利时，借记“利润分配——转作股本的股利”账户，贷记“股本”账户（宣告时暂不做账务处理）。

股份有限公司由于采用发行股票方式筹集股本，减资时则通过返还股款，收购发行的股票完成，通常按股票面值和注销股数计算的股票面值总额冲减股本，按注销库存股的账面余额与所冲减股本的差额股本溢价。股本溢价不足冲减的，应依次冲减“盈余公积”“利润分配——未分配利润”等科目。如果回购股票支付的价款低于面值总额，所注销库存股的账面余额与所冲减股本的差额作为增加资本公积（股本溢价）处理。

【例 6-17】 南洋上市公司 2013 年 12 月 31 日的股本为 100 000 000 元（面值为 1 元），资本公积（股本溢价）为 30 000 000 元，盈余公积为 40 000 000 元。经股东大会批准，南洋上市公司以现金回购本公司股票 20 000 000 股并注销。假定南洋上市公司按每股 3 元回购股票。该上市公司应编制如下会计分录：

① 回购本公司股份时：

借：库存股 60 000 000

  贷：银行存款 60 000 000

库存股成本 = 20 000 000 × 3 = 60 000 000（元）

② 注销本公司股份时：

借：股本 20 000 000

  资本公积 30 000 000

  盈余公积 10 000 000

  贷：库存股 60 000 000

应冲减的资本公积 = 20 000 000 × 3 − 20 000 000 × 1 = 40 000 000（元）

【例 6-18】 承接【例 6-17】，假定南洋上市公司按每股 0.9 元回购股票，其他条件不变。该上市公司应编制如下会计分录：

① 回购本公司股份时：

借：库存股 18 000 000

  贷：银行存款 18 000 000

库存股成本 = 20 000 000 × 0.9 = 18 000 000（元）

② 注销本公司股份时：

借：股本 20 000 000

  贷：库存股 18 000 000

    资本公积——股本溢价 2 000 000

应增加的资本公积 = 20 000 000 × 1 − 20 000 000 × 0.9 = 2 000 000（元）

任务六 资本公积

一、资本公积概述

资本公积是指企业收到投资者的超出企业注册资本（或股本）中所占份额的投

资，以及直接记入所有者权益的利得和损失等。资本公积包括资本溢价（或股本溢价）和直接记入所有者权益的利得和损失等。

资本公积与实收资本虽然都属于投入资本范畴，但两者有一定的区别。实收资本一般是投资者投入的，目的是为谋求投资利益，而且属于法定资本，与企业注册资本相一致，因此，实收资本无论在来源上还是资金上，都有严格的限制；资本公积有特定来源，另外某些来源形成的资本公积，并不需要由原投资者投入，也并不一定需要谋求投资利益。资本公积与净利润也不同。在会计中，通常需要划分资本和收益界限。收益（净利润）是企业经营活动产生的结果，可分配给股东。资本公积是企业所有者投入资本的一部分，具有资本属性，与企业净利润无关，所以不能作为净利润的一部分。

资本公积由全体股东享有。资本公积转增资本时，按各个股东在实收资本中所占的投资比例计算金额，分别转增各个股东的投资金额。资本公积与盈余公积不同：盈余公积从净利润中提取，是净利润的转化形式；而资本公积有其特定来源，与净利润无关。

二、资本公积核算

（一）资本（股本）溢价

1. 一般企业资本溢价

企业创立时，要经过筹建、试生产经营、开辟市场等过程，中间时间较长，并且这种投资具有风险性。当企业进入正常生产经营，在正常情况下，资本利润率高于创立阶段。而这种高于创立阶段的资本利润率是由创立时必要的垫支资本带来的，企业创立者付出了代价。因此，相同数量的投资，由于出资时间不同，其对企业的影响程度也不同。所以，新加入的投资者要付出大于原有投资者的出资额，才能取得与原投资者相同的投资比例。另外，新加入的投资者如与原投资者共享企业经过一段生产经营后获得的留存收益，也要付出大于原投资者的出资额才能取得与原投资者相同的投资比例。投资者投入的资本中按其投资比例计算的出资额部分，应记入“实收资本”账户，大于部分记入“资本公积”账户。

“资本公积”账户为所有者权益类账户。因各种原因引起资本公积增加时记入该账户贷方，用资本公积转增资本时记入该账户借方，该账户贷方余额为企业资本公积实有数额。

【例 6-19】 昊诚公司由 A、B、C 三公司各出资 1 000 000 组建，经过三年经营，D 公司加入。此时，注册资本金增加为 4 000 000，D 公司出资 1 800 000，占公司股份的 25%。该公司应编制如下会计分录：

借：银行存款	1 800 000	
贷：实收资本——D 公司		1 000 000
资本公积——资本溢价		800 000

2. 股份有限公司股本溢价

【例 6-20】 嘉颖股份有限公司委托证券公司发行股票 200 万股，每股面值 1 元，按每股 1.2 元发行。与证券公司约定，按发行收入的 3%支付手续费，全部款项存入银行。

借：银行存款	2 328 000	
贷：股本		2 000 000
资本公积——股本溢价		328 000

其中，记入“资本公积——股本溢价”科目的金额 328 000 元，是由溢价400 000 元扣除 72 000 元的手续费后的余额。

（二）其他资本公积

其他资本公积是指除资本溢价（或股本溢价）项目以外所形成的资本公积，其中主要是直接计入所有者权益的利得和损失。如长期股权投资采用权益法核算时，因被投资单位发生净收益以外的所有者权益的其他变动而确认的资本公积；可供出售金融资产公允价值变动形成的资本公积及转销；金融资产的重分类等形成的资本公积。该部分内容将在项目七《投资业务活动》中详细介绍。

企业资本公积用于转增资本，按转增资本前的实收资本结构比例，将资本公积转增资本的数额记入“实收资本”或“股本”账户下各所有者的投资明细账，相应增加各所有者对企业的投资。资本公积转增资本时，借记“资本公积”账户，贷记“实收资本”或“股本”账户。

【例 6-21】 南洋上市公司 2013 年 12 月 31 日董事会决定，并经股东大会同意，用其他资本公积 100 万元转增资本，编制会计分录如下：

借：资本公积——其他资本公积	1 000 000	
贷：股本		1 000 000

需要指出的是，留存收益是企业从历年实现的利润中提取或形成的留存于企业的内部积累。该内容在项目八《利润及利润分配业务活动》中详细介绍。

一、单项选择题

1. 企业短期借款发生的利息，应贷记的科目为（　　）。
   A. 应计利息　　B. 短期借款　　C. 应付利息　　D. 财务费用
2. 就发行债券的企业而言，所获债券溢价收入实质是（　　）。
   A. 为以后少付利息而付出的代价　　B. 为以后多付利息而得到的补偿
   C. 本期利息收入　　D. 以后期间的利息收入
3. 甲企业 2010 年 7 月 1 日发行 5 年期面值为 100 万元的债券。该债券到期一次还本付息，票面年利率为 5%。甲企业 2010 年 12 月 31 日应付债券的账面余额为(　　)万元。

A. 100　　B. 102.5　　C. 105　　D. 125

4. 企业以折价方式发行债券时,每期负担的利息费用是(　　)。

A. 按票面利率计算的应计利息减去摊销的利息调整

B. 按实际利率计算的应计利息减去摊销的利息调整

C. 按实际利率计算的应计利息

D. 按实际利率计算的应计利息加上应摊销的折价

5. 实收资本的增减与变动超过注册资本的(　　),应持资金使用证明或者验资证明向原登记机关申请变更登记。

A. 10%　　B. 15%　　C. 20%　　D. 30%

6. 长期借款分期计算和支付利息时,应通过(　　)科目核算。

A. 应付利息　　B. 其他应付款　　C. 长期借款　　D. 长期应付款

7. 某股份有限公司于2013年1月1日发行3年期,每年1月1日付息,到期一次还本的公司债券。债券面值为200万元,票面年利率为5%,实际利率为6%,发行价格为194.65万元。按实际利率法确定利息费用。该债券2013年度确认的利息费用为(　　)万元。

A. 11.78　　B. 12　　C. 10　　D. 11.68

8. 某企业为建造固定资产发行债券,至2013年12月31日时工程尚未完工,计提本年应付债券利息时应记入(　　)科目。

A. 固定资产　　B. 在建工程　　C. 管理费用　　D. 财务费用

9. 企业生产经营期间发生的长期借款利息应记入(　　)科目。

A. 在建工程　　B. 财务费用

C. 开办费　　D. 长期待摊费用

10. 若公司债券溢价发行,随着溢价的摊销,按实际利率法摊销的利息调整(　　)。

A. 会逐期减少　　B. 会逐期增加

C. 与直线法摊销确认的金额相等　　D. 一定小于按直线法确认的金额

11. 下列项目中,不属于非流动负债的是(　　)

A. 长期借款　　B. 应付债券　　C. 专项应付款　　D. 预收的货款

12. 债券发行费用处理,如果债券发行费用大于发行期间冻结资金所产生的利息收入,按其差额(　　)

A. 冲减资本公积

B. 作为发行债券的折价

C. 计入长期待摊费用

D. 根据发行债券用途计入在建工程或财务费用

13. 若公司债券折价发行,折价按实际利率法摊销,随着利息调整的摊销,各期计入利息费用的金额(　　)。

A. 会逐期减少　　B. 会逐期增加

C. 与直线法摊销确认的金额相等　　D. 一定小于按直线法确认的金额

14. 债券溢价发行是由于债券票面利率与市场利率不等造成的,表现为(　　)。

A. 市场利率高于票面利率　　B. 市场利率等于票面利率

C. 市场利率低于票面利率　　D. 发行价格高于票面金额

15. (　　)是由企业非日常活动所形成的,会导致所有者权益增加,与所有者投入资本无关的经济利益的流入。

A. 收入　　B. 利润　　C. 利得　　D. 营业外收入

16. 当企业接受投资人的投资时,对于投资者的出资超过其占企业注册资本份额的部分应通过(　　)账户核算。

A. 实收资本　　B. 资本公积　　C. 股本　　D. 盈余公积

17. 股份有限公司为核算投资者投入的资本应当设置(　　)科目。

A. “实收资本”　　B. “股东权益”

C. “股本”　　D. “所有者权益”

18. 所有者权益在数量上表现为(　　)后的净额。

A. 资产总额减去负债总额

B. 流动资产总额减去流动负债总额

C. 资产总额减去流动负债总额

D. 非流动资产总额减去非流动负债总额

19. 企业溢价发行股票,实收款项超过股票面值的部分,应计入(　　)。

A. 主营业务收入　　B. 资本公积

C. 盈余公积　　D. 财务费用

20. 盈余公积是企业从(　　)中提取的公积金。

A. 税后净利润　　B. 营业利润　　C. 利润总额　　D. 税前利润

二、多项选择题

1. 下列对长期借款利息费用的会计处理,正确的有(　　)。

A. 筹建期间的借款利息记入管理费用

B. 筹建期间的借款利息记入长期待摊费用

C. 日常生产经营活动的借款利息记入财务费用

D. 符合资本化条件的借款利息记入相关资产成本

2. 在我国会计实务中,生产经营期间为购建固定资产而发生的长期借款利息费用,可能记入(　　)科目。

A. 在建工程　　B. 财务费用

C. 长期借款　　D. 长期待摊费用

3. 债券的发行价格受下列哪些因素的影响(　　)。
A. 债券面值　　B. 债券票面利率
C. 发行时市场利率　　D. 债券付息方式
4. 长期负债包括(　　)。
A. 应付账款　　B. 应付债券　　C. 长期应付款　　D. 其他应付款
5. 以下构成应付债券折价内容的是(　　)。
A. 由于同期银行存款利率超过票面利率,导致以后少支付利息而事前付出的代价
B. 因同期银行存款利率低于票面利率,导致以后少支付利息而事前付出的代价
C. 因发行费用小于发行期间冻结申购资金产生的利息收入,扣除该利息收入后的差额
D. 因发行费用大于发行期间冻结申购资金产生的利息收入,扣除该利息收入后的差额
6. "应付债券"科目的借方反映的内容有(　　)。
A. 债券溢价的摊销　　B. 债券折价的摊销
C. 期末计提应付债券利息　　D. 归还债券本金
7. 长期借款所发生的利息支出,可能借记的科目有(　　)。
A. 销售费用　　B. 财务费用　　C. 在建工程　　D. 研发支出
8. 下列各项中,应作为"长期应付款"科目核算的有(　　)。
A. 应付的职工统筹退休金
B. 分期付款方式购入固定资产发生的应付款项
C. 应付的经营租入固定资产租金
D. 应付的融资租入固定资产租赁费
9. "应付债券"科目的贷方反映的内容有(　　)。
A. 债券发行时产生的债券溢价　　B. 债券发行时产生的债券折价
C. 期末计提的应付债券利息　　D. 发行时债券的面值
10. 债券的发行价格有(　　)。
A. 溢价　　B. 折价　　C. 面值　　D. 平均价
11. "长期借款"科目核算的内容有(　　)。
A. 借入的长期借款本金
B. 偿还的长期借款本金
C. 取得借款时实收金额和借款本金的差额
D. 计提的长期借款利息
12. "应付债券"科目,根据核算内容一般应设(　　)等明细科目。
A. 面值　　B. 利息调整　　C. 应付利息　　D. 应计利息

13. 企业吸收投资者出资时，下列会计科目的余额可能发生变化的有（ ）。
A. 盈余公积 B. 资本公积 C. 实收资本 D. 利润分配
14. 对于分期付息、一次还本的债券，应于资产负债表日按摊余成本和实际利率计算确定的债券利息，可能借记的会计科目有（ ）
A. 在建工程 B. 销售费用 C. 财务费用 D. 研发支出
15. 所有者权益与负债的区别表现在（ ）等方面。
A. 对象不同 B. 清偿的次序不同
C. 享受的权利不同 D. 偿还的期限不同
16. 实收资本减少的原因主要有（ ）。
A. 投资者收回投资 B. 资本过剩
C. 企业发生重大亏损而需要减少资本 D. 转增资本公积
17. 面值发行的股票在收购时，支付的超过面值的部分直接冲减（ ）。
A. 盈余公积 B. 溢价收入 C. 未分配利润 D. 资本公积
18. 资本公积包括的内容有（ ）。
A. 资本溢价 B. 股本溢价
C. 直接计入所有者权益的利得和损失 D. 收到的原始投资额
19. 所有者权益的来源包括（ ）。
A. 所有者投入的资本
B. 直接计入所有者权益的利得和损失
C. 留存收益
D. 计入当期损益的利得和损失
20. 企业“资本公积”科目应设置（ ）明细科目进行核算。
A. 资本溢价 B. 接受非现金资产捐赠准备
C. 其他资本公积 D. 股本溢价

三、判断题

1. 对于分期付息债券，若采用实际利率法对公司折价发行的债券摊销，因为债券的账面价值逐期增加，应负担的利息费用也随之逐期增加。（ ）
2. 企业采用实际利率法对应付债券溢价进行摊销时，应付债券账面价值逐期减少，应负担的利息费用也随之逐期减少。（ ）
3. “长期借款”科目核算企业借入长期借款的本金、利息以及外币借款的折合差额。（ ）
4. 长期借款利息费用应当在资产负债表日按照实际利率法计算确定，实际利率与合同利率差异较小的，也可以采用合同利率计算确定利息费用。（ ）
5. 长期借款账户的期末余额，反映企业尚未支付的各种长期借款的本金和利息。（ ）

6. 企业计提长期借款利息时，应当借记“财务费用”，贷记“预提费用”。 ( )
7. 企业发生的所有借款利息都应作为“财务费用”处理。 ( )
8. 企业发行债券的溢价或折价，是企业在债券存续期内对利息费用的一种调整。 ( )
9. 发行长期债券的企业，在计提利息时，应借记“在建工程”，贷记“应付债券——应计利息”。 ( )
10. 就发行债券的企业而言，所获债券溢价收入实质是为以后多付利息而得到的补偿。 ( )
11. 若采用实际利率法对公司溢价发行的债券摊销，因为债券的账面价值逐期减少，所以摊销的利息调整额也逐期减少。 ( )
12. 企业在筹建期间发生的长期借款利息，应计入“财务费用”或“在建工程”科目。 ( )
13. 长期借款”与“短期借款”科目核算方法相同，既要核算借款本金，又要核算借款利息。 ( )
14. 所有者权益是指企业净资产扣除负债后，由所有者享有的剩余权益。 ( )
15. 实收资本的增减与变动超过注册资本的 20%，应持资金使用证明或者验资证明向原登记机关申请变更登记。 ( )
16. 所有单位都应通过“实收资本”账户核算。 ( )
17. 企业的实收资本或股本一般不得随意变动。 ( )
18. 股份有限公司发行股票时支付的筹资费用一律作为财务费用处理。 ( )
19. 所有者权益的风险要大于债权人权益。 ( )
20. 债权人对企业资产的求偿权优先于所有者的求偿权。 ( )
21. 任何情况下，企业的注册资本必须与实有资本相一致。 ( )
22. 企业提取的法定盈余公积达到注册资本的 50%时，还要继续提取盈余公积。 ( )
23. 资本公积不能转增资本 。 ( )
24. 资本公积是从销售收入中提取的公积金。 ( )

四、实务题

习题一(一)

1. 目的：练习长期借款和发行债券的核算。
2. 资料：某企业 2013 年 1 月 1 日从银行借入资金 1 000 000 元，借款期限 2 年，年利率 9%(每年付息一次，到期还本，单利计算)，所借款项已存入银行。该借款用于建造生产线，于 2013 年 1 月 1 日一次性投入。该生产线于 2013 年 12 月 31 日完工投入使用。
3. 要求：编制该企业从借款到还款的全部会计分录。

习题一(二)

1. 目的:练习长期借款和发行债券的核算。
2. 资料:某企业经批准从 2013 年 1 月 1 日起发行 3 年期面值为 100 元的债券 10 000张,发行价格确定为面值发行,债券年利率为 6%,每半年计息一次。该债券所筹集资金全部用于新生产线的建设。该生产线于 2014 年 6 月底完工交付使用。债券到期后一次支付本金和利息。
3. 要求:编制该企业从债券发行到债券到期的全部会计分录。

习题一(三)

1. 目的:练习长期借款和发行债券的核算。
2. 资料:2013 年 12 月 31 日,甲公司经批准发行 5 年期一次还本分期付息的公司债券 10 000 000 元,债券利息在每年 12 月 31 日支付,票面利率为年利率 6%。假定债券发行时的市场利率为 5%。发行价格为 10 432 700 元。甲公司采用实际利率法和摊余成本计算确定的利息费用。
3. 要求:编制该企业从债券发行到债券到期的全部会计分录。

习题一(四)

1. 目的:练习长期借款和发行债券的核算。
2. 资料:某企业经批准于 2013 年 1 月 1 日起发行 2 年期面值为 100 元的债券 200 000 张,债券年利率为 3%,每年 7 月 1 日和 1 月 1 日付息两次,到期时归还本金和最后一次利息。该债券发行收入为 1 961.92 万元,债券实际利率为年利率 4%。该债券所筹集资金全部用于新生产线的建设。该生产线于 2013 年 6 月底完工交付使用。采用实际利率法摊销利息调整,每年 6 月 30 日和 12 月 31 日计提利息。
3. 要求:编制该企业从债券发行到债券到期的全部会计分录。

习题二(一)

1. 目的:练习实筹资本的核算。
2. 资料:2013 年,某公司由 A、B、C 三个公司组建而成,注册资本 300 000 元:A 公司投入100 000 元货币资金,B 公司投入 60 000 元一生产线和 40 000 元一栋厂房,C 公司投入 100 000 元一项专利技术。

   三年后,该公司留存收益 420 000 元。经股东会决定,吸收 D 公司加入,使注册资本增加到 400 000 元。经协商,D 公司出资 200 000 元货币资金,占该公司 25%的股份。
3. 要求:根据以上资料编制相关会计分录。

习题二(二)

1. 目的:练习实筹资本的核算。
2. 资料:2013 年 1 月某公司委托证券公司发行股票 7 000 000 股,每股面值 1 元,支付发行收入 3%的手续费,按每股 4 元发行。

3. 要求:根据以上资料编制会计分录。

习题二(三)

1. 目的:练习实筹资本的核算。
2. 资料:某股份有限公司委托证券公司发行股票 100 万股,每股面值 1 元,按每股 1.2 元的价格发行。与证券公司约定,按发行收入的 3%支付手续费,款项存入银行。
3. 要求:根据以上资料编制会计分录。

习题二(四)

1. 目的:练习实筹资本的核算。
2. 资料:某企业 2013 年 1 月 1 日向银行借入 120 000 元,期限 9 个月,年利率 8%。该借款到期后按期如数归还,利息分月预提,按季支付。
3. 要求:编制借入款项、按月预提利息、按季支付利息和到期时归还本金的会计分录。

习题二(五)

1. 目的:练习实筹资本的核算。
2. 资料:某公司 2013 年 7 月 1 日因生产经营需要,从浦发银行四海支行取得一项为期半年的生产周转借款 200 万元,年利率 5.76%,借款利息按月提取,按季支付,到期还本。
3. 要求:分别按照下列要求编制相关会计分录:

   (1) 7 月 1 日取得借款。

   (2) 7 月、8 月末计提利息。

   (3) 9 月末支付此借款本季应付利息。

   (4) 10 月、11 月末计提借款利息。

   (5) 12 月末归还借款本金、支付本季借款利息。

习题三(一)

1. 目的:练习实收资本业务的核算。
2. 资料:星星公司采用人民币作为记账本位币,其 2013 年度接受投资者的投资如下:

   (1) 接受甲企业投入现金 80 万元,根据合同约定,甲企业在星星公司的注册资本中所占有的份额为 60 万元。

   (2) 乙企业投入一台不需安装的设备和一项专利权。设备原账面价值 180 万元,已提折旧 30 万元,投资合同确认的设备公允价值为 140 万元;专利权的公允价值为 70 万元。
3. 要求:根据资料编制有关会计分录。

习题三(二)

1. 目的:练习实收资本的核算。

2. 资料：新华公司原来由投资者甲和投资者乙共同出资成立，每人出资 20 万元，各占 50%的股份。经营 2 年后，投资者甲和投资者乙决定增加公司资本。此时有一新的投资者丙要求加入该公司。经有关部门批准后，新华公司实施增资，将实收资本增加到 90 万元。经三方协商，一致同意，完成下述投入后，三方投资者均拥有该公司 30 万元实收资本，各占新华公司 1/3 的股份。各投资者的出资情况如下：

(1) 投资者丙以银行存款投入新华公司 39 万元。

(2) 投资者甲将一批原材料投入公司作为增资。该批原材料账面价值 95 000 元，合同约定价值为 10.5 万元，税务部门认定应交增值税税额为 17 850 元。投资者甲已开具增值税专用发票。

(3) 投资者乙将一项专利权投入公司作为增资，投资合同中约定该专利权价值为 125 000 元。假定以上合同约定的价值都是公允的。

3. 要求：根据上述资料编制相关的会计分录。

习题四

1. 目的：练习资本公积的核算。

2. 资料：远方公司是一家有限责任公司，2013 年度发生如下业务：

(1) 收到侨商金一多投入现金 1 200 000 元，取得 20%的表决权股份。投资日，本公司净资产 4 000 000 元。款项已全部存入银行。

(2) 远方公司本年度可供出售金融资产因公允价值变动发生增值 50 万元，本公司在该公司拥有 25%的股权，采用权益法核算。

(3) 经批准，以资本公积 15 万元转增资本。

(4) 本公司可供出售金融资产因公允价值变动增值 10 万元。

3. 要求：根据资料编制有关会计分录。

Project 7 项目七 投资业务活动

知识目标

⊙ 了解投资业务的划分依据和类别

⊙ 了解交易性金融资产、持有至到期投资、长期股权投资、可供出售金融资产的确认条件

⊙ 掌握取得交易性金融资产、持有至到期投资、长期股权投资、可供出售金融资产、固定资产取得、固定资产折旧、固定资产后续支出、固定资产处置等账务处理流程和核算方法

⊙ 熟悉投资性房地产核算范围，掌握投资性房地产账务处理流程和核算方法

⊙ 掌握无形资产取得、摊销、出租、处置和期末计价业务账务处理流程和核算方法

⊙ 理解长期待摊费用的核算内容，掌握长期待摊费用的发生、摊销的业务处理

能力目标

⊙ 能正确地填制和审核款项支付申请单、证券交割单、各类与投资活动相关计算表等业务单据

⊙ 能根据交易性金融资产、持有至到期投资、长期股权投资、可供出售金融资产的业务准确填制记账凭证，并登记相关明细账和总账

⊙ 能正确识别与固定资产相关的各种业务单据，能根据取得固定资产业务、固定资产折旧计提业务、固定资产后续支出业务、固定资产处置业务等单据准确填制记账凭证，并登记相关明细账和总账。

⊙ 能根据无形资产取得、摊销、出租、处置和期末计价等业务单据准确填制记账凭证，并登记相关明细账和总账。

任务一　金融资产概述

广义上的投资业务，包括对外投资业务（如交易性金融资产、持有至到期投资、长期股权投资、可供出售金融资产的取得与处置活动等）及对内投资业务（如固定资产、无形资产等长期资产的购建及其处置活动等）。

一、金融资产的概念

金融工具包括金融资产、金融负债和权益工具。其中，金融资产通常指企业的库存现金、银行存款、应收账款、应收票据、贷款、垫款、其他应收款、应收利息、债权投资、股权投资、基金投资、衍生金融资产等。

二、金融资产分类

企业应当按照会计准则的规定，结合自身业务和风险管理的特点，将取得的金融资产在初始确认时分为以下几类：

① 以公允价值计量且其变动计入当期损益的金融资产。

② 持有至到期投资。

③ 贷款和应收款项。

④ 可供出售金融资产。

上述分类一经确定，不得随意变更。

以公允价值计量且其变动记入当期损益的金融资产，可以进一步分为交易性金融资产和直接指定为以公允价值计量且其变动记入当期损益的金融资产。只有直接指定能够产生更相关的会计信息时，才能将某项金融资产直接指定为以公允价值计量且其变动记入当期损益的金融资产。例如，企业进行公允价值套期保值而购入的股票或债券，由于被套期工具采用公允价值计量且其公允价值变动记入当期损益，所以不应把该股票或债券划分为可供出售金融资产，而直接指定为以公允价值计量且其变动记入当期损益的金融资产。

任务二　交易性金融资产

一、交易性金融资产概述

（一）交易性金融资产的概念

交易性金融资产主要是指企业为了近期内出售而持有的金融资产。例如企业以赚取差价为目的，从二级市场购入的股票、债券、基金等。

（二）交易性金融资产的特征

满足下列条件之一的金融资产，应当划分为交易性金融资产：

① 取得该金融资产的目的，主要是为了近期内出售。

② 属于进行集中管理的可辨认金融工具组合的一部分，且有客观证据表明企业近期采用短期获利方式对该组合进行管理。在这种情况下，即使组合中有某个组成项目持有的期限稍长也不受影响。

③ 属于衍生工具，但是被指定且为有效套期工具的衍生工具，也属于财务担保合同的衍生工具，与在活跃市场中没有报价且其公允价值不能可靠计量的权益工具投资挂钩，并须通过交付该权益工具结算的衍生工具除外。

二、交易性金融资产核算的科目设置

为了核算交易性金融资产的取得、收取现金股利或利息、处置等业务，企业应当设置“交易性金融资产”“公允价值变动损益”“投资收益”等科目。

（一）“交易性金融资产”科目

“交易性金融资产”科目属于资产类，用来核算企业为交易目的所持有的债券投资、股票投资、基金投资等交易性金融资产的公允价值。企业持有的直接指定为以公允价值计量且其变动计入当期损益的金融资产，也在“交易性金融资产”科目核算。企业应当按照交易性金融资产的类别和品种，分别设置“成本”“公允价值变动”等明细科目进行核算。“交易性金融资产——成本”科目的借方登记交易性金融资产时取得的成本，贷方登记出售交易性金融资产时结转的成本。“交易性金融资产——公允价值变动”科目的借方登记资产负债表日交易性金融资产的公允价值高于账面余额的差额，以及出售交易性金融资产时结转的该明细科目的贷方账面余额；贷方登记资产负债表日其公允价值低于账面余额的差额，以及出售交易性金融资产时结转的该明细科目的借方账面余额；余额在借方，反映企业持有的交易性金融资产的公允价值。

（二）“公允价值变动损益”科目

“公允价值变动损益”科目核算企业交易性金融资产等公允价值变动而形成的应记入当期损益的利得或损失。该科目贷方登记资产负债表日企业持有的交易性金融资产等其公允价值高于账面余额的差额；借方登记资产负债日企业持有的交易性金融资产等其公允价值低于账面余额的差额；期末余额转入“本年利润”账户，结转后该账户无余额。

（三）“投资收益”科目

“投资收益”科目核算企业确认的投资收益或投资损失。如企业持有交易性金融资产、持有至到期投资、可供出售金融资产期间取得的投资收益，以及处置交易性金融资产等实现的投资收益或投资损失的核算。本科目可按投资项目进行明细核算。该科目贷方登记企业持有、出售交易性金融资产等实现的投资收益，借方登记企业出售交易性金融资产等发生的投资损失；期末余额转入“本年利润”账户，结转后该账户无余额。

三、交易性金融资产的账务处理

（一）交易性金融资产的取得阶段

企业在取得交易性金融资产时，应当按照取得该金融资产时的公允价值作为其初始确认金额，记入“交易性金融资产——成本”科目。实际支付的价款中包含的已宣告但尚未发放的现金股利或已到付息期但尚未领取的债券利息的，应当单独确认为应收项目，记入“应收股利”或“应收利息”科目。

需要指出的是，取得交易性金融资产所发生的相关交易费用应当在发生时计入投资收益。交易费用是指可直接归属于购买、发行或处置金融工具新增的外部费用，包括支付给代理机构、咨询公司、券商等的手续费和佣金及其他必要支出。

【例 7-1】 2013 年 1 月 25 日，新浪公司委托某证券公司从上海证券交易所购入甲上市公司股票 300 万股，并将其划分为交易性金融资产。该股票投资在购买日的公允价值为 3 000 万元，另支付相关交易费用金额为 2 万元。新浪公司应做如下会计处理：

2013 年 1 月 25 日，购买甲上市公司股票时：

借：交易性金融资产——成本	30 000 000	
投资收益	20 000	
贷：其他货币资金——存出投资款		30 020 000

【例 7-2】 安苑公司 2013 年 2 月 1 日以银行存款购入甲上市公司股票，市场价值 1 500 万元。安苑公司将其划分为交易性金融资产，支付价款为 1 550 万元；其中，包含已宣告但尚未发发放的现金股利 50 万元，另付交易费用 10 万元。安苑公司应作如下会计处理：

借：交易性金融资产——成本	15 000 000	
投资收益	100 000	
应收股利	500 000	
贷：银行存款		15 600 000

（二）交易性金融资产收取现金股利和利息阶段

企业持有交易性金融资产期间对于被投资单位宣告发放的现金股利或企业在资产负债表日按分期付息、一次还本债券投资的票面利率计算的利息收入，应当确认为应收项目，借记“应收股利”或“应收利息”科目，贷记“投资收益”科目。如果收到的是购入时已经计入“应收股利”或“应收利息”科目的金额，应作为短期债权的收回，借记“银行存款”科目，贷记“应收股利”或“应收利息”科目。

【例 7-3】 2013 年 1 月 8 日，新浪公司购入 B 公司发行的公司债券。该债券于2012年7月1日发行，面值为2 000万元，票面利率为4%，债券每年末付息一次。新浪公司将其划分为交易性金融资产，支付价款为2 100万元(其中包括已到付息期尚未领取的债券利息40万元)，另支付交易费用30万元。2013年2月5日，新浪公司收到该笔债券利息40万元。2014年2月10日，新浪公司收到债券利息80万元。新浪公司应做如下会计处理：

① 2013年1月8日，购入B公司债券时：

借：交易性金融资产——成本　　20 600 000
　　应收利息　　400 000
　　投资收益　　300 000
　　贷：银行存款　　21 300 000

② 2013年2月5日，收到购买价款中包含的已到付息期尚未领取的债券利息时：

借：银行存款　　400 000
　　贷：应收利息　　400 000

③ 2013年12月31日，确认B公司的债券利息收入时：

借：应收利息　　800 000
　　贷：投资收益　　800 000

④ 2014年2月10日，收到持有B公司的债券利息时：

借：银行存款　　800 000
　　贷：应收利息　　800 000

在本例中，取得交易性金融资产所支付价款中包含已到付息期尚未领取的债券利息40万元，应当记入“应收利息”科目，而不应记入“交易性金融资产”科目。

(三) 交易性金融资产的期末计量阶段

资产负债表日，交易性金融资产应当按照公允价值计量，公允价值与账面余额之间的差额记入当期损益。企业应当在资产负债表日按照交易性金融资产公允价值与其账面余额的差额，借记或贷记“交易性金融资产——公允价值变动”科目，贷记或借记“公允价值变动损益”科目。

【例7-4】 承接【例7-3】，假定2013年12月31日，新浪公司购买的该笔债券的市价为2 080万元。确认该笔债券的公允价值变动损益时，新浪公司应做如下会计处理：

借：交易性金融资产——公允价值变动(2 080万元－2 060万元)
　　200 000
　　贷：公允价值变动损益　　200 000

【例7-5】 承接【例7-3】，假定2013年12月31日，新浪公司购买的该笔债券的市价为2 050万元。确认该笔债券的公允价值变动损益时，新浪公司应做如下会计处理：

借：公允价值变动损益　　100 000

　　贷：交易性金融资产——公允价值变动　　100 000

(四) 交易性金融资产的处置阶段

出售交易性金融资产时，应当将该交易性金融资产出售时的公允价值与账面余额之间的差额确认为投资收益，同时将已记入“公允价值变动损益”科目的金额转入“投资收益”科目。企业应按实际收到的金额，借记“银行存款”等科目；按该金融资产的账面金额，贷记“交易性金融资产”科目；按其差额，贷记或借记“投资收益”科目。同时，将原计入该金融资产的公允价值变动转出，借记或贷记“公允价值变动损益”科目，贷记或借记“投资收益”科目。

【例 7-7】 承接【例 7-3】【例 7-4】，假定 2014 年 2 月 25 日新浪公司出售了所持有的 B 公司发行的公司债券，售价为 2 085 万元，应做如下会计处理：

借：银行存款　　20 850 000

　　贷：交易性金融资产——成本　　20 600 000

　　　　　　　　　　　——公允价值变动　　200 000

　　　　投资收益　　50 000

借：公允价值变动损益　　200 000

　　贷：投资收益　　200 000

任务三　持有至到期投资

一、持有至到期投资概述

(一) 持有至到期投资的概念

持有至到期投资，是指到期日固定、回收金额固定或可确定，且企业有明确意图和能力持有至到期的非衍生金融资产。

如果企业管理层决定将某项金融资产持有至到期，则在该金融资产未到期前，不能随意地改变其“最初意图”。也就是说，投资者在取得投资时，意图就应当是明确的，除非遇到一些企业所不能控制、预期不会重复发生且难以合理预计的独立事件，否则将持有至到期。

(二) 持有至到期投资的特征

1. 到期日固定、回收金额固定或可确定

到期日固定、回收金额固定或可确定，是指相关合同明确了投资者在确定的期间内获得或应收取现金流量(例如，投资利息和本金等)的金额和时间。因此，从投资者角度看，如果不考虑其他条件，在将某项投资划分为持有至到期投资时，可以不考虑可能存在的发行方重大支付风险。其次，由于要求到期日固定，从而权益工具投资不能划分为持有至到期投资。

2. 企业有明确意图将该金融资产持有至到期

有明确意图持有至到期，是指投资者在取得投资时意图就是明确的，除非遇到一些企业所不能控制、预期不会重复发生且难以合理预计的独立事件，否则将持有至到期。存在下列情况之一的，表明企业没有明确意图将金融资产投资持有至到期：

① 持有该金融资产的期限不确定。

② 发生市场利率变化、流动性需要变化、替代投资机会及其投资收益率变化、融资来源和条件变化、外汇风险变化等情况时，将出售该金融资产。但是，无法控制、预期不会重复发生且难以合理预计的独立事项引起的金融资产出售除外。

③ 该金融资产的发行方可以按照明显低于其摊余成本的金额清偿。

④ 其他表明企业没有明确意图将该金融资产持有至到期的情况。

3. 企业有能力将该金融资产持有至到期

有能力持有至到期，是指企业有足够的财力资源，并不受外部因素影响，将投资持有至到期。

存在下列情况之一的，表明企业没有能力将具有固定期限的金融投资持有至到期：

① 没有可利用的财务资源持续地为该金融资产投资提供资金支持，以使该金融资产投资持有至到期。

② 受法律、行政法规的限制，使企业难以将该金融资产投资持有至到期。

③ 其他表明企业没有能力将具有固定期限的金融资产投资持有至到期的情况。

（三）持有至到期投资的重分类

由于企业持有意图或能力变化，使某项投资不再适合划分为持有至到期投资的，通常表明其违背了将投资持有至到期的最初意图。将持有至到期投资重分类为可供出售金融资产时，如果持有至到期投资部分出售或重分类，其金额较大而且不属于《企业会计准则》所允许的例外情况的，该投资的剩余部分不再适合划分为持有至到期投资的，企业应当将该投资的剩余部分重分类为可供出售金融资产。重分类后应以公允价值进行后续计量，重分类日该投资剩余部分的账面价值与其公允价值之间的差额记入所有者权益（资本公积），在该项可供出售金融资产发生减值或终止时转出，记入当期损益。

二、持有至到期投资核算的科目设置

为了核算企业持有至到期投资的价值的增减变动情况，应设置“持有至到期投资”科目。“持有至到期投资”科目核算企业持有至到期投资的摊余成本。该科目应当按照持有至到期投资的类别和品种，分别按“成本”“利息调整”“应计利息”设置明细科目进行明细分类核算。“持有至到期投资——成本”科目的借方登记取得的持有至到期投资的面值，贷方登记到期时收回的投资面值以及出售时转出的面值。“持有至到期投资——利息调整”科目的借方登记取得持有至到期投资的实际支付的价款(不包含购入时已到付息期而尚未领取的“应收利息”，下同)高于面值的差额，以及以后摊销的购入时实际支付的价款低于面值的差额；贷方登记取得的持有至到期投资的实际支付的价款低于面值的差额，以及以后摊销购入时实际支付的价款高于面值的差额。“持有至到期投资——应计利息”科目的借方登记到期一次还本付息的持有至到期投资应于资产负债表日按票面利率计算确定应收未收利息，贷方登记到期时实际收到利息或出售时转出的应收而未收的利息。

三、持有至到期投资的核算

(一) 持有至到期投资的取得阶段

企业初始取得持有至到期投资时，应按公允价值进行初始计量，发生的交易费用也应当计入初始确认金额。即企业取得的持有至到期投资，应按该债券的面值，借记“持有至到期投资——成本”科目；按支付的价款中包含的已到付息期但尚未领取的利息，借记“应收利息”科目；按实际支付的金额，贷记“银行存款”等科目；按其差额，借记或贷记“持有至到期投资——利息调整”科目。

【例 7-8】 西夏机床厂 2013 年 1 月 1 日购入乙公司同日发行的 2 年期债券，准备持有至到期。该债券面值为 100 万元，票面利率为 4%，实际利率为 5%，以银行存款实际支付价款 981 406 元，每年付息一次。购入时，西夏机床厂应做如下会计处理：

借：持有至到期投资——成本	1 000 000	
贷：银行存款		981 406
持有至到期投资——利息调整		18 594

如果中途购入持有至到期投资的债券，实际支付的价款中含有已到期但尚未领取的利息时，应做如下会计处理：

借：持有至到期投资——成本

　　　　　　　　——利息调整(可贷记)

　应收利息

　贷：银行存款

(二) 持有至到期投资的期末计量阶段

资产负债表日，持有至到期投资为分期付息、一次还本债券投资的，应按票面利率计算确定的应收而未收的利息，借记“应收利息”科目，按持有至到期投资摊余成本和实际利率计算确定的利息收入，贷记“投资收益”科目，按其差额，借记或贷记“持有至到期投资——利息调整”科目。持有至到期投资为一次还本付息债券投资的，应于资产负债表日按票面利率计算确定的应收而未收的利息，借记“持有至到期投资——应计利息”科目；按持有至到期投资摊余成本和实际利率计算确定的利息收入，贷记“投资收益”科目；按其差额，借记或贷记“持有至到期投资——利息调整”科目。

【例 7-9】 承接【例 7-8】

① 2013 年 12 月 31 日确认实际利息收入、收到债券利息时：

实际利息收入 = 期初摊余成本 × 实际利率 = 981 406 × 5% = 49 070(元)
应收利息 = 债券面值 × 票面利率 = 1 000 000 × 4% = 40 000(元)

借：应收利息　40 000
　　持有至到期投资——利息调整　9 070
　　贷：投资收益　49 070

实际收到利息时：

借：银行存款　40 000
　　贷：应收利息　40 000

② 2014 年 12 月 31 日：

应收利息 = 债券面值 × 票面利率 = 1 000 000 × 4% = 40 000(元)
实际利息收入 = (981 406 + 9 070) × 5% = 49 524(元)(注：尾差调整)

借：应收利息　40 000
　　持有至到期投资——利息调整　9 524
　　贷：投资收益　49 524

③ 2015 年 1 月 1 日西夏机床厂持有乙企业的债券到期，收回本金和最后一年的利息：

借：银行存款　1 040 000
　　贷：持有至到期投资——成本　1 000 000
　　　　应收利息　40 000

(三) 持有至到期投资的减值阶段

资产负债表日，将持有至到期投资进行减值测试。持有至到期投资以摊余成本进行后续计量，如果持有至到期投资的预计未来现金流量现值小于其账面价值，那么表明该项持有至到期投资发生了减值。发生减值时借记“资产减值损失”科目，贷记“持有至到期投资减值准备”科目。已计提减值准备的持有至到期投资价值以后又得以恢复，应在原已计提的减值准备金额内，按恢复增加的金额借记“持有至到期投资减值准备”科目，贷记“资产减值损失”科目。

【例 7-10】 承接【例 7-9】，2013 年 12 月 31 日，西夏机床厂持有的乙公司的债权，有足够的证据表明发生减值。预计持有的该债券未来现金流量的现值为 985 000元，而其账面价值为 990 476 元(其中成本为 1 000 000 元，利息调整为贷方

余额 9 524 元),减值额为 5 476 元。西夏机床厂计提减值准备的会计分录如下:

借:资产减值损失 5 476

　　贷:持有至到期投资减值准备 5 476

(四) 持有至到期投资的处置阶段

持有至到期投资的处置是指将其出售、转让、到期回收等情况。企业处置某项持有至到期投资,应当终止确认该持有至到期投资,即将处置所取得的价款与该投资账面价值之间的差额,确认为投资收益。

中途出售持有至到期投资,应按实际收到的金额,借记“银行存款”等科目;按其账面余额,贷记“持有至到期投资——成本”“持有至到期投资——应计利息”等科目,贷记或借记“持有至到期投资——利息调整”科目,按其差额贷记或借记“投资收益”科目;已计提减值准备的,应同时结转减值准备。

【例 7-11】 承接【例 7-8】【例 7-9】【例 7-10】,2014 年 2 月 1 日,由于资金短缺,西夏机床厂决定将持有的乙公司的债券的 50%予以出售。当日,该批债券整体的公允价值和摊余成本分别为 990 000 元和 985 000 元。假定出售债券时不考虑交易费用及其他相关因素。西夏机床厂 2014 年 2 月 1 日出售债券时的会计分录如下:

借:银行存款(990 000×50%) 495 000

　　持有至到期投资——利息调整(9 524×50%) 4 762

　　持有至到期投资减值准备(5 476× 50%) 2 738

　　贷:持有至到期投资——成本(1 000 000×50%) 500 000

　　　　投资收益 2 500

任务四 长期股权投资

一、长期股权投资概述

(一) 长期股权投资的概念

股权投资是指企业进行的形成所有权关系的投资,即权益性投资。投资完成后,投资单位拥有被投资单位一定比例的股权,并按照投资比例享有被投资单位的经营管理权;被投资单位则以独立法人的身份,对投资者承担资产保值增值的责任。

长期股权投资是指通过投出各种资产取得被投资企业股权,且不准备随时出售的投资。企业的长期股权投资一般为长期持有,通常不能随时出售。一般来说,企业进行长期股权投资主要是出于获取竞争优势的战略性考虑或通过多元化经营降低经营风险。如通过对原材料供应商的投资而获得稳定的原材料供应,通过参股、控股其他企业而进入行业等。

（二）长期股权投资的范围

长期股权投资的范围包括：

（1）企业持有的能够对被投资单位实施控制的权益性投资，即对子公司投资。

控制是指投资企业有权决定被投资企业的财务和经营决策，并能据以从该企业的经营活动中获取利益。一般来说，企业的重大财务和经营决策需要股东大会半数以上股东表决权资本通过，因此投资企业持有被投资企业半数以上表决权资本，通常认为对被投资企业具有控制权。此外，如果投资企业未持有被投资企业半数以上表决权资本，但能够通过章程、协议、法律等其他方式拥有半数以上表决权，或能够任免董事会多数成员，或在董事会中拥有半数以上投票权等，也视为对被投资企业拥有控制权。拥有控制权的投资企业，一般称为母公司；被母公司控制的企业，一般称为子公司。

（2）企业持有的能够与其他合营方一同对被投资单位实施共同控制的权益性投资，即对合营企业投资。

共同控制是指按照合同约定与其他投资者对被投资企业所共有的控制。一般来说，具有共同控制权的各投资方所持有的表决权资本相同。在这种情况下，被投资企业的重要财务和经营决策只有在得到合营各方一致同意时才能通过。被各投资方共同控制的企业，一般称为投资企业的合营企业。

（3）企业持有的能够对被投资单位施加重大影响的权益性投资，即对联营企业投资。

重大影响是指对一个企业的财务和经营决策有参与的权利，但并不能够控制或者与其他各方共同控制这些决策的制定。实务中，重大影响通常体现在被投资企业的董事会或类似权利机构中派有代表，通过在被投资单位生产经营制定过程中的发言权实施重大影响。被投资企业如果受到投资企业的重大影响，一般称为投资企业的联营企业。

（4）企业对被投资单位不具有控制、共同控制或重大影响且在活跃市场上没有报价，公允价值不能可靠计量的权益性投资。

（三）长期股权投资的分类

1. 按照长期股权投资的取得方式划分

长期股权投资按照取得方式不同，可以分为通过企业合并取得的长期股权投资和通过其他方式取得的长期股权投资。企业合并，是指将两个或两个以上单独的企业合并形成一个报告主体的交易或事项。报告主体的变化意味着控制权的变化。通过其他方式取得的长期股权投资主要包括以支付现金方式取得的长期股权投资，通过发行权益性证券取得的长期股权投资，投资者投入的长期股权投资，以及通过非货币性资产交换或债务重组取得的长期股权投资等。

2. 按照被投资企业的性质划分

长期股权投资按被投资企业的性质不同，可以分为股票投资和其他股权投资。

股票投资是指企业以购买股票的方式对其他企业所进行的投资。企业购买并持有某股份有限公司的股票后，即成为该公司的股东。投资企业有权参与被投资企业的经营管理，并根据股份有限公司经营的好坏，按持有股份的比例分享利润、分担亏损，如果股份有限公司破产，投资企业（股东）不但分不到红利，而且有可能失去入股的本金。因此，与债权投资比，股票投资具有风险大、收益多等特点。其他股权投资是指除去股票投资以外具有股权性质的投资，一般是指企业直接将现金、实物或无形资产等投资于其他企业，从而取得股权的一种投资。其他股权投资是一种直接投资，在我国主要是指联营投资。进行其他股权投资的企业，资产一经投出，除联营期满或由于特殊原因联营企业解散外，一般不得抽回投资。投资企业根据被投资企业经营的好坏，按其投资比例分享利润或分担亏损。其他股权投资与股票投资一样，也是一种权益性投资。

3. 按照对被投资企业产生的影响划分

长期股权投资按照对被投资企业产生的影响不同，可以分为控制型长期股权投资、共同控制型长期股权投资、重大影响型长期股权投资和无重大影响型长期股权投资。

二、长期股权投资的初始计量

（一）长期股权投资初始计量原则

长期股权投资在取得时，应按初始投资成本入账。长期股权投资的初始投资成本，应分企业合并和非企业合并两种情况确定。

以企业合并以外的方式取得的长期股权投资，其初始计量方法如下：

① 以支付现金取得的长期股权投资，应当按照实际支付的购买价款作为长期股权投资的初始投资成本。初始投资成本包括与取得长期股权投资直接相关的费用、税金及其他必要支出。企业取得长期股权投资实际支付的价款或对价中包含的已宣告但尚未发放的现金股利或利润，应作为应收项目处理。

② 以发行权益性证券方式取得的长期股权投资，以所发行权益性证券的公允价值作为长期股权投资的初始投资成本。为发行权益性证券支付的手续费、佣金等，应从权益性证券的溢价发行收入中扣除，溢价收入不足的，应冲减盈余公积和未分配利润。

③ 投资者投入的长期股权投资，应当按照投资合同或协议约定的价值作为初始投资成本，但合同或协议约定价值不公允的除外。

投资者投入的长期股权投资，是指投资者以其持有的对第三方的投资作为出资投入企业，接受投资的企业在确定所取得的长期股权投资的成本时，原则上应按照投资各方在投资合同或协议中约定的价值作为其初始成本。但是如果投资各方在投资合同或协议中约定的价值明显高于或低于该项投资公允价值，应以其公允价值作为长期股权投资的初始投资成本。在确定长期股权投资的公允价值时,如果存在活跃的市场,其价值可以按照活跃市场中的信息直接取得,即参照市价确定其公允价值;在不存在活跃市场的情况下,无法按照市场信息确定其公允价值,应当按照一定的估价技术等合理的方法确定的价值作为其公允价值。

三、长期股权投资的后续计量

(一) 长期股权投资的核算方法

长期股权投资应当根据不同情况分别采用成本法或权益法进行核算。

(二) 长期股权投资核算的成本法

1. 成本法的概念及其适用范围

成本法是指投资按成本计价的方法。长期股权投资成本法的核算适用于下列情形:

① 投资企业能够对被投资单位实施控制的长期股权投资。由于投资企业能够对被投资企业实施控制,需要编制合并财务报表。因此,长期股权投资可以按照成本计价,以免在编制合并财务报表时抵销过多的内部重复计算项目。

投资企业对子公司的长期股权投资采用成本法核算,在编制合并财务报表时按照权益法进行调整。

② 投资企业对被投资单位不具有共同控制或重大影响,并且在活跃市场中没有报价、公允价值不能可靠计量的长期股权投资。

由于投资企业对被投资企业不具有影响力,因此,按照重要性原则,投资成本可以按照成本计价,不再反映在被投资企业所有者权益中享有份额的变动情况。

2. 采用成本法核算长期股权投资的账务处理

在成本法下,长期股权投资应当按照初始投资成本计价。除追加或收回投资外,长期股权投资的初始投资成本不进行调整。长期股权投资成本法下的账务处理:

① 取得长期股权投资阶段时,应当按照实际支付的购买价款作为长期股权投资的初始投资成本。初始投资成本包括与取得长期股权投资直接相关的费用、税金及其他必要支出。企业取得长期股权投资,实际支付的价款或对价中包含的已宣告但尚未发放的现金股利或利润,应作为应收项目处理。

【例 7-12】 东方公司 2013 年 1 月 1 日以 8 000 000 元的价格购入成达公司 3%的股权,购买过程中另支付相关税费 30 000 元,款项通过银行存款支付。

2013 年 1 月 1 日取得投资时,会计分录如下:

借:长期股权投资——成达公司	8 030 000	
贷:银行存款		8 030 000

【例 7-13】 东方公司 2013 年 1 月 7 日购入乙公司有表决权的股票 200 万股,占乙公司股份的 10%,对乙公司不具有控制、共同控制或重大影响,且在活跃市场

中没有报价、公允价值不能可靠计量。该股票每股买入价 8 元，其中每股含有已宣告分派但尚未领取的现金股利 0.20 元，购买过程中另支付相关税费 20 000 元，款项通过银行存款支付。

借：长期股权投资——乙公司　15 620 000
　　应收股利　400 000
　　贷：银行存款　16 020 000

② 长期股权投资持有期间被投资单位宣告发放现金股利和利润时，企业应按享有的部分确认为投资收益。

a. 持有期间，投资方如果收到的是取得长期股权投资时已记入“应收股利”账户的金额，应作为短期债权的收回，借记“银行存款”科目，贷记“应收股利”科目。

【例 7-14】　承接【例 7-13】，东方公司 2013 年 2 月 15 日，收到乙公司宣告分派的现金股利。

借：银行存款　400 000
　　贷：应收股利　400 000

b. 持有期间，被投资单位宣告发放现金股利和利润时，企业应按享有的部分确认为投资收益，借记“应收股利”科目，贷记“投资收益”科目。

【例 7-15】　承接【例 7-13】，东方公司 2014 年 1 月 6 日，乙公司宣告分派 2013 年度股利，每股分派现金股利 0.10 元。

借：应收股利(2 000 000×0.1)　200 000
　　贷：投资收益(2 000 000×0.1)　200 000

2014 年 2 月 15 日，东方公司收到乙公司分派的现金股利时

借：银行存款　200 000
　　贷：应收股利　200 000

③ 长期股权投资处置阶段时，按实际取得的价款与长期股权投资账面价值的差额确认为投资收益，并同时结转已计提的长期股权投资减值准备。

【例 7-16】　承接【例 7-13】【例 7-14】【例 7-15】，东方公司 2016 年 1 月 7 日，出售所持有的乙公司股票 20 万股，每股价格为 10 元。

借：银行存款　2 000 000
　　贷：长期股权投资——乙公司(15 620 000÷2 000 000×200 000)
　　　　1 562 000
　　　　投资收益　438 000

(三) 长期股权投资核算的权益法

1. 权益法的概念及其适用范围

权益法是指投资以初始投资成本计量后，在投资持有期间，根据投资企业享有被投资单位所有者权益的份额的变动，对投资的账面价值进行调整的方法。

投资企业对被投资单位具有共同控制或重大影响的长期股权投资，应当采用权益法核算。在这种情况下，投资企业不编制合并财务报表，但由于在被投资企业中占有较大的份额，按照重要性原则，应对长期股权投资的账面价值进行调整，以客观地反映投资状况。

2. 采用权益法核算长期股权投资的账务处理

（1）权益法核算的账户设置

采用权益法进行长期股权投资的核算，可以在“长期股权投资”账户下，设置“成本”“损益调整”“其他权益变动”等明细账户。权益法下，“长期股权投资”账户的余额，反映全部投资成本。其中，“成本”明细账户反映取得股权时确定的初始投资成本；“损益调整”明细账户反映购入股权以后随着被投资企业留存收益的增减变动而享有份额的调整数；“其他权益变动”明细账户反映购入股权以后随着被投资企业资本公积的增减变动而享有份额的调整数。

（2）权益法下初始投资成本的调整

采用权益法进行长期股权投资的核算，是为了更客观地反映投资企业在被投资企业所有者权益中享有的份额，应将初始投资成本按照被投资企业可辨认净资产公允价值和持股比例进行调整。当长期股权投资的初始投资成本大于投资时应享有被投资企业可辨认净资产公允价份额的差额，不调整长期股权投资的初始投资成本；长期股权投资的初始投资成本小于投资时应享有被投资企业可辨认净资产公允价值份额的差额，可以看作被投资单位的股东给予投资企业的让步，或是出于其他方面的考虑，被投资单位的原有股东无偿赠给投资企业的价值，因而应当确认为当期收益。同时调整长期股权投资的成本，借记“长期股权投资——成本”科目，贷记“营业外收入”科目。

（3）采用权益法核算长期股权投资的账务处理：

① 长期股权投资取得时，若初始投资成本大于享有可辨认净资产公允价值，借记“长期股权投资——成本”、“应收股利”，贷记“银行存款”；若初始投资成本小于享有可辨认净资产公允价值，借记“长期股权投资——成本”、“应收股利”，贷记“银行存款”、“营业外收入”。

【例 7-17】 西夏机床厂于 2013 年 3 月取得乙公司 30％的股权，实际支付价款 3 000 万元，并对乙公司的财务和经营决策有重大影响。取得投资时，被投资单位账面所有者权益的构成如下（假定该时点被投资单位各项可辨认资产、负债的公允价值与其账面价值相同）：实收资本 3 000 万元，资本公积 2 400 元，盈余公积 600 万元，未分配利润 1 500 万元，所有者权益总额 7 500 万元。西夏机床厂应进行如下账务处理：

借：长期股权投资——乙公司——成本　　30 000 000

　贷：银行存款　　30 000 000

注：长期股权投资的成本 3 000 万元大于取得投资时点上应享有被投资单位

净资产公允价值的份额 2 250(7 500×30%)万元，因此，不对其账面价值进行调整。

假定上例中取得投资时点上被投资单位净资产公允价值为 12 000 万元，甲企业按持股比例 30%计算确定应享有的份额为 3 600(12 000×30%)万元，则初始投资成本与应享有被投资单位净资产公允价值的份额之间的差额 600 万元应计入取得投资当期的损益。

借：长期股权投资——乙公司——成本　　36 000 000
　　贷：银行存款　　30 000 000
　　　　营业外收入　　6 000 000

② 权益法下确认投资损益时，企业持有的对联营企业或合营企业的投资，一方面应按照享有被投资企业净利润的份额确认为投资收益；另一方面作为追加投资，借记“长期股权投资——损益调整”科目，贷记“投资收益”科目。当被投资企业发生净亏损时做相反的会计分录，但以本科目的账面价值减记至零为限，借记“投资收益”科目，贷记“长期股权投资——损益调整”科目。

上述“以本科目的账面价值减记至零为限”中的“本科目”是指“长期股权投资——对××单位投资”科目，意味着“长期股权投资——对××单位投资”账户的三个明细账户成本、损益调整、其他权益变动合计为零。

【例 7-18】 凌元公司于 2013 年 1 月 3 日购入甲公司股票 580 万股，取得甲公司 25%的股权，并对甲公司的财务和经营决策有重大影响。凌元公司采用权益法对长期股权投资进行核算。每股买入价 8 元，每股价格中包含已宣告但尚未发放的现金股利 0.25 元，另支付相关税费 7 万元，款项以银行存款支付。当日，甲公司所有者权益的账面价值(与其公允价值相同)为 18 000 万元。2013 年 3 月 16 日，收到甲公司宣告分派的现金股利。2013 年度甲公司实现净利润 3 000万元。

① 2013 年 1 月 3 日取得时：

借：长期股权投资——甲公司——成本　　45 020 000
　　应收股利　　1 450 000
　　贷：银行存款　　46 470 000

注：因为凌元公司享有甲公司可辨认净资产公允价值的份额 4 500 万元(18 000×25%)，付出的成本大于应享有的份额，所以不调整初始投资成本。

② 2013 年 3 月 16 日收到甲公司宣告分配的现金股利时：

借：银行存款　　1 450 000
　　贷：应收股利　　1 450 000

③ 2013 年度甲公司实现净利润时：

借：长期股权投资——损益调整(3 000×25%)　　7 500 000
　　贷：投资收益　　7 500 000

值得注意的是，如果被投资企业发生亏损，投资企业也应按持股比例确认应分担的损失，借记“投资收益”科目，贷记“长期股权投资——损益调整”科目。

③ 权益法下被投资单位宣告发放现金股利或利润时，采用权益法进行长期股权投资的核算，投资企业应当按照持股比例计算应分得的现金股利，作为投资的收回，相应减少长期股权投资的账面价值，借记“应收股利”科目，贷记“长期股权投资——损益调整”科目。收到被投资单位宣告发放的股票股利不进行账务处理，但在备查簿中登记。

【例 7-19】 承接【例 7-18】，2014 年 2 月 16 日，甲公司宣告分派 2013 年的股利，每股分派现金股利 0.20 元。

借：应收股利（0.2×580 万股） 1 160 000

　　贷：长期股权投资——损益调整 1 160 000

2014 年 3 月 12 日收到甲公司分派的 2013 年的现金股利时，应进行如下账务处理：

借：银行存款 1 160 000

　　贷：应收股利 1 160 000

④ 权益法下被投资企业所有者权益其他变动调整时，采用权益法进行长期股权投资的核算，被投资企业除净损益以外所有者权益的增加，投资企业应调整长期股权投资的账面价值，并计入资本公积，借记“长期股权投资——其他权益变动”科目，贷记“资本公积——其他资本公积”科目。如果被投资企业除净损益以外所有者权益减少，投资企业做相反的会计处理。

⑤ 权益法下长期股权投资处置时，其账面价值与实际取得价款的差额，应当计入当期损益。采用权益法核算的长期股权投资，因被投资单位除净损益以外所有者权益的其他变动而计入所有者权益的，处理该项投资时，应当将原计入所有者权益的部分按相应比例转入当期损益（投资收益）；部分处置某项长期股权投资时，应以该项投资的总成本和处置比例确定其处置部分的成本，并按相应比例结转已计提的减值准备和资本公积项目；处置长期股权投资时，应按实际收到的金额借记“银行存款”等科目，按其账面余额贷记“长期股权投资”科目，按尚未领取的现金股利贷记“应收股利”科目，按其差额贷记或借记“投资收益”科目。已计提减值准备的，还应同时结转减值准备。

采用权益法核算长期股权投资的处置，除上述规定外，还应结转原已计入资本公积的相关金额，借记或贷记“资本公积——其他资本公积”科目，贷记或借记“投资收益”科目。

【例 7-20】 承接【例 7-18】【例 7-19】，凌元公司 2016 年 1 月 4 日出售所持有的全部甲公司的股票，共取得价款 5 200 万元。（不考虑长期股权投资减值及其他因素）

借：银行存款　　52 000 000

　　贷：长期股权投资——甲公司——成本　　45 020 000

　　　　　　　　　　　　——损益调整(750 万元－116 万元)

　　　　　　　　　　　　　　6 340 000

　　　　投资收益　　8 000 000

⑥ 长期股权投资减值的确认

A. 长期股权投资减值金额的确定

a. 企业对子公司、合营企业及联营企业的长期股权投资。

企业对子公司、合营企业及联营企业的长期股权投资在资产负债表日存在可能发生减值的迹象时，其可收回金额低于账面价值的，应当将该长期股权投资的账面价值减记至可收回金额，减值的金额确认为减值损失，计入当期损益，同时计提相应的资产减值准备。

可收回金额是指资产的公允价值减去处置费用后的净额与资产预计未来现金流量的现值两者之中的较高者。

长期股权投资是否发生减值，一般根据以下迹象加以判断：

- 市价持续低于账面价值一年以上。
- 被投资单位当年发生严重亏损。
- 被投资单位持续亏损两年以上。
- 被投资单位进行清理整顿、清算或出现其他不能持续经营的迹象。

企业对子公司、合营企业及联营企业的长期股权投资计提的资产减值损失一经确认，在以后会计期间不允许转回。

b. 企业对被投资单位不具控制、共同控制或重大影响，且在活跃市场中没有报价、公允价值不能可靠计量的长期股权投资。

企业对被投资单位不具控制、共同控制或重大影响，且在活跃市场中没有报价、公允价值不能可靠计量的长期股权投资，应当将该长期股权投资在资产负债表日的账面价值，与按照类似金融资产当时市场收益率对未来现金流量折现确定的现值之间的差额，确认为减值损失，计入当期损益。

B. 长期股权投资减值的会计处理

企业计提长期股权投资减值准备，应当设置"长期股权投资减值准备"账户核算。企业按应减记的金额，借记"资产减值损失——计提长期股权投资减值准备"科目，贷记"长期股权投资减值准备"科目。

【例 7-21】 东方公司对乙公司进行长期股权投资，采用成本法核算。假如 2013 年乙公司发生巨额亏损，2013 年末东方公司对乙公司的投资按当时的市场收益率对未来现金流量折现确定的现值为 750 万元，长期股权投资的账面价值为 800 万元，那么东方公司需计提 500 000 万元减值准备：

借:资产减值损失——计提长期股权投资减值准备　　500 000
　　贷:长期股权投资减值准备　　500 000

注意:

1. 成本法下,"长期股权投资"科目不需要开设明细科目;而权益法下,"长期股权投资"科目需要开设"成本""损益调整""其他权益变动"明细科目。

2. 成本法下,年度终了,被投资方公布净利润或净亏损时投资企业不做账务处理;而权益法下,要根据被投资单位实现的净利润或者净亏损计算的份额,贷记或借记"投资收益"科目。

3. 成本法下,长期股权投资持有期间被投资单位宣告发放现金股利或利润时,企业应按享有的部分确认投资收益;而权益法下,被投资单位宣告发放现金股利或利润时,企业计算应分得的利润部分,相应减少长期股权投资的账面价值,冲减"长期股权投资——损益调整"账面余额。

任务五　可供出售金融资产

一、可供出售金融资产概述

可供出售金融资产,是指初始确认时即被指定为可供出售的非衍生金融资产,以及除下列各类资产以外的金融资产:贷款和应收款项;持有至到期投资;以公允价值计量且其变动计入当期损益的金融资产。例如,企业购入的在活跃市场上有报价的股票、债券和基金等,没有划分为以公允价值计量且其变动计入当期损益的金融资产或持有至到期投资等金融资产的,可归为此类。

二、可供出售金融资产核算的科目设置

为了核算企业可供出售金融资产价值的增减变动情况,应设置"可供出售金融资产""资本公积——其他资本公积"和"投资收益"科目。

(一)"可供出售金融资产"科目

"可供出售金融资产"科目核算企业取得债券投资、股票投资等可供出售金融资产的公允价值和交易费用。企业应当按照可供出售金融资产的类别和品种,分别设置"成本""公允价值变动""利息调整"和"应计利息"等明细科目进行核算。

"可供出售金融资产——成本"科目的借方登记可供出售金融资产的面值或公允价值与交易费用之和,贷方登记出售可供出售金融资产时结转的面值或公允价值与交易费用之和。

"可供出售金融资产——公允价值变动"科目的借方登记资产负债表日可供出

售金融资产的公允价值高于账面余额的差额，以及企业出售可供出售金融资产时结转的该明细科目的贷方余额；贷方登记资产负债表日其公允价值低于账面余额的差额，以及企业出售可供出售金融资产时结转的该明细科目借方余额。

“可供出售金融资产——利息调整”科目的借方登记实际支付的到期一次还本付息的可供出售债券价款（不包含购入时已到付息期但尚未领取的应收利息，下同）高于面值的差额，以及以后摊销的购入时实际支付的价款低于面值的差额；贷方登记实际支付的到期一次还本付息的可供出售债券价款低于面值的差额，以及以后摊销的购入时实际支付的价款高于面值的差额。

“可供出售金融资产——应计利息”科目的借方登记到期一次还本付息的可供出售债券应于资产负债表日按票面利率计算确定的应收未收利息，贷方登记到期时实际收到的利息或出售时转出的应收未收的利息。

（二）“资本公积——其他资本公积”科目

“资本公积——其他资本公积”科目核算企业可供出售金融资产公允价值变动而形成的应计入资本公积的部分。

该科目的贷方登记资产负债表日企业持有的可供出售金融资产的公允价值高于账面余额的差额；借方登记资产负债表日企业持有的可供出售金融资产的公允价值低于账面余额的差额。在处置可供出售金融资产时，应将原直接计入所有者权益的公允价值变动累计额对应处置部分的金额转出，计入投资损益。

三、可供出售金融资产的核算

可供出售金融资产的核算，与以公允价值计量且其变动计入当期损益的金融资产（即交易性金融资产）的核算有些类似。例如，均要求按公允价值进行后续计量。但是，也有一些不同。例如，可供出售金融资产取得时发生的交易费用应当计入初始入账金额，可供出售金融资产后续计量的公允价值变动计入所有者权益，可供出售外币股权投资因资产负债表日汇率变动形成的汇兑损益计入所有者权益等。

（一）可供出售金融资产取得的业务核算

（1）企业取得可供出售的金融资产为股票投资的，应按其公允价值与交易费用之和，借记“可供出售金融资产——成本”科目；按支付的价款中包含的已宣告但尚未发放的现金股利，借记“应收股利”科目；按实际支付的金额，贷记“银行存款”等科目。

【例7-22】 诚信公司于2013年8月10日从二级市场购得乙股份有限公司股票1 000 000股，每股市价15元，手续费30 000元。初始确认时，将该股票划分为可供出售金融资产。

2013年8月10日，购入股票时的会计分录如下：

借：可供出售金融资产——成本	15 030 000	
贷：银行存款		15 030 000

(2) 企业取得的可供出售金融资产为债券投资的，应按债券的面值，借记“可供出售金融资产——成本”科目；按支付的价款中包含的已到付息期但尚未领取的利息，借记“应收利息”科目；按实际支付的金额，贷记“银行存款”等科目；按差额借记或贷记“可供出售金融资产——利息调整”科目。

【例 7-23】 2013 年 4 月 1 日，甲公司从二级市场购入东盛公司公开发行的债券 10 000 张，每张面值 100 元，票面利率为 3%，实际支付价款 1 010 000 元(其中交易费用为 5 000 元)，划分为可供出售金融资产。

2013 年 4 月 1 日购入债券时：

借：可供出售金融资产——成本	1 000 000
——利息调整	10 000
贷：银行存款	1 010 000

(二) 可供出售金融资产资产负债表日确认利息收入业务核算

(1) 资产负债表日，可供出售金融资产为分期付息、一次还本债券投资的，应按票面利率计算确定应收未收利息，借记“应收利息”科目；按可供出售债券的摊余成本和实际利率计算确定的利息收入，贷记“投资收益”科目；按其差额，借记或贷记“可供出售金融资产——利息调整”科目。

(2) 可供出售金融资产为一次还本付息债券投资的，应于资产负债表日按票面利率计算确定应收未收利息，借记“可供出售金融资产——应计利息”科目；按可供出售债券的摊余成本和实际利率计算确定的利息收入，贷记“投资收益”科目；按其差额，借记或贷记“可供出售金融资产——利息调整”科目。

【例 7-24】 甲企业 2013 年 1 月 1 日购入西南公司同日发行的 2 年期债券。该债券面值为 100 万元，票面利率为 4%，实际利率为 5%，实际支付价款 981 406 元，每年付息一次。甲企业将该债券划分为可供出售金融资产。

① 2013 年 1 月 1 日购入债券时：

借：可供出售金融资产——成本	1 000 000
贷：银行存款	981 406
可供出售金融资产——利息调整	18 594

② 2013 年 12 月 31 日确定利息收入时：

实际利息收入 = 期初摊余成本 × 实际利率 = 981 406 × 5% = 49 070(元)

应收利息 = 债券面值 × 票面利率 = 1 000 000 × 4% = 40 000(元)

利息调整 = 49 070 − 40 000 = 9 070(元)

借：应收利息	40 000
可供出售金融资产——利息调整	9 070
贷：投资收益	49 070

③ 实际收到利息时：

借：银行存款　　40 000

　贷：应收利息　　40 000

（三）可供出售金融资产资产负债表日公允价值变动业务核算

资产负债表日，可供出售金融资产的公允价值高于其账面余额的差额，借记"可供出售金融资产——公允价值变动"科目，贷记"资本公积——其他资本公积"科目；公允价值低于其账面余额的差额，做相反的会计分录。

【例 7-25】 承接【例 7-22】，诚信公司在 2013 年 12 月 31 日仍持有 2013 年 8 月 10 日购入的股票，该股票当时的市价为 14 元。

$$\text{公允价值变动额} = 15\ 030\ 000 - 1\ 000\ 000 \times 14 = 1\ 030\ 000(\text{元})$$

2013 年 12 月 31 日，确认该股票价格变动时：

借：资本公积——其他资本公积　　1 030 000

　贷：可供出售金融资产——公允价值变动　　1 030 000

（四）可供出售金融资产资产负债表日发生减值损失业务核算

如果可供出售金融资产的公允价值发生较大幅度下降或持续下降，可以认定该金融资产发生减值，应当确认资产减值损失。在确认可供出售金融资产发生减值时，按减记的金额，借记"资产减值损失"科目；按应从所有者权益中转出原计入资本公积的累计损失金额，贷记"资本公积——其他资本公积"科目；按其差额，贷记"可供出售金融资产——公允价值变动"科目。

【例 7-27】 承接【7-22】【例 7-25】，诚信公司在 2014 年 12 月 31 日仍持该股票，有客观证据表明乙公司陷入财务危机，其股票发生减值，该股票当时的市价为 11 元。

2014 年 12 月 31 日，确认该股票减值损失：

借：资产减值损失（15 030 000－1 000 000×11）　　4 030 000

　贷：资本公积——其他资本公积　　1 030 000

　　可供出售金融资产——公允价值变动　　3 000 000

对于已确认减值损失的可供出售金融资产，如果在随后会计期间其公允价值已上升且客观上与确认原减值损失事项有关的，属于可供出售债务工具的，应按原确认的减值损失，借记"可供出售金融资产——公允价值变动"科目，贷记"资产减值损失"科目（通过损益转回）。但可供出售金融资产为股票等权益工具投资的（不含在活跃市场上没有报价、公允价值不能可靠计量的权益工具投资），借记"可供出售金融资产——公允价值变动"科目，贷记"资本公积——其他资本公积"科目（不得通过损益转回）。

（五）可供出售金融资产的出售业务核算

出售可供出售金融资产时，应按实际收到的金额，借记"银行存款"等科目；按其账面余额，贷记“可供出售金融资产——成本”“可供出售金融资产——应计利息”科目；借记或贷记“可供出售金融资产——利息调整”“可供出售金融资产——公允价值变动”科目，按应从所有者权益中转出的公允价值累计变动额，借记或贷记“资本公积——其他资本公积”科目。按其差额，贷记或借记“投资收益”科目。

【例 7-28】 承接【例 7-22】【例 7-25】【例 7-27】，2016 年 2 月 1 日，诚信公司将该股票售出，售价为每股 13 元，另支付交易费用 13 000 元。假定不考虑其他因素，2016 年 2 月 1 日诚信公司出售股票的账务处理如下：

借：银行存款	12 987 000	
可供出售金融资产——公允价值变动	4 030 000	
贷：可供出售金融资产——成本		15 030 000
投资收益		1 987 000

注意：

1. 可供出售金融资产、持有至到期投资金融资产的初始确认金额包括两个部分，即取得时的公允价值和所发生的交易费用。而交易性金融资产取得时发生的交易费用则不计入初始入账金额，直接计入”投资收益“账户的借方。

2. 资产负债表日，可供出售金融资产的公允价值变动应当计入所有者权益(资本公积账户)，而交易性金融资产的公允价值变动则计入当期损益(公允价值变动损益账户)。

任务六 固 定 资 产

一、固定资产的定义及确认条件

(一) 固定资产的定义

固定资产是指企业为生产商品、提供劳务、出租或经营管理而持有的使用寿命超过一个会计年度的有形资产。从固定资产的定义看，固定资产具有以下三个特征：

① 为生产商品、提供劳务、出租或经营管理而持有。这意味着企业持有的固定资产是企业的劳动工具或手段，而不是直接用于出售的产品。其中“出租”的固定资产是指用以出租的机器设备类固定资产，不包括以经营租赁方式出租的作为投资性房地产的建筑物。

② 使用寿命超过一个会计年度。这意味着固定资产属于长期资产，有别于流动资产。固定资产的“使用寿命”，是指企业使用固定资产的预计期间，或者该固定资产所能生产产品或提供劳务的数量。例如，房屋建筑物通过其使用年限来表示，而汽车等交通工具通过其最高行驶里程数量来表示。

③ 有形资产。固定资产具有实物特征，这意味着固定资产与无形资产是有区别的。但不是所有具有固定资产特征的有形资产都是固定资产。例如，工业企业所持有的工具、用具、备品备件、维修设备等资产，施工企业所持有的模板、挡板、架料等周转材料，以及地质勘探企业所持有的管材等资产，由于数量多、单价低，考虑到成本效益原则，在实务中通常确认为存货。

(二) 固定资产的确认条件

在符合固定资产定义的前提下，同时满足以下两个条件者，方可确认为固定资产：

① 与固定资产有关的经济利益很可能流入企业。

② 该固定资产的成本能够可靠地计量。

固定资产的各组成部分具有不同使用寿命或者以不同方式为企业提供经济利益，适用不同折旧率或折旧方法的，应当分别将各组成部分确认为单项固定资产。

企业由于安全或环保的要求购入设备等，虽然不能直接给企业带来未来经济利益，但有助于企业从其他相关资产的使用获得未来经济利益，也应确认为固定资产。

二、固定资产的分类

为了正确组织固定资产的核算，加强固定资产的管理，应对固定资产进行合理分类。

固定资产按经济用途不同，可分为生产经营用和非生产经营用的固定资产；按固定资产的使用情况不同，可分为使用中、未使用和不需用的固定资产；按固定资产的所有权不同，可分为自有和租入的固定资产。实务中常见的是综合分类方法。这种分类方法将固定资产分为以下七类：

1. 生产经营用的固定资产

生产经营用的固定资产，是指直接服务于企业生产经营过程的固定资产，如生产经营用的房屋、建筑物、机器、设备等。

2. 非生产经营用的固定资产

非生产经营用的固定资产，是指不直接服务于企业生产经营过程的固定资产，如职工宿舍、食堂、理发室等使用的房屋、建筑物和其他固定资产等。

3. 租出固定资产

租出固定资产是指经批准以经营性租赁方式出租给其他单位使用的固定资产。

4. 未使用的固定资产

未使用的固定资产，是指已完工或已购建的尚未交付使用的固定资产以及因进行改建、扩建等原因暂停使用的固定资产。

5. 不需用的固定资产

不需用的固定资产，是指企业多余或不适用的固定资产。

6. 融资租入固定资产

融资租入固定资产是指以融资租赁方式租入的固定资产。

7. 土地

土地是指过去在全国性清产核资中或以前已按规定估价并经批复确认按固定资产入账的土地。

三、固定资产的初始计量

固定资产的初始计量是指对取得的固定资产运用恰当的会计计量属性对其价值进行记录。

固定资产应当按照成本进行初始计量,具体对成本计量时又要求按照取得固定资产的不同方式时所发生的实际成本计量。

(一)外购的固定资产

外购的固定资产成本,包括购买价款、相关税费(一般纳税人允许抵扣的增值税进项税额除外),以及使固定资产达到预定可使用状态前所发生的可归属于该项资产的运输费、装卸费、安装费和专业人员服务费等。

外购固定资产是否达到预定可使用状态,需要根据具体情况进行分析判断。如果购入不需安装的固定资产,购入后即可发挥作用,因此,购入后即可达到预定可使用状态。如果购入需安装的固定资产,只有安装调试后达到设计要求或合同规定的标准,该项固定资产才可发挥作用,才能达到预定可使用状态。

1. 外购不需要安装的固定资产

【例 7-29】 西夏机床厂为一般纳税人,2013 年 2 月购入设备,买价 40 000 元,增值税 6 800 元,并支付运输费、包装费和专业人员服务费等 1 000 元,全部款项以银行存款支付。

借:固定资产	41 000	
应交税费——应交增值税(进项税额)	6 800	
贷:银行存款		47 800

2. 外购需要安装的固定资产

外购需要安装的固定资产,不可以直接投入生产经营,要经过安装才可以交付使用。企业外购的固定资产的成本和以后发生的安装费先通过“在建工程”账户归集,安装完工后再转入“固定资产”账户。

【例 7-30】 西夏机床厂下属的子公司为一般纳税人,2013 年 3 月购入需要安装的设备一台,买价 500 000 元,增值税 85 000 元,包装费、运输费 3 000 元,款项以银行存款支付。设备安装时,领用生产用甲材料 4 000 元,该批材料购入时支付的增值税进项税额 6 800 元,同时在安装过程中发生人工费用 3 000 元,设备安装完毕交付使用。

① 支付设备买价、税金、包装费、运输费：

借：在建工程 503 000

应交税费——应交增值税(进项税额) 85 000

贷：银行存款 588 000

② 领用安装的原材料：

借：在建工程 4 000

贷：原材料——甲材料 4 000

③ 支付人工费用：

借：在建工程 3 000

贷：应付职工薪酬——工资 3 000

④ 设备安装完毕交付使用：

借：固定资产 510 000

贷：在建工程 510 000

3. 外购多项没有单独标价的固定资产

一笔款项购入多项没有单独标价的固定资产，应当按照各项固定资产公允价值的比例对总成本进行分配，分别确定各项固定资产的成本。

【例 7-31】 西夏机床厂下属的子公司为一般纳税人，2013 年 4 月 1 日一次购入三台不同型号且具有不同生产能力的设备甲、乙、丙，共支付款项 100 000 000 元，增值税进项税 17 000 000 元，包装费 750 000 元。全部款项以银行存款支付。假定设备甲、乙、丙均满足固定资产的定义及确认条件，公允价值分别为 45 000 000元、38 500 000 元、16 500 000 元。不考虑其他相关税费，西夏机床厂下属的子公司应做如下会计处理：

应计入固定资产的总成本 = 100 000 000 + 750 000 = 100 0 750 000 (元)

甲设备分配比例 = 45 000 000 ÷ (45 000 000 + 38 500 000 + 16 500 000) = 45%

乙设备分配比例 = 38 500 000 ÷ (45 000 000 + 38 500 000 + 16 500 000) = 38.5%

丙设备分配比例 = 16 500 000 ÷ (45 000 000 + 38 500 000 + 16 500 000) = 16.5%

借：固定资产——甲设备(100 750 000×45%) 45 337 500

——乙设备(100 750 000×38.5%) 38 788 750

——丙设备(100 750 000×16.5%) 16 623 750

应交税费——应交增值税(进项税额) 17 000 000

贷：银行存款 117 750 000

(二) 自行建造的固定资产

自行建造的固定资产成本，是指建造该项固定资产达到预定可使用状态前所发生的必要支出，包括工程用物资成本、人工成本、交纳的相关税费、应予资本化的借款费用，以及应分摊的间接费用等。企业自行建造固定资产，可采用两种方式：自营在建工程和出包在建工程。

1. 自营在建工程

自营在建工程，是指企业自行组织工程物资采购，自行组织施工人员从事工程施工完成固定资产建造。其成本应当按照实际发生的直接材料、直接人工、直接机械施工费等计算。

(1) 设置账户

企业采用自营方式建造固定资产的，应设置“工程物资”和“在建工程”账户进行核算。

“工程物资”账户核算企业为在建工程准备的各种物资的成本，包括工程用材料、尚未安装的设备，以及为生产准备的工器具等。本账户可按“专用材料”“专用设备”“工具器具”等进行明细核算，借方登记企业购入工程物资的实际成本，贷方登记领用工程物资的实际成本，期末余额在借方反映企业为在建工程准备的各种物资成本。

“在建工程”账户核算企业基建、更新改造等在建工程发生的支出。本账户可按“建筑工程”“安装工程”“在安装设备”等进行明细核算，借方登记在建工程的实际支出，贷方登记完工工程转出的成本，期末余额在借方表示企业尚未到达预定可使用状态的在建工程成本。

(2) 账务处理

企业为建造固定资产准备的各种物资应当按照实际支付的买价、运输费、保险费等相关税费作为实际成本。工程完工后，若剩余的工程物资转为本企业存货，可按其实际成本或计划成本进行结转。

【例 7-32】 西夏机床厂下属的子公司为一般纳税人。该企业准备自行建造一间仓库，购入工程物资一批，价款为 500 000 元，增值税为 85 000 元，款项以银行存款支付。全部用于工程建设：工程建造时，领用本企业自产的产品一批，实际成本为 80 000 元，计税价格为 100 000 元，增值税税率 17%；应负担的工程人员工资为 100 000 元；支付其他费用 30 000 元。工程完工并达到预定可使用状态。

① 购入工程物资时：

借：工程物资　　585 000

　　贷：银行存款　　585 000

② 领用工程物资时：

借：在建工程——仓库　　585 000

　　贷：工程物资　　585 000

③ 领用本企业生产的产品时(视同销售行为):

借:在建工程——仓库	97 000	
贷:库存商品		80 000
应交税费——应交增值税(销项税额)		17 000

④ 工程建设期间发生工程人员职工薪酬及其他费用时:

借:在建工程——仓库	130 000	
贷:应付职工薪酬——工资		100 000
银行存款		30 000

⑤ 工程完工并交付使用:

固定资产的入账价值 = 585 000 + 97 000 + 100 000 + 30 000 = 812 000(元)

借:固定资产——仓库	812 000	
贷:在建工程——仓库		812 000

2. 出包在建工程

采用出包方式建造固定资产,企业要与建造承包商签订建造合同。企业的新建、扩建等建设项目,通常采用出包方式。

企业以出包方式建造固定资产,其成本由建造该项固定资产达到预定可使用状态所发生的必要支出构成。企业采用出包方式进行自建固定资产工程,其工程的具体支出在承包单位核算。在这种方式下,"在建工程"账户主要是企业与建造承包商办理工程价款的结算账户,企业支付给建造承包商的工程价款作为工程成本,通过"在建工程"账户核算。

【例 7-33】 西夏机床厂下属的子公司建造一栋办公楼,采用出包方式将工程包给华丰建筑公司,工程总造价 1 000 000 元。根据出包合同规定,按合理估计的发包工程进度向华丰建筑公司结算进度款为总造价的 60%,其余价款工程完工验收合格后付清。

① 支付 60%的工程款时:

借:在建工程	600 000	
贷:银行存款		600 000

② 补付工程款项时:

借:在建工程	400 000	
贷:银行存款		400 000

③ 工程完工并达到预定使用状态时:

借:固定资产	1 000 000	
贷:在建工程		1 000 000

(三) 投资者投入的固定资产

企业接受投资者投入固定资产时,应当按照投资合同或协议约定的价值确定固定资产价值(但投资合同或协议约定价值不公允的除外)和注册资本中应享有的份额。

【例 7-34】 西夏机床厂在设立时收到某企业投入的一台设备,投资合同约定的价值为 2 000 000 元,增值税进项税额为 340 000 元,合同约定的固定资产价值与公允价值相符,不考虑其他因素。西夏机床厂应做如下会计处理:

借:固定资产	2 000 000	
应交税费——应交增值税(进项税额)	340 000	
贷:实收资本		2 340 000

注意:

1. 自 2009 年 1 月 1 日起,我国在全国范围内实施增值税转型改革,即将生产型增值税转为消费型增值税。转型后允许抵扣的固定资产范围主要有机器、机械、运输工具,以及其他与生产、经营有关的设备、工具、器具等。因此,房屋、建筑物等不动产不能纳入增值税的抵扣范围。

2. 一般纳税企业如果安装设备领用生产用原材料,其承担的进项税额无需转出,可以抵扣;领用时,借记"在建工程"科目,贷记"原材料"科目。如果建造房屋等不动产领用生产用原材料,其承担的进项税额不得抵扣,必须转出;领用时,借记"在建工程"科目,贷记"原材料" "应交税费——应交增值税(进项税额转出)"科目。

3. 购入工程物资如果用于建造不动产等非增值税应税项目时,其进项税额不允许抵扣,应计入工程物资成本;购入工程物资如果用于安装生产线等应税项目时,其承担的进项税额可以抵扣,计入" 应交税费——应交增值税(进项税额)"科目的借方。

4. 一般纳税企业如果建造房屋等不动产领用自产产品时视同销售,借记"在建工程"科目,贷记"库存商品"科目"应交税费——应交增值税(销项税)"科目;如果安装设备领用自产产品时,属于领用产品用于应税项目,借记"在建工程"科目,贷记"库存商品"科目。

四、固定资产折旧

(一)固定资产折旧概述

1. 固定资产折旧概念

所谓固定资产折旧是指在固定资产使用寿命内,按照确定的方法,对应计折旧额进行系统分摊;或者指固定资产由于损耗而减少的价值。

2. 影响折旧的因素

影响固定资产折旧的因素主要有以下几个方面:

① 固定资产的原价,即固定资产的成本。

② 预计净残值,是指假定固定资产预计使用寿命已满并处于使用寿命终了时的预期状态,企业目前从该项固定资产处置中获得的扣除预计处置费用后的金额。

其计算公式如下：

预计净残值 = 残值 − 清理费用 = 原值 × 净残值率

③ 固定资产的使用寿命，是指企业使用固定资产的预计期间，或者该固定资产所能生产产品或提供劳务的数量。企业确定固定资产使用寿命，应当考虑下列因素：

a. 预计生产能力或实物产量。

b. 预计有形损耗和无形损耗。

c. 法律或者类似规定对资产使用的限制。

④ 固定资产减值准备，指已计提的固定资产减值准备累计金额。

（二）固定资产折旧的范围

根据《企业会计准则第4号——固定资产》准则规定，企业应对所有的固定资产计提折旧，但对已提足折旧仍继续使用的固定资产和单独计价作为固定资产入账的土地除外。

在确定固定资产折旧范围时，还应注意以下几点：

① 从计提折旧的时间范围来看，应按月计提折旧，即以固定资产月初数为基础计提。当月增加的固定资产，当月不计提折旧，从下月起计提折旧；当月减少的固定资产，当月仍计提折旧，从下月起不计提折旧。

② 固定资产提足折旧后，不论能否继续使用，均不再计提取折旧；提前报废的固定资产，也不再补提折旧。所谓提足折旧，是指已经提足该项固定资产的应计折旧额。

③ 已达到预定可使用状态的固定资产但尚未办理竣工结算的，应当按照估计价值确定其成本，并计提折旧；待办理竣工结算后，再按照实际成本调整原来的暂估价值，但不需要调整原已计提的折旧额。

④ 经营租赁方式出租的固定资产，以及融资租赁方式租入的固定资产，属于计提折旧范围。

⑤ 固定资产在定期大修理间隔期间或季节性停用期间照提折旧。

（三）固定资产折旧的计算方法

企业应当根据与固定资产有关的经济利益的预期实现方式，合理选择固定资产折旧方法。可选用的折旧方法包括平均年限法、工作量法、双倍余额递减法和年数总和法等。固定资产折旧方法一经确定，不得随意变更，但符合规定的除外。

1. 平均年限法（也称直线法）

平均年限法，是指将固定资产的应计折旧额均衡地分摊到固定资产预计使用寿命内的一种方法。采用这种方法计算的每期折旧额均相等。其计算公式如下：

年折旧率 = (1 − 预计净残值率) ÷ 预计使用寿命(年) × 100%

年折旧额 = 固定资产原价 × 年折旧率

月折旧率 = 年折旧率 ÷ 12

月折旧额 = 固定资产原价 × 月折旧率 = 年折旧额 ÷ 12

或者：

年折旧额 =（原值 − 预计残值 + 清理费用）÷ 预计使用寿命(年)

年折旧率 = 年折旧额 ÷ 原值

月折旧率 = 年折旧率 ÷ 12

月折旧额 = 固定资产原价 × 月折旧率 = 年折旧额 ÷ 12

【例 7-35】 西夏机床厂一楼房，原价为 4 000 000 元，预计净残值率为 2%，预计使用年限为 20 年。

年折旧率 = (1 − 2%) ÷ 20 × 100% = 4.9%

年折旧额 = 4 000 000 × 4.9% = 196 000(元)

月折旧率 = 4.9% ÷ 12 = 0.41%

月折旧额 = 4 000 000 × 0.41% = 16 400(元)

2. 工作量法

工作量法，是指按照固定资产在整个使用期间预计可完成的总工作量计提折旧额的方法。其计算公式如下：

单位工作量折旧额 = 固定资产原价 ×(1 − 预计净残值率) ÷ 预计总工作量

月折旧额 = 该固定资产当月工作量 × 单位工作量折旧额

【例 7-36】 西夏机床厂的一辆运输卡车，原价 80 000 元，预计净残值率 5%，预计总工作量 500 000 公里，当月完成工作量 4 000 公里。

单位工作量折旧额 = 80 000 × (1 − 5%) ÷ 500 000 = 0.152(元 / 公里)

本月折旧额 = 4 000 × 0.152 = 608(元)

3. 双倍余额递减法

双倍余额递减法，是指在不考虑固定资产预计净残值的情况下，根据每期期初固定资产原价减去累计折旧后的金额和双倍的直线法折旧率，计算固定资产折旧的一种方法。应用这种方法计算折旧额时，应注意以下几点：

① 年折旧率=2÷预计使用寿命(年)×100%

② 年初固定资产账面净值=固定资产原价−已计提的折旧额累计数

③ 年折旧额=年初固定资产账面净值×年折旧率

月折旧额=年折旧额÷12

④ 使用寿命最后两年以前各年，不考虑固定资产预计净残值，采用双倍余额递减法；使用寿命最后两年内，考虑固定资产预计净残值，采用平均年限法。固定资产年限到期前两年内，将固定资产净值扣除预计净残值后的余额平均摊销。其

计算公式如下：

$$\text{固定资产年限到期前两年内年折旧额}=\left(\text{倒数第二年的年初固定资产账面净值}-\text{预计净残值}\right)\div 2$$

【例 7-37】 西夏机床厂的一项固定资产，原价为 100 000 元，预计使用年限为 5 年，预计净残值为 4 000 元。采用双倍余额递减法计提折旧，每年的折旧额计算如下：

年折旧率 ＝ 2 ÷ 5 × 100% ＝ 40%

第一年折旧额 ＝ 100 000 × 40% ＝ 40 000（元）

第二年折旧额 ＝ (100 000 － 40 000) × 40% ＝ 24 000（元）

第三年折旧额 ＝ (100 000 － 40 000 － 24 000) × 40% ＝ 14 400（元）

最后两年采用直线法：

第四年、第五年折旧额 ＝ [(100 000 － 40 000 － 24 000 － 14 400) － 4 000] ÷ 2 ＝ 8 800（元）

值得注意的是，双倍余额递减法下，年折旧率不变，折旧基数和年折旧额逐年递减。采用加速折旧法，在固定资产使用的早期多提折旧，后期少提折旧，加快折旧速度的目的是使固定资产成本在估计使用年限内加快得到补偿。

4. 年数总和法

年数总和法，又称年限合计法，是一种加速折旧法，是将固定资产的原价减去净残值后的净额乘以一个逐年递减的分数来计算每年折旧额。这个分数的分子为固定资产尚可使用寿命的年数，分母为预计使用寿命的逐年数字之和。其计算公式如下：

年折旧率 ＝ 尚可使用年限 ÷ 预计使用寿命的年数总和 × 100%

年折旧额 ＝（固定资产原价－预计净残值）× 年折旧率

月折旧率 ＝ 年折旧率 ÷ 12

折旧额 ＝（固定资产原价－预计净残值）× 月折旧率

【例 7-38】 承接【例 7-37】，用年数总和法计提折旧，每年的折旧额计算如下：

年　份	原　　价	净残值	原价－净残值	年折旧率	年折旧额	累计折旧额
第一年	100 000	4 000	96 000	5/15	32 000	32 000
第二年	100 000	4 000	96 000	4/15	25 600	57 600
第三年	100 000	4 000	96 000	3/15	19 200	76 800
第四年	100 000	4 000	96 000	2/15	12 800	89 600
第五年	100 000	4 000	96 000	1/15	6 400	96 000

值得注意的是，年数总和法下，折旧基数不变，年折旧率和年折旧额逐年递减。对于发生减值并已经计提减值准备的固定资产，应当按照该项固定资产的账面价值，即固定资产余额扣除累计折旧和减值准备后的金额，以及尚可使用寿命，重新确定折旧率和折旧额。

（四）固定资产折旧的账务处理

企业按月计提的固定资产折旧，应根据用途记入相关资产的成本或者当期损益。如：企业自行建造固定资产过程中使用的固定资产计提的折旧额，应记入在建工程成本；基本生产车间所使用的固定资产计提的折旧额，应记入制造费用；管理部门所使用的固定资产计提的折旧额，应记入管理费用；销售部门所使用的固定资产计提的折旧额，应记入销售费用；经营租出的固定资产计提的折旧额，应记入其他业务成本，同时记入“累计折旧”账户的贷方。

“累计折旧”账户是“固定资产”账户的备抵账户，贷方反映增加的折旧额，借方反映减少的折旧额，期末贷方余额反映企业固定资产累计折旧额。该账户应当按照固定资产的类别或项目进行明细核算。

【例 7-39】 西夏机床厂 2013 年 3 月份按规定计提本月固定资产折旧，生产部门固定资产折旧 30 000 元，管理部门固定资产折旧 5 000 元，专设销售部门固定资产折旧 1 000 元，经营性出租固定资产折旧 5 000 元。

借：制造费用	30 000	
管理费用	5 000	
销售费用	1 000	
其他业务成本	5 000	
贷：累计折旧		41 000

（五）固定资产折旧的复核

企业至少应当于每年年度终了时，对固定资产的使用寿命、预计净残值和折旧方法进行复核。使用寿命预计数与原先估计数有差异的，应当调整固定资产使用寿命；预计净残值预计数与原先估计数有差异的，应当调整预计净残值；与固定资产有关的经济利益预期实现方式有重大改变的，应当改变固定资产的折旧方法。固定资产使用寿命、预计净残值和折旧方法的改变，应当作为会计估计变更。

五、固定资产的后续支出

固定资产后续支出是指固定资产在使用过程中发生的更新改造支出、修理费用等。固定资产的后续支出的处理原则为：符合固定资产确认条件的，应当记入固定资产成本，同时将被替换部分的账面价值扣除；不符合固定资产确认条件的，应当记入当期损益。

（一）资本化的后续支出

固定资产发生可资本化的后续支出时，企业一般应将该固定资产的原价、已计提的累计折旧和减值准备转销，将固定资产的账面价值转入在建工程，并停止计提折旧。发生的后续支出，通过“在建工程”科目核算。在固定资产发生的后续支出完工并达到预定可使用状态时，再从“在建工程”转为“固定资产”，并按重新确定的使用寿命、预计净残值和折旧方法计提折旧。

【例 7-40】 西夏机床厂 2013 年 3 月初对某生产线改造。该生产线原价 2 000 万元，已提折旧 700 万元，2012 年 12 月 31 日已提减值准备 100 万元。在改造过程中，领用工程物资 160 万元，发生人工费用 50 万元，用银行存款支付其他费用 60 万元；在试运行中取得净收入 20 万元。在 2013 年 12 月底改造完工投入使用，改造后生产线可使其产品产量实质性提高。该改造支出应予以资本化。西夏机床厂账务处理如下：

① 2013 年 3 月将固定资产的账面价值转入在建工程：

借：在建工程——在安装的设备	12 000 000	
累计折旧	7 000 000	
固定资产减值准备	1 000 000	
贷：固定资产		20 000 000

② 发生的改造支出，在实际发生时：

借：在建工程——在安装的设备	2 700 000	
贷：工程物资		1 600 000
应付职工薪酬——工资		500 000
银行存款		600 000

③ 取得试运行净收入，应冲减工程成本：

借：银行存款	200 000	
贷：在建工程——在安装的设备		200 000

④ 完工结转，将更新改造后的固定资产重新入账：

固定资产的入账价值 = 12 000 000 + 2 700 000 − 200 000 = 14 500 000(元)

借：固定资产	14 500 000	
贷：在建工程——在安装的设备		14 500 000

需要注意的是，企业发生的一些固定资产后续支出可能会涉及替换原固定资产的某组成部分，当发生的后续支出符合固定资产确认条件时，应将其记入固定资产成本，同时将被替换部分的账面价值扣除，这样可以避免固定资产成本虚高。

(二) 费用化的后续支出

与固定资产有关的修理费用等后续支出，不符合固定资产确认条件的，应当根据不同情况，分别在发生时记入当期管理费用或销售费用。

一般情况下，固定资产投入使用之后，由于固定资产磨损、各组成部分耐用程度不同，可能导致固定资产的局部损坏，为了维护固定资产的正常运转和使用，充分发挥其使用效能，企业将对固定资产进行必要的维护。固定资产的日常修理费用在发生时应直接计入当期损益。企业生产车间（部门）和行政管理部门等发生的固定资产修理费用等后续支出记入"管理费用"账户；企业专设销售机构的，其发生的与专设销售机构相关的固定资产修理费用等后续支出，记入"销售费用"账户。固定资产更新改造支出不满足固定资产的确认条件，在发生时直接记入当期损益。

【例 7-41】 2013 年 4 月 15 日，西夏机床厂对现有一辆运输车进行日常修理，修理中领用本企业原材料 1 000 元，应支付修理工人工资 200 元。西夏机床厂账务处理如下：

借：管理费用	1 200	
贷：应付职工薪酬——工资		200
原材料		1 000

需要说明的是，对运输车进行日常维修，是为了维护车辆正常运输能力，其维修费用应记入当期损益。

六、固定资产处置

固定资产处置是指企业将不适用或不需用的固定资产对外出售转让，或因磨损、技术进步等原因将固定资产报废，或因遭受自然灾害等其他情形而对固定资产进行的处理。固定资产处置包括固定资产的出售、转让、报废或毁损、对外投资、非货币性资产交换、债务重组等。对固定资产处置的确认和计量，实质上是对固定资产终止的确认和计量。

（一）固定资产终止确认的条件

固定资产满足下列条件之一的，应当予以终止确认：

① 该固定资产处于处置状态。处于处置状态的固定资产不再用于生产商品、提供劳务、出租或经营管理，因此不再符合固定资产的定义，应予以终止确认。

② 该固定资产预期通过使用或处置不能产生经济利益。固定资产的确认条件之一是"与该固定资产有关的经济利益很可能流入企业"，如果一项固定资产预期通过使用或处置已不能产生经济利益，就不再符合固定资产的定义和确认条件，应予以终止确认。

（二）固定资产处置的会计处理

企业出售、转让、报废固定资产和发生固定资产毁损，应当将处置收入扣除账面价值和相关税费后的金额记入当期损益。固定资产账面价值是固定资产成本扣减累计折旧和累计减值准备后的金额。对于因处置而减少的固定资产，一般通过"固定资产清理"账户核算。"固定资产清理"账户借方登记转入处置固定资产的账面价值、处置过程中发生的费用和相关税费；贷方登记收回处置固定资产的价款、残料、变价收入和应由保险公司赔偿的损失。本账户期末借方余额，反映尚未清理完毕的固定资产清理净损失。

固定资产清理

① 转入清理固定资产账面价值 ② 清理费用 ③ 出售不动产应交营业税 ④ 结转净收益	① 出售固定资产取得收入 ② 残料收入 ③ 应收赔款 ④ 结转净损失

① 当借方发生额＞贷方发生额，即借方差额（净损失）时：

借：营业外支出——处置非流动资产损失（生产经营期间正常处理损失）
　　营业外支出——非常损失（生产经营期间自然灾害损失）
　　营业外支出——捐赠支出（捐赠支出固定资产）
　　贷：固定资产清理

② 当贷方发生额＞借方发生额，即贷方差额（净收益）时：

借：固定资产清理
　　贷：营业外收入——处置非流动资产利得（经营期间）

【例 7-42】 2013 年 5 月 15 日，西夏机床厂出售一座建筑物，原值 1 000 000 元，已提折旧 500 000 元，出售价款 600 000 元，所有款项均以银行存款收回。营业税率 5%。西夏机床厂账务处理如下：

① 固定资产转入清理：

借：固定资产清理	500 000	
累计折旧	500 000	
贷：固定资产		1 000 000

② 收回出售固定资产价款时：

借：银行存款	600 000	
贷：固定资产清理		600 000

③ 计提应交纳营业税时：

借：固定资产清理（600 000×5%）	30 000	
贷：应交税费——应交营业税		30 000

④ 结转清理净收益

借：固定资产清理	70 000	
贷：营业外收入——处置非流动资产利得		70 000

【例 7-43】 西夏机床厂有一栋厂房，原值 550 000 元，已提折旧 500 000 元，因使用期满经批准报废。在清理过程中，以银行存款支付清理费用 10 000 元，残料列作原材料 6 000 元。西夏机床厂账务处理如下：

① 固定资产转入清理时：

借：固定资产清理 50 000
　　累计折旧 500 000
　　贷：固定资产 550 000

② 支付清理费用时：

借：固定资产清理 10 000
　　贷：银行存款 10 000

③ 残料列作原材料入库时：

借：原材料 6 000
　　贷：固定资产清理 6 000

④ 结转清理损失时：

借：营业外支出——处置非流动资产损失 54 000
　　贷：固定资产清理 54 000

七、固定资产清查

企业为了保证固定资产核算的真实性和完整性，应定期或者至少于每年年末对固定资产进行清查盘点。如果清查中发现固定资产的损失和溢余，应及时查明原因，在期末结账前处理完毕。

企业在财产清查中盘亏的固定资产，应通过"待处理财产损溢——待处理固定资产损溢"账户核算。发现盘亏时，应按照盘亏固定资产的净值借记"待处理财产损溢——待处理固定资产损溢"科目，按其已提折旧借记"累计折旧"科目，按其原值贷记"固定资产"科目。经过批准转销时，则借记"营业外支出"科目，贷记"待处理财产损溢——待处理固定资产损溢"科目；企业在财产清查中盘盈的固定资产，作为前期差错处理。盘盈的固定资产通过"以前年度损益调整"科目核算。

【例 7-44】 西夏机床厂 2013 年 12 月 31 日对固定资产清查，发现盘亏设备一台，原值 100 000 元，已提折旧 60 000 元。经批准，该盘亏设备作营业外支出处理。西夏机床厂账务处理如下：

借：待处理财产损溢——待处理固定资产损溢 40 000
　　累计折旧 60 000
　　贷：固定资产 100 000

借：营业外支出——盘亏损失 40 000
　　贷：待处理财产损溢——待处理固定资产损溢 40 000

【例 7-45】 西夏机床厂 2013 年 12 月 31 日在财产清查过程中，发现一台未入账的设备，重置成本为 30 000 元（假定与其计税基础不存在差异），该盘盈固定资产作为前期差错进行处理。假定西夏机床厂适用所得税税率 25%，按净利润的

10%计提盈余公积。西夏机床厂账务处理如下：

① 固定资产盘盈时：

借：固定资产　　30 000

　贷：以前年度损益调整　　30 000

② 确定应交纳所得税时：

借：以前年度损益调整　　7 500

　贷：应交税费——应交所得税　　7 500

③ 结转为留存收益时：

借：以前年度损益调整　　22 500

　贷：盈余公积——法定盈余公积　　2 250

　　利润分配——未分配利润　　20 250

八、固定资产减值

（一）固定资产减值的计提方法

固定资产减值是指固定资产的可收回金额低于其账面价值。企业在资产负债表日应当判断固定资产是否存在可能发生减值的迹象。如果固定资产存在减值迹象的，应当进行减值测试，估计资产的可收回金额。可收回金额低于账面价值的，应当按照可收回金额低于账面价值的金额，计提减值准备。其方法如下：

1. 判断固定资产是否存在减值迹象

固定资产减值迹象是固定资产是否需要进行减值测试的必要前提。判断固定资产可能发生减值的迹象，主要从外部信息来源和内部信息来源两个方面进行。

（1）外部信息来源

从企业外部信息来源来看，固定资产可能发生减值的迹象主要有：

① 固定资产的市价在当期大幅度下降，其跌价幅度高于因时间的推移或正常使用而预计的下跌。

② 企业经营所处的经济、技术或者法律等环境以及固定资产所处的市场在当期或将在近期发生重大变化，从而对企业产生不利影响。

③ 市场利率或其他市场投资报酬率在当期已经提高，从而影响企业计算固定资产预计未来现金流量现值的折现率，导致固定资产可收回金额大幅度降低等。

④ 企业所有者权益的账面价值远高于其市值等。

（2）内部信息来源

从企业内部信息来源来看，固定资产可能发生减值的迹象主要有：

① 企业有证据表明固定资产已经陈旧过时或者实体已经损坏。

② 固定资产已经或者将被闲置、终止使用或者计划提前处置。

③ 企业内部报告的证据表明固定资产的经济绩效已经低于或将低于预期。比如所创造的现金净流量或者实现的营业利润远远低于原来的预算或者预计金

额等。

上述列举的固定资产减值迹象并不能穷尽所有的减值迹象，企业应当根据实际情况来认定资产可能发生减值的迹象。

2. 估计固定资产可收回金额

资产可收回金额的估计，应当根据其公允价值减去处置费用后的净额与资产预计未来现金流量的现值两者之间较高者确定。因此，计算确定固定资产可收回金额应经过下列三步：

（1）估计固定资产公允价值减去处置费用后的净额

固定资产公允价值减去处置费用后的净额，一般是指根据公平交易中有法律约束力的销售协议价格减去可直接归属于该固定资产处置费用的金额。其中，处置费用包括与固定资产处置有关的法律费用、相关税费、搬运费，以及为使固定资产达到可销售状态所发生的直接费用等，但财务费用和所得税费用等不包括在内。

（2）估计固定资产预计未来现金流量的现值

固定资产预计未来现金流量的现值指预计从该固定资产的持续使用过程中和最终处置时所产生的未来现金流量，以选择恰当的折现率对其进行折现后的金额。

（3）确定固定资产的可收回金额

确定固定资产可收回金额时，通常需要同时估计该资产的公允价值减去处置费用后的净额和资产预计未来现金流量的现值，选择两者中较高者为可收回金额。但下列情况可以除外：

① 资产的公允价值减去处置费用后的净额与资产预计未来现金流量的现值，只要有一项超过资产的账面价值，就表明资产没有发生减值，不需再估计另一项金额。

② 没有确凿证据或者理由表明，资产预计未来现金流量现值显著高于其公允价值减去处置费用后的净额的，可以将资产的公允价值减去处置费用后的净额视为资产的可收回金额。

③ 资产的公允价值减去处置费用后的净额如果无法可靠估计的，应当以该资产预计未来现金流量的现值作为其可收回金额。

（二）固定资产减值的核算

固定资产可收回金额低于账面价值，应当将该固定资产的账面价值减记至可收回金额，减记的金额确认为资产减值损失，记入当期损益，同时计提相应的固定资产减值准备。因此，固定资产减值损失的确定应当在取得固定资产可收回金额后，根据可收回金额和账面价值相比较后获得。固定资产减值损失一经确认，以后期间不得转回。

【例 7-46】 西夏机床厂 2013 年 12 月 31 日根据减值测试结果，确定本年初取得的一项固定资产可收回金额为 1 000 万元，其账面价值为 1 400 万元。该固定资产可回收金额低于其账面价值400万元。账务处理如下：

借：资产减值损失——固定资产减值损失　　4 000 000

　贷：固定资产减值准备　　4 000 000

任务七　投资性房地产和其他资产

房地产包括房产和地产，一般应作为固定资产或无形资产核算。但对于用于赚取租金或增值收益的房地产，由于其为企业带来经济利益流入的方式与自用房地产明显不同，所以应当单独进行核算。本任务主要介绍投资性房地产的范围、投资性房地产的初始计量、投资性房地产的后续计量，以及投资性房地产的期末评价与处置。

一、投资性房地产的概述

房地产是土地和房屋及其权属的总称。随着我国社会主义市场经济的发展和完善，房地产市场日益活跃，企业持有的房地产除了用作自身管理、生产经营活动场所和对外销售之外，出现了将房地产用于赚取租金或增值收益的活动，个别企业甚至将其作为主营业务。

在我国，土地归国家或集体所有，企业只能取得土地使用权。因此，房地产中的土地是指土地使用权。房屋是指土地上的房屋等建筑物及构筑物。投资性房地产，是指为赚取租金或资本增值，或者两者兼有而持有的房地产。投资性房地产应当能够单独计量和出售。

二、投资性房地产的性质

1. 投资性房地产是由经营性活动而形成的

投资性房地产的主要形式是出租建筑物、出租土地使用权。这实质上属于一种让渡资产使用权行为。房地产租金就是让渡资产使用权取得的使用费收入，是企业为完成其经营目标所从事的经营性活动，以及与之相关的其他活动形成的经济利益总流入。投资性房地产的另一种形式是持有并准备增值后转让的土地使用权，尽管其增值收益通常与市场供求、经济发展等因素有关，但目的是为了增值后转让以赚取增值收益，也是企业为完成其经营目标所从事的经营性活动，以及与之相关的其他活动形成的经济利益总流入。

根据税法规定，企业出租房地产、转让土地使用权均视为一种经营活动，其取得的房地产租金收入或土地使用权转让收益应当交纳营业税；如果土地使用权转让增值额达到法定标准，还应当交纳土地增值税。

就某些企业而言，投资性房地产属于日常经营性活动，形成的租金收入或转让增值收益确认为企业的主营业务收入。但对于大部分企业而言，属于与其经营性活动相关的其他经营活动，形成的租金收入或转让增值收益构成企业的其他业务收入。

2. 投资性房地产为企业带来经济利益流入的方式与自用房地产明显不同

企业持有的房地产既可用作自身管理、生产经营的场所，也可以作为投资性房地产用于赚取租金或获取增值收益。投资性房地产为企业带来经济利益流入的方式，主要通过获取租金收益和处置收益来实现，与自用房地产明显不同，因此应当作为一项单独的资产进行核算和反映。企业在日常核算过程中，应该对相关资产进行重新分类，符合投资性房地产定义和确认条件的建筑物和土地使用权，应当划分为投资性房地产。

3. 投资性房地产的后续计量有两种模式

投资性房地产的后续计量有成本计量和公允价值计量两种计量模式。一般情况下，投资性房地产采用成本计量模式，在满足特定条件的情况下可以采用公允价值计量模式。但是，同一企业只能采用一种模式对所有投资性房地产进行后续计量，不得同时采用两种计量模式。

三、投资性房地产的范围

投资性房地产的范围包括已出租的土地使用权、持有并准备增值后转让的土地使用权、已出租的建筑物。

1. 已出租的土地使用权

已出租的土地使用权，是指企业通过出让或转让方式取得的、以经营租赁方式出租的土地使用权。企业取得的土地使用权通常包括在一级市场上以交纳土地出让金的方式取得的土地使用权，也包括在二级市场上接受其他单位转让的土地使用权。例如甲公司与乙公司签署了土地使用权租赁协议，甲公司以年租金720万元租赁使用乙公司拥有的40万平方米土地的使用权。那么，自租赁协议约定的租赁期开始日起，这项土地使用权属于乙公司的投资性房地产。但是对于以经营租赁方式租入土地使用权再转租给其他单位的，不能确认为投资性房地产。

2. 持有并准备增值后转让的土地使用权

持有并准备增值后转让的土地使用权，是指企业取得的、准备增值后转让的土地使用权。这类土地使用权很可能给企业带来资本增值收益，符合投资性房地产的定义。例如，企业发生转产或厂址搬迁，部分土地使用权停止自用，管理层决定继续持有这部分土地使用权，待其增值后转让，以赚取增值收益。

按照国家有关规定认定的闲置土地，不属于持有并准备增值后转让的土地使用权，也就不属于投资性房地产。闲置土地，是指土地使用者依法取得土地使用权后，未经原批准用地的人民政府同意，超过规定的期限未动工开发建设的建设用地。闲置土地应当按照国家《闲置土地处理办法》的规定处理。

3. 已出租的建筑物

已出租的建筑物是指企业拥有产权、以经营租赁方式出租的建筑物，包括自行建造或开发活动完成后用于出租的建筑物。例如，甲公司将其拥有的某栋厂房整体出租给乙公司，租赁期 2 年。对于甲公司而言，自租赁期开始日起，该栋厂房即属于投资性房地产。企业在判断和确认已出租的建筑物时，应当把握以下要点：

① 用于出租的建筑物是指企业拥有产权的建筑物。企业以经营租赁方式租入再转租的建筑物不属于投资性房地产。例如，甲企业与乙企业签订了一项经营租赁合同，乙企业将其持有产权的一栋办公楼出租给甲企业，为期 5 年。甲企业一开始将该办公楼改装后用于自行经营餐馆，2 年后，由于连续亏损，甲企业将餐馆转租给丙公司，以赚取租金差价。这种情况下，对于甲企业而言，该栋楼不属于其投资性房地产。对于乙企业而言，则属于其投资性房地产。

② 已出租的建筑物是企业已经与其他方签订租赁协议，约定以经营租赁方式出租的建筑物。一般应自租赁协议规定的租赁期开始日起，经营租出的建筑物才属于已出租的建筑物。通常情况下，对企业持有以备经营出租的空置建筑物，如董事会或类似机构做出书面决议，明确表明将其用于经营租出，且该意向短期内不再发生变化，即使尚未签订租赁协议，也应视为投资性房地产。这里的空置建筑物，是指企业新购入、自行建造或开发完工但尚未使用的建筑物，以及不再用于日常生产经营活动，且经整理后达到可经营出租状态的建筑物。

③ 企业将建筑物出租，按租赁协议向承租人提供的相关辅助服务在整个协议中不重大的，应当将该建筑物确认为投资性房地产。例如，企业将其办公楼出租，同时向承租人提供维护、保安等日常辅助服务，企业应当将其确认为投资性房地产。

此外，下列项目不属于投资性房地产：

① 自用房地产。自用房地产是指为生产商品、提供劳务或者经营管理而持有的房地产。如企业生产经营用的厂房和办公楼属于固定资产，企业生产经营用的土地使用权属于无形资产。又如，企业拥有并自行经营的旅馆饭店，经营者向顾客提供住宿服务的同时，还提供餐饮、娱乐等其他服务，其经营目的主要是通过向客户提供服务取得服务收入，因此，企业自行经营的旅馆饭店是企业的经营场所，应当属于自用房地产。

② 作为存货的房地产。作为存货的房地产通常是指房地产开发企业在正常经营过程中销售的或为销售而正在开发的商品房和土地。这部分房地产属于房地产开发企业的存货，不属于投资性房地产。

从事房地产经营开发的企业依法取得、用于开发后出售的土地使用权，属于房地产开发企业的存货，即使房地产开发企业决定待增值后再转让开发的土地，也不得将其确认为投资性房地产。

实务中存在某项房地产部分自用或作为存货出售，部分用于赚取租金或资本增值的情形。如果某项投资性房地产不同用途的部分能够单独计量和出售，应当分别确认为固定资产（或无形资产、存货）和投资性房地产。

四、投资性房地产的初始计量

1. 投资性房地产的确认条件

一项资产符合投资性房地产的概念，并同时满足下列两个条件时，才可确认为投资性房地产：

① 与该投资性房地产相关的经济利益很可能流入企业。

② 该投资性房地产的成本能够可靠地计量。

对于已出租的土地使用权、已出租的建筑物，其作为投资性房地产的确认时点为租赁期开始日，即承租人有权行使其使用租赁资产权利的日期。对持有并准备增值后转让的土地使用权，其作为投资性房地产的确认时点为企业将该土地使用权停止自用，准备增值后转让的日期。

2. 投资性房地产的初始计量

投资性房地产应按成本进行初始计量。

（1）账户设置

成本模式下的投资性房地产会计处理比较简单，企业应当设置“投资性房地产”账户，比照“固定资产”或“无形资产”账户进行核算，反映投资性房地产的成本。

公允价值模式下投资性房地产实际成本的确定与成本模式下投资性房地产实际成本的确定是一致的，但企业应当在“投资性房地产”账户下设置“成本”和“公允价值变动”两个明细账户，其中“成本”明细账户反映投资性房地产的取得成本。“公允价值变动”明细账户反映资产负债表日，投资性房地产的公允价值高于（低于）其账面余额的差额。

（2）投资性房地产初始计量的核算

① 外购投资性房地产。外购采用成本模式计量的土地使用权和建筑物，应当按照取得时的实际成本进行初始计量。其成本包括购买价款、相关税费和可直接归属于该资产的其他支出。

【例 7-47】 2013 年 5 月，西夏机床厂计划购入一栋写字楼，用于对外出租。5 月 5 日，西夏机床厂与乙企业签订经营租赁合同，约定自写字楼购买日起将这栋写字楼出租给乙企业，为期 5 年。5 月 6 日，甲企业实际购入写字楼，支付价款共计 1 200万元。假设不考虑其他因素，西夏机床厂采用成本模式进行后续计量。西夏机床厂的账务处理如下：

借：投资性房地产——写字楼	12 000 000	
贷：银行存款		12 000 000

② 自行建造的投资性房地产。自行建造的采用成本模式计量的投资性房地

产，其成本由建造该项资产达到预定可使用状态前发生的必要支出构成，包括土地开发费、建造成本、应予以资本化的借款费用、支付的其他费用和分摊的间接费用等。建造过程中发生的非正常性损失直接计入当期损益，不计入建造成本。企业在建造过程中发生的支出通过“在建工程”账户进行归集，待该项资产达到预定可使用状态时将建造支出由“在建工程”转入“投资性房地产”，将相应的土地使用权由“无形资产”转入“投资性房地产”。

【例 7-48】 西夏机床厂 2013 年 2 月从其他单位购入一块土地的使用权，并在该土地上开始自行建造两栋厂房。2013 年 10 月，该厂预计厂房即将完工，与乙公司签订了经营租赁合同，将其中的一栋厂房租赁给乙公司使用，另一栋自用。租赁合同约定，该厂房于完工（达到预定可使用状态）时开始起租。2013 年 11 月 1 日，两栋厂房同时完工。该土地使用权的成本为 400 万元；两栋厂房的造价均为10 000 000元，能够单独出售。西夏机床厂的账务处理如下：

① 结转完工工程成本时：

借：投资性房地产——厂房　　10 000 000
　　固定资产　　10 000 000
　　贷：在建工程　　20 000 000

② 将土地使用权中对应出租的部分同时转换为投资性房地产时：

借：投资性房地产——土地使用权　　2 000 000
　　贷：无形资产——土地使用权　　2 000 000
　　（4 000 000×10 000 000/20 000 000）

（3）非投资性房地产转换为投资性房地产

① 非投资性房地产转换为投资性房地产，是指企业将原来以出售为目的、作为存货核算的房地产，或将以自用为目的、作为固定资产或无形资产核算的房地产，用于出租或资本增值，转换为投资性房地产。

② 投资者投入的投资性房地产，按照投资者约定的价值计量。投资者的约定价值不公允的，以公允价值计量。

③ 债务重组取得的投资性房地产，按照债务重组准则的相关规定处理。

④ 非货币性资产交换取得的投资性房地产，按照非货币性资产交换准则的规定处理。

五、投资性房地产的后续计量

投资性房地产的后续计量有成本计量和公允价值计量两种计量模式。一般情况下，采用成本计量模式在满足特定条件的情况下可以采用公允价值计量模式。

1. 采用成本模式进行后续计量的投资性房地产

采用成本模式对投资性房地产进行后续计量，应当设置“投资性房地产累计折旧(摊销)”科目,比照“累计折旧”或“累计摊销”科目进行会计处理。按期(月)计提折旧或摊销时,借记“其他业务成本”等科目,贷记“投资性房地产累计折旧(摊销)”科目;取得租金收入时,借记“银行存款”等科目,贷记“其他业务收入”等科目。

【例 7-49】 西夏机床厂将一栋办公楼出租给乙企业使用,已确认为投资性房地产,采用成本模式进行后续计量。假设该栋办公楼的成本为 1 800 万元,按照直线法计提折旧,使用寿命为 20 年,预计净残值为零。按照经营租赁合同约定,乙企业每月支付甲企业租金 8 万元。西夏机床厂的账务处理如下:

① 月末计提折旧:

$$每月计提折旧额 = 1\,800 \div 20 \div 12 = 7.5(万元)$$

借:其他业务成本　　75 000

　贷:投资性房地产累计折旧(摊销)　　75 000

② 确认租金收入时:

借:银行存款(或其他应收款)　　80 000

　贷:其他业务收入　　80 000

2. 采用公允价值模式进行后续计量的投资性房地产

企业存在确凿证据表明其投资性房地产的公允价值能够持续可靠取得的,可以采用公允价值计量模式。企业选择公允价值模式,就应当对其所有投资性房地产采用公允价值模式进行后续计量,不得对一部分投资性房地产采用成本模式进行后续计量,对另一部分投资性房地产采用公允价值模式进行后续计量。采用公允价值模式计量投资性房地产,应当同时满足以下两个条件:

① 投资性房地产所在地有活跃的房地产交易市场。

② 企业能够从房地产交易市场上取得同类或类似房地产的市场价格和其他相关信息,从而对投资性房地产的公允价值做出科学合理的估计。

采用公允价值模式的,应当在附注中详细披露公允价值确定的依据和方法,以及公允价值变动对损益的影响。采用公允价值模式进行后续计量的投资性房地产,不计提折旧或摊销,应以资产负债表日的公允价计量。资产负债表日,投资性房地产的公允价值与原账面价值的差额,记入“公允价值变动损益”科目。

【例 7-50】 西夏机床厂下属的子公司从事房地产经营开发的企业。2013 年 3 月,与乙公司签订租赁协议,约定将开发的一栋精装修的写字楼于开发完成的同时开始租赁给乙公司使用,租赁期为 10 年。当年 5 月 1 日,该写字楼开发完成并开始起租,写字楼的造价为 600 万元。2013 年 12 月 31 日,该写字楼的公允价值为 620 万元。假设西夏机床厂下属的子公司对投资性房地产采用公允价值模式计量。西夏机床厂下属的子公司的账务处理如下:

① 2013 年 5 月 1 日，开发完成写字楼并出租：

借：投资性房地产——成本　　6 000 000

　　贷：开发成本　　6 000 000

② 2013 年 12 月 31 日，以公允价值为基础调整其账面价值：

借：投资性房地产——公允价值变动　　200 000

　　贷：公允价值变动损益　　200 000

3. 投资性房地产后续计量模式的变更

为保证会计信息的可比性，企业对投资性房地产的计量模式一经确定，不得随意变更。只有在房地产市场比较成熟，能够满足采用公允价值计量模式的条件下，才允许企业对投资性房地产从成本模式计量变更为公允价值模式计量。

成本模式转为公允价值模式的，由于涉及会计计量基础的变更，应当作为会计政策变更处理，以计量模式变更时的公允价值作为投资性房地产初始成本，应按变更时公允价值与账面价值的差额调整期初留存收益。

六、投资性房地产的处置

当投资性房地产被处置，或者永久退出使用却不能从其处置中取得经济利益时，应当终止确认该投资性房地产。

企业可以通过对外出售或转让的方式处置投资性房地产，取得投资收益。对于那些由于使用而不断磨损直到最终报废，或者由于遭受自然灾害等非正常损失发生毁损的投资性房地产应当及时进行清理。此外，企业因其他原因，如非货币性资产交易等而减少投资性房地产也属于投资性房地产的处置。企业出售、转让、报废投资性房地产或者发生投资性房地产毁损，应当将处置收入扣除其账面价值和相关税费后的金额记入当期损益。

1. 采用成本模式计量的投资性房地产的处置

处置采用成本模式计量的投资性房地产时，应当按实际收到的金额，借记“银行存款”等科目，贷记“其他业务收入”科目；按该项投资性房地产的账面价值，借记“其他业务成本”科目，按其账面余额贷记“投资性房地产”科目；按照已计提的折旧或摊销借记“投资性房地产累计折旧(摊销)”科目，原已计提减值准备的借记“投资性房地产减值准备”科目。

【例 7-51】 西夏机床厂下属的子公司将其出租的一栋写字楼确认为投资性房地产，采用成本模式计量。租赁期届满后，将该栋写字楼出售给乙公司，合同价款为 30 000 万元，乙公司已用银行存款付清。出售时，该栋写字楼的成本为28 000 万元，已计提折旧 3 000 万元。

西夏机床厂下属的子公司的账务处理如下：

借：银行存款　　300 000 000

　　贷：其他业务收入　　300 000 000

借:其他业务成本　　250 000 000
　投资性房地产累计折旧(摊销)　　30 000 000
　贷:投资性房地产——写字楼　　280 000 000

2. 采用公允价值模式计量的投资性房地产的处置

处置采用公允价值模式计量的投资性房地产时,应当按实际收到的金额,借记"银行存款"等科目,贷记"其他业务收入"科目;按该项投资性房地产的账面余额,借记"其他业务成本"科目;按其成本,贷记"投资性房地产——成本"科目;按其累计公允价值变动,贷记或借记"投资性房地产——公允价值变动"科目;同时结转投资性房地产累计公允价值变动。若存在原转换日记入资本公积的金额,也一并结转。

【例 7-52】 西夏机床厂下属的子公司与乙企业签订租赁协议,将其原先自用的一栋写字楼出租给乙企业使用,租赁期开始日为 2012 年 4 月 15 日。2012 年 4 月 15 日,该写字楼的账面余额为 5 000 万元,已累计折旧 500 万元,公允价值为 4 700 万元。2012 年 12 月 31 日,该项投资性房地产的公允价值为 4 800 万元。2013 年 6 月租赁期届满,企业收回该项投资性房地产,并以 5 500 万元出售,出售款项已收讫。假设该子公司采用公允价值模式计量,不考虑相关税费。西夏机床厂下属子公司的账务处理如下:

① 2012 年 4 月 15 日,将固定资产转换为投资性房地产时:

借:投资性房地产——成本　　47 000 000
　累计折旧　　5 000 000
　贷:固定资产　　50 000 000
　　资本公积——其他资本公积　　2 000 000

② 2012 年 12 月 31 日,公允价值变动处理时:

借:投资性房地产——公允价值变动　　1 000 000
　贷:公允价值变动损益　　1 000 000

③ 2013 年 6 月,收回并出售投资性房地产时:

借:银行存款　　55 000 000
　贷:其他业务收入　　55 000 000

④ 结转成本时:

借:其他业务成本　　48 000 000
　贷:投资性房地产——成本　　47 000 000
　　　　　　——公允价值变动　　1 000 000

⑤ 将投资性房地产的累计公允价值变动损益转入其他业务成本时:

借:公允价值变动损益　　1 000 000
　贷:其他业务成本　　1 000 000

⑥ 将转换时原计入资本公积的部分转入其他业务成本时:

借：资本公积——其他资本公积　　2 000 000
　　贷：其他业务成本　　2 000 000

七、投资性房地产的减值

投资性房地产存在减值现象的，应当按照《企业会计准则第 8 号——资产减值》的有关规定进行减值测试。经减值测试确定发生减值的，应当计提减值准备。按照应计提减值准备的金额，借记"资产减值损失"科目，贷记"投资性房地产减值准备"科目。已经计提减值准备的投资性房地产，其减值损失在以后的会计期间不得转回。

【例 7-53】 2013 年末，西夏机床厂出租的写字楼发生减值迹象，经减值测试，其可收回金额为 1 200 万元，此时写字楼的账面价值为 1 500 万元。假设以前年度未计提减值准备，西夏机床厂的账务处理如下：

借：资产减值损失　　3 000 000
　　贷：投资性房地产减值准备　　3 000 000

注意：

1. 采用成本模式计量的投资性房地产不需要开设明细科目，而采用公允价值模式计量的投资性房地产需要开设"成本""公允价值变动"等明细科目。

2. 采用成本模式计量的投资性房地产应按月计提折旧（或摊销），计提折旧（或摊销）的时间范围与固定资产计提折旧及无形资产摊销时间范围相同，而采用公允价值模式计量的投资性房地产不提折旧（或摊销）。

3. 处置时，成本模式计量的投资性房地产结转成本时"其他业务成本"反映净值，而公允价值模式计量的投资性房地产结转成本时"其他业务成本"反映账面余额。

4. 成本模式计量在条件具备后可以转化为公允价值模式，而公允价值模式不能转化为成本模式。

任务八　无 形 资 产

无形资产是企业拥有或控制的、没有实物形态的、可辨认的非货币性资产。随着我国企业自主创新和技术进步升级步伐的不断加快，无形资产在企业资产总额中所占的比例越来越大，对企业财务状况的影响也越来越大。本任务主要介绍无形资产的定义与分类、无形资产的初始计量和后续计量、无形资产减值与处置的会计处理。

一、无形资产的概念与特征

1. 无形资产的概念

无形资产，是指企业拥有或控制的、没有实物形态的、可辨认的非货币性资产。无形资产可通过外购、自行开发、投资者投入、债务重组、以非货币性资产交换交易换入等方式取得，包括专利权、非专利技术、商标权、著作权、土地使用权、特许权等。

2. 无形资产的特征

① 没有实物形态。无形资产本身不具有实物形态，通常体现为一种权利、技术或能获得超额利润的能力。如土地使用权、非专利技术等。因此，它具有价值，也能为企业带来经济利益。不具有实物形态是无形资产区别于其他有形资产的一个显著标志。

② 具有可辨认性。可辨认性是指无形资产能够从企业中分离或者划分出来，并能单独或者与相关合同、资产或负债一起，用于出售、转移、授予许可、租赁或者交换。客户关系、人力资源等，由于企业无法控制其带来的未来经济利益，不符合无形资产的定义，不应将其确认为无形资产。

③ 为企业带来的经济利益具有不确定性。当代科学技术的迅猛发展，使得许多无形资产的经济寿命难以准确地预计，因而使得无形资产能为企业带来的未来经济利益难以准确地预计。

④ 属于非货币性资产。货币性资产是指企业持有的货币资金和将以固定或可确定的金额收取的资产，包括库存现金、银行存款、应收账款和应收票据，以及准备持有至到期的债券投资等。非货币性资产指货币性资产以外的资产。无形资产由于没有发达的交易市场，一般不容易转化成现金，在持有过程中为企业带来未来经济利益的情况不确定，不属于以固定或可确定的金额收取的资产，属于非货币性资产。

二、无形资产的分类

1. 按其反映的经济内容分类

(1) 专利权

专利权是指经国家专利管理机关审定并授予发明者在一定年限内对其成果的制造、使用和出售的专门权利。专利权一般包括发明专利权、实用新型专利权和外观设计专利权等。专利权在法定有效期间内受法律保护。我国《专利法》规定，发明专利权的期限为20年，实用新型和外观设计专利权的期限为10年。

(2) 商标权

商标权是指企业拥有的在某类指定的商品上使用特定名称或图案的权利。商标经商标管理机关核准后，成为注册商标，受法律保护。商标权的使用有效期为10年，期满前可申请续展注册延长有效期。

(3) 土地使用权

土地使用权是指国家准许某一企业在一定期间对国有土地享有开发、利用、经营的权利。根据我国土地管理法的规定，我国土地实行公有制，任何单位和个人不得侵占、买卖或者以其他形式非法转让。企业土地使用权可以通过行政划拨、外购及投资者投资等方式取得。

企业购入的土地使用权通常应计入无形资产，但改变其用途用于赚取租金或资本增值的，应当将其转为投资性房地产。若购入土地使用权及建筑物共同支付价款的，应当将支付的价款在建筑物与土地使用权之间分配；难以合理分配的，应当全部作为固定资产。

(4) 著作权

著作权又称版权，指作者对其创作的文学、科学和艺术作品依法享有的某些特殊权利。著作权包括作品署名权、发表权、修改权和保护作品完整权，还包括复制权、发行权、出租权、展览权、表演权、放映权、广播权、信息网络传播权、摄制权、改编权、翻译权、汇编权，以及应当由著作权人享有的其他权利。

(5) 特许权

特许权又称经营特许权、专营权，指企业在某一地区经营或销售某种特定商品的权利，或一家企业接受另一家企业使用其商标、商号、技术秘密等的权利。通常有两种形式：一种是由政府机构授权，准许企业使用或在一定地区享有经营某种业务的特权，如水、电、邮电通信等专营权、烟草专卖权、公路收费权等；另一种指企业间依照签订的合同，有限期或无限期地使用另一家企业的某些权利，如连锁店分店使用总店的名称等。

(6) 非专利技术

非专利技术也称专有技术，指发明者未申请专利或不够申请专利的条件而未经公开的先进技术，包括先进的生产经验、先进的技术设计资料，以及先进的原料配方等。非专利技术不需到有关管理机关注册登记，只靠少数技术持有者采用保密方式维持其独占性。

2. 按其来源分类

(1) 外来的无形资产

外来的无形资产是指企业从国内外科研单位及其他企业购进的无形资产、接受投资或接受捐赠形成的无形资产，以及通过债务重组、非货币性资产交换等其他方式取得的无形资产。

(2) 自创的无形资产

自创的无形资产是指企业自行开发、研制形成的无形资产。

3. 按其使用寿命是否确定分类

(1) 使用寿命有限的无形资产

使用寿命有限的无形资产是指合同或法律规定了无形资产的使用寿命，或合同及法律没有规定其使用寿命但是企业综合各方面情况，如企业经过努力，聘请相关专家进行论证或与同行业的情况进行比较，以及企业的历史经验等，可以确定其为企业带来未来经济利益期限的无形资产。

（2）使用寿命不确定的无形资产

使用寿命不确定的无形资产是指企业确实无法合理确定无形资产为企业带来经济利益期限的无形资产。根据可获得的情况判断，有确凿证据表明无法合理估计其使用寿命的无形资产，才能作为使用寿命不确定的无形资产。企业不得随意判断使用寿命不确定的无形资产。

三、无形资产的确认条件

符合无形资产定义，同时满足下列条件的，才能确认为无形资产：

① 与该资产有关的经济利益很可能流入企业。

② 该无形资产的成本能够可靠地计量。

四、无形资产的核算

（一）无形资产取得

无形资产应当按照成本进行初始计量。企业取得无形资产的主要方式有外购、自行研究开发等。取得的方式不同，其会计处理也有所差别。

1. 外购的无形资产

外购的无形资产，其成本包括购买价款、相关税费，以及直接归属于使该项资产达到预定用途所发生的其他支出。其中，直接归属于使该项资产达到预定用途所发生的其他支出，包括使无形资产达到预定用途所发生的专业服务费用、测试无形资产是否能够正常发挥作用的费用等，但不包括为引入新产品进行宣传发生的广告费、管理费用及其他间接费用，也不包括在无形资产已经达到预定用途以后发生的费用。

【例 7-54】 西夏机床厂于 2013 年 5 月 16 日购买某产品的专利权，价款 200 000 元。购入后，西夏机床厂为该专利权支付律师费 20 000 元，重新登记注册费 30 000 元。西夏机床厂会计分录如下：

借：无形资产——专利权	250 000	
贷：银行存款		250 000

2. 自行开发的无形资产

自行开发的无形资产的成本，包括自满足无形资产的确认条件后至达到预定用途前发生的支出总额，包括在开发过程中发生的材料费用、直接参与开发人员的工资及福利费、开发过程中发生的租金、借款费用支出，以及依法取得时发生的注册费、聘请律师费等费用。企业内部研究开发项目所发生的支出应区分研究阶段和开发阶段支出。

(1) 研究阶段和开发阶段的划分

① 研究阶段。研究是指为获取新的技术和知识等进行的有计划的调查。它具有计划性和探索性特点:计划性主要表现在研究阶段是建立在有计划的调查基础上,即研发项目已经通过董事会或者相关管理层的批准,并着手收集相关资料、进行市场调查等;探索性主要表现在为进一步的开发活动进行资料和相关方面的准备,这一阶段不会形成阶段性成果。

② 开发阶段。开发是指在进行商业性生产或使用前,将研究成果或其他知识应用于某项计划或设计,以生产出新的或具有实质性改进的材料、装置、产品等。开发阶段具有针对性和形成成果的可能性较大的特点。针对性主要表现在开发阶段是建立在研究阶段基础上,因而,对项目的开发具有针对性;形成成果的可能性较大,主要表现在进入开发阶段的研发项目往往形成成果的可能性较大。

(2) 企业内部研究开发项目支出的确认

企业内部研究开发项目开发阶段的支出,能同时满足以下条件的,才能确认为无形资产:

① 完成该无形资产以使其能够使用或出售,在技术上具有可行性。

② 具有完成该无形资产并使用或出售的意图。

③ 无形资产产生经济利益的方式,包括能够证明运用该无形资产生产的产品存在市场或无形资产自身存在市场;无形资产将在内部使用的,应当证明其有用性。

④ 有足够的技术、财务资源和其他资源支持,以完成该无形资产的开发,并有能力使用或出售该无形资产。

⑤ 归属于该无形资产开发阶段的支出能够可靠地计量。

企业内部研究开发项目研究阶段的支出,不能资本化,发生时先记入“研发支出——费用化支出”科目,期末将“研发支出——费用化支出”科目归集的金额转入“管理费用”科目。企业内部研究开发项目开发阶段的支出,能够满足下列条件的,才符合资本化支出,发生费用时先记入“研发支出——资本化支出”科目,达到预定用途形成无形资产的,将“研发支出——资本化支出”转入“无形资产”科目。

如果确实无法区分研究阶段的支出和开发阶段的支出,应将其所发生的研发支出全部费用,记入当期损益。

【例 7-55】 西夏机床厂下属的子公司自行研究开发一项新产品专利技术,在研究开发过程中发生材料费 40 万元、人工费 10 万元,以及用银行存款支付其他费用 30 万元,总计 80 万元。其中,符合资本化条件的支出为 50 万元,期末该专利技术已经达到预定用途。假定不考虑相关税费。

① 相关费用发生时:

借：研发支出——费用化支出　　300 000
　　　　　——资本化支出　　500 000
　贷：原材料　　400 000
　　　应付职工薪酬　　100 000
　　　银行存款　　300 000

② 期末账务处理：

借：管理费用　　300 000
　　无形资产　　500 000
　贷：研发支出——费用化支出　　300 000
　　　　　　——资本化支出　　500 000

3. 投资者投入的无形资产

投资者投入的无形资产，应当按照投资合同或协议约定的价值入账，借记“无形资产”科目，贷记“实收资本”科目。如果投资合同或协议约定的价值不公允，无形资产应当以其公允价值入账。无形资产的入账价值与投资方在企业注册资本中占有的份额的差额，记入“资本公积”科目。

【例 7-56】 西夏机床厂设立时接受 A 公司以其所拥有的专利权作为出资，该无形资产评估确认的价值为 2 500 万元，此时 A 公司享有本公司股份 2 000 万股，每股面值 1 元，已办妥相关手续。西夏机床厂账务处理如下：

借：无形资产——专利权　　25 000 000
　贷：股本　　20 000 000
　　　资本公积——股本溢价　　5 000 000

4. 接受捐赠的无形资产

企业接受捐赠的无形资产，如果捐赠者提供了有关凭据，应按凭据中的金额加上应支付的相关税费计价；如果捐赠者没有提供有关凭据，对于同类或类似无形资产存在活跃的市场，应参照同类或类似无形资产的市场价格估计的金额，加上应支付的相关税费计价；对于同类或类似无形资产不存在活跃的市场，应按其预计未来现金流量的现值计价，企业接受无形资产捐赠时，应根据确定的价值，借记“无形资产”科目，贷记“营业外收入”科目。

（二）无形资产的摊销

无形资产应当于取得时分析判断其使用寿命。使用寿命有限的无形资产，应在其预计的使用寿命内采用系统合理的方法进行价值摊销，摊销金额记入有关的成本费用；使用寿命不确定的无形资产，在持有期间内不需要摊销，但期末要进行减值测试，如果发生减值，要计提减值准备。

无形资产的摊销期自其可供使用时（达到能够按管理层预定的方式运作所必需的状态）开始摊销，处置当月不再摊销。（即当月增加当月摊销，当月减少当月不

再摊销）

对某项无形资产摊销所使用的方法应依据从资产中获取的预期未来经济利益的预计消耗方式来选择（工作量法、直线法等），并一致地运用于不同会计期间，无法确定消耗方式的应当采用直线法摊销。

无形资产的摊销金额为其成本扣除预计残值后的金额。已经计提减值准备的无形资产，还应扣除已计提的减值准备累计金额。使用寿命有限的无形资产，残值一般为零，除非有第三方承诺在无形资产使用寿命结束时愿意以一定的价格购买该项无形资产，或者存在活跃的市场，通过市场可以得到无形资产使用寿命结束时的残值信息，并且从目前情况看，在无形资产使用寿命结束时，该市场还可能存在的情况下，可以预计无形资产的残值。

无形资产的摊销金额一般应当记入当期损益。企业自用无形资产的摊销金额应当计入“管理费用”科目，企业转让无形资产使用权，转让收入记入“其他业务收入”科目，无形资产的摊销金额则相应记入“其他业务成本”科目。

企业应当设置“累计摊销”账户反映无形资产的摊销情况。“累计摊销”账户是“无形资产”账户的备抵账户，贷方登记按期计提的无形资产的摊销额，借方登记处置无形资产时结转的累计摊销数。余额在贷方，反映企业无形资产的累计摊销额。

【例 7-57】 西夏机床厂从外单位购得一项专利权，支付价款 4 800 000 元，款项已支付，该专利权的使用期为 10 年，不考虑残值的因素。西夏机床厂会计处理如下：

① 购入时：

借：无形资产——专利权	4 800 000	
贷：银行存款		4 800 000

② 月末摊销时：

借：管理费用	40 000	
贷：累计摊销		40 000

需要指出的是，使用寿命不确定的无形资产，在持有期间内不需要摊销，但期末应当对其使用寿命进行复核。复核后如果有证据表明其使用寿命是有限的，则应估计使用寿命并按照估计寿命进行摊销。

（三）无形资产的减值

1．无形资产减值金额的确定

① 对于使用寿命有限的无形资产，在资产负债表日发生减值迹象的，需要进行减值测试，如果减值测试表明其可收回金额低于账面价值的，应当计提减值准备。

② 对于使用寿命不确定的无形资产，在资产负债表日应当对其使用寿命进行复核。使用寿命仍不确定的，应当进行减值测试，如果减值测试表明其可收回金额低于账面价值的，应当计提减值准备。

③ 企业持有待售的无形资产不进行摊销，在资产负债表日应当合理确定其公允价值与预计处置费用。如果公允价值减去预计处置费用后的净额低于其账面价值的，应当计提减值准备。

2. 无形资产减值金额的会计处理

企业计提无形资产减值准备，应当设置“无形资产减值准备”账户。按照应计提的金额，借记“资产减值损失”科目，贷记“无形资产减值准备”科目。无形资产减值损失一经确认，在以后会计期间不得转回。

【例 7-58】 西夏机床厂 2012 年 1 月购入一项可供使用的专利权，成本为 120 万元，预计使用寿命为 6 年，预计净残值为零。2013 年末，预计可收回金额为 72 万元。

① 2012 年摊销时：

借：管理费用　　200 000

　贷：累计摊销　　200 000

② 2013 年摊销时：

同 2012 年的摊销分录

③ 2013 年末，无形资产的账面价值 80 万元，预计可收回金额 72 万元，应计提减值准备 8 万元：

借：资产减值损失　　80 000

　贷：无形资产减值准备　　80 000

④ 2014 年：

应摊销额＝72 万元÷4＝18(万元)

借：管理费用　　180 000

　贷：累计摊销　　180 000

(四) 无形资产的处置

无形资产的处置，主要是指无形资产对外出租、出售、对外捐赠，或者无法为企业带来未来经济利益时，应予以转销并终止确认。

1. 无形资产的出租

企业将所拥有的无形资产的使用权让渡给他人，并收取租金，属于与企业日常活动相关的其他经营活动取得的收入，在满足收入准则规定的确认标准的情况下，应确认相关的收入及成本。

出租无形资产时，按照取得的租金收入，借记“银行存款”等科目，贷记“其他业务收入”科目；摊销出租无形资产的成本并发生与转让有关的各种费用支出时，借记“其他业务成本”科目，贷记“累计摊销”等科目；按照应当交纳的营业税、城市维护建设税和教育费附加，借记“营业税金及附加”科目，贷记“应交税费”科目。

【例 7-59】 西夏机床厂将一项专利技术出租给另外一个企业使用。该专利技术账面余额为 500 万元，摊销期限为 10 年。出租合同规定，承租方每销售一件用该专利生产的产品，必须付给出租方 10 元专利技术使用费。假定承租方当年销售该产品10万件。假定不考虑其他相关税费。西夏机床厂的账务处理如下：

借：银行存款	1 000 000	
贷：其他业务收入		1 000 000
借：其他业务成本	500 000	
贷：累计摊销		500 000

2. 无形资产的出售

企业将无形资产出售，表明企业放弃该无形资产的所有权。企业出售无形资产时，应将所取得的价款与该无形资产账面价值的差额作为资产处置利得或损失，计入“营业外收入”科目或“营业外支出”科目。

出售无形资产时，应按实际收到的金额，借记“银行存款”等科目；按已摊销的累计摊销额，借记“累计摊销”科目；原已计提减值准备的，借记“无形资产减值准备”科目；按应支付的相关税费，贷记“应交税费”等科目；按其账面余额，贷记“无形资产”科目；按其差额，贷记“营业外收入——处置非流动资产利得”科目或借记“营业外支出——处置非流动资产损失”科目。

【例7-60】 西夏机床厂将拥有的一项非专利技术出售，取得收入50万元，按5%交的营业税。该非专利技术的账面余额为60万元，累计摊销额为22万元，已计提的减值准备为10万元。账务处理如下：

借：银行存款	500 000	
累计摊销	220 000	
无形资产减值准备	100 000	
贷：无形资产		600 000
应交税费——应交营业税		25 000
营业外收入——处置非流动资产利得		195 000

3. 无形资产的报废

如果无形资产预期不能为企业带来未来经济利益，不再符合无形资产的定义，应当将该无形资产予以报废，将其账面价值进行转销。如出现无形资产已被其他新技术所替代，不能为企业带来经济利益；或者无形资产不再受到法律保护，且不能给企业带来经济利益等情况，应当将该无形资产报废，将其账面价值转销计入营业外支出。

转销无形资产账面价值时，应按已摊销的累计摊销额，借记“累计摊销”科目；原已计提减值准备的，借记“无形资产减值准备”科目；按其账面余额，贷记“无形资产”科目；按其差额，借记“营业外支出”科目。

【例7-61】 西夏机床厂的某项专利技术，其账面余额为600万元，摊销期限为10年，采用直线法进行摊销，已摊销5年。假定该项专利权的残值为0，计提的减值准备为160万元，今年用其生产的产品没有市场，应予转销。假定不考虑其他相关因素，其账务处理如下：

借：累计摊销　3 000 000
　无形资产减值准备　1 600 000
　营业外支出——处置无形资产损失　1 400 000
　贷：无形资产——专利权　6 000 000

任务九　其他资产

其他资产是指除货币资金、交易性金融资产、应收及预付款项、存货、长期股权投资、固定资产、无形资产、投资性房地产等以外的资产，主要包括长期待摊费用等。

一、长期待摊费用

长期待摊费用是指企业已经发生，但应由本期和以后各期负担的摊销期限在一年以上的各项费用。如以经营租赁方式租入的固定资产发生的改良支出等。

企业发生的长期待摊费用，借记“长期待摊费用”科目，贷记“银行存款”“原材料”等科目。摊销长期待摊费用时，借记“管理费用”“销售费用”等科目，贷记“长期待摊费用”科目。“长期待摊费用”账户的期末借方余额反映企业尚未摊销完毕的长期待摊费用。

【例 7-62】 2013 年 4 月 1 日，西夏机床厂下属的子公司对其以经营租赁方式租入的办公楼进行装修，发生以下有关支出：领用生产用材料 500 000 元，购进该批材料时支付的增值税进项税额为 85 000 元，辅助车间为该装修工程提供的劳务支出为 180 000 元，有关工程人员工资等职工薪酬 435 000 元。2013 年 12 月 1 日，该办公楼装修完毕，达到预定可使用状态并交付使用，按租赁期 10 年摊销。

① 装修领用原材料时：

借：长期待摊费用　585 000
　贷：原材料　500 000
　　应交税费——应交增值税（进项税额转出）　85 000

② 辅助生产车间为装修工程提供劳务时：

借：长期待摊费用　180 000
　贷：生产成本——辅助生产成本　180 000

③ 确认工程人员职工薪酬时：

借：长期待摊费用　435 000
　贷：应付职工薪酬　435 000

④ 2013 年末摊销装修支出时：

借：管理费用　10 000
　贷：长期待摊费用　10 000

二、其他资产

其他资产一般包括国家批准储备的特种物资、银行冻结存款，以及临时设施和涉及诉讼中的财产等。其他长期资产可以根据资产的性质及特点单独设置相关账户核算。

项目训练

一、单项选择题

1. 交易性金融资产应当以公允价值进行后续计量，公允价值变动计入（　　）科目。
   A. 营业外支出　　B. 投资收益
   C. 公允价值变动损益　　D. 资本公积
2. 下列各项不属于金融资产的是（　　）。
   A. 库存现金　　B. 应收账款　　C. 基金投资　　D. 存货
3. 企业取得交易性金融资产支付的价款中包含的已到付息期但尚未领取的利息应计入（　　）科目。
   A. 交易性金融资产　　B. 应收利息
   C. 公允价值变动损益　　D. 资本公积
4. 持有交易性金融资产期间，被投资单位宣告发放现金股利或在资产负债表日按债券票面利率计算利息时，借记“应收股利”或“应收利息”科目，贷记（　　）科目。
   A. 交易性金融资产　　B. 投资收益
   C. 公允价值变动损益　　D. 短期投资
5. 甲公司 2013 年 4 月 10 日，以每股 12 元的价格购入 A 股票 50 万股，作为交易性金融资产，购买该股票支付手续费等 10 万元。2013 年 12 月 31 日 A 股票的市价为每股 11 元，当日此交易性金融资产的账面价值为（　　）万元。
   A. 550　　B. 585　　C. 610　　D. 575
6. 企业出售交易性金融资产时，应按实际收到的金额，借记“银行存款”科目；按该金融资产的成本，贷记“交易性金融资产（成本）”科目；按该项交易性金融资产的公允价值变动，贷记或借记“交易性金融资产——公允价值变动”科目，按其差额，贷记或借记（　　）。
   A. “公允价值变动损益”科目　　B. “投资收益”科目
   C. “资本公积”科目　　D. “营业外收入”科目
7. 2013 年 1 月 1 日，甲上市公司购入一批股票，作为交易性金融资产核算和管理。实际支付价款 100 万元，其中包含已经宣告的现金股利 1 万元。另支付相关费用 2 万元。均以银行存款支付。假定不考虑其他因素，该项交易性金融资产的入账价值为(　　)万元。

A. 100　B. 102　C. 99　D. 103

8. 采用权益法核算长期股权投资，在被投资单位发生亏损时，投资企业按应分担的份额确认并(　　)。

A. 减少长期股权投资账面价值　B. 冲减应收股息

C. 冲减资本公积　D. 计入营业外支出

9. 可采用重置价值计价的固定资产为(　　)。

A. 自行建造的固定资产　B. 非货币性交易换入的固定资产

C. 盘盈的固定资产　D. 接受投资的固定资产

10. 企业采用成本法核算长期股权投资时，收到被投资单位分派的属于投资单位在投资前实现的现金股利时，应当(　　)。

A. 减少长期股权投资　B. 冲减应收股息

C. 增加实收资本　D. 计入投资收益

11. 用于购置固定资产的专门借款的利息，在固定资产达到预定可使用状态前应记入(　　)账户。

A. 在建工程　B. 固定资产　C. 财务费用　D. 管理费用

12. 购入需要安装的固定资产，在安装完毕交付使用前记入的账户是(　　)。

A. 固定资产　B. 在建工程　C. 材料采购　D. 实收资本

13. 投资者投入的固定资产，以(　　)作为固定资产原值。

A. 协议确认的公允价值　B. 投资单位账面价值

C. 固定资产重置价值　D. 固定资产净值

14. 某项固定资产原值为 10 万元，预计使用 10 年，预计净残值为 5 000 元，采用年限平均法计提折旧，每年应提折旧额(　　)元。

A. 9 500　B. 10 000　C. 5 000　D. 4 750

15. 下列固定资产不应计提折旧的有(　　)。

A. 已提足折旧继续使用的固定资产　B. 融资租入固定资产

C. 经营租出的固定资产　D. 季节性生产停用的固定资产

16. 某项固定资产原值为 90 万元，预计净残值为 3 万元，预计使用为 5 年，采用年数总和法计提折旧，第一年应提折旧额为(　　)元。

A. 348 000　B. 174 000　C. 290 000　D. 87 000

17. 某固定资产使用年限为 10 年，在采用双倍余额递减法计提折旧的情况下，第一年的年折旧率为(　　)。

A. 20%　B. 33.33%　C. 40%　D. 50%

18. 接受捐赠的固定资产，应借记固定资产，贷记(　　)科目。

A. 实收资本　B. 盈余公积　C. 利润分配　D. 营业外收入

19. 某企业对账面原值为 100 万元，累计折旧为 60 万元的某一固定资产进行清理。清理时发生清理费用 5 万元，清理收入为 80 万元(按 5%的营业税率交纳营业税，其他税费略)，该固定资产清理净收入为(　　)万元。

A. 80　　B. 75　　C. 35　　D. 31

20. A 公司于 2013 年 1 月 5 日从证券市场上购入 B 公司发行在外的股票 100 万股，作为可供出售的金融资产，每股支付价款 6 元(含已宣告但尚未发放的现金股利 0.5 元)，另支付相关费用 12 万元。不考虑其他因素，则 A 公司可供出售金融资产取得时的入账价值为(　　)万元。

A. 600　　B. 612　　C. 550　　D. 562

21. 根据《企业会计准则》的规定，下列项目不属于投资性房地产的是(　　)。

A. 已出租的建筑物

B. 持有并准备增值后转让的土地使用权

C. 已出租的土地使用权

D. 持有并准备增值后转让的房屋建筑物

22. 企业通常应当采用(　　)对投资性房地产进行后续计量。

A. 成本模式　　B. 公允价值模式

C. 成本模式或公允价值模式　　D. 重置成本模式

23. 投资性房地产不论是成本模式计量还是公允价值模式计量，取得的租金收入均通过(　　)科目核算。

A. 营业外收入　　B. 投资收益

C. 其他业务成本　　D. 其他业务收入

24. 企业对成本模式进行后续计量的投资性房地产摊销时，应该借记(　　)科目。

A. 投资收益　　B. 其他业务成本

C. 营业外收入　　D. 管理费用

25. 按照《企业会计准则》的规定，下列属于投资性房地产的有(　　)

A. 房地产开发企业销售的或为销售而正在开发的商品房和土地

B. 企业生产经营用的厂房、车间

C. 企业生产经营用的办公楼

D. 企业经营性出租用的办公楼

26. 公允价值计量模式下，投资性房地产的公允价值变动计入(　　)。

A. 公允价值变动损益　　B. 资本公积

C. 投资收益　　D. 公允价值上升计入资本公积，公允价值下降计入公允价值变动损益

27. 企业外购的无形资产，应按(　　)入账。

A. 公允价值　　B. 账面价值

C. 评估价值　　D. 购入实际支出

28. 转让无形资产使用权的收入应记入(　　)科目。
A. 主营业务收入　　B. 其他业务收入
C. 营业外收入　　D. 投资收益
29. 出售无形资产时,所收价款高于账面价值的差额应记入(　　)科目。
A. 投资收益　　B. 资本公积
C. 其他业务收入　　D. 营业外收入
30. 无形资产摊销方法一般采用(　　)。
A. 直线摊销法　　B. 分次摊销法　　C. 一次转销法　　D. 五五摊销法
31. 甲企业研制一项新技术,在研发过程中,发生研究费用 10 万元,发生开发费用 11 万元(其中,耗费原材料 6 万元,支付人工费 5 万元)。研制成功后向专利注册机构进行登记,在申请专利的过程中,发生的注册登记费为 3 万元,聘请律师费 5 000 元。该项专利的入账价值为(　　)元。
A. 60 000　　B. 110 000　　C. 145 000　　D. 210 000

二、多项选择题

1. 根据《企业会计准则》,以公允价值计量且其变动价值记入当期损益的金融资产包括(　　)。
A. 交易性金融资产　　B. 持有至到期投资
C. 可供出售金融资产　　D. 贷款和应收账款
E. 直接指定为以公允价值计量且其变动价值记入当期损益的金融资产
2. 下列属于交易性金融资产的有(　　)。
A. 以赚取差价为目的从二级市场购入的股票
B. 以赚取差价为目的从二级市场购入的债券
C. 以赚取差价为目的从二级市场购入的基金
D. 不作为有效套期工具的衍生工具
E. 作为有效套期工具的衍生工具
3. 下列各项中,会引起交易性金融资产账面余额发生变化的有(　　)。
A. 收到原未记入应收项目的交易性金融资产的利息
B. 期末交易性金融资产公允价值高于其账面余额的差额
C. 期末交易性金融资产公允价值低于其账面余额的差额
D. 出售交易性金融资产
4. 下列项目中,不应记入交易性金融资产取得成本的是(　　)。
A. 支付的购买价格　　B. 支付的相关税金
C. 支付的手续费　　D. 支付价款中包含的应收利息
5. 下列各项中,应作为持有至到期投资取得时初始成本入账价值的有(　　)。
A. 投资时支付的不含应收利息的价款

B. 投资时支付的手续费

C. 投资时支付的税金

D. 投资时支付款项中所含的已到期尚未发放的利息

6. 下列各项中,会引起持有至到期投资账面价值发生增减变动的有(　　)。

A. 计提持有至到期投资减值准备　　B. 确认分期付息的利息

C. 确认到期一次付息的利息　　D. 摊销溢价或折价

7. 持有至到期投资,应设置的明细账有(　　)。

A. 成本　　B. 公允价值变动

C. 利息调整　　D. 应计利息

8. 可供出售金融资产为债券投资的,应设置的明细账有(　　)。

A. 成本　　B. 公允价值变动

C. 利息调整　　D. 应计利息

9. 下列资产减值因素一旦消失,已计提的减值准备可以转回的有(　　)。

A. 坏账准备　　B. 持有至到期投资减值准备

C. 可供出售金融资产减值准备　　D. 固定资产

10. 下列各项中,应确认投资收益的有(　　)。

A. 持有至到期投资在持有期间按摊余成本和实际利率计算确认的利息收入

B. 可供出售金融资产在资产负债表日公允价值与其账面价值的差额

C. 交易性金融资产在资产负债表日的公允价值与账面价值的差额

D. 可供出售金融资产出售时,实际收到款项与账面价值的差额

11. 购入的固定资产,其入账价值包括(　　)。

A. 买价　　B. 运杂费　　C. 途中保险费　　D. 进口关税

E. 增值税进项税额

12. 下列项目中,属于企业固定资产范畴的有(　　)。

A. 融资租出的固定资产　　B. 经营租出的固定资产

C. 不需用的固定资产　　D. 融资租入的固定资产

E. 经营租入的固定资产

13. 下列固定资产中应计提折旧的有(　　)。

A. 房屋建筑物　　B. 经营租出的固定资产

C. 季节性生产停用的固定资产　　D. 经营租入的固定资产

14. 下列固定资产不应计提折旧的有(　　)。

A. 停用的厂房

B. 提前报废的固定资产

C. 经营性租出固定资产

D. 已提足折旧继续使用的固定资产

15. 下列项目中,应计入自行建造固定资产的入账价值的有(　　)。

A. 工程领用的工程物资　　B. 工程费用
C. 安装调试费　　D. 工程领用产品的销项税额

16. 下列各项中，影响固定资产折旧因素的有(　　)。
A. 预计净残值　　B. 原值
C. 已计提的减值准备　　D. 使用寿命

17. 企业购进下列固定资产时，所支付的增值税可作为进项税额抵扣的有(　　)。
A. 董事长购入自用的宝马车　　B. 公司购入生产设备
C. 公司购入运输用汽车　　D. 为生产车间购置的电脑
E. 公司购入营业用房

18. "固定资产清理"账户借方的核算内容包括(　　)。
A. 转入清理的固定资产的净值　　B. 发生的清理费用
C. 结转的固定资产清理净损失　　D. 结转的固定资产清理净收益

19. 通过"固定资产清理"科目核算处置固定资产的净损益，可能转入的科目有(　　)。
A. 销售费用
B. 营业外支出——处置非流动资产损失
C. 营业外支出——非常损失
D. 营业外收入——处置非流动资产利得

20. 计提固定资产折旧应借记的会计科目有(　　)。
A. 制造费用　　B. 销售费用
C. 管理费用　　D. 其他业务成本

21. 下列方法中属于加速折旧的有(　　)。
A. 工作量法　　B. 平均法
C. 年数总和法　　D. 双倍余额递减法

22. 采用自营方式建造固定资产的，下列项目中应计入固定资产取得成本的有(　　)。
A. 工程人员的应付职工薪酬
B. 工程耗用原材料时发生的增值税
C. 工程领用本企业商品产品的实际成本
D. 生产车间为工程提供水电等费用

23. 通过"固定资产清理"科目核算的固定资产业务有(　　)。
A. 固定资产报废　　B. 固定资产出售
C. 固定资产毁损　　D. 固定资产盘亏

24. 第一年度提取折旧时，就需要考虑固定资产净残值的折旧方法有(　　)。
A. 平均年限法　　B. 工作量法
C. 双倍余额递减法　　D. 年数总和法

25. "固定资产清理"账户贷方登记的项目有(　　)。

A. 转入清理的固定资产净值　　B. 变价收入
C. 结转的清理净收益　　D. 结转的清理净损失

26. 双倍余额递减法和年数总和法的共同点有(　　)。
A. 属于加速折旧法　　B. 每期折旧率固定
C. 前期折旧高,后期折旧低　　D. 不考虑净残值

27. 根据《企业会计准则》的规定,下列项目属于投资性房地产的是(　　)。
A. 已出租的建筑物
B. 持有并准备增值后转让的土地使用权
C. 已出租的土地使用权
D. 持有并准备增值后转让的房屋建筑物等自用房地产

28. 下列属于投资性房地产特征的是(　　)。
A. 为生产商品、提供劳务、出租或经营管理而持有的
B. 使用寿命超过一个会计年度
C. 目的是为赚取租金或资本增值
D. 单位价值较高
E. 能够单独计量和出售

29. 以下关于投资性房地产的"已出租的建筑物和土地使用权"的叙述正确的是(　　)。
A. 已出租的建筑物包括以经营租赁和融资租赁方式出租的建筑物
B. 已出租的建筑物是指企业拥有产权的建筑物
C. 用于出租的土地使用权通常包括在一级市场上以交纳土地出让金的方式取得的土地使用权
D. 用于出租的土地使用权包括以经营租赁方式租入的再转租给其他单位的土地使用权

30. 根据《企业会计准则》,关于投资性房地产的后续计量模式的叙述正确的有(　　)。
A. 通常应当采用成本模式进行计量
B. 只有符合规定条件的,可以采用公允价值模式进行计量
C. 同一企业只能采用一种模式对所有投资性房地产进行后续计量,不得同时采用两种计量模式
D. 成本模式可转为公允价值模式
E. 已采用公允价值模式的可以转为成本模式

31. 关于采用成本模式对投资性房地产进行后续计量的叙述,正确的有(　　)。
A. 应对投资性房地产计提折旧或摊销
B. 计提折旧或摊销适用《企业会计准则第 4 号——固定资产》《企业会计准则第 6 号——无形资产》准则

C. 存在减值迹象，应按《企业会计准则第8号——资产减值》进行减值测试，并计提相应减值准备
D. 与一般固定资产、无形资产的后续计量基本相同，区别仅仅是会计科目名称不同
E. 投资性房地产不计提折旧或摊销

32. 投资性房地产采用公允价值模式进行计量需要设置的账户有(　　)。
A. 投资性房地产累计折旧　　B. 投资性房地产累计摊销
C. 投资性房地产减值准备　　D. 投资性房地产
E. 公允价值变动损益

33. 采用成本价值模式计量的投资性房地产处置时，下列说法正确的是(　　)。
A. 将收到的价款计入“其他业务收入”
B. 将收到的价款计入“投资收益”
C. 将投资性房地产的账面价值转入“其他业务成本”
D. 将投资性房地产的账面价值转入“投资性房地产清理”

34. 采用权益法核算时，可能记入“长期股权投资”科目贷方发生额的是(　　)。
A. 被投资单位宣告现金股利　　B. 投资单位收回长期股权投资
C. 被投资单位发生亏损　　D. 被投资单位实现净利润
E. 实际收到现金股利

35. 采用权益法核算时，和“投资收益”账户有关的因素包括(　　)。
A. 被投资单位实现净利润
B. 被投资单位发生亏损
C. 被投资单位发生可供出售金融资产的公允价值增值
D. 被投资单位宣告分派股票股利
E. 被投资单位宣告现金股利

36. 下列各项中，不属于投资性房地产的有(　　)。
A. 完工的办公大楼准备整体出租
B. 企业拥有并自行经营的旅馆饭店
C. 已出租但无法单独计量的建筑物
D. 持有并准备增值后转让的土地使用权
E. 按国家规定被确认为闲置的土地

37. 核算采用成本模式计量的投资性房地产，应设置(　　)账户。
A. 投资性房地产
B. 累计折旧
C. 累计摊销
D. 投资性房地产累计折旧(摊销)
E. 投资性房地产减值准备

38. 自行开发一项专利过程中，发生费用应计入其开发成本的有（　　）。
A. 专利研制费用　　B. 专利开发费用
C. 律师费　　D. 注册费

39. 企业无形资产取得途径主要有（　　）。
A. 购入　　B. 自创
C. 接受捐赠　　D. 非货币资产交换换入

40. 发生的无形资产出租业务，应通过（　　）账户核算。
A. 营业外收入　　B. 其他业务收入
C. 营业外支出　　D. 其他业务成本

41. 对使用寿命有限的无形资产进行摊销的方法有（　　）。
A. 直线法　　B. 生产总量法　　C. 一次转销法　　D. 分次摊销法

42. 下列各项支出应计入无形资产成本的有（　　）。
A. 购入专利权发生的支出　　B. 购入商标权发生的支出
C. 取得土地使用权发生的支出　　D. 研发新技术使用权发生的支出

三、判断题

1. 取得交易性金融资产所支付价款中包含已宣告但尚未发放的债券利息记入“交易性金融资产”的成本。（　　）
2. 企业为取得交易性金融资产发生的交易费用应记入交易性金融资产初始确认金额。（　　）
3. 企业持有交易性金融资产期间对于被投资单位发放的现金股利于收到股利时确认为投资收益。（　　）
4. 资产负债表日，“交易性金融资产”科目的账户余额是交易性金融资产的成本。（　　）
5. 期末交易性金融资产公允价值变动的金额记入投资收益账户。（　　）
6. 企业为取得持有至到期投资发生的交易费用应记入当期损益，不应记入其初始确认金额。（　　）
7. 对长期股权投资采用成本法核算，投资后收到的现金股利和股票股利均应确认为投资收益。（　　）
8. 采用权益法核算时，投资企业对可以确认的被投资单位在投资前实现的净利润，记入当期损益。（　　）
9. 企业临时性租入的固定资产，不计提折旧，而融资租入的固定资产应视为自有固定资产计提折旧。（　　）
10. 接受捐赠固定资产发生的有关费用，不应记入固定资产的价值。（　　）
11. 未使用的房屋和建筑物不应计提折旧。（　　）

12. 建造某项固定资产而取得的长期借款利息，应当全部记入固定资产价值。 （ ）
13. 由于非常损失造成固定资产毁损而收到的保险公司赔偿款，应记入“固定资产清理”账户的贷方。 （ ）
14. 由于季节性生产而停止使用的固定资产不应提取折旧。 （ ）
15. 企业固定资产一旦入账，其原始价值在一般情况下不得调整。 （ ）
16. 计提固定资产折旧时，应以月初应计提折旧的固定资产账面原值为依据，当月增加的固定资产，当月不提折旧；当月减少的固定资产，当月照提折旧。 （ ）
17. 企业在购入机器设备时，专用发票上列示的增值税可以从企业的销项税中抵扣。 （ ）
18. 企业所有的固定资产均应计提折旧。 （ ）
19. 企业固定资产的减少，均需通过“固定资产清理”账户核算。 （ ）
20. 按企业会计准则规定，可供出售金融资产的溢价摊销，应当采用实际利率法。 （ ）
21. 对长期股权投资的核算，无论是采用成本法，还是采用权益法，均应在实际收到利润时确认投资收益。 （ ）
22. 股票投资只要持有期限超过一年就应做长期股权投资核算。 （ ）
23. 折价购入债券对投资者而言，是为以后少得利息而事先得到的补偿。 （ ）
24. 股票股利是被投资单位给投资企业的报酬，因此，投资企业应确认收益。 （ ）
25. 企业折价购入债券作为可供出售金融资产管理，其折价额在发生时记入投资收益。 （ ）
26. 购入作为可供出售金融资产管理的股票和债券，其成本的初始计量是不同的。 （ ）
27. 溢价购进债券作为可供出售金融资产管理，其溢价部分应记入可供出售金融资产的“债券溢价”账户进行核算。 （ ）
28. 只要用于出租的土地使用权和建筑物，均应作为投资性房地产核算。 （ ）
29. 对于部分用于出租的建筑物，只有能够单独计量和出售，才能作为投资性房地产。 （ ）
30. 对投资性房地产，一旦采用公允价值模式进行后续计量，就不能再转为成本模式计量。 （ ）
31. 对投资性房地产进行后续计量时，企业可以根据不同的投资性房地产的实际情况，分别采用成本计量模式和公允价值计量模式。 （ ）
32. 生产经营期间，企业处置无形资产的净损失应记入营业外支出。 （ ）
33. 企业自创并依法取得的专利权所发生的研究开发费用应记入当期损益。 （ ）

34. 无形资产均应摊销，且摊销时，应该冲减无形资产的成本。（　　）

35. 企业的长期待摊费用如果不能使以后会计期间受益的，应将其摊余价值全部转入当期损益。（　　）

四、实务题

习题一(一)

1. 目的：练习交易性金融资产的核算。
2. 资料：大华有限责任公司 2013 年发生有关交易性金融资产的经济业务如下：
   (1) 向大地证券公司存入 200 万元投资准备金。
   (2) 购买 A 公司股票 10 万元，另支付手续费 200 元，印花税 150 元，办妥有关手续。
   (3) 购买 B 公司股票 60 万元，其中包括已宣告未发放的现金股利 1 万元，另支付手续费 1 200 元，印花税 900 元。
   (4) 10 日后，收回 B 公司发放的现金股利，存入银行。
   (5) 出售 B 公司股票，从成交价中扣除手续费、印花税，实收 645 100 元，存入银行。
   (6) 购入 C 公司债券 5 万元，其中包括已到付息期但尚未领取的债券利息 1 250元，另支付手续费、印花税 300 元。该债券年利率 5%，每半年付息一次。
   (7) 1 个月后，因急需资金，将 C 公司债券出售，扣除相关税费后，实收价款 51 560元(包括购入时尚未领取的债券利息)。
   (8) 年末 A 公司股票的公允价值为 95 000 元，确认 A 公司股票的公允价值变动损益。
3. 要求：根据上述资料编制有关的会计分录。

习题一(二)

1. 目的：练习交易性金融资产的核算。
2. 资料：2012 年 9 月 1 日，东方公司购入乙公司 20 万股股票，每股市价 10.5 元(包含已宣告发放的现金股利每股 0.5 元)，交易费用 1 万元，甲企业将其划分为交易性金融资产。2012 年 9 月 16 日收到最初支付价款中所包含的现金股利 10 万元。2012 年 12 月 31 日，该股票公允价值为 212 万元。2013 年 3 月 6 日，乙公司宣告发放，每股 0.3 元。2013 年 3 月 16 日，收到现金股利 6 万元。2013 年 6 月 8 日，将该股票处置，每股市价 12.1 元，交易费用 1 万元。
3. 要求：做出交易性金融资产的相关账务处理。

习题一(三)

1. 目的：练习可供出售金融资产的核算。

2. 资料：长江公司发生有关可供出售金融资产的经济业务如下：

长江公司于2012年1月1从证券市场上购入黄河公司于2011年1月1发行的债券，并划分为可供出售金融资产。证券面值为为1 000万元。期限为5年，票面年利率为6%，每年1月5日支付上年度的利息，到期归还本金和最后一年的利息，购入债券的实际利率为5%。长江公司购入债券实际支付的价款为1 095.46万元，另付相关费用4.54万元。假定按每年计提利息。2012年12月31日，该债券的公允价值为1 020万元。2013年3月10日，长江公司将该债券全部出售，收到款项1 025万元存入银行。

3. 要求：

根据上述资料编制相关会计分录：

(1) 2012年1月1日，购入债券时的会计分录。

(2) 2012年1月5日，收到利息时的会计分录。

(3) 2012年12月31日，计提利息、确认投资收益时会计的分录。

(4) 2013年1月5日，收到利息时的会计分录。

(5) 2013年3月10日，出售债券时的会计分录。

习题一(四)

1. 目的：练习持有至到期投资的核算。
2. 资料：南阳责任公司发生下列有关持有至到期投资的经济业务：

20×1年1月3日，南阳公司以每张1 040元的价格购入旺盛公司于2013年1月1日发行的5年期债券600张，每张面值1 000元，年利率8%，按年付息，第五年还本并支付最后一年利息。购买时另支付手续费6 000元，款项以银行存款支付。购入债券准备持有至到期(实际利息率经测算为6.787 45%，溢价摊销结果准确到元)。

3. 要求：

(1) 根据资料采用实际利率法计算每年溢价摊销额。

(2) 编制债券取得、每期计算应收利息及溢价摊销、每期收回债券利息和到期收回债券本息的全部会计分录。

习题一(五)

1. 目的：练习长期股权投资的核算。
2. 资料：新都公司发生下列有关经济业务：

(1) 2011年1月7日，购入甲股份公司股票200万股，占该公司有表决权资本的10%，该公司不具有重大影响，且在活跃市场中没有报价、公允价值不能可靠计量。该股票每股成交价8元，其中每股含已宣告分派但尚未领取的现金股利0.20元；另付印花税、手续费等20 000元，款项均以银行存款支付。

(2) 2011年2月5日，收到甲公司宣告分派的现金股利。

(3) 2011 年度，甲公司实现净利润 2 000 000 元。

(4) 2012 年 1 月 6 日，甲公司宣告分派 2011 年度现金股利，每股 0.10 元。

(5) 2012 年 2 月 15 日，新都公司收到甲公司分派的 2011 年度的现金股利存入银行。

(6) 2012 年度甲公司发生了亏损 200 000 元。

(7) 2013 年 1 月 7 日，新都公司出售了持有的甲公司的股票 20 万股，每股 10 元。

3. 要求：根据上述资料编制相关会计分录。

习题一(六)

1. 目的：练习长期股权投资的核算

2. 资料：

(1) 新都公司 2011 年 1 月 3 日，以银行存款购入乙股份公司股票 580 万股，占乙公司有表决权股份的 25%，对乙公司的财务和经营决策具有重大影响。每股买入价 8 元，其中包括已宣告未发放的现金股利每股 0.25 元，另支付关税费 7 万元，款项以银行存款支付。当日，乙公司所有者权益的账面价值(与其公允价值相等)为 18 000 万元。

(2) 2011 年 3 月 16 日，收到乙公司宣告分派的现金股利。

(3) 2011 年度，乙公司实现的净利润 3 000 万元，按持股比例计算本企业应分享的份额。

(4) 2012 年 2 月 16 日，乙公司宣告分派 2011 年度现金股利，每股 0.20 元。

(5) 2012 年 3 月 12 日，新都公司收到乙公司发放的 2011 年度现金股利，存入银行。

(6) 2013 年 1 月 4 日，新都公司出售所持有的全部乙公司的股票，共取得价款 5 200 万元(不考虑长期股权投资减值及其他因素)。

3. 要求：根据上述资料编制有关的会计分录。

习题二(一)

1. 目的：练习固定资产增加的核算。

2. 资料：新盛有限责任公司 2013 年 12 月发生下列固定资产增加业务：

(1) 12 月 3 日，自行建造的生产用房一幢：600 万元，今日验收并交付使用。

(2) 12 月 8 日，购入不需要安装的设备一台，价款 100 万元，增值税款 17 万元，以银行汇票支付。运杂费、包装费、保险费共计 1 万元，开出转账支票支付。

(3) 12 月 10 日，接受新光公司投入仓库一幢，原值为 30 万元，已提折旧 10 万元，协议确认的公允价值为 25 万元。

(4) 12 月 12 日，接受振华公司捐赠汽车一辆，该车市价为 10 万元，估计九成新。

(5) 购入需安装调试生产线：

① 12 月 15 日，以银行存款购入生产线设备价款 50 万元，增值税款为 8.5 万元，包装费、运杂费、保险费为 1 万元，设备由辅助车间投入安装。

② 12 月 16 日安装工程使用生产用原材料成本 2 万元，该批材料承担的进项税额为 3 400 元。

③ 12 月 25 日，计算出安装工程应负担工资 1 万元。

④ 12 月 26 日，生产线安装调试完毕投入使用。

(6) 12 月 31 日，年末清查中，发现账外设备一台，重置价为 5 000 元，估计八成新，原因待查。

3. 要求：根据上列资料编制会计分录。

习题二(二)

1. 目的：练习固定资产折旧的计算。
2. 资料：新华有限责任公司 2013 年发生下列经济业务：

(1) 某项固定资产原值为 20 万元，预计使用 5 年，预计净残值为 4 000 元，采用年限平均法计算月折旧额和月折旧率。

(2) 一辆小汽车原值为 20 万元，设计行驶里程为 40 万公里，预计净残值为 5 000 元，本月行驶 2 000 公里，采用工作量法计算本月应提折旧额。

(3) 某质检设备一台，原值为 8 万元，估计净残值为 4 000 元，预计使用 5 年，分别采用双倍余额递减法和年数总和法计算各年折旧额。

3. 要求：根据上列资料计算各项固定资产折旧额。

习题二(三)

1. 目的：练习固定资产后续支出的核算。
2. 资料：新华有限责任公司 2013 年发生下列经济业务：

(1) 以银行存款支付基本生产车间设备日常修理费用 1 000 元。

(2) 辅助生产车间对设备进行日常修理，领用原材料 500 元，厂部对设备进行日常修理领用原材料 200 元(不考虑增值税)。

(3) 对基本生产车间两台设备进行大修理，领用备件 1 万元，以银行存款支付修理费用 2 万元。

(4) 扩建营业用房，其账面原值为 40 万元，已提折旧 12 万元，在扩建过程中以银行存款支付拆除费用 5 万元，残料变价收入 7 万元，价款存入银行，另外以银行存款支付扩建工程款 10 万元，该工程完工交付使用。

3. 要求：根据上列资料编制会计分录。

习题二(四)

1. 目的：练习固定资产减少的核算。
2. 资料：某企业 2013 年发生下列经济业务：

(1) 出售不需用设备一台，原值为 20 万元，已提折旧 5 万元，发生拆除费用

2 000元，以银行存款支付，双方协商作价18万元，价款收到存入银行。并按收入的4%减半计算应交增值税。

(2) 正常报废仓库一幢，原价45万元，已提折旧43万元，以银行存款支付清理费用2 000元，残料变价收入15 000元存入银行。

(3) 因意外事故损坏设备一台，原价为8万元，已提折旧5万元，以银行存款付清理费用1 500元，残料变价收入1 000元存入银行，保险公司按规定赔偿22 000元。

(4) 以一台机器设备对外投资，设备的原价为15万元，已提折旧35 000元。双方确认价值为12万元。

(5) 在财产清查中，发现一台设备丢失，该设备原价为75 000元，已提折旧48 000元，批准作营业外支出处理。

3. 要求：根据上列资料编制会计分录。

习题三(一)

目的：练习投资性房地产的核算 。

(1) 2012年3月，甲企业购入一栋写字楼用于对外出租，价款1 200万元，契税10万元，过户费20万元，全部款项以银行存款支付。(甲企业采用成本模式进行后续计量)

要求：作出甲企业的账务处理。

(2) 2012年1月，甲企业以银行存款2 000万元购入一块土地的使用权，并在该块土地上开始自行建造一栋厂房。建造工程中以银行存款支付建造费用3 000万元。2012年12月厂 房即将完工，与乙公司签订了经营租赁合同将该厂房于完工时开始起租。2013年1月1日厂房完工并租出。(甲企业采用成本模式进行后续计量)

要求：作出甲企业相应的账务处理。

(3) 甲企业一栋办公楼出租给乙企业使用，已确认为投资性房地产，采用成本模式进行后续计量。该栋办公楼的成本为3 600万元，按照直线法计提折旧，使用寿命为20年，预计净残值为零。按照经营租赁合同约定，乙企业每月支付甲企业租金18万元。

要求：做出甲企业按月计提折旧和收取租金时的账务处理。

习题三(二)

1. 目的：练习成本计量模式的投资性房地产的核算。

2. 资料：黄河有限责任公司发生下列有关经济业务：

(1) 2013年2月28日，以银行存款300万元从绿色家园房地产公司购入门市200平方米，当天与快乐公司签订租赁协议，将该门市出租。每年租金40万元。

(2) 2013年3月1日，收到快乐公司签发的转账支票一份，系该公司支付3—5月租金10万元，交存银行。

(3) 2013 年 3 月 15 日，将公司自用仓库一幢 500 平方米出租给星月集团使用，年租金 6 万元。该仓库原值 80 万元，已计提折旧 10 万元。

(4) 2013 年 3 月 16 日，收到星月集团交来的租金 15 000 元，存入银行。

(5) 2013 年 3 月 31 日，计提出租门市的 3 月份折旧费 11 875 元。

(6) 2014 年 2 月 28 日，门市租赁期满，公司决定收回自用。收回时，已计提折旧 427 500 元。

3. 要求：根据上述资料编制有关的会计分录

习题四

1. 目的：练习无形资产的核算。
2. 资料：胜利公司发生下列经济业务：

(1) 企业购买一项专利 30 万元，款项签发转账支票支付。

(2) 企业自行研究开发一项专利技术，获得国家专利权，该项专利在研发过程中发生研制费用 10 万元，开发费用 15 万元，专利申请登记费 5 000 元，律师费 8 000 元，均以银行存款支付。

(3) 企业接受某公司投入的一项专有技术，投资合同确认的公允价值为 48 000元。

(4) 合同规定上项专有技术的摊销期限为 10 年，计算本月无形资产摊销额并转账。

(5) 企业将一项专利所有权转让给 A 公司，取得收入 10 万元，款项收到存入银行，该专利权账面余额为 18 万元，累计摊销 10 万元，并按规定计提营业税 5 000 元(其他税费从略)。

(6) 企业将一项专利使用权以 6 万元转让给 B 公司，款项已收存银行，并按税率 5%交纳营业税(其他税费从略)。该项专利当月应摊销的价值为1 000元。

(7) 企业以一项专有技术对甲公司进行投资，该专有技术账面余额为 25 万元，累计摊销 40 000 元。投资合同确认的公允价值为 20 万元。

3. 要求：根据上列资料编制会计分录。

习题五

1. 目的：练习其他资产的核算。
2. 资料：长远有限责任公司发生下列经济业务：

(1) 公司筹建阶段发生各种开办费 8 万元，均以银行存款支付。

(2) 租入一台生产用设备，租赁期 2 年，公司对该设备进行了技术改良，共计支出费用 24 000 元，均以存款支付，改良支出在租赁期内摊销。

(3) 摊销由本月租赁设备改良支出 1 000 元。

3. 要求：根据上列资料编制会计分录。

项目八 Project 8 利润及利润分配业务活动

知识目标

⊙ 正确理解企业一定会计期间的经营成果形成过程，掌握收入、费用结转业务的会计处理，掌握直接计入损益的利得、损失的产生及结转的会计处理

⊙ 正确解读企业利润分配相关规定，掌握利润分配业务的会计处理

能力目标

⊙ 能计算营业利润、利润总额、净利润的金额

⊙ 能够对企业利润进行正确的分配

⊙ 能够根据相关的原始凭证编制结转损益、结转本年利润及利润分配等相关业务的记账凭证

⊙ 掌握本年利润、利润分配等相关账簿的登记

任务一　利润形成的核算

一、利润的构成

利润是指企业在一定会计期间的经营成果。利润包括收入减去费用后的净额、直接记入当期损益的利得和损失等。

直接记入当期利润的利得和损失，是指应当记入当期损益，会导致所有者权益发生增减变动，与所有者投入资本或者向所有者分配利润无关的利得或者损失（即营业外收入或营业外支出）。

利润相关计算公式如下：

（1）营业利润

营业利润＝营业收入－营业成本－营业税金及附加－销售费用－管理费用

—财务费用—资产减值损失+公允价值变动收益(—公允价值变动损失)+ 投资收益(—投资损失)

其中:营业收入是指企业经营业务所确认的收入总额,包括主营业务收入和其他业务收入;营业成本是指企业经营业务所发生的实际成本总额,包括主营业务成本和其他业务成本;资产减值损失是指企业计提各项资产减值准备所形成的损失;公允价值变动收益(或损失)是指企业交易性金融资产等公允价值变动形成的应记入当期损益的利得(或损失);投资收益(或损失)是指企业以各种方式对外投资所取得的收益(或发生的损失)。

(2) 利润总额

利润总额 = 营业利润 + 营业外收入 — 营业外支出

其中:营业外收入是指企业发生的与其日常活动无直接关系的各项利得;营业外支出是指企业发生的与其日常活动无直接关系的各项损失。

(3) 净利润

净利润 = 利润总额 — 所得税费用

其中:所得税费用是指企业确认的应从当期利润总额中扣除的所得税费用。

二、营业外收入和营业外支出的核算

(一) 营业外收入

1. 营业外收入核算的内容

营业外收入是指企业发生的,与其日常活动无直接关系的各项利得。营业外收入并不是企业经营资金耗费所产生的,不需要企业付出代价,实际上是经济利益的流入,不可能也不需要与有关的费用进行配比。营业外收入主要包括非流动资产处置利得、盘盈利得、罚没利得、捐赠利得、与收益相关的政府补助、确实无法支付而按规定程序经批准后转作营业外收入的应付款项等。

非流动资产处置利得包括固定资产处置利得和无形资产出售利得:固定资产处置利得,指企业出售固定资产所取得价款或报废固定资产的材料价值和变价收入等,扣除处置固定资产的账面价值、清理费用、处置相关税费后的净收益;无形资产出售利得,是指企业出售无形资产所取得价款,扣除出售无形资产的账面价值、出售相关税费后的净收益。

盘盈利得,主要指对于现金等清查盘点中盘盈的现金等,报经批准后记入营业外收入的金额。

罚没利得,指企业取得的各项罚款,在弥补对违反合同或协议而造成的经济损失后的罚款净收益。

捐赠利得,指企业接受捐赠产生的利得。

政府补助，指企业从政府的无偿取得货币性资产或非货币性资产，但不包括政府作为企业所有者投入的资本。政府补助的主要形式有财政拨款、财政贴息、税收返还及无偿划拨非货币性资产等。政府补助分为与资产相关的政府补助和与收益相关的政府补助。与收益相关的政府补助，用于补偿企业以后期间的相关费用或损失的，取得时确认为递延收益，并在确认相关费用的期间，记入营业外收入；用于补偿企业已经发生的相关费用或损失的，取得时直接记入营业外收入。

2. 营业外收入的会计处理

企业应通过"营业外收入"科目，核算营业外收入的取得及结转情况。该科目贷方登记企业确认的各项营业外收入，借方登记期末结转入"本年利润"科目的营业外收入。结转后该科目应无余额。该科目应按照营业外收入的项目进行明细核算。

企业确认营业外收入，借记"固定资产清理""银行存款""库存现金""应付账款"等科目，贷记"营业外收入"科目。期末，应将"营业外收入"科目余额转入"本年利润"科目，借记"营业外收入"科目，贷记"本年利润"科目。

【例 8-1】 西夏机床厂 2013 年末将报废固定资产的清理净收益 50 000 元转作营业外收入。会计分录如下：

借：固定资产清理　　50 000

　　贷：营业外收入　　50 000

【例 8-2】 西夏机床厂 2012 年 12 月申请某国家级研发补贴。申报书中有关内容如下：

本公司 2013 年 1 月启动数字印刷技术开发项目，预计总投资 360 万元、为期 3 年，已投入资金 120 万元。项目还需新增投资 240 万元(其中，购置固定资产 80 万元、场地租赁费 40 万元、人员费 100 万元、市场营销 20 万元)，计划自筹资金 120 万元、申请财政拨款 120 万元。

2014 年 1 月 1 日，主管部门批准了该公司的申报，签订补贴协议规定：批准西夏机床厂补贴申请，共补贴款项 120 万元，分两次拨付。合同签订日拨付 60 万元，结项验收时支付 60 万元。账务处理如下：

① 2014 年 1 月 1 日，实际收到拨款 60 万元：

借：银行存款　　600 000

　　贷：递延收益　　600 000

② 2014 年 1 月 1 日至 2017 年 1 月 1 日，每个资产负债表日，分配递延收益(假设按年分配)：

借：递延收益　　300 000

　　贷：营业外收入　　300 000

③ 2016 年项目完工并通过验收，于 5 月 1 日实际收到拨付款 600 000 元：

借:银行存款　　600 000

　贷:营业外收入　　600 000

【例 8-3】 西夏机床厂完成政府下达技能培训任务,收到财政补助资金 140 000 元,款项已存入银行。

借:银行存款　　140 000

　贷:营业外收入　　140 000

【例 8-4】 西夏机床厂 2013 年末将一笔无法支付的应付账款 3 000 元转作营业外收入。

借:应付账款　　3 000

　贷:营业外收入　　3 000

【例 8-5】 西夏机床厂 2013 年年末月份营业外收入总额为 100 000 元,期末结转本年利润。会计分录如下:

借:营业外收入　　100 000

　贷:本年利润　　100 000

(二) 营业外支出

1. 营业外支出核算的内容

营业外支出是指企业发生的,与其日常活动无直接关系的各项损失,主要包括非流动资产处置损失、盘亏损失、罚款支出、捐赠支出、非常损失等。

非流动资产处置损失包括固定资产处置损失和无形资产出售损失。固定资产处置损失,指企业出售固定资产所取得价款或报废固定资产的材料价值和变价收入等,不足以抵补处置固定资产的账面价值、清理费用、处置相关税费所发生的净损失;无形资产出售损失,指企业出售无形资产所取得价款,不足以抵补出售无形资产的账面价值、出售相关税费后所发生的净损失。

盘亏损失,主要指对于固定资产清查盘点中盘亏的固定资产,在查明原因处理时按确定的损失记入营业外支出的金额。

罚款支出,指企业由于违反税收法规、经济合同等而支付的各种滞纳金和罚款。

公益性捐赠支出,指企业对外进行公益性捐赠发生的支出。

非常损失,指企业对于因客观因素(如自然灾害等)造成的损失,在扣除保险公司赔偿后应记入营业外支出的净损失。

2. 营业外支出的会计处理

企业应通过"营业外支出"科目,核算营业外支出的发生及结转情况。该科目借方登记企业发生的各项营业外支出,贷方登记期末结转入"本年利润"科目的营业外支出。结转后该科目应无余额。该科目应按照营业外支出的项目进行明细核算。

企业发生营业外支出时,借记"营业外支出"科目,贷记"固定资产清理""待处理财产损溢”“库存现金”“银行存款”等科目。期末，应将“营业外支出”科目余额转入“本年利润”科目，借记“本年利润”科目，贷记“营业外支出”科目。

【例8-6】 西夏机床厂将已经发生的原材料意外灾害损失10 000元转作营业外支出。会计分录如下：

借：营业外支出　10 000
　　贷：待处理财产损溢——待处理流动资产损溢　10 000

【例8-7】 西夏机床厂用银行存款支付税款滞纳金15 000元。会计分录如下：

借：营业外支出　15 000
　　贷：银行存款　15 000

【例8-8】 西夏机床厂将拥有的一项非专利技术出售，取得价款900 000元，应交纳的营业税为45 000元。该非专利技术的账面余额为1 000 000元，累计摊销额为100 000元，未计提减值准备。会计分录如下：

借：银行存款　900 000
　　累计摊销　100 000
　　营业外支出　45 000
　　贷：无形资产　1 000 000
　　　　应交税费——应交营业税　45 000

【例8-9】 西夏机床厂以银行存款支付税收滞纳金20 000元。会计分录如下：

借：营业外支出　20 000
　　贷：银行存款　20 000

【例8-10】 西夏机床厂2013年10份营业外支出总额为80 000元，期末结转到本年利润。会计分录如下：

借：本年利润　80 000
　　贷：营业外支出　80 000

任务二　所得税费用

企业所得税费用包括当期所得税和递延所得税两个部分。其中：当期所得税是指当期应交所得税；递延所得税包括递延所得税资产和递延所得税负债。

一、当期应交所得税的计算

所得税是根据企业应纳税所得额的一定比例上交的一种税金。应纳税所得额是在企业税前会计利润（即利润总额）的基础上调整确定的。其计算公式为：

应纳税所得额 = 税前会计利润 + 纳税调整增加额 − 纳税调整减少额

纳税调整增加额主要包括税法规定允许扣除的项目中，企业已记入当期费用但超过税法规定扣除标准的金额（如超过税法规定标准的工资支出、业务招待费支出），以及企业已记入当期损失但税法规定不允许扣除的项目的金额（如税收滞纳金、罚款、罚金）。

纳税调整减少额主要包括按税法规定允许弥补的亏损和准予免税的项目，如前五年内的未弥补亏损和国债利息收入等。

企业当期所得税的计算公式为：

应交所得税 = 应纳税所得额 × 所得税税率

【例 8-11】 西夏机床厂 2013 年度，按企业会计准则计算的税前会计利润为 105 万元，其中包括国债利息收入 35 万元，税收滞纳罚 20 万元，超标的业务招待费 10 万元。所得税税率为 25%。假定该厂全年无其他纳税调整因素。

西夏机床厂当期所得税的计算如下：

应纳税所得额 = 1 050 000 + 200 000 + 100 000 − 350 000 = 1 000 000（元）
当期应交所得税额 1 000 000 × 25% = 250 000（元）

【例 8-12】 西夏机床厂 2013 年度全年利润总额（即税前会计利润）为 10 200 000 元，其中包括本年收到的国库券利息收入 200 000 元，所得税税率为 25%。假定该公司本年度无其他纳税调整因素。

按照税法的有关规定，企业购买国库券的利息收入免交所得税，即在计算应纳税所得额时可将其扣除。该公司当期所得税的计算如下：

应纳税所得额 = 10 200 000 − 200 000 = 10 000 000（元）
当期应交所得税额 = 10 000 000 × 25% = 2 500 000（元）

二、当期所得税费用的会计处理

企业应根据企业会计准则的规定，对当期所得税加以调整计算后，据以确认应从当期利润总额中扣除的所得税费用。

【例 8-13】 承接【例 8-12】，西夏机床厂 2013 年度末应交所得税 2 500 000 元。该厂会计处理如下：

借：所得税费用　　　　2 500 000
　贷：应交税费——应交所得税　　　　2 500 000

任务三　本年利润的形成及利润分配

一、结转本年利润的方法

会计期末结转本年利润的方法有表结法和账结法两种。

(1) 表结法

表结法下，各损益类科目每月月末只需要结计出本月发生额和月末累计余额，不结转到“本年利润“科目，只有在年末时才将全年累计余额转入“本年利润”科目。表结法下，减少了转账环节和工作量，同时不影响利润表的编制和有关损益指标的利用。

(2) 账结法

账结法下，每月月末均需编制转账凭证，将在账上结计出的各损益类科目的余额结转入“本年利润“科目。账结法下，每个月都通过“本年利润”科目提供当月及本年累计的利润(或亏损)额，但增加了转账环节和工作量。

二、结转本年利润的会计处理

企业应设置“本年利润”科目，核算企业本年度实现的净利润(或发生的净亏损)。会计期末，企业应将所有损益类账户发生额转入“本年利润”账户。结转后“本年利润”如为贷方余额，表示当年实现的净利润；如为借方余额，表示当年发生的净亏损。

年度终了，还应将“本年利润”科目的累计余额转入“利润分配”科目。

【例 8-14】 西夏机床厂 2013 年年末有关损益类账户的余额如下(该企业采用表结法年末一次结转损益类账户，所得税税率为 25%)：

科目名称	借或贷	结账前余额(元)
主营业务收入	贷	6 000 000
其他业务收入	贷	700 000
公允价值变动损益	贷	150 000
投资收益	贷	600 000
营业外收入	贷	50 000
主营业务成本	借	4 000 000
其他业务成本	借	400 000
营业税金及附加	借	80 000
销售费用	借	500 000

（续 表）

科目名称	借或贷	结账前余额(元)
管理费用	借	770 000
财务费用	借	200 000
资产减值损失	借	100 000
营业外支出	借	250 000

西夏机床厂2013年12月末结转本年利润的会计分录如下：

(1) 将各损益类科目年末余额结转入“本年利润”科目

① 结转各项收入、利得类科目：

借：主营业务收入　6 000 000
　　其他业务收入　700 000
　　公允价值变动损益　150 000
　　投资收益　600 000
　　营业外收入　50 000
　　贷：本年利润　7 500 000

② 结转各项费用、损失类科目：

借：本年利润　6 300 000
　　贷：主营业务成本　4 000 000
　　　　其他业务成本　400 000
　　　　营业税金及附加　80 000
　　　　销售费用　500 000
　　　　管理费用　770 000
　　　　财务费用　200 000
　　　　资产减值损失　100 000
　　　　营业外支出　250 000

(2) 经过上述结转后，“本年利润”科目的贷方发生额(合计7 500 000元)减去借方发生额(合计6 300 000元)以后的余额，即为税前会计利润(1 200 000元)。假设该税前会计利润无纳税调整金额，则本期应纳税所得额等于税前会计利润1 200 000元，所以：

$$本期应交所得税额 = 1\ 200\ 000 \times 25\% = 300\ 000(元)$$

① 确认所得税费用时：

借：所得税费用　300 000
　　贷：应交税费——应交所得税　300 000

② 将“所得税费用”转入“本年利润”时：

借：本年利润　　300 000

　　贷：所得税费用　　300 000

(3) 将“本年利润”科目年末余额900 000(7 500 000－6 300 000－300 000)元转入“利润分配——未分配利润”科目。

借：本年利润　　900 000

　　贷：利润分配——未分配利润　　900 000

三、利润分配的核算

(一) 利润分配的原则

利润分配是企业根据国家有关规定和投资者的决议，对企业当年可供分配的利润进行的分配。企业本年实现的净利润加上年初未分配利润(或减去年初未弥补亏损)和其他转入后的余额，为可供分配的利润。

利润按下列顺序分配：

① 提取法定盈余公积。法定盈余公积按照净利润(减弥补以前年度亏损)的10%提取(非公司制企业也可按照超过10%的比例提取)，当企业法定盈余公积累计额已达注册资本的50%时可不再提取。值得注意的是，如果以前年度未分配利润有盈余(即年初未分配利润余额为正数)，在计算提取法定盈余公积的基数时，不应包括企业年初未分配利润，如果以前年度有亏损(即年初未分配利润余额为负数)，应先弥补以前年度亏损再提取盈余公积。

② 提取任意盈余公积。

③ 向投资者分配利润。

公式如下：

可供分配的利润＝当年实现的净利润(或净亏损)＋年初未分配利润(或－年初未弥补亏损)＋其他转入

年末未分配利润＝可供分配利润－当年提取的盈余公积－向投资者分配的利润

【例8-15】 西夏机床厂下属的子公司2013年初所有者权益构成情况如下：实收资本2 000万元，资本公积500万元，盈余公积300万元，未分配利润600万元。2013年实现的利润总额为1 000万元，企业所得税税率为25%，按净利润的10%提取法定盈余公积，宣告发放现金股利80万元。假定不存在纳税调整事项及其他因素。

2013年可供分配利润＝600＋1 000×(1－25%)＝1 350(万元)

2013年末未分配利润＝1 350－(1 000－1 000×25%)×10%－80＝1 195(万元)

（二）留存收益的概述

留存收益是企业从历年实现的利润中提取形成的留存于企业的内部积累，包括盈余公积和未分配利润。

1. 盈余公积的组成

盈余公积是指企业按照规定从净利润中提取的各种积累资金。企业的盈余公积分为两类。一是法定盈余公积；二是任意盈余公积。任意盈余公积主要是公司制企业按照股东大会的决议提取；法定盈余公积与任意盈余公积的主要区别在于其各自提取的依据不同。前者以国家的法律或行政法规为依据提取，后者则由企业自行决定提取。

2. 盈余公积的用途

企业提取的盈余公积主要用于以下几个方面：

① 用于弥补亏损。企业弥补亏损的渠道主要有三条：一是用以后年度税前利润弥补。按照现行会计准则规定，企业发生亏损时，可以用以后连续五年内实现的税前利润弥补，即税前利润弥补亏损的期间为五年；二是用以后年度税后利润弥补。企业发生的亏损经过五年期间未弥补完的，用税后利润弥补；三是用盈余公积弥补亏损。企业以盈余公积弥补亏损，应由公司董事会提议，经股东大会批准。

② 转增资本。企业以盈余公积转增资本，必须经股东大会决议批准。在实际以盈余公积转增资本时，要按照股东原有持股比例结转。盈余公积转增资本时，转增后的盈余公积的留存数额不得少于注册资本的25%。

③ 分派股利。以盈余公积分派股利，这种情况不常见。主要是企业在累计盈余公积比较多、未分配利润比较少情况下，为维持其信誉，给投资者以合理的回报而进行的一种行为。

3. 未分配利润的形成及用途

未分配利润是企业留待以后年度进行分配的结存利润，是企业所有者权益的一部分。相对于所有者权益的其他部分来说，企业对于未分配利润的使用有较大的自主权。从数量上讲，未分配利润是期初未分配利润，加上本期实现的净利润，减去提取的各种盈余公积和分配的利润后的余额。

未分配利润有两层含义：一是留待以后年度处理的利润；二是未指定特定用途的利润。

（三）留存收益的账务处理

留存收益是通过利润分配后形成的，为了核算企业利润的分配（或亏损的弥补）和历年利润分配（或亏损的弥补）后的积存余额，企业应设置“利润分配”账户。该账户一般应设置“提取法定盈余公积”“应付现金股利（或利润）”“提取任意盈余公积”“未分配利润”“盈余公积补亏”等明细账户。

1. 提取盈余公积的账务处理

为反映盈余公积的提取和使用等增减变动情况，应设置“盈余公积”账户。“盈余公积”账户为所有者权益类账户，企业提取盈余公积时，记入该账户贷方；使用盈余公积时记入该账户的借方；贷方余额为企业盈余公积的实有数额。在“盈余公积”账户下设置“法定盈余公积”和“任意盈余公积”等明细账户进行明细核算。提取盈余公积时，借记“利润分配——提取法定盈余公积（或提取任意盈余公积）”科目，贷记“盈余公积——法定盈余公积（或任意盈余公积）”科目。

【例 8-16】 假设西夏机床厂 2013 年度实现净利润 5 000 000 元（以前年度无未弥补的亏损），按净利润的 10%提取法定盈余公积，同时按净利润的 10%提取任意盈余公积。

借：利润分配——提取法定盈余公积　　500 000
　　　　　　——提取任意盈余公积　　500 000
　贷：盈余公积——法定盈余公积　　500 000
　　　　　　　——任意盈余公积　　500 000

2. 盈余公积使用或减少的账务处理

（1）盈余公积补亏

企业用盈余公积弥补亏损，应按当期弥补亏损的数额，借记“盈余公积”科目，贷记“利润分配——盈余公积补亏”科目。

【例 8-17】 假设西夏机床厂经股东大会批准，用盈余公积弥补当前亏损 200 000元。

借：盈余公积　　200 000
　贷：利润分配——盈余公积补亏　　200 000

（2）盈余公积转增资本的账务处理

根据公司法规定，盈余公积转增资本时，以留存的盈余公积不得少于注册资本的 25%为限。企业用盈余公积转增资本，应按批准的转增资本数额，借记“盈余公积”科目，贷记“实收资本”或“股本”科目。

【例 8-18】 假设西夏机床厂经股东会批准，在本期将盈余公积2 000 000元转增资本。

借：盈余公积　　2 000 000
　贷：股本　　2 000 000

（3）盈余公积分配现金股利或利润账务处理

企业经股东大会或类似机构决议，用盈余公积分配现金股利或利润，应借记“盈余公积”科目，贷记“应付股利”科目。

（4）应付股利账务处理

应付股利是指企业根据股东大会或类似机构审议批准的利润分配方案，应支付给投资人的现金股利或利润。

企业应设置“应付股利”科目，按照投资者进行明细核算。企业根据股东大会或者类似机构审议批准的利润分配方案，按应支付给投资者的现金股利或利润，借记“利润分配——应付股利”科目，贷记“应付股利”科目；实际向投资者支付现金股利或利润时，借记“应付股利”科目，贷记“库存现金”“银行存款”等科目。“应付股利”账户期末贷方余额，反映企业应付未付的现金股利或利润。企业董事会或类似机构通过的利润分配方案中拟分配的现金股利或利润，不做账务处理，不作为应付股利核算，但应在附注中披露。企业分配的股票股利在办理增资手续之前，不通过“应付股利”科目核算。

【例 8-19】 假设西夏机床厂经股东大会批准，分配现金股利 200 000 元。股利已经用银行存款支付。该公司的有关账务处理如下：

借：利润分配——应付现金股利	200 000	
贷：应付股利		200 000
借：应付股利	200 000	
贷：银行存款		200 000

(5) 未分配利润账务处理

未分配利润是对企业累计可供分配的利润进行分配的结果，通过“利润分配——未分配利润”账户核算。

年度终了，企业应将全年实现的盈亏，自“本年利润”账户转入“利润分配——未分配利润”账户。如果企业当年实现盈利，借记“本年利润”账户，贷记“利润分配——未分配利润”账户；如果企业亏损，借记“利润分配——未分配利润”账户，贷记“本年利润”账户。

然后将“利润分配”账户下的其他有关明细账户的余额，转入“未分配利润”明细账户。

结转后，“未分配利润”明细账户的贷方余额，就是累计未分配的利润数额。如出现借方余额，则表示累计未弥补的亏损数额。

【例 8-20】 假设西夏机床厂 2013 年年初未分配利润为 0，本年实现的净利润 4 000 000 元，按当年净利润的 10%提取法定盈余公积，应支付现金股利 90 万元。

借：本年利润	4 000 000	
贷：利润分配——未分配利润		4 000 000
借：利润分配——提取法定盈余公积	400 000	
贷：盈余公积		400 000
借：利润分配——应付股利	900 000	
贷：应付股利		900 000
借：利润分配——未分配利润	1 300 000	
贷：利润分配——提取法定盈余公积		400 000
——应付股利		900 000

根据上述会计分录进行会计处理的结果，“利润分配——未分配利润”科目的贷方余额为 2 700 000(4 000 000－1 300 000)元。

项目训练

一、单项选择题

1. 下列各项目中，不影响营业利润的因素是(　　)。

A. 营业税金及附加　　B. 销售费用
C. 管理费用　　D. 制造费用

2. 纳税所得额与会计利润总额的关系是(　　)。

A. 纳税所得额＝会计利润总额
B. 纳税所得额＝会计利润总额＋纳税调整项目金额
C. 纳税所得额＝会计利润总额—纳税调整项目金额
D. 纳税所得额＝会计利润总额±纳税调整项目金额

3. 下列纳税调整事项中，要调整减少纳税所得额的是(　　)。

A. 国库券利息收入　　B. 短期债券投资利息收入
C. 业务招待费超支　　D. 超过银行贷款利率支付的利息

4. 公司实现的税后净利润，按规定弥补亏损后，应当按(　　)计提法定公积金。

A. 5%　　B. 10%
C. 5%～10%　　D. 企业自行决定

5. 年终进行利润清算后，利润分配各明细账户中还有余额的明细账户是(　　)。

A. 盈余公积补亏　　B. 提取法定盈余公积
C. 未分配利润　　D. 应付现金股利或利润

6. 上年度发生的重大会计差错，应当通过(　　)账户核算。

A. 本年利润　　B. 以前年度损益调整
C. 管理费用　　D. 利润分配——未分配利润

7. 用盈余公积弥补亏损时，应借记“盈余公积”，贷记(　　)。

A. “利润分配——未分配利润”　　B. “利润分配——提取盈余公积”
C. “本年利润”　　D. “利润分配——盈余公积补亏”

8. 用盈余公积分配现金股利的会计分录是(　　)。

A. 借:盈余公积
　　贷:应付股利
B. 借:应付股利
　　贷:盈余公积
C. 借:盈余公积
　　贷:应付利润
D. 借:应付利润
　　贷:盈余公积

9. 当法定盈余公积达到注册资本的(　　)时，可以不再提取。

A. 10%　　B. 20%　　C. 50%　　D. 30%

二、多项选择题

1. 法定盈余公积按税后利润的(　　)提取，超过资本金总额的(　　)时可不再提取。

A. 10%　　B. 15%　　C. 30%　　D. 50%

2. 企业接受投资者作为资本投入的资产，可以是(　　)。

A. 货币资金　　B. 固定资产　　C. 土地使用权　　D. 以上均可

3. 可引起所有者权益减少的事项有(　　)。

A. 发生亏损　　B. 用盈余公积弥补亏损

C. 发放股票股利　　D. 向投资者分配利润

4. 下列项目中，能引起负债和所有者权益同时发生变动的是(　　)。

A. 发放股票股利　　B. 以净利润分派现金股利

C. 以盈余公积分派现金股利　　D. 摊销无形资产价值

5. 盈余公积可用于(　　)。

A. 弥补亏损　　B. 分派股利

C. 转增资本或股本　　D. 职工福利

6. 能够用于转增资本的所有者权益是(　　)。

A. 实收资本　　B. 资本公积　　C. 盈余公积　　D. 未分配利润

7. 留存收益包括(　　)。

A. 实收资本　　B. 盈余公积　　C. 未分配利润　　D. 资本公积

8. 以下关于盈余公积说法正确的是(　　)。

A. 法定盈余公积累计额已达到注册资本的60%时可不再提取该项公积金

B. 任意盈余公积主要是公司制企业按照股东大会的决议提取

C. 企业以盈余公积弥补亏损，应由公司董事会提议，经股东大会批准

D. 盈余公积转增资本时，转增后的盈余公积的数额不得少于注册资本的25%

9. 下列仅影响所有者权益这一要素结构变动的项目有(　　)。

A. 用盈余公积弥补亏损　　B. 用盈余公积转增资本

C. 分配现金股利　　D. 分配股票股利

10. 利润构成内容分为(　　)等层次。

A. 税前会计利润　　B. 主营业务利润

C. 营业利润　　D. 利润总额

E. 净利润

11. 进行利润核算前，应做好的准备工作是(　　)。

A. 编制所有凭证　　B. 登记各种账簿

C. 进行财产清查　　D. 进行账项调整

E. 进行账账核对

12. 利润分配的下列明细账户中，属于利润分配类的是(　　)。

A. 盈余公积补亏
B. 提取任意盈余公积
C. 应付现金股利或利润
D. 转作资本的利润

13. 下列各项中，需要调整增加应纳税所得额的是（　　）。
A. 超支的业务招待费
B. 发生的罚款
C. 国库券利息收入
D. 对外赞助支出

14. 下列各项中，影响企业营业利润的有（　　）。
A. 管理费用
B. 营业税金及附加
C. 所得税费用
D. 投资收益

15. 下列税金中应列入管理费用的有（　　）。
A. 印花税　B. 土地增值税　C. 房产税　D. 土地使用税

16. 下列费用中，应当作为管理费用核算的有（　　）。
A. 排污费
B. 业务招待费
C. 矿产资源补偿费
D. 车间固定资产修理费

17. 下列各项中，属于企业销售费用核算范围的是（　　）。
A. 广告费
B. 预计产品质量保证损失
C. 业务招待费
D. 专设销售机构发生的固定资产修理费

18. 下列项目中，应计入营业外支出的有（　　）。
A. 出售无形资产净损失
B. 火灾造成的存货损毁净损失
C. 交纳的税收滞纳金
D. 捐赠支出

19. 下列项目中不属于营业外收入的有（　　）。
A. 转让无形资产使用权取得的收入
B. 存货的盘盈
C. 无法支付的应付账款
D. 出租固定资产的收入

三、判断题

1. 非货币性资产交换的收益属于营业外收入。（　　）
2. 企业发生的坏账损失是营业外支出。（　　）
3. 不论是表结法还是账结法，在年度终了时，都要结平各个损益类账户。（　　）
4. 进行年度利润清算时，要将“本年利润”账户余额转入“利润分配——未分配利润”账户的贷方。（　　）
5. 所得税费用包括当期所得税费用和递延所得税费用。（　　）
6. 企业在进行以前年度亏损弥补时，都要编制会计分录。（　　）
7. 利润分配是指对本年度实现的税后净利润所作的分配。（　　）
8. 对企业发生的以前年度损益调整事项，在进行会计处理后，还应调整有关的会计报表数据。（　　）

四、实务题

习题一

1. 目的：练习利润形成的会计处理
2. 资料：开源有限责任公司采用表结法进行利润形成处理，该公司 2013 年 12 月 31 日损益类账户余额如下表所示：

开源公司账户余额表

2013 年 12 月 31 日　　金额单位：元

账户名称	期末余额	
	借方	贷方
主营业务收入		45 000 000.00
主营业务成本	38 750 000.00	
营业税金及附加	216 875.00	
其他业务收入		300 000.00
其他业务成本	215 225.00	
销售费用	520 000.00	
管理费用	700 000.00	
财务费用	100 000.00	
资产减值损失	80 000.00	
公允价值变动损益		90 000.00
投资收益		200 000.00
营业外收入		20 000.00
营业外支出	10 000.00	
所得税税率 25%		

3. 要求：根据资料编制利润形成的会计分录。并计算出该公司当年税后净利润。

习题二

1. 目的：练习留存收益业务的核算。
2. 资料：星际公司 2013 年实现税后利润 50 万元，进行如下分配：
   (1) 按税后利润的 10%提取法定盈余公积。
   (2) 决定用盈余公积 10 万元转增资本。
   (3) 用盈余公积 5 万元弥补以前年度亏损。
3. 要求：根据资料编制有关会计分录。

习题三

1. 目的：练习未分配利润。
2. 资料：凯悦有限责任公司成立于 2013 年，公司当年末未分配利润为 5 万元，

2014 年发生亏损 1 500 万元，2015—2017 年每年实现税前会计利润均为 250 万元，2018 年实现税前会计利润为 400 万元。假如公司无其他纳税调整事项，所得税税率为 25%。为简化起见，不考虑有关盈余公积的提取。

3. 要求：

(1) 编制凯悦有限责任公司 2014—2018 年有关会计分录。

(2) 计算凯悦有限责任公司截至 2018 年年末累计未分配利润。

习题四

1. 目的：练习利润的核算。

2. 资料：某企业 2013 年月 1—11 月份累计实现利润总额为 2 000 000 元，所得税税率为 25%，应交所得税为 500 000(假设没有纳税调整事项)。12 月末结账前，各损益类账户的余额如下：

账户名称	借方余额(元)	贷方余额(元)	备　注
主营业务收入		800 000	
其他业务收入		150 000	
投资收益		100 000	与投资单位所得税率相同
营业外收入		30 000	
主营业务成本	300 000		
销售费用	50 000		
营业税金及附加	9 000		
其他业务成本	100 000		
管理费用	201 000		
财务费用	100 000		
营业外支出	40 000		

3. 要求：

(1) 根据上述资料计算：

①本月营业利润；②本月利润总额；③本月净利润；④本年利润总额；⑤本年净利润。

(2) 计算本年应交所得税，并做出 12 月份相应的账务处理。

(3) 企业年末按全年净利润提取法定盈余公积 10%，分配现金股利 60%，请进行相应的计算和账务处理。

(4) 某公司经批准，将资本公积 100 000 元，盈余公积 200 000 元转增资本，请做相应的账务处理。

(5) 2013 年 12 月 28 日，经公司董事会决定，并经股东大会同意，用盈余公积 28 万元弥补以前年度的亏损，请做相应的账务处理。

习题五

1. 目的：练习利润的核算。
2. 资料：某公司所得税率 25％，2013 年初未分配利润 120 000 元：
   (1) 本年实现税前利润 400 000 元。
   (2) 年终，按净利润的 10％、20％的比例分别提取法定盈余公积金、向投资人分配现金股利。
3. 要求：计算所得税、净利润和年终未分配利润的数额，编制结转所得税、结转净利润和年终有关利润分配的会计分录。

Project 9 项目九 财务会计报告

知识目标

⊙ 理解编制财务会计报告的目标和意义

⊙ 掌握财务会计报告编制的基本要求

⊙ 掌握资产负债表、利润表、现金流量表及所有者权益变动表的编制方法

⊙ 掌握报表附注披露内容

能力目标

⊙ 能根据会计科目余额表及相关的账簿资料编制资产负债表、利润表、现金流量表及所有者权益变动表

⊙ 能根据会计准则的要求在附注中披露相关的信息

⊙ 能按照会计工作基本规范将财务报告装订成册

任务一　财务报告概述

一、财务报告概述

会计核算贯穿于经济活动的全过程，填制和审核会计凭证→登记账簿→编制财务报告三个环节是会计核算的主线。为了满足会计信息使用者的需要，必须在日常的会计核算资料的基础上，定期地对账簿等核算资料进行进一步的归集、加工、汇总、整理，编制各种财务报表，形成一套完整的、科学的指标体系，帮助会计信息使用者对企业的财务状况和经营成果及现金流量进行合理的评价，以便做出正确的决策。

（一）财务报告的意义

1. 财务报告的概念

财务报告是企业对外提供的，反映企业财务状况、经营成果和现金流量等会计

信息的书面文件，由财务报表、财务报表附注，以及应当在财务报告中披露的相关信息和资料组成，是企业根据日常的会计核算资料归集、加工和汇总后形成的，是企业会计核算的最终成果。

2. 财务报告的特征

① 企业财务报告应当是对外报告，其服务对象主要是投资者、债权人等外部会计信息使用者。专门为了内部管理需要的、特定目的形成的报告，不属于财务报告的范畴，如成本报表等。

② 企业财务报告应当综合反映企业的生产经营状况，包括某一时点的财务状况和某一时期的经营成果与现金流量等信息，以勾画出企业经营情况的整体和全貌。

③ 企业财务报告必须形成一套系统的文件，不是零星的或者不完整的信息。

3. 财务报告的目标

企业编制财务报告的目的，是向财务报告使用者提供与企业经营有关的会计信息，反映企业管理层受托责任的履行情况，以便财务报告使用者做出经营决策。财务报告使用者包括投资者、债权人、政府及其有关部门和社会公众等。

（二）企业财务报告的构成

财务报告的内容包括财务报表和其他应当在财务报告中披露的相关信息及资料。其中，财务报表由报表本身及其附注两个部分构成，附注是财务报表的有机组成部分。财务报表至少应当包括资产负债表、利润表、现金流量表和所有者权益（或股东权益）变动表。考虑到小企业的规模较小，对外部信息的需求相对较低，因此小企业编制的报告可以不包括所有者权益（或股东权益）变动表。财务报表是企业财务报告的主要组成部分。

1. 企业财务报告的构成

（1）财务报表的组成

财务报表是财务报告的主要组成部分。它从不同的角度反映了企业的财务状况、经营成果和现金流量情况。财务报表至少应当包括资产负债表、利润表、现金流量表、所有者权益（或股东权益）变动表以及附注。从动态和静态的角度来看，资产负债表反映的是企业在一定时点上关于财务状况的静态信息，是一种静态报表；而利润表和现金流量表则反映的是企业在一定期间内关于经营成果和现金流量的动态信息，是一种动态报表。这三张报表反映了企业财务和经营状况的核算信息，构成了企业对外报送的三大基本会计报表。

① 资产负债表。这是反映企业在某一特定日期财务状况的会计报表。企业编制资产负债表的目的是通过如实反映企业的资产、负债和所有者权益金额及其构成情况，从而有助于使用者评价企业资产的质量，以及短期偿债能力、长期偿债能力和利润分配能力等。

② 利润表。这是反映企业在一定会计期间经营成果的会计报表。企业编制

利润表的目的是通过如实反映企业实现的收入、发生的费用，以及应当记入当期利润的利得和损失等金额及其结存情况，从而有助于使用者分析评价企业的赢利能力及其构成与质量。

③ 现金流量表。这是反映企业在一定会计期间现金和现金等价物的流入和流出情况的会计报表。企业编制现金流量表的目的是通过如实反映企业各项经济活动的现金流入、流出情况，从而有助于使用者评价企业的现金流量和资金周转情况。

④ 所有者权益变动表。这是反映构成所有者权益的各组成部分当期增减变动情况的报表。所有者权益变动表不仅包括所有者权益总量的增减变动，还包括结构性变动的信息，特别是要反映直接记入所有者权益的利得和损失，从而有助于使用者准确理解所有者权益增减变动的根源。

（2）财务报表附注是财务报告的重要组成部分

财务报表附注是对会计报表中列示的主要项目所做的进一步说明，以及对未能在这些报表中列示的项目的解释。例如，企业的基本情况、财务报告的编制基础和编制依据、重要会计政策，以及对会计估计的说明等。企业编制附注的目的是通过对财务报表本身做补充说明，以更加全面、系统地反映企业财务状况、经营成果和现金流量的全貌，从而有助于向使用者提供更为有用的信息，使他们做出更加科学、合理的决策。财务报表是财务报告的核心内容。但是，除了财务报表之外，财务报告还应当包括其他相关信息，具体可以根据有关法律、法规的规定和外部使用者的信息需求而定。有些信息虽然属于非财务信息，但与使用者做出决策也是相关的，无法包括在财务报表中。如果有规定或者使用者有需求的企业应当在财务报告中予以披露，企业也可以自愿在财务报告中披露相关信息。

二、财务报告的分类

1. 按照所反映的经济内容分

按照所反映的经济内容的不同，企业的财务报告可分为以下5种：

① 资产负债表，即反映企业在某一特定日期财务状况的会计报表。

② 利润表，即反映企业在一定会计期间经营成果的会计报表。

③ 现金流量表，即反映企业在一定会计期间现金和现金等价物流入和流出情况的会计报表。

④ 所有者权益变动表，即反映企业构成所有者权益各组成部分当期的增减变动情况的会计报表。

⑤ 附注，即对在资产负债表、利润表、现金流量表和所有者权益变动表等报表中列示项目的文字描述或明细资料，以及对未能在这些报表中列示项目的说明等。

2. 按照所反映的资金运动状态分

财务报告按照其反映资金运动状态的不同，可以分为静态财务报告和动态财务报告：

① 静态财务报告，是指反映企业资金运动处于某一相对静止状态的财务会计报告，如资产负债表等。

② 动态财务报告，是指反映企业资金处于运动状态的财务报告，如利润表和现金流量表等。

3. 按编报期间分

财务报告按编报的期间不同分为中期财务报告和年度财务报告：

① 中期财务报告。中期是指短于一个完整的会计年度的报告期间，包括半年度、季度和月度。中期财务报告的内容至少应当包括资产负债表、利润表、现金流量表和附注。其中，中期资产负债表、利润表和现金流量表应当是完整报表，其格式和内容应当与年度财务报表相一致。与年度财务报表相比，中期财务报表中的附注披露可适当简略。

② 年度财务报告，是指以一个完整会计年度为基础编制的财务报告。《企业会计准则》规定，年度财务报告应包括资产负债表、利润表、现金流量表和所有者权益（或股东权益，下同）变动表、附注全部内容。年度财务报告在每年度终了时编制，应于年度终了后 4 个月内对外提供，包括财务报告的全部内容。另外，考虑到小企业的规模较小，对外部的信息需求相对较低，因此，我国 2013 年 1 月 1 日实施的《小企业会计准则》规定，小企业的年度财务报告包括资产负债表、利润表、现金流量表和会计报表附注。本准则没有强制要求小企业对外提供所有者权益变动表。这一点与企业会计准则的规定有差异。

4. 按报送对象分

财务报告按照所报送对象的不同，可以分为对外财务报告和对内财务报告：

① 对外财务报告，是指按照会计准则和国家统一会计制度规定，专门为投资人、债权人、政府部门等企业外部报表使用者提供的报表。例如，资产负债表、利润表和现金流量表等。

② 对内财务报告，是指各单位根据本单位的经营特点和管理要求自行规定、设计，专门为企业内部职能部门和相关负责报送的报表，主要包括成本报表及有关附表、计划等。

5. 按编制主体分

财务报告按照编制主体的不同，可以分为个别财务报告和合并财务报告：

① 个别财务报告，是指独立核算的单位，根据本企业的核算资料和其他资料所编制的，只反映本单位财务状况及经营成果的财务报告。

② 合并财务报告，是指对外投资的企业，当其投资总额占被投资企业资本总额的 50%以上时，将投资企业与被投资企业视为一个会计主体，并将双方的有关经济指标合并在一起，由投资企业所编制的财务报告。合并财务报告所反映的是投资企业与被投资企业共同的财务状况和经营成果，一般只编制对外财务报告。

综上所述，财务报告的分类如下：

- 财务报告
  - 按反映的经济内容划分
    - 资产负债表
    - 利润表
    - 现金流量表
    - 所有制权益变动表
    - 财务报表附注
  - 按反映资金运动状态不同划分
    - 静态财务报告:资产负债表
    - 动态财务报告
      - 利润表
      - 现金流量表
  - 按编报的期间不同划分
    - 中期报告
      - 月报
      - 季报
      - 半年报
    - 年报
  - 按报送对象不同划分
    - 对内财务报告
    - 对外财务报告
  - 按编报主体不同划分
    - 个别财务报告
    - 合并财务报告

三、财务报告的编制要求

1. 财务报告的编制程序

为了保证财务报告数据的真实、可靠和完整,使报表使用者及时掌握情况,做出正确的决定,财务报告的编制应采取科学的程序。以下为财务报告的主要编制步骤和程序:

(1) 结账

将当期发生并完成的经济业务全部登记入账并保证正确无误。按照权责发生制原则调整和结转有关账项,将应记入本期损益的收入和费用,通过编制调整会计分录记入本期,为编制财务报告提供正确的核算资料。

(2) 对账

从事日常的会计工作时,在填制凭证、记账、结账、计算的过程中,难免会发生差错,出现账款、账物不符的情况。因此,在结账前后,要通过对账,对有关账簿记录进行核对,以确保会计核算资料的正确性和完整性,为编制财务报表提供真实、可靠的数据资料。

(3) 试算平衡

核对账目之后,结出总账与所属明细账户的余额,核对无误后,进行试算平衡,以保证财务报告的数据真实、准确。

(4) 编制财务报告

按照会计准则和国家统一会计制度规定的方法将日常的核算资料转化为报表的形式报出,形成合法、完整、准确的会计信息。

2. 财务报告的编制要求

为了使财务报告能够最大限度地满足各有关方面的需要，实现编制财务报告的基本目的，充分发挥财务报告的作用，在编制财务报告时，必须严格遵循《企业会计法则——财务报告准则》《企业财务报告条例》编制基础、编制依据、编制原则和编制方法。编制出的财务会计报告应当真实可靠、相关可比、全面完整、编报及时、便于理解。

(1) 真实可靠

财务报表各项目的数据必须建立在真实可靠的基础上，使企业财务报表能够如实地反映企业的财务状况、经营成果和现金流量、所有者权益变动等情况。因此，财务报表必须根据核实无误的账簿及相关资料编制，不得以任何方式弄虚作假。财务报告中各项目的数字必须以报告期内日常会计核算资料的实际数字来填列，数字计算要准确，计算口径要一致，不得根据虚构的、没有发生的或者尚未发生的交易或事项进行确认、计量和报告。要如实反映企业财务状况和经营活动情况，严禁弄虚作假、估计数字、提前结账。这些都是编制财务报表的基本要求，也是充分发挥财务报表作用的前提条件。

(2) 相关可比

企业提供的会计信息必须与投资者等财务报告使用者的经济决策需要相关，以满足报告使用者的需要；并且财务报表各项目的数据应当口径一致、相互可比，便于报表使用者在不同企业之间及同一企业前后各期之间进行比较。

(3) 内容完整

各种财务报告组成了一定的财务报告体系。财务报告必须全面、系统地反映企业、单位的生产经营活动及其成果，应按照国家规定的报表种类和内容填报，编制的报表及其附注内容等应当保持完整，不得随意遗漏或者减少应予披露的信息，与使用者相关的信息都应披露。

(4) 编报及时

财务报告中的信息具有极强的时效性。只有及时编制和报送财务报表，才能为报告使用者做出及时、有效的决策提供所需的信息资料。随着市场经济和信息技术的迅速发展，财务报表的及时性要求将变得日益重要。

月度报告于月度终了后 6 天内(遇节假日顺延)对外提供，季度报告于季度终了后 15 天内报出，半年度报告于年度中期结束后 60 天内报出，年度报告于年度终了后 4 个月内报出。

(5) 便于理解

编制的会计报表应当清晰明了，便于理解和利用。如果提供的会计报表晦涩难懂，不可理解，使用者不能据此做出准确的判断，则会计报表的作用会大大减小。当然，会计报表的这一要求是建立在会计报表使用者具有一定的会计报表阅读能力的基础上的。

我国《企业财务会计报告条例》规定，企业对外报送的财务报告应依次编定页数，加具封面，装订成册，并加盖公章。封面上应注明企业名称、企业统一代码、组织形式、地址、报表所属年度或者月份、报出日期，并由企业负责人和主管会计工作负责人、会计机构负责人（会计主管人员）签名并盖章；设置有总会计师的企业，还应由总会计师签名并盖章；需要注册会计师行使监督验证职能的财务报告，还需要由注册会计师签名并盖章。

任务二　资产负债表

一、资产负债表的概念和意义

1. 资产负债表的概念

资产负债表是用来总括反映企业在某一特定日期财务状况的会计报表。资产负债表所反映的某一时点上的财务状况数据，是由企业以往的生产经营活动引起的资产、负债和所有者权益相应的增减变化的结果。它表明企业在某一特定日期所拥有或控制的经济资源、所承担的现有义务和所有者对企业净资产的要求权。

2. 资产负债表的意义

① 资产负债表给信息使用者提供了企业某一特定日期的资产总额及其分布情况，据此可以对企业经济资源的总额及其构成情况进行深入了解，分析和评价企业经济资源的构成是否合理。

② 资产负债表提供了某一特定日期企业的负债总额及结构，可以使信息使用者了解企业的财务实力、偿债能力，从而有利于信息使用者做出正确的经营决策和投资决策。

③ 资产负债表提供了所有者权益的情况，可以使信息使用者了解所有者权益的构成情况和投资者在企业资产中所占的份额，分析企业资本结构的合理性和企业所面临的财务风险，据此判断资本保值、增值的情况，以及对负债的保证程度。

④ 资产负债表前、后期各项目的数字是进行财务分析的基本资料，信息使用者可以据此了解企业资金结构的变化情况和变动趋势，以便掌握企业潜在的盈余能力和未来的发展前景，从而做出经济决策。

二、资产负债表的内容和格式

1. 资产负债表的内容

资产负债表的编制是依据会计恒等式“资产＝负债＋所有者权益”设计的，主要包括以下三方面的内容：

(1) 资产

资产一般是按照流动资产、非流动资产分类，并进一步分项列示，再按流动性的大小顺序进行排列，流动性大的资产排列在前，流动性小的资产排列在后。

(2) 负债

负债应当按照流动负债和非流动负债在资产负债表中列示，并按偿还期的长短进行排列，偿还期短的负债排列在前，偿还期长的负债排列在后。

(3) 所有者权益

所有者权益一般按照净资产的不同来源和特定用途进行分类列示，包括实收资本(或股本)、资本公积、盈余公积和未分配利润四大项。所有者权益按金额的稳定性进行排列，金额稳定程度高的排列在前，金额稳定程度低的排列在后。

2. 资产负债表的格式

资产负债表一般由表头、表身和表尾三个部分组成：表头主要包括资产负债表的名称、编制单位、编制日期和金额单位；表身主要包括资产、负债、所有者权益等各项目的金额；表尾主要包括附注资料等。

我国各单位的资产负债表采用账户式结构反映。账户式资产负债表分为左右两列：左方列示编报日各项资产的金额，表明企业拥有或控制的经济资源的数量和分布状况；右方列示编报日各项负债和所有者权益的金额，表明企业资金来源的途径和数量。具体格式如下表：

资产负债表

会企01表

编制单位： 年 月 日 单位：

资产	序号	期末余额	年初余额	负债和所有者权益(或股东权益)	序号	期末余额	年初余额
流动资产：	1			流动负债：	34		
货币资金	2			短期借款	35		
交易性金融资产	3			交易性金融负债	36		
应收票据	4			应付票据	37		
应收账款	5			应付账款	38		
预付款项	6			预收款项	39		
应收利息	7			应付职工薪酬	40		
应收股利	8			应交税费	41		
其他应收款	9			应付利息	42		
存货	10			应付股利	43		
一年内到期的非流动资产	11			其他应付款	44		
其他流动资产	12			一年内到期的非流动负债	45		

（续　表）

资产	序号	期末余额	年初余额	负债和所有者权益（或股东权益）	序号	期末余额	年初余额
流动资产合计	13			其他流动负债	46		
非流动资产：	14			流动负债合计	47		
可供出售的金融资产	15			非流动负债：	48		
持有至到期投资	16			长期借款	49		
长期应收款	17			应付债券	50		
长期股权投资	18			长期应付款	51		
投资性房地产	19			专项应付款	52		
固定资产	20			预计负债	53		
在建工程	21			递延所得税负债	54		
工程物资	22			其他非流动负债	55		
固定资产清理	23			非流动负债合计	56		
生产性生物资产	24			负债合计	57		
油气资产	25			所有者权益（或股东权益）	58		
无形资产	26			实收资本（或股本）	59		
开发支出	27			资本公积	60		
商誉	28			减：库存股	61		
长期待摊费用	29			盈余公积	62		
递延所得税资产	30			未分配利润	63		
其他非流动资产	31			所有者权益（或股东权益合计）	64		
非流动资产合计	32				65		
资产总计	33			负债和所有者权益（或股东权益）总计	66		

单位负责人：　　　　主管会计工作负责人：　　　　会计机构负责人：

三、资产负债表的编制方法

1. 资产负债表各项目的列报说明

(1) 资产项目的列报说明

① “货币资金”项目，反映企业库存现金、银行结算户存款、外埠存款、银行汇票存款、银行本票存款、信用卡存款、信用证保证金存款等的合计数。本项目应根据“库存现金”“银行存款”“其他货币资金”等账户的期末余额的合计数填列。

② “交易性金融资产”项目，反映企业持有的以公允价值计量且其变动记入当期损益为交易目的所持有的债券投资、股票投资、基金投资、权证投资等金融资产。

本项目应根据“交易性金融资产”账户的期末余额填列。

③ “应收票据”项目,反映企业因销售商品、提供劳务等而收到的商业汇票,包括银行承兑汇票和商业承兑汇票。本项目应根据“应收票据”科目的期末余额减去“坏账准备”科目中有关应收票据计提坏账准备的期末余额后的金额填列。

④ “应收账款”项目,反映企业因销售商品、提供劳务等经营活动应收取的款项。本项目应根据“应收账款”和“预收账款”科目所属各明细账户的期末借方余额合计减去“坏账准备”账户中有关应收账款计提的坏账准备的期末余额后的金额填列。如“应收账款”科目所属的明细账户期末有贷方余额的,应在资产负债表的“预收款项”项目内填列。

⑤ “预付账款”项目,反映企业按照购货合同规定预付给供应单位的款项等。本项目应根据“预付账款”和“应付账款”科目所属各明细账户的期末借方余额合计数减去“坏账准备”账户中有关预付款项计提的坏账准备期末余额后的金额填列。如“预付账款”账户所属的各明细账户期末有贷方余额的,应在资产负债表的“应付账款”项目内填列。

⑥ “应收利息”项目,反映企业应收取的债券投资等的利息。本项目应根据“应收利息”账户的期末余额减去“坏账准备”账户中有关应收利息计提的坏账准备的期末余额后的金额填列。

⑦ “应收股利”项目,反映企业应收取的现金股利和应收取的其他单位分配的利润。本项目应根据“应收股利”账户的期末余额减去“坏账准备”账户中有关应收股利计提的坏账准备的期末余额后的金额填列。

⑧ “其他应收款”项目,反映企业除应收票据、应收账款、预付账款、应收股利、应收利息等经营活动以外的其他各种应收、暂付的款项。本项目应根据“其他应收款”账户的期末余额减去“坏账准备”账户中有关其他应收款计提的坏账准备的期末余额后的金额填列。

⑨ “存货”项目,反映企业期末在库、在途和在加工中的各种存货的可变现净值。本项目应根据“在途物资”“原材料”“库存商品”“周转材料”“委托加工物资”“委托代销商品”“生产成本”等科目的期末余额合计,减去“受托代销商品款”“存货跌价准备”账户的期末余额后的金额填列,材料采用计划成本核算以及库存商品采用计划成本核算或售价核算的企业,还应按加或减材料成本差异、商品进销差价后的金额填列。

⑩ “一年内到期的非流动资产”项目。反映企业将于一年内到期的非流动资产项目金额。本项目应根据有关账户的期末余额填列。

⑪ “其他流动资产”项目,反映企业除货币资金、交易性金融资产、应收票据、应收账款、存货等以外的其他流动资产。本项目应根据有关账户的期末余额填列。

⑫ “可供出售金融资产”项目,反映企业持有的以公允价值计量的可供出售的股票投资、债券投资等金融资产。本项目应根据“可供出售金融资产”账户的期末

余额减去“可供出售金融资产减值准备”账户的期末余额后的金额填列。

⑬“持有至到期投资”项目，反映企业持有的以摊余成本计量的持有至到期投资。本项目应根据“持有至到期投资”账户的期末余额减去“持有至到期投资减值准备”账户期末余额后的金额填列。

⑭“长期应收款”项目，反映企业因融资租赁产生的应收款项和因采用递延方式具有融资性质的销售商品和提供劳务等产生的长期应收款项等。本项目应根据“长期应收款”账户的期末余额减去相应的“未实现融资收益”账户和“坏账准备”账户所属相关明细科目的期末余额后的金额填列。

⑮“长期股权投资”项目，反映企业持有的对子公司、联营企业和合营企业的长期股权投资。本项目应根据“长期股权投资”账户的期末余额减去“长期股权投资减值准备”账户的期末余额后的金额填列。

⑯“投资性房地产”项目，反映企业持有的投资性房地产。企业采用成本模式计量投资性房地产的，本项目应根据“投资性房地产”账户的期末余额减去“投资性房地产累计折旧(摊销)”，和“投资性房地产减值准备”账户的期末余额后的金额填列；企业采用公允价值模式计量投资性房地产的，本项目应根据“投资性房地产”账户的期末余额填列。

⑰“固定资产”项目，反映企业各种固定资产原价减去累计折旧和累计减值准备后的净额。本项目应根据“固定资产”账户的期末余额减去“累计折旧”和“固定资产减值准备”账户的期末余额后的金额填列。

⑱“在建工程”项目，反映企业期末各项未完工程的实际支出，包括交付安装的设备价值、未完建筑安装工程已经耗用的材料、工资和费用支出、预付出包工程的价款等的可收回金额。本项目根据“在建工程”账户的期末余额减去“在建工程减值准备”账户的期末余额后的金额填列。

⑲“工程物资”项目，反映企业尚未使用的各项工程物资的实际成本。本项目应根据“工程物资”账户的期末余额填列。

⑳“固定资产清理”项目，反映企业因出售、毁损、报废等原因而转入清理，但尚未清理完毕的固定资产的净值，以及在对固定资产的清理过程中所发生的清理费用和变价收入等各项金额的差额。本项目应根据“固定资产清理”账户的期末借方余额填列。如果“固定资产清理”账户期末为贷方余额，则以“—”号填列。

㉑“生产性生物资产”项目，反映企业持有的生产性生物资产原价减去累计折旧和累计减值准备后的净额。本项目应根据“生产性生物资产”账户的期末余额减去“生产性生物资产累计折旧”和“生产性生物资产减值准备”账户的期末余额后的金额填列。

㉒“油气资产”项目，反映企业持有的矿区权益和油气井及相关设施的原价减去累计折耗和累计减值准备后的净额。本项目应根据“油气资产”账户的期末余额减去“累计折耗”账户的期末余额和相应减值准备后的金额填列。

㉓ “无形资产”项目，反映企业持有的无形资产，包括专利权、非专利技术、商标权、著作权、土地使用权等。本项目应根据“无形资产”的期末余额减去“累计摊销”和“无形资产减值准备”账户的期末余额后的金额填列。

㉔ “开发支出”项目，反映企业在开发无形资产的过程中能够使其资本化而形成无形资产成本的支出部分。本项目应根据“研发支出”账户中所属的“资本化支出”明细账户的期末余额填列。

㉕ “长期待摊费用”项目，反映企业已经发生但应由本期和以后各期负担的分摊期限在一年以上的各项费用。长期待摊费用在一年内(含一年)摊销的部分，在资产负债表“一年内到期的非流动资产”项目填列。本项目应根据“长期待摊费用”账户的期末余额减去将于一年内(含一年)摊销的数额后的金额填列。

㉖ “递延所得税资产”项目，反映企业确认的因可抵扣暂时性差异而产生的递延所得税资产。本项目应根据“递延所得税资产”账户的期末余额填列。

㉗ “其他非流动资产”项目，反映企业除长期股权投资、固定资产、在建工程、工程物资、无形资产等以外的其他非流动资产。本项目应根据有关科目的期末余额填列。

(2) 负债项目的列报说明

① “短期借款”项目，反映企业从银行或其他金融机构等借入的期限在一年以下(含一年)的各种借款。本项目应根据“短期借款”账户的期末余额填列。

② “交易性金融负债”项目，反映企业承担的以公允价值计量且其变动记入当期损益为交易目的所持有的金融负债。本项目应当根据“交易性金融负债”账户的期末余额填列。

③ “应付票据”项目，反映企业因购买材料、商品和接受劳务供应等而承兑的商业汇票，包括银行承兑汇票和商业承兑汇票。本项目应根据“应付票据”账户的期末余额填列。

④ “应付账款”项目，反映企业因购买材料、商品和接受劳务供应等经营活动应支付的款项。本项目应根据“应付账款”和“预付账款”账户所属各明细账户的期末贷方余额合计数填列。如果“应付账款”所属明细账户期末有借方余额，应在资产负债表的“预付款项”项目内填列。

⑤ “预收款项”项目，反映企业按照购货合同的规定预付给供应单位的款项。本项目应根据“预收账款”和“应收账款”账户所属各明细账户的期末贷方余额合计数填列。如果“预收账款”账户所属各明细科目期末有借方余额，应在资产负债表的“应收账款”项目内填列。

⑥ “应付职工薪酬”项目，反映企业根据有关规定应付给职工的工资、职工福利、社会保险费、住房公积金、工会经费、职工教育经费、非货币性福利、辞退福利等各种薪酬。外商投资企业按规定从净利润中提取的职工奖励及福利基金，也在本项目中列示。

⑦ “应交税费”项目，反映企业按照税法规定计算应交纳的各种税费，包括增值税、消费税、营业税、所得税、资源税、土地增值税、城市维护建设税、房产税、土地使用税、车船使用税、教育费附加、矿产资源补偿费等。企业代扣代交的个人所得税，也通过本项目列示。企业所交纳的税金不需要预计应交数的，如印花税、耕地占用税等，不在本项目列示。本项目应根据“应交税费”账户的期末贷方余额填列。如果“应交税费”账户期末为借方余额，则应以“－”号填列。

⑧ “应付利息”项目，反映企业按照规定应当支付的利息，包括分期付息、到期还本的长期借款应支付的利息和企业发行的企业债券应支付的利息等。本项目应当根据“应付利息”账户的期末余额填列。

⑨ “应付股利”项目，反映企业分配的现金股利或利润。企业分配的股票股利，不通过本项目列示。本项目应根据“应付股利”账户的期末余额填列。

⑩ “其他应付款”项目，反映企业除应付票据、应付账款、预收款项、应付职工薪酬、应付股利、应付利息、应交税费等经营活动以外的其他各项应付、暂收的款项。本项目应根据“其他应付款”账户的期末余额填列。

⑪ “一年内到期的非流动负债”项目，反映企业非流动负债中将于资产负债表日后一年内到期这一部分的金额，如将于一年内偿还的长期借款。本项目应根据有关账户的期末余额填列。

⑫ “其他流动负债”项目反映企业除短期借款、交易性金融负债、应付票据、应付账款、应付职工薪酬、应交税费等以外的其他流动负债。本项目应根据有关账户的期末余额填列。

⑬ “长期借款”项目，反映企业向银行或其他金融机构借入的期限在一年以上（不含一年）的各项借款。本项目应根据“长期借款”账户的期末余额填列。

⑭ “应付债券”项目，反映企业为筹集长期资金而发行的债券本金和利息。本项目应根据“应付债券”账户的期末余额填列。

⑮ “长期应付款”项目，反映企业除长期借款和应付债券以外的其他各种长期应付款项。本项目应根据“长期应付款”账户的期末余额减去相应的“未确认融资费用”账户的期末余额后的金额填列。

⑯ “专项应付款”项目，反映企业取得的政府作为企业所有者投入的具有专项或特定用途的款项，本项目应根据“专项应付款”账户的期末余额填列。

⑰ “预计负债”项目，反映企业确认的对外提供担保、未决诉讼、产品质量保证、重组义务、亏损性合同等预计负债。本项目应根据“预计负债”账户的期末余额填列。

⑱ “递延所得税负债”项目，反映企业确认的因应纳税暂时性差异而产生的所得税负债，本项目应根据“递延所得税负债”账户的期末余额填列。

⑲ “其他非流动负债”项目，反映企业除长期借款、应付债券等项目以外的其他非流动负债。本项目应根据有关账户的期末余额填列，其他非流动负债项目应

根据有关账户的期末余额减去将于一年内(含一年)到期偿还数后的余额填列。非流动负债各项目中将于一年内(含一年)到期的非流动负债,应在"一年内到期的非流动负债"项目内单独反映。

(3) 所有者权益项目的列报说明

① "实收资本"(或股本)项目,反映企业各投资者实际投入的资本(或股本)总额。本项目应根据"实收资本"(或"股本")账户的期末余额填列。

② "资本公积"项目,反映企业资本公积的期末余额。本项目应根据"资本公积"账户的期末余额填列。

③ "库存股"项目,反映企业持有的尚未转让或注销的本公司股份金额。本项目应根据"库存股"账户的期末余额填列。

④ "盈余公积"项目,反映企业盈余公积的期末余额。本项目应根据"盈余公积"账户的期末余额填列。

⑤ "未分配利润"项目,反映企业尚未分配的利润。本项目应根据"本年利润"科目和"利润分配"账户的余额计算填列。未弥补的亏损在本项目内以"—"号填列。

2. 年初余额栏的列报方法

资产负债表"年初余额"栏内的各项数字,应根据上年末资产负债表的"期末余额"栏内所列数字填列。如果上年度资产负债表规定的各个项目的名称和内容同本年度不相一致,应对上年年末资产负债表各项目的名称和数字按照本年度的规定进行调整,填入表中"年初余额"栏内。

3. 期末余额栏的列报方法

资产负债表的"期末余额"栏内的各项数字,一般应根据资产、负债和所有者权益类账户的期末余额填列。主要包括以下几种方式:

① 根据总账账户余额填列。如"交易性金融资产""短期借款""应付票据""应付职工薪酬"等项目,应根据"交易性金融资产""短期借款""应付票据""应付职工薪酬"各总账账户的余额直接填列。有些项目则需根据几个总账账户的期末余额计算填列。如"货币资金"项目需根据"库存现金""银行存款""其他货币资金"三个总账账户的期末余额的合计数填列。

② 根据明细账账户余额计算填列。如"应付账款"项目,需要根据"应付账款"和"预付款项"两个账户所属的相关明细账户的期末贷方余额计算填列;"应收账款"项目,需要根据"应收账款"和"预收款项"两个账户所属的相关明细账户的期末借方余额计算填列。

③ 根据总账账户和明细账账户余额分析计算填列。如"长期借款"项目,需要根据"长期借款"总账账户余额扣除"长期借款"账户所属的明细账户中将在1年内到期且企业不能自主地将清偿义务展期的长期借款后的金额计算填列。

④ 根据有关账户余额减去其备抵账户余额后的净额填列。如资产负债表中

的“应收账款”“长期股权投资”“在建工程”等项目，应当根据“应收账款”“长期股权投资”“在建工程”等账户的期末余额减去“坏账准备”“长期股权投资减值准备”“在建工程减值准备”等账户余额后的净额填列。“固定资产”项目，应当根据“固定资产”账户的期末余额减去“累计折旧”“固定资产减值准备”备抵账户余额后的净额填列；“无形资产”项目，应当根据“无形资产”账户的期末余额，减去“累计摊销”“无形资产减值准备”备抵账户余额后的净额填列。

⑤ 综合运用上述填列方法分析填列。如资产负债表中的“存货”项目，需要根据“原材料”“委托加工物资”“周转材料”“在途物资”“发出商品”“材料成本差异”等总账账户的期末余额的分析汇总数，再减去“存货跌价准备”账户的余额后的金额填列。

4. 资产负债表的编制示例

【例 9-1】 西夏机床厂 2013 年 11 月 30 日总分类账户和所属明细分类账户的余额如表 9-1 和表 9-2 所示。

表 9-1 **总分类账户余额表**

2013 年 11 月 30 日 单位:元

总账科目	借方余额	总账科目	贷方余额
库存现金	3 000	短期借款	100 000
银行存款	250 000	应付账款	100 000
其他货币资金	20 000	预收账款	50 000
交易性金融资产	80 000	其他应付款	10 000
应收账款	50 000	应付职工薪酬	40 000
预付账款	15 000	应交税费	100 000
其他应收款	10 000	应付利息	14 000
应收票据	60 000	长期借款	150 000
原材料	188 000	其中一年内到期的长期负债	(10 000)
生产成本	18 000	实收资本	800 000
库存商品	60 000	资本公积	60 000
低值易耗品	20 000	盈余公积	100 000
长期股权投资	300 000	利润分配	60 000
其中一年内到期		本年利润	271 000
固定资产	800 000	坏账准备	10 000
无形资产	100 000	存货跌价准备	9 000
长期待摊费用		累计折旧	100 000
合计	1 974 000		1 974 000

表 9-2　**明细分类账户的余额**

2013 年 11 月 30 日　单位:元

账户名称	明细账余额	
	借方	贷方
应收账款		
A厂	20 000	
B厂	60 000	
C厂		30 000
预付账款		
D厂	8 000	
E厂	10 000	
F厂		3 000
应付账款		
G厂		60 000
H厂		80 000
I厂	40 000	
预收账款		
J厂		40 000
K厂		20 000
L厂	10 000	

根据上述资料,计算该企业 2013 年 11 月份资产负债表中下列项目:

①"货币资金"=现金+银行存款+其他货币资金=

3 000+250 000+20 000=273 000(元)

②"应收账款"=应收 A 厂账款+应收 B 厂账款+预收 L 厂账款-坏账准备=

20 000+60 000+10 000-10 000=80 000(元)

③"预付账款"=预付 D 厂账款+预付 E 厂账款+应付 I 厂账款=

8 000+10 000+40 000=58 000 (元)

④"应付账款"=应付 G 厂账款+应付 H 厂账款+预付 F 厂账款=

60 000+80 000+3 000=143 000 (元)

⑤"预收账款"=预收 J 厂账款+预收 K 厂账款+应收 C 厂账款=

40 000+20 000+30 000=90 000(元)

⑥"存货"=原材料+生产成本+库存商品+低值易耗品-存货跌价准备=

188 000+18 000+60 000+20 000-9 000=277 000(元)

⑦ “固定资产”＝固定资产－累计折旧＝800 000－100 000＝700 000(元)

⑧ “长期借款”＝长期借款厂一年内到期数额＝150 000－10 000＝140 000(元)

⑨ “未分配利润”＝利润分配＋本年利润＝60 000＋271 000＝331 000(元)

资产负债表其他各项目的数额可以按该公司科目余额表的数据直接填列。

任务二 利 润 表

一、利润表的概念和意义

1. 利润表的概念

利润表是指反映企业一定会计期间(年度、季度、月度)经营成果的会计报表。

2. 利润表的意义

① 通过利润表,可以反映企业在一定会计期间收入的实现情况以及成本费用的耗费情况。

② 通过利润表,可以反映企业生产经营活动的成果及净利润的实现情况,据此判断资本保值、增值等情况。

③ 通过利润表，可以反映企业的利润分配情况和资本保全情况。

④ 将本企业同期的资产负债表和利润表的相关指标进行结合分析,可以反映企业资金的周转情况及企业的盈利能力,预测企业未来的发展趋势。

二、利润表的结构

利润表是以“收入－费用＝利润”这一会计等式为理论基础编制的,包括正表和补充资料两个部分。利润表的格式主要有多步式和单步式两种。

单步式是以垂直形式先将各项收益列示于表的上端,然后将各项成本费用损失列于其下,最后按收支差额一次性结出企业的净利润。单步式利润表便于会计报表阅读者理解,但是不能反映利润的形成过程。

多步式通过对当期的收入、费用、支出项目按其性质加以归类,按利润形成的主要环节列示一些中间性利润指标,分步计算当期净损益。同时,采用多步式列报利润表,将不同性质的收入和费用类别进行对比,从而可以得出一些中间性的利润数据,便于信息使用者理解企业经营成果的不同来源。我国《企业会计准则》要求采用多步式利润表。其格式如表 9-4 所示。

三、利润表的编制方法

1. 多步式利润表的主要编制步骤和内容

多步式利润表中的利润是通过多步计算而来的，通常可分为以下几步：

① 计算营业利润：

营业利润 ＝ 营业收入 － 营业成本 － 营业税金及附加 － 销售费用 －
管理费用 － 财务费用 － 资产减值损失 ＋
公允价值变动收益 ＋ 投资收益

其中：营业收入＝主营业务收入＋其他业务收入
营业成本＝主营业务成本＋其他业务成本

② 计算利润总额：

利润总额 ＝ 营业利润 ＋ 营业外收入 － 营业外支出

③ 计算净利润：

净利润 ＝ 利润总额 － 所得税费用

④ 计算每股收益：

普通股已经公开交易的企业，以及正处于公开发行普通股过程中的企业，还应当在利润表中列示每股收益信息。非上市公司没有此项目。

2. 利润表的编制方法

（1）利润表各项目的列报说明

① “营业收入”项目，反映企业因经营主要业务和其他业务所确认的收入总额。本项目应根据“主营业务收入”和“其他业务收入”科目的发生额分析填列。当年发生销售退回的，应以冲减销售退回主营业务收入后的金额填列。

② “营业成本”项目，反映企业因经营主要业务和其他业务所发生的成本总额。本项目应根据“主营业务成本”和“其他业务成本”科目的发生额分析填列。当年发生销售退回的，应按减去销售退回商品成本后的金额填列。

③ “营业税金及附加”项目，反映企业经营业务应负担的消费税、营业税、城市建设维护税、资源税、土地增值税和教育费附加等。本项目应根据“营业税金及附加”科目的发生额分析填列。

④ “销售费用”项目，反映企业在销售商品过程中发生的包装费、广告费等费用和为销售本企业商品而专设的销售机构的职工薪酬、业务费等销售费用。本项目应根据“销售费用”科目的发生额分析填列。

⑤ “管理费用”项目，反映企业为组织和管理生产经营而发生的管理费用。本项目应根据“管理费用”的发生额分析填列。

⑥“财务费用”项目，反映企业为筹集生产经营所需资金等而发生的筹资费用。本项目应根据“财务费用”科目的发生额分析填列。

⑦“资产减值损失”项目，反映企业各项资产发生的减值损失。本项目应根据“资产减值损失”科目的发生额分析填列。

⑧“公允价值变动收益”项目，反映企业应当记入当期损益的公允价值变动收益。本项目应根据“公允价值变动损益”科目的发生额分析填列。如为净损失，本项目则以“－”号填列。

⑨“投资收益”项目，反映企业以各种方式对外投资所取得的收益。本项目应根据“投资收益”科目的发生额分析填列。如为投资损失，本项目则以“－”号填列。

⑩“营业利润”项目，反映企业实现的营业利润。如为亏损，本项目则以“－”号填列。

⑪“营业外收入”项目，反映企业发生的与经营业务无直接关系的各项收入。本项目应根据“营业外收入”科目的发生额分析填列。

⑫“营业外支出”项目，反映企业发生的与经营业务无直接关系的各项支出。本项目应根据“营业外支出”科目的发生额分析填列。

⑬“利润总额”项目，反映企业实现的利润。如为亏损，本项目则以“－”号填列。

⑭“所得税费用”项目，反映企业应从当期利润总额中扣除的所得税费用。本项目应根据“所得税费用”科目的发生额分析填列。

⑮“净利润”项目，反映企业实现的净利润。如为亏损，本项目则以“－”填列。

⑯“基本每股收益”“稀释每股收益”项目应根据每股收益的相关规定计算填列。非上市公司没有此项目。

（2）上期金额栏的列报方法

利润表“上期金额”栏内的各项数字，应根据上年该期利润表“本期金额”栏内所列的数字填列。如果上年该期利润表规定的各个项目的名称和内容同本期不相一致。应对上年该期利润表各项目的名称和数字按本期的规定进行调整，填入利润表的“上期金额”栏内。

（3）本期金额栏的列报方法

利润表“本期金额”栏内的各项数字一般应根据损益类科目发生额分析填列。由于年终结账时，全年的收入和支出已全部转入“本年利润”科目，并且通过收支对比结出了本年净利润的数额。因此，应将年报中的“净利润”数字与“本年利润”科目结转到“利润分配——未分配利润”科目的数字相核对，检查报表编制和账簿记录的正确性。

3. 利润表的编制举例

（1）2013 年西夏机床厂 12 月份损益类账户（表 9-3）

表 9-3 **损益类账户** 单位:元

账户名称	借方发生额	贷方发生额
主营业务收入		1 600 000
主营业务成本	700 000	
营业税金及附加	17 000	
其他业务收入		100 000
其他业务成本	65 000	
销售费用	160 000	
管理费用	200 000	
财务费用	32 000	
投资收益		110 000
营业外收入		10 000
营业外支出	9 000	
所得税费用	159 250	

(2) 利润表的编制

根据上述资料编制西夏机床厂2013年12月份的"利润表"(表9-4)。

本例中,营业收入=1 600 000+100 000=1 700 000(元)

营业成本=700 000+65 000=765 000(元)

营业利润=1 700 000−765 000−17 000−160 000−200 000−32 000+110 000=636 000(元)

利润总额=636 000+10 000−9 000=637 000(元)

净利润=637 000−159 250=447 750(元)

表 9-4 **利 润 表**

编制单位:西夏机床厂 2013年12月 单位:元

项 目	本期金额	上期金额
一、营业收入	1 700 000	
减:营业成本	765 000	
营业税金及附加	17 000	
销售费用	160 000	
管理费用	200 000	
财务费用	32 000	
资产减值损失		
加:公允价值变动收益(净损失以"—"号表示)	110 000	
投资净收益(净损失以"—"号表示)		

（续　表）

项　　目	本期金额	上期金额
二、营业利润(亏损以"—"号表示)	636 000	
加:营业外收入	10 000	
减:营业外支出	9 000	
其中:非流动资产处置净损失(净损失以"—"号表示)		
三、利润总额(亏损以"—"号表示)	637 000	
减:所得税费用	159 250	
四、净利润(净亏损以"—"号表示)	447 750	
五、每股收益		
(一)基本每股收益		
(二)稀释每股收益		

任务三　现金流量表

一、现金流量表的概念和意义

1. 现金流量表的概念

现金流量表是反映企业在一定会计期间内现金及现金等价物的流入和流出信息的报表。

其中:现金是指企业库存现金以及可以随时用于支付的存款,包括现金、银行存款和其他货币资金。现金等价物是指企业持有的期限短、流动性强,易于转换为已知金额现金、价值变动风险很小的投资。期限短是指自购买日起 3 个月内到期,例如可在证券市场上流通的 3 个月内到期的债券投资等。权益性投资变现的金额通常不确定,所以不属于现金等价物。现金等价物虽然不是现金,但其支付能力与现金的差别不大,可视为现金。企业应根据具体情况确定现金等价物的范围,并且不得随意改变。

2. 现金流量表的意义

编制现金流量表的主要目的,是为财务报表使用者提供企业一定会计期间内现金和现金等价物流入和流出的信息,以便于财务报表使用者了解和评价企业获取现金和现金等价物的能力,并据此预测企业未来的现金流量。其作用有以下几点:

① 有助于评价企业的支付能力、偿债能力和周转能力。

② 有助于预测企业未来的现金流量。

③ 有助于分析企业的收益质量及影响现金净流量的因素,掌握企业经营活

动、投资活动、筹资活动的现金流量，从而可以从现金流量的角度了解净利润的质量，为分析和判断企业的财务前景提供信息。

二、现金流量的分类

根据企业业务活动的性质和现金流量的来源，现金流量表在结构上将企业在一定期间内产生的现金流量分为三类：经营活动现金流量、投资活动现金流量、筹资活动现金流量。现金流量表的具体样式如表 9-5 所示。

1. 经营活动产生的现金流量

经营活动是指企业投资活动和筹资活动以外的所有交易和事项。经营活动的现金流入主要包括销售商品和提供劳务收到的现金、经营性租赁收到的现金、税费返还等现金；经营活动的现金流出包括购买商品和接受劳务所支付的现金以及支付职工工资和各种税费等支付的现金。

通过经营活动产生的现金流量，可以说明企业的经营活动对现金流入和流出的影响，从而能判断出企业在不动用对外筹得资金的情况下，是否足以维持生产经营、是否能按期偿还债务等。

2. 投资活动产生的现金流量

投资活动是指企业长期资产购建和不包括在现金等价物范围内的投资及其处置活动。投资活动产生的现金流量主要包括投资收到的现金，分得股利、债券利息等投资所收到的现金，处置固定资产、无形资产和其他长期资产所收回的现金净额等；投资活动的现金流出主要包括购建固定资产、无形资产和其他长期资产所支付的现金，以及投资所支付的现金。

通过投资活动产生的现金流量，可以判断出投资活动对企业现金流量净额的影响程度。

3. 筹资活动产生的现金流量

筹资活动是指导致企业资本及其债务规模和构成发生变化的活动，包括吸收投资、对外举债、偿债、分配股利、支付利息等。筹资活动的现金流入主要包括吸收投资收到的现金、发行债券或借款所收到的现金；筹资活动的现金流出主要包括偿还债务所支付的现金、分配股利或偿付利息所支付的现金等。

通过筹资活动产生的现金流量，可以分析企业通过筹资活动获取现金的能力，判断筹资活动对企业现金流量净额的影响程度。

三、现金流量表的内容和结构

现金流量表采用报告式的结构，分类反映经营活动产生的现金流量、投资活动产生的现金流量、筹资活动产生的现金流量，以及汇率变动对现金及现金等价物的影响，最后汇总反映企业某一期间现金及现金等价物的净增加额。在有外币现金及境外子公司的现金流量折算为人民币的企业，还应单设“汇率变动对现金及现金等价物的影响”项目。

企业应当在附注中披露与现金流量表有关的补充资料：

① 将净利润调节为经营活动现金流量。

② 不涉及现金收支的重大投资和筹资活动。

③ 现金及现金等价物净变动情况。

为了保证会计信息的可比性，企业需要提供比较现金流量表，表中各项目应分为“本期金额”和“上期金额”两栏分别填列。

我国企业现金流量表的格式如表 9-5 所示。

表 9-5　**现金流量表**

编制单位：　年　月　单位：元

项　目	本期金额	上期金额
一、经营活动产生的现金流量		
销售商品、提供劳务收到的现金		
收到的税费返还		
收到的其他与经营活动有关的现金		
经营活动现金流入小计		
购买商品、接受劳务支付的现金		
支付给职工以及为职工支付的现金		
支付的各项税费		
支付的其他与经营活动有关的现金		
经营活动现金流出小计		
经营活动产生的现金流量净额		
二、投资活动产生的现金流量		
收回投资所收到的现金		
取得投资收益所收到的现金		
处置固定资产、无形资产和其他长期资产所收回的现金净额		
收到的其他与投资活动有关的现金		
投资活动现金流入小计		
购建固定资产、无形资产和其他长期资产所支付的现金		
投资所支付的现金		
支付的其他与投资活动有关的现金		
投资活动流出现金小计		
投资活动产生的现金流量净额		
三、筹资活动产生的现金流量		
吸收投资所收到的现金		
取得借款所收到的现金		
收到的其他与筹资活动有关的现金		

（续 表）

项　目	本期金额	上期金额
筹资活动现金流入小计		
偿还债务所支付的现金		
分配股利、利润或偿付利息所支付的现金		
支付的其他与筹资活动有关的现金		
筹资活动现金流出小计		
筹资活动产生的现金流量净额		
四、汇率变动对现金及现金等价物的影响		
五、现金及现金等价物净增加额		

四、现金流量表的编制

现金流量表是以现金及现金等价物为基础编制的。列报经营活动现金流量的方法有两种：一是直接法；二是间接法。我国企业会计准则规定企业应当采用直接法编报现金流量表。从编制原则上看，现金流量表按照收付实现制编制，将权责发生制下的盈利信息调整为收付实现制下的现金流量信息，以便于信息使用者了解企业净利润的质量。

1. 经营活动产生的现金流量的填列方法

（1）销售商品、提供劳务收到的现金项目

本项目反映企业销售商品、提供劳务实际收到的现金，包括销售收入和应向购买者收取的增值税销项税额，具体包括：本期销售商品、提供劳务收到的现金，以及前期销售商品、提供劳务本期收到的现金和本期预收的款项，减去本期销售本期退回的商品和前期销售本期退回的商品支付的现金。企业销售材料和代购代销业务收到的现金，也在本项目反映。本项目可以根据“库存现金”“银行存款”“应收票据”“应收账款”“预收账款”“主营业务收入”“其他业务收入”等科目的记录分析填列。

销售商品、提供劳务收到的现金＝本期营业收入＋与营业收入有关的增值税销项税＋应收账款（期初账面净额－期末账面净额）＋应收票据（期初余额－期末余额）＋预收账款（期末余额－期初余额）＋当期收回前期已核销的坏账－当期销售退回支付的现金等特殊调整项目

或者＝当期销售商品、提供劳务收到现金（含税）＋当期收到前期应收账款或应收票据＋当期预收账款＋当期收回前期已核销的坏账－当期销售退回支付的现金等特殊调整项目

(2)"收到的税费返还"项目

本项目反映企业收到返还的各种税费,如收到的增值税、营业税、所得税、消费税、关税和教育费附加返还款等。本项目可以根据有关科目的记录分析填列。

(3)"收到其他与经营活动有关的现金"项目

本项目反映企业除上述各项外所收到的其他与经营活动有关的现金,如罚款收入、租赁固定资产收到的现金、投资性房地产收到的租金收入、流动资产损失中由个人赔偿的现金收入等。本项目可以根据"库存现金""银行存款""管理费用""销售费用"等科目的记录分析填列。

(4)"购买商品、接受劳务支付的现金"项目

本项目反映企业购买材料、商品、接受劳务实际支付的现金,包括支付的增值税进项税额,具体包括:本期购买商品、接受劳务支付的现金,以及本期支付前期购买商品、接受劳务的未付款项和本期预付款项,减去本期发生的购货退回收到的现金。企业购买材料和代购代销业务支付的现金,也在本项目中反映。本项目可以根据"库存现金""银行存款""应付票据""应付账款""预付账款""主营业务成本""其他业务成本"等科目的记录分析填列。

购买商品、接受劳务支付的现金=当期购买商品、接受劳务支付的现金(包含进项税)+当期支付前期应付账款或应付票据+当期预付账款-当期因购货退回收到的现金

(5)"支付给职工以及为职工支付的现金"项目

本项目反映企业实际支付给职工的现金以及为职工支付的现金,包括本期实际支付给职工的工资、奖金、各种津贴和补贴等,以及为职工支付的其他费用。本项目不包括支付给在建工程人员的工资。支付的在建工程人员的工资,在"购建固定资产、无形资产和其他长期资产所支付的现金"项目中反映。

企业为职工支付的医疗、养老、失业、工伤、生育等社会保险基金、补充养老保险、住房公积金,企业为职工交纳的商业保险金,因解除与职工劳动关系给予的补偿,现金结算的股份支付,以及企业支付给职工或为职工支付的其他福利费用等,应根据职工的工作性质和服务对象,分别在"购建固定资产、无形资产和其他长期资产所支付的现金,和"支付给职工以及为职工支付的现金"项目中反映。本项目可以根据"库存现金""银行存款""应付职工薪酬"等科目的记录分析填列。

(6)"支付的各项税费"项目

本项目反映企业按规定支付的各项税费,包括本期发生并支付的税费,以及以前各期发生本期支付及预交的各项税费。如支付的营业税、增值税、消费税、企业所得税、教育费附加、印花税、房产税、土地增值税、车船税等。不包括本期退回的增值税、企业所得税。本期退回的增值税、企业所得税等,在"收到的税费

返还”项目中反映。本项目可以根据“应交税费”“库存现金”“银行存款”等科目分析填列。

(7)“支付其他与经营活动有关的现金”项目

本项目反映企业除上述各项目外，支付的其他与经营活动有关的现金，如罚款支出、支付的差旅费、业务招待费、保险费、经营租赁支付的现金等。其他与经营活动有关的现金，如果金额较大的，应单列项目反映。本项目可以根据有关科目的记录分析填列。

2. 投资活动产生的现金流量的填列方法

(1)“收回投资所收到的现金”项目

本项目反映企业出售、转让或到期收回除现金等价物以外的交易性金融资产、持有至到期投资、可供出售金融资产、长期股权投资等而收到的现金；不包括债权性投资收回的利息、收回的非现金资产，以及处置子公司及其他营业单位收到的现金净额。债权性投资收回的本金，在本项目反映；债权性投资收回的利息，不在本项目反映，而在“取得投资收益所收到的现金”项目中反映。处置子公司及其他营业单位收到的现金净额，单设项目反映。本项目可以根据“交易性金融资产”“持有至到期投资”“可供出售金融资产”“长期股权投资”“库存现金”“银行存款”等科目的记录分析填列。

(2)“取得投资收益所收到的现金”项目

本项目反映企业因股权性投资而分得的现金股利，因债权性投资而取得的利息收入。股票股利由于不产生现金流量，不在本项目反映。本项目可以根据“应收股利”“应收利息”“投资收益”“库存现金”“银行存款”等科目的记录分析填列。

(3)“处置固定资产、无形资产和其他长期资产收回的现金净额”项目

本项目反映企业出售固定资产、无形资产和其他长期资产所取得的现金(包括因资产毁损而收到的保险赔偿收入)，减去为处置这些资产而支付的有关费用后的净额。如处置固定资产、无形资产和其他长期资产收回的现金净额为负数，则应作为投资活动产生的现金流量，在“支付其他与投资活动有关的现金”项目中反映。本项目可以根据“固定资产清理”“库存现金”“银行存款”等科目的记录分析填列。

(4)“处置子公司及其他营业单位收到的现金净额”项目

本项目反映企业处置子公司及其他营业单位所取得的现金，减去子公司或其他营业单位持有的现金和现金等价物，以及相关处置费用后的净额。本项目可以根据有关科目的记录分析填列。处置子公司及其他营业单位收到的现金净额如为负数，则将该金额填列至“支付其他与投资活动有关的现金”项目中。

(5)“收到其他与投资活动有关的现金”项目

本项目反映企业除上述各项所支付的其他与投资活动有关的现金流出。如企业购买股票时实际支付的价款中包含的已宣告而尚未领取的现金股利，购买债券

时支付的价款中包含的已到期但尚未领取的债券利息等。本项目可以根据“应收股利”“应收利息”“银行存款”“库存现金”等有关科目的记录分析填列。

（6）“购建固定资产、无形资产和其他长期资产支付的现金”项目

本项目反映企业购买、建造固定资产，取得无形资产和其他长期资产（如投资性房地产）支付的现金，包括购买机器设备所支付的现金、建造工程支付的现金、支付在建工程人员的工资等现金支出；但不包括为购建固定资产、无形资产和其他长期资产而发生的借款利息资本化部分，以及融资租入固定资产所支付的租赁费。为购建固定资产、无形资产和其他长期资产而发生的借款利息资本化部分，在“分配股利、利润或偿付利息支付的现金”项目中反映；融资租入固定资产所支付的租赁费，在“支付其他与筹资活动有关的现金”项目中反映。本项目可以根据“固定资产”“在建工程”“工程物资”“无形资产”“库存现金”“银行存款”等科目的记录分析填列。

（7）“投资所支付的现金”项目

本项目反映企业进行权益性投资和债权性投资所支付的现金，包括企业取得的除现金等价物以外的交易性金融资产、持有至到期投资、可供出售金融资产而支付的现金，以及支付的佣金、手续费等交易费用。

企业购买股票和债券时，实际支付的价款中包含的已宣告但尚未领取的现金股利或已到付息期但尚未领取的债券利息，应在“支付其他与投资活动有关的现金”项目中反映；收回购买股票和债券时支付的已宣告但尚未领取的现金股利或已到付息期但尚未领取的债券利息，应在“收到其他与投资活动有关的现金”项目中反映。本项目可以根据“交易性金融资产”“持有至到期投资”“可供出售金融资产”“投资性房地产”“长期股权投资”“库存现金”“银行存款”等科目的记录分析填列。

（8）“取得子公司及其他营业单位支付的现金净额”项目

本项目反映企业取得子公司及其他营业单位购买出价中以现金支付的部分，减去子公司或其他营业单位持有的现金和现金等价物后的净额。本项目可以根据“长期股权投资”“库存现金”“银行存款”等科目的记录分析填列。

（9）“支付其他与投资活动有关的现金”项目

本项目反映企业除上述各项所支付的其他与投资活动有关的现金流出。如企业购买股票时实际支付的价款中包含已宣告而尚未领取的现金股利，购买债券时支付的价款中包含的已到期尚未领取的债券利息等。如果价值较大的，应单列项目反映。本项目可以根据“应收股利”“应收利息”“银行存款”“库存现金”等科目的记录分析填列。

3. 筹资活动产生的现金流量的填列方法

（1）“吸收投资收到的现金”项目

本项目反映企业以发行股票、债券等方式筹集资金实际收到的款项净额（发行

收入减去支付的佣金等发行费用后的净额）。以发行股票等方式筹集资金而由企业直接支付的审计、咨询等费用，在“支付其他与筹资活动有关的现金”项目中反映。本项目可以根据“实收资本（或股本）”“资本公积”“库存现金”“银行存款”等科目的记录分析填列。

（2）“取得借款收到的现金”项目

本项目反映企业举借各种短期、长期借款而收到的现金。本项目可以根据“短期借款”“长期借款”“库存现金”“银行存款”等科目的记录分析填列。

（3）“收到其他与筹资活动有关的现金”项目

本项目反映企业除上述各项目外，收到的其他与筹资活动有关的现金流入，如接受捐赠等。若某项其他与筹资活动有关的现金流入金额较大的，应单列项目反映。本项目可以根据“银行存款”“库存现金”“营业外收入”等有关科目的记录分析填列。

（4）“偿还债务支付的现金”项目

本项目反映企业以现金偿还债务的本金，包括归还金融企业的借款本金、偿付企业到期的债券本金等。企业偿还的借款利息、债券利息，在“分配股利、利润或偿付利息所支付的现金”项目中反映。本项目可以根据“短期借款”“长期借款” “应付债券”“库存现金”“银行存款”等科目的记录分析填列。

（5）“分配股利、利润或偿付利息支付的现金”项目

本项目反映企业实际支付的现金股利、支付给其他投资单位的利润或用现金支付的借款利息、债券利息。不同用途的借款，其利息的开支渠道不同，如在建工程、财务费用等，均在本项目中反映。本项目可以根据“应付股利”“应付利息”“利润分配”“财务费用”“在建工程”“制造费用”“研发支出”“库存现金”“银行存款”等科目的记录分析填列。

（6）“支付其他与筹资活动有关的现金”项目

本项目反映企业除上述各项目外，支付的其他与筹资活动有关的现金，如捐赠支出、融资租赁方式支付的各期租赁费等。其他与筹资活动有关的现金流出，如果金额较大的，应单列项目反映。本项目可以根据“营业外支出”“长期应付款”“库存现金”“银行存款”等有关科目的记录分析填列。

4. 汇率变动对现金及现金等价物的影响

汇率变动对现金及现金等价物的影响，指企业外币现金流量及境外子公司的现金流量折算成记账本位币时，所采用的是现金流量发生日的汇率或即期汇率的近似汇率，而现金流量表“现金及现金等价物净增加额”项目中外币现金净增加额是按资产负债表日的即期汇率折算。这两者的差额即为汇率变动对现金的影响。

5. 现金流量表补充资料项目

除现金流量表正表反映的信息外，企业还应在现金流量表补充资料中披露将

净利润调节为经营活动现金流量、不涉及现金收支的重大投资和筹资活动、现金及现金等价物净变动情况等信息。

现金流量表补充资料项目的内容及填列方法略。

任务四　所有者权益变动表

一、所有者权益变动表的概念

所有者权益变动表是反映构成所有者权益的各组成部分当期的增减变动情况的报表。所有者权益变动表应当全面反映一定时期所有者权益变动的情况，不仅包括所有者权益总量的增减变动，还包括所有者权益增减变动的重要结构性信息。

二、所有者权益变动表的列报格式

所有者权益变动表的列报格式为矩阵式。所有者权益变动表的各列项目，列示导致所有者权益变动的交易或事项；所有者权益变动表的各行项目，按照所有者权益的各组成部分（包括实收资本、资本公积、盈余公积、未分配利润和库存股）及其总额列示交易或事项对所有者权益的影响。

为了保证会计信息的可比性，企业需要提供比较所有者权益变动表，报表各项目再分为“本年金额”和“上年金额”两栏分别填列。所有者权益变动表的格式见表9-6。

三、所有者权益变动表的列报方法

1. “本年金额”栏的列报方法

（1）“上年年末余额”项目

反映企业上年资产负债表中实收资本（或股本）、资本公积、盈余公积、未分配利润的年末余额。

（2）“会计政策变更”和“前期差错更正”项目

分别反映企业采用追溯调整法处理的会计政策变更的累积影响金额和采用追溯重述法处理的会计差错更正的累积影响金额。

为了体现会计政策变更和前期差错更正的影响，企业应当在上期期末所有者权益余额的基础上进行调整得出本期期初所有者权益，根据“盈余公积”“利润分配”“以前年度损益调整”等科目的发生额分析填列。

（3）“本年增减变动额”项目

分别反映如下内容：

① “净利润”项目，反映企业当年实现的净利润(或净亏损)金额，并对应列在“未分配利润”栏。

② “直接计入所有者权益的利得和损失”项目，反映企业当年直接计入所有者权益的利得和损失金额。其中：

“可供出售金融资产公允价值变动净额”项目，反映企业持有的可供出售金融资产当年公允价值变动的金额，并对应列在“资本公积”栏。

“权益法下被投资单位其他所有者权益变动的影响”项目，反映企业对按照权益法核算的长期股权投资，在被投资单位除当年实现的净损益以外其他所有者权益当年变动中应享有的份额，并对应列在“资本公积”栏。

“与计入所有者权益项目相关的所得税影响”项目，反映企业根据《企业会计准则第 18 号——所得税》规定应计入所有者权益项目的当年所得税影响金额，并对应列在“资本公积”栏。

③ “净利润”和“直接计入所有者权益的利得和损失”小计项目，反映企业当年实现的净利润(或净亏损)金额和当年直接计入所有者权益的利得和损失金额的合计额，即综合收益总额。

④ “所有者投入和减少资本”项目，反映企业当年所有者投入的资本和减少的资本。其中：

“所有者投入的资本”项目，反映企业接受投资者投入形成的实收资本(或股本)和资本溢价(或股本溢价)，并对应列在“实收资本”和“资本公积”栏。

“股份支付计入所有者权益的金额”项目，反映企业处于等待期中的权益结算的股份支付当年计入资本公积的金额，并对应列在“资本公积”栏。

⑤ “利润分配”下各项目，反映当年对所有者(或股东)分配的利润(或股利)金额和按照规定提取的盈余公积金额，并对应列在“未分配利润”和“盈余公积”栏。

⑥ “所有者权益内部结转”下各项目，反映不影响当年所有者权益总额的所有者权益各组成部分之间当年的增减变动，包括资本公积转增资本(或股本)、盈余公积转增资本(或股本)、盈余公积弥补亏损等各项金额。

(4) “本年年末余额”项目

反映企业本年资产负债表中实收资本(或股本)、资本公积、盈余公积、未分配利润的年末余额，也可根据本表相关项目计算填列。

2. “上年金额”栏的列报方法

所有者权益变动表“上年金额”栏内各项数字，应根据上年度所有者权益变动表“本年金额”栏内所列数字填列。如果上年度所有者权益变动表规定的各个项目的名称和内容与本年度不相一致，应对上年度所有者权益变动表各项目的名称和数字按本年度的规定进行调整，填入所有者权益变动表“上年金额”栏内：

表 9-6

所有者权益变动表

会企 04 表

编制单位：　　　　　　　　　　　＿＿＿＿年度　　　　　　　　　　　单位：

项　目	本年金额						上年金额					
	实收资本（或股本）	资本公积	减:库存股	盈余公积	未分配利润	所有者权益合计	实收资本（或股本）	资本公积	减:库存股	盈余公积	未分配利润	所有者权益合计
一、上年年末余额												
加:会计政策变更												
前期差错更正												
二、本年年初余额												
三、本年增减变动金额（减少以“－”号填列）												
（一）净利润												
（二）直接计入所有者权益的利得和损失												
1. 可供出售金额资产公允价值变动净额												
2. 权益法下被投资单位其他所有者权益变动的影响												
3. 与计入所有者权益项目相关的所得税影响												
4. 其他												
上述(一)和(二)小计												
（三）所有者投入和减少资本												
1. 所有者投入资本												
2. 股份支付计入所有者权益的金额												
3. 其他												
（四）利润分配												
1. 提取盈余公积												
2. 对所有者(或股东)的分配												
3. 其他												

（续　表）

项　　目	本年金额						上年金额					
	实收资本（或股本）	资本公积	减:库存股	盈余公积	未分配利润	所有者权益合计	实收资本（或股本）	资本公积	减:库存股	盈余公积	未分配利润	所有者权益合计
（五）所有者权益内部结转												
1. 资本公积转增资本（或股本）												
2. 盈余公积转增资本（或股本）												
3. 盈余公积弥补亏损												
4. 其他												
四、本年年末余额												

任务五　附　　注

一、附注的概念

附注是财务报表不可或缺的组成部分，是对资产负债表、利润表、现金流量表和所有者权益变动表等报表中列示项目的文字描述或明细资料，以及对未能在这些报表中列示项目的说明，等等。附注相对于报表而言，具有同等重要性。报表使用者应当全面阅读附注。

二、附注披露的内容

财务报表附注应按照如下顺序披露有关内容：

（1）企业的基本情况

① 企业注册地、组织形式和总部地址。

② 企业的业务性质和主要经营活动，如企业所处的行业、所提供的主要产品或服务、客户的性质、销售策略、监管环境的性质等。

③ 母公司以及集团最终母公司的名称。

④ 财务报告的批准报出者和财务报告批准报出日。

（2）财务报表的编制基础

即持续经营或其他基础。

（3）遵循企业会计准则的声明

企业应当声明编制的财务报表符合企业会计准则的要求，真实、完整地反映企业的财务状况、经营成果和现金流量等有关信息，以此明确企业编制财务报表所依据的基础。

（4）重要会计政策的说明

包括财务报表项目的计量基础和会计政策的确定依据等。

（5）重要会计估计的说明

包括下一会计期间内很可能导致资产、负债账面价值重大调整的会计估计的确定依据等。

（6）会计政策和会计估计变更以及差错更正的说明

企业应当按照《企业会计准则第 28 号——会计政策、会计估计变更和差错更正》及其应用指南的规定进行披露。

（7）报表重要项目的说明

企业应当尽可能以列表形式披露重要报表项目的构成或当期增减变动情况。对重要报表项目的明细说明，应当按照资产负债表、利润表、现金流量表、所有者权益变动表的顺序以及报表项目列示的顺序进行披露，采用文字和数字描述相结合的方式进行披露，并与报表项目相互参照。

（8）其他需要说明的重要事项

主要包括或有和承诺事项、资产负债表日后非调整事项、关联方关系及其交易等需要说明的事项。

项目训练

一、单项选择题

1. 利润表中的“营业税金及附加”主要包括（　　）。

A. 营业税、城市维护建设税　　B. 增值税

C. 房产税、车船税　　D. 企业所得税

2. 下列财务报表中，（　　）是静态财务报表。

A. 资产负债表　　B. 利润表

C. 现金流量表　　D. 所有者权益变动表

3. 反映企业一定时点财务状况的报表是（　　）。

A. 资产负债表　　B. 利润表

C. 现金流量表　　D. 所有者权益变动表

4. 反映企业一定期间经营成果的报表是（　　）。

A. 资产负债表　　B. 利润表

C. 现金流量表　　D. 所有者权益变动表

5. 财务报表的编制基础是指（　　）。

A. 重要性　　B. 可比性　　C. 持续经营　　D. 会计分期

6. 资产负债表中“存货”项目反映的是各项存货的(　　)。

A. 实际成本　　B. 计划成本　　C. 总额　　D. 净额

7. 在编制资产负债表时,“预付账款”所属明细科目如有贷方余额,应在(　　)项目内反映。

A. 应收账款　　B. 应付账款

C. 预收账款　　D. 预付账款

8. 在编制资产负债表时,“应收账款”所属明细科目如有贷方余额,应在(　　)项目内反映。

A. 应收账款　　B. 应付账款

C. 预收账款　　D. 预付账款

9. 某公司年末结账前,“应收账款”科目所属明细科目中有借方余额 50 000 元,贷方余额 20 000 元;“预付账款”科目所属明细科目中有借方余额 13 000 元,贷方余额 5 000 元;“应付账款”科目所属明细科目中有借方余额 50 000 元,贷方余额 120 000 元;“预收账款”科目所属明细科目中有借方余额 3 000 元,贷方余额 10 000 元;“坏账准备”科目贷方余额为 300 元。则年末资产负债表中“应收账款”项目和“应付账款”项目的期末数分别是(　　)。

A. 52 700 元和 125 000 元　　B. 63 000 元和 53 000 元

C. 30 000 元和 70 000 元　　D. 53 000 元和 125 000 元

10. 某企业年末有关科目余额如下:“原材料”科目借方余额 300 万元,“生产成本”科目借方余额 200 万元,“材料采购”科目借方余额 50 万元,“受托代销商品”科目借方余额 100 万元,“受托代销商品款”科目贷方余额 100 万元,“材料成本差异” 科目贷方余额 30 万元,“存货跌价准备”科目贷方余额 20 万元。则该企业年末资产负债表中“存货”项目应填列的金额为(　　)万元。

A. 650　　B. 500　　C. 550　　D. 520

11. 可供出售金融资产的公允价值发生变动,应列示为利润表中的(　　)。

A. 净利润　　B. 其他综合收益

C. 综合收益总额　　D. 公允价值变动损益

12. 现金流量表的列报格式为(　　)。

A. 账户式　　B. 多步式　　C. 报告式　　D. 矩阵式

13. 下列各项中,会引起现金流量总额变动的项目是(　　)。

A. 将现金存入银行　　B. 用现金购买 1 个月到期的国债

C. 用现金购买材料　　D. 用一台设备清偿 50 万元的债务

14. 支付的在建工程人员工资,属于(　　)。

A. 经营活动现金流量

B. 投资活动现金流量

C. 筹资活动现金流量

D. 支付给职工以及为职工支付的现金

15. 以现金支付的罚款在现金流量表中应列示为(　　)。

A. 支付其他与经营活动有关的现金流量

B. 支付其他与投资活动有关的现金流量

C. 支付其他与筹资活动有关的现金流量

D. 支付的各项税费

16. 某企业“应付职工薪酬”科目年初贷方余额为 80 000 元,其中包括在建工程人员工资 30 000 元;年末贷方余额为 45 000 元,其中包括在建工程人员工资 15 000元。则现金流量表“支付给职工以及为职工支付的现金”项目应填列(　　)万元。

A. 30 000　　B. 35 000

C. 15 000　　D. 20 000

17. 下列各项中,不影响企业营业利润的项目是(　　)。

A. 主营业务收入　　B. 劳务收入

C. 固定资产租金收入　　D. 营业外收入

18. 某工业企业本期的营业收入 100 万元,营业成本 50 万元,管理费用 10 万元,投资收益 20 万元,所得税费用 18 万元。假定不考虑其他因素,该企业本期营业利润为(　　)万元。

A. 40　　B. 42　　C. 60　　D. 72

19. 下列项目中,属于工业企业其他业务收入的是(　　)。

A. 无法支付的应付账款　　B. 出售固定资产收入

C. 转让无形资产使用权收入　　D. 罚款收入

20. 下列各项中,应列作管理费用处理的是(　　)。

A. 自然灾害造成的流动资产损失　　B. 车间管理人员的工资

C. 固定资产盘亏净损失　　D. 存货盘盈

二、多项选择题

1. 财务报告应当包括(　　)。

A. 资产负债表　　B. 利润表

C. 附注　　D. 所有者权益变动表

2. 财务报表按照编报主体的不同,可以分为(　　)。

A. 中期财务报表　　B. 年度财务报表

C. 个别财务报表　　D. 合并财务报表

3. 财务报表按照编报时间的不同,可以分为(　　)。

A. 中期财务报表　　B. 年度财务报表

C. 个别财务报表 D. 合并财务报表

4. 资产负债表中的“货币资金”项目,应根据(　　)科目期末余额的合计数填列。

A. 备用金 B. 库存现金

C. 银行存款 D. 其他货币资金

5. 资产负债表的金额栏包括(　　)。

A. 年末余额 B. 本期金额

C. 年初余额 D. 期末余额

6. 为计算营业利润,需要从营业收入中减去(　　)。

A. 营业成本 B. 营业税金及附加

C. 销售费用、管理费用、财务费用 D. 资产减值损失

7. 下列报表中,(　　)属于年度财务报表。

A. 资产负债表 B. 利润表

C. 现金流量表 D. 所有者权益变动表

8. 下列各项中,需要在利润表中列示的有(　　)。

A. 交易性金融资产的公允价值变动

B. 可供出售金融资产的公允价值变动

C. 支付的企业所得税

D. 确认的所得税费用

9. 现金流量表中的“现金”包括(　　)。

A. 库存现金 B. 银行存款

C. 其他货币资金 D. 现金等价物

10. 现金流量表中的现金流量,包括(　　)活动产生的现金流量。

A. 经营活动 B. 投资活动

C. 筹资活动 D. 收、付款活动

11. 下列各项中,属于经营活动现金流量的有(　　)。

A. 支付的企业所得税 B. 支付给全体职工的工资

C. 支付的各种罚款 D. 支付的融资租赁租金

12. 下列各项中,属于投资活动现金流量的有(　　)。

A. 支付的债券利息 B. 收取的债券利息

C. 取得的银行借款 D. 购买固定资产支付的现金

13. 下列各项中,属于筹资活动现金流量的有(　　)。

A. 支付的债券利息 B. 收取的债券利息

C. 取得的银行借款 D. 购买固定资产支付的现金

14. 下列说法中,正确的有(　　)。

A. 资产负债表的列报格式属于报告式

B. 资产负债表为年度财务报表

C. 所有者权益变动表为年度财务报表

D. 现金流量表只反映现金流量总额的变化

15. 下列各项中，应在财务报表附注中披露的有(　　)。

A. 重要会计政策的说明　　B. 重要会计估计的说明

C. 报表重要项目的说明　　D. 遵循企业会计准则的声明

16. 下列各项中，应列入利润表“资产减值损失”项目的有(　　)。

A. 原材料盘亏损失　　B. 固定资产减值损失

C. 应收账款减值损失　　D. 无形资产减值损失

17. 下列说法中，正确的有(　　)。

A. 财务报告等于会计报表

B. 资产负债表列示“期末余额”和“年初余额”

C. 2013 年 5 月利润表中的“上期金额”栏是指 2012 年 4 月

D. 2013 年 5 月利润表中的“上期金额”栏是指 2012 年 5 月

三、判断题

1. 半年度、季度和月度财务报告统称为中期财务报告。(　　)
2. 财务报告与会计报表的含义是一致的。(　　)
3. 财务报表至少应当包括“四表一附注”。(　　)
4. 企业必须对外提供资产负债表、利润表、和现金流量表，但会计报表附注不属于企业必须对外提供的资料。(　　)
5. 资产负债表中的资产与负债是按照流动性排列的。(　　)
6. 对于在资产负债表日起一年内到期的负债，企业预计能够自主地将清偿义务展期至资产负债表日后一年以上的，应当归类为流动负债。(　　)
7. 我国企业资产负债表采用账户式格式。(　　)
8. “应付账款”所属明细科目有借方余额的，应填列在“应收账款”项目内。(　　)
9. 我国采用多步式列报利润表。(　　)
10. 利润表中的“上期金额”是指上月数或上年数。(　　)
11. 现金流量表属于年报。(　　)
12. 所有现金流量项目在现金流量表中都应按照现金流量总额反映。(　　)
13. 现金流量表“偿还债务支付的现金”项目仅指偿还的利息。(　　)
14. 现金流量表中“销售商品、提供劳务收到的现金”项目不包括收取的增值税销项税额。(　　)
15. 现金流量表中“购进商品、接受劳务支付的现金”项目不包括支付的增值税进项税额。(　　)
16. 企业购买和处置子公司及其他营业单位产生的现金流量应作为投资活动的现金流量，在现金流量表中单独列示。(　　)

17. 所有者权益变动表的列报格式为矩阵式。 （ ）
18. 财务报表附注的重要性远低于财务报表。 （ ）

四、实务题

1. 目的：练习资产负债表、利润表的编制。
2. 资料：万成公司 2013 年年末有关资料如下：

（1）总分类账户期初、期末余额如下表所示：

总分类账期初、期末余额表

2013 年 12 月 31 日　　单位：元

会计科目	借方余额		贷方余额	
	年初数	年末数	年初数	年末数
库存现金	900	1 500		
银行存款	5 000 000	7 500 000		
应收账款	300 000	500 000		
坏账准备			900	1 500
原材料	1 400 000	1 000 000		
库存商品	1 900 000	1 000 000		
生产成本	500 000	600 000		
周转材料	600 000	800 000		
存货跌价准备				35 000
固定资产	40 000 000	40 500 000		
累计折旧			20 000 000	22 800 000
应付账款			500 000	600 000
短期借款			1 100 000	4 000 000
应付职工薪酬			100 000	100 000
应交税费			900 000	845 000
应付股利			1 000 000	2 000 000
应付利息			100 000	120 000
长期借款			5 000 000	0
实收资本			20 000 000	20 000 000
资本公积			800 000	800 000
盈余公积			200 000	600 000
合计	49 700 900	51 901 500	49 700 900	51 901 500

（2）有关损益类账户发生额如下表所示：

损益类账户发生额

2013 年 12 月　　　　单位：元

会计科目	本月发生额		本年累计数	
	借方	贷方	借方	贷方
主营业务收入		2 000 000		25 000 000
其他业务收入		80 000		200 000
主营业务成本	1 200 000		16 000 000	
营业税金及附加	80 000		900 000	
其他业务成本	60 000		120 000	
销售费用	100 000		1 000 000	
管理费用	100 000		1 100 000	
财务费用	120 000		1 000 000	
资产减值损失	50 000		50 000	
营业外支出	11 000		29 000	
所得税费用	400 000		1 200 000	

3. 要求：编制万成公司 2013 年 12 月份的资产负债表和利润表

附录　参考答案

项　目　一

一、单项选择题

1. A　2. C　3. A　4. B　5. D　6. C　7. D　8. B　9. C　10. D
11. A　12. D　13. D　14. B　15. C　16. D　17. B　18. D　19. D　20. B
21. D　22. B　23. B　24. B　25. D

二、多项选择题

1. ABD　2. ABC　3. AD　4. ABCDE　5. ABCD　6. ABC　7. ABCD
8. AC　9. AD　10. ACD　11. ABCD　12. AB　13. ABCD　14. ABDE
15. ABCD　16. ADE　17. AC　18. AD

三、判断题

1. √　2. ×　3. √　4. √　5. ×　6. √　7. √　8. √　9. ×　10. √
11. ×　12. ×　13. ×　14. ×　15. ×　16. √　17. ×　18. ×　19. ×　20. ×

四、实务题

习题一

银行存款余额调节表

2013 年 9 月 30 日

项　目	金　额	项　目	金　额
企业银行存款日记账余额	20 636	银行对账单余额	18 178
加：	282	加：	6 800
	2 800		
减：	540	减：	1 200
			600
调节后的存款余额	23 178	调节后的存款余额	23 178

习题二

(1) 第(4)笔经济业务应采用划线更正法。更正时应将错误的数字用红线划掉，在其上方用蓝字更正写上正确的金额，并盖章。

(2) 更正错账前银行存款日记账的余额为：19 825－1 370＝18 455(元)

银行存款余额调节表

项目	金额	项目	金额
企业银行存款日记账余额	19 825	银行对账单余额	18 455
加：	4 900	加：	10 420
减：	2 450	减：	7 500
	900		
调节后的存款余额	21 375	调节后的存款余额	21 375

习题三

(1) 借：银行存款 2 000
　　贷：库存现金 2 000
(2) 借：库存现金 30 000
　　贷：银行存款 30 000
(3) 借：应付职工薪酬——工资 30 000
　　贷：库存现金 30 000
(4) 借：应付职工薪酬——生活补助 1 500
　　贷：库存现金 1 500
(5) 借：管理费用 2 800
　　贷：其他应收款——宋琪 2 000
　　　　库存现金 800
(6) 借：库存现金 6 000
　　贷：银行存款 6 000
(7) 借：库存现金 3 000
　　贷：其他应付款——押金 3 000
(8) 借：管理费用——办公用品 1 000
　　贷：库存现金 1 000
(9) 借：其他应收款——差旅费 2 000
　　贷：库存现金 2 000
(10) 借：管理费用——办公用品 652
　　贷：库存现金 652
(11) 借：待处理财产损益——待处理流动资产损益 5
　　贷：库存现金 5
　　借：管理费用 5
　　贷：待处理财产损益——待处理流动资产损益 5
(12) 借：管理费用 1 660
　　　库存现金 340
　　贷：其他应收款——海鸣 2 000

习题四

(1) 借：原材料——A 材料	20 000	
应交税费——应交增值税(进项税额)	3 400	
贷：银行存款		23 400
(2) 借：库存现金	6 000	
贷：银行存款		6 000
(3) 借：其他货币资金——银行汇票	800 000	
贷：银行存款		800 000
(4) 借：在途物资——B 材料	600 000	
应交税费——应交增值税(进项税额)	102 000	
贷：其他货币资金——银行汇票		702 000
(5) 借：银行存款	98 000	
贷：其他货币资金——银行汇票		98 000
(6) 借：其他货币资金——银行汇票	46 800	
贷：主营业务收入		40 000
应交税费——应交增值税(销项税额)		6 800
(7) 借：其他货币资金——银行本票	120 000	
贷：银行存款		120 000
(8) 借：在途物资——A 材料	102 000	
应交税费——应交增值税(进项税额)	17 340	
库存现金	660	
贷：其他货币资金——银行本票		120 000
(9) 借：其他货币资金——银行本票	116 000	
库存现金	1 000	
贷：主营业务收入		100 000
应交税费——应交增值税(销项税额)		17 000
(10) 借：原材料——C 材料	600 000	
应交税费——应交增值税(进项税额)	102 000	
贷：应收票据		702 000
(11) 借：应付票据	468 000	
贷：银行存款		468 000
(12) 借：银行存款	600 000	
贷：应收票据		600 000
借：财务费用——手续费	300	
贷：银行存款		300
(13) 借：原材料——D 材料	402 000	
应交税费——应交增值税(进项税额)	68 000	
贷：应收票据		470 000

(14) 借：应收票据——展特公司　600 000
　　贷：应收账款——展特公司　600 000
(15) 借：银行存款　400 000
　　贷：应收票据——展特公司　400 000
(16) 借：其他应收款——刘烨　30 000
　　财务费用——手续费　10.5
　　贷：银行存款　30 010.5
(17) 借：银行存款　44 000
　　贷：应收账款——振兴公司　44 000
(18) 借：制造费用　7 000
　　管理费用　3 000
　　应交税费——应交增值税(进项税额)　1 700
　　贷：银行存款　11 700
(19) 借：应收账款——展特公司　237 000
　　贷：银行存款　3 000
　　　主营业务收入　200 000
　　　应交税费——应交增值税(销项税额)　34 000
(20) 借：银行存款　237 000
　　贷：应收账款——展特公司　237 000
(21) 借：其他货币资金——信用卡　40 000
　　贷：银行存款　40 000
(22) 借：管理费用　3 600
　　贷：其他货币资金——信用卡　3 600
(23) 借：其他货币资金——外埠存款　160 000
　　贷：银行存款　160 000
(24) 借：在途物资——B材料　100 000
　　　　——C材料　20 000
　　应交税费——应交增值税(进项税额)　20 400
　　贷：其他货币资金——外埠存款　140 400
(25) 借：原材料——B材料　100 000
　　　——C材料　20 000
　　贷：在途物资——B材料　100 000
　　　　——C材料　20 000
(26) 借：银行存款　19 600
　　贷：其他货币资金——外埠存款　19 600
(27) 借：其他货币资金——存出投资款　400 000
　　贷：银行存款　400 000
(28) 借：交易性金融资产——股票（成本）　200 000
　　贷：其他货币资金——存出投资款　200 000

项　目　二

一、单项选择题

1. B　2. C　3. D　4. D　5. B　6. B　7. D　8. B　9. C　10. A
11. D　12. D　13. A　14. B　15. C　16. B　17. B　18. C　19. C　20. B
21. C　22. A　23. B　24. C　25. C　26. B　27. B　28. C　29. D　30. B
31. B　32. D　33. B　34. C　35. B　36. C

二、多项选择题

1. CD　2. ABD　3. CD　4. BC　5. CD　6. ACD　7. ABD
8. BC　9. ABC　10. ABC　11. ABCD　12. BCDE　13. AB　14. AD
15. CD　16. AD　17. CD　18. ACD　19. ABC

三、判断题

1. ×　2. √　3. √　4. √　5. √　6. ×　7. √　8. ×　9. ×　10. ×
11. √　12. √　13. ×　14. ×　15. √　16. √　17. ×　18. √　19. √　20. √
21. √　22. √　23. √　24. ×　25. ×　26. ×

四、实务题

习题一

(1) 借：在途物资——铜材　60 751
　　应交税费——应交增值税(进项税额)　10 249
　　贷：应付票据——晓光　71 000
(2) 借：原材料　100 000
　　应交税费——应交增值税(进项税额)　17 000
　　贷：实收资本——溪帝公司　117 000
(3) 借：原材料——钢材　43 130
　　应交税费——应交增值税(进项税额)　7 210
　　贷：银行存款　50 340
(4) 借：原材料——钢材　45 800
　　贷：在途物资——钢材　45 800
(5) 借：原材料　5 360
　　贷：生产成本　5 360

习题二(一)

(1) A 材料的采购总成本＝15 000＋465＋300＝15 765(元)。
单位成本＝15 765÷2 980＝5.3(元/千克)
(2) 先进先出法：
发出存货成本＝500×22＋100×21＋100×21＋200×20＋300×20＝25 200(元)
期末结存材料成本＝150×22＝3 300(元)
加权平均法：
发出存货成本＝(500×22＋200×21＋500×20＋150×22)÷1 350×1 200＝25 333.3(元)
期末结存材料成本＝500×22＋200×21＋500×20＋150×22－25 333.3＝3 166.7(元)

习题二(二)

先进先出法：

发出存货成本＝1 000×5＋1 000×5＋1 000×5＋1 500×5＋2 400×5.10＋3 000×5.20＋100×5.15＝50 855

期末结存材料成本＝2 400×5.15＋2 700×5.16＝26 292(元)

移动加权平均法：

2013年		编号	摘要	收入			发出			结存		
月	日			数量	单价	金额	数量	单价	金额	数量	单价	金额
8	1		期初余额							3 000	5.0	15 000
	2		购入	1 500	5.0	7 500						
	7		购入	2 400	5.10	12 240						
	11		发出				1 000	5.0	5 000	5 900	5.0	29 500
	13		购入	3 000	5.2	15 600						
	15		购入	2 500	5.15	12 875						
	16		发出				1 000	5.1	5 100	10 400	5.1	53 040
	28		购入	2 700	5.16	13 932						
	30		发出				8 000	5.1	40 800	5 100	5.1	26 010

11日发出存货单位成本＝(15 000＋7 500＋12 240)÷(3 000＋1 500＋2 400)＝34 740÷6 900＝5.0

16日发出存货单位成本＝(29 500＋15 600＋12 875)÷(5 900＋3 000＋2 500)＝57 975÷11 400＝5.1

30日发出存货单位成本＝(53 040＋13 932)÷(10 400＋2 700)＝66 972÷13 100＝5.1

习题三(一)

1. 本月材料成本差异率＝(20 000－1 400－4 070)÷(1 000 000＋70 000＋220 000)×100%＝14 530÷1 290 000×100%＝1%

发出材料应负担的成本差异＝700 000×1%＝7 000元

其中生产成本应分摊＝480 000×1%＝4 800元

制造费用应分摊＝100 000×1%＝1 000元

管理费用分摊＝40 000×1%＝400元

在建工程分摊＝80 000×1%＝800元

2. (1) 借：原材料　　70 000
　　贷：应付账款——暂估入账　　70 000

(2) 借：材料采购　　218 600
　　应交税费——应交增值税(进项税额)　　52 600
　　贷：银行存款　　271 200

借：原材料　　220 000
　　贷：材料采购　　218 600
　　　　材料成本差异　　1 400

(3) 借：原材料	70 000	
贷：应付账款——暂估入账		70 000
借：材料采购	65 930	
应交税费——应交增值税（进项税额）	11 120	
贷：应付账款		77 050
借：原材料	70 000	
贷：材料采购		65 930
材料成本差异		4 070
(4) 借：生产成本	480 000	
制造费用	100 000	
管理费用	40 000	
在建工程	80 000	
贷：原材料		700 000
结转本月发出材料的成本差异		
借：材料成本差异	7 000	
贷：生产成本		4 800
制造费用		1 000
管理费用		400
在建工程		800

习题三(二)

(1) 借：原材料——B 材料	20 000	
贷：应付账款——暂估入账		20 000
(2) 借：材料采购——B 材料	19 330	
应交税费——应交增值税（进项税额）	3 130	
贷：银行存款		22 460
借：原材料——B 材料	20 000	
材料成本差异	2 460	
贷：材料采购——B 材料		22 460
(3) 借：材料采购——A 材料	31 030	
应交税费——应交增值税（进项税额）	6 100	
贷：应付账款		37 130
借：原材料——A 材料	28 500	
材料成本差异	8 630	
贷：材料采购——A 材料		37 130
(4) 借：应付账款	37 130	
贷：银行存款		37 130
(5) 借：材料采购——A 材料	81 800	
应交税费——应交增值税（进项税额）	13 906	
贷：应付票据		95 706

借：原材料——A材料　80 000
　材料成本差异　15 706
　贷：材料采购——A材料　95 706

(6) 发出A材料应分配的成本差异额＝89 000×2%＝1 780元
发出A材料的计划成本＝89 000－1 780＝87 220元
发出B材料应分配的成本差异额＝68 000×(－1%)＝－680元
发出B材料的计划成本＝68 000＋680＝68 680元

习题三(三)

① 借：材料采购——A材料　16 905
　应交税费——应交增值税(进项税额)　2 805
　贷：应付账款——美帝公司　19 710

② 借：材料采购——A材料　27 500
　应交税费——应交增值税(进项税额)　4 590
　贷：应付账款　32 090

借：原材料——A材料　30 000
　贷：材料采购——A材料　27 500
　　材料成本差异　2 500

③ 借：待处理财产损益　2 000
　贷：原材料——A材料　2 000

借：管理费用　500
　其他应收款　1 500
　贷：待处理财产损益　2 000

④ 借：原材料——A材料　15 000
　材料成本差异　1 905
　贷：材料采购——A材料　16 905

借：应付账款——美帝公司　19 710
　贷：银行存款　19 710

⑤ 借：应付账款——美帝公司　32 090
　贷：银行存款　32 090

⑥ 借：材料采购——A材料　24 000
　应交税费——应交增值税(进项税额)　4 080
　贷：银行存款　28 080

⑦ 借：生产成本　60 000
　贷：原材料——A材料　60 000

(2) 材料成本差异率＝(720－2 500＋1 905)÷(6 000×10)×100%＝2%
发出材料的实际成本＝6 000×10＋6 000×10×2%＝61 200元

习题四(一)

(1) 发出材料时
借：委托加工物资　12 000
　贷：原材料　12 000

(2) 借：委托加工物资　400
　　贷：库存现金　400
(3) 支付加工费和税金时
　借：委托加工物资　2 000
　　应交税费——应交增值税　340
　　贷：银行存款　2 340
(4) 加工完成收回材料
　借：原材料　14 400
　　贷：委托加工物资　14 400

习题四(二)

1. 收回的委托加工物资用于继续生产应税消费品，作如下账务处理如下：
　借：委托加工物资　15 000
　　贷：原材料　15 000
　借：委托加工物资　3 000
　　应交税费——应交消费税　1 200
　　　　　——应交增值税(进项税额)　255
　　贷：银行存款　4 455
　借：原材料　18 000
　　贷：委托加工物资　18 000
2. 收回的委托加工物资直接用于对外销售，该企业的账务处理如下：
　借：委托加工物资　15 000
　　贷：原材料　15 000
　借：委托加工物资　4 200
　　应交税费——应交增值税(进项税额)　255
　　贷：银行存款　4 455
　借：库存商品　19 200
　　贷：委托加工物资　19 200

习题五

(1) 借：周转材料——低值易耗品　3 120
　　应交税费——应交增值税(进项税额)　510
　　贷：银行存款　3 630
(2) 借：周转材料——低值易耗品——在用　3 630
　　贷：周转材料——低值易耗品——在库　3 630
　借：制造费用　1 815
　　贷：周转材料——低值易耗品——摊销　1 815
(3) 借：周转材料——低值易耗品——在用　1 600
　　贷：周转材料——低值易耗品——在库　1 600
　借：管理费用　800
　　贷：周转材料——低值易耗品——摊销　800

(4) 借：生产成本——基本生产成本	360	
贷：周转材料——包装物		360
(5) 借：银行存款	936	
贷：其他业务收入		800
应交税费——应交增值税(销项税额)		136
借：其他业务成本	720	
贷：周转材料——包装物		720
(6) 借：银行存款	585	
贷：其他业务收入		585
借：其他应付款	415	
贷：库存现金		415
(7) 借：其他业务成本——出租包装物	5 000	
贷：周转材料——包装物		5 000
借：银行存款	7 500	
贷：其他应付款		7 500
(8) 借：制造费用	10 000	
贷：周转材料——低值易耗品——摊销		10 000
借：原材料	400	
贷：制造费用		400

习题六

(1) 借：原材料	21 860	
应交税费——应交增值税(进项税额)	3 540	
贷：应付票据——曙光工厂		25 400
借：财务费用——手续费	127 000	
贷：银行存款		12 700
(2) 借：原材料	30 000	
应交税费——应交增值税(进项税额)	5 100	
贷：应付票据——兴化工厂		35 100
(3) 借：应付票据——曙光工厂	25 400	
贷：银行存款		21 400
短期借款		4 000
(4) 借：应付账款——曙光工厂	25 400	
贷：银行存款		25 146
财务费用		254
(5) 借：预收账款	28 000	
银行存款	1 250	
贷：主营业务收入		25 000
应交税费——应交增值税(销项税额)		4 250

习题七

甲产品跌价准备：[15－(13－0.5)]×280＝700(万元)

乙产品：其中300台有合同，未跌价 应计：(2.8－3)×200＝40万元

丙产品单台可变现净值为2－0.15＝1.85(万元)未发生跌价，无需计提。

由于丁产品主要用于生产丙产品，而丙产品未发生减值，故丁产品也无需计提跌价准备。

分录：借：资产减值损失　　7 400 000

　　贷：存货跌价准备——甲产品　　7 000 000

　　　　　　　　　——乙产品　　400 000

项　目　三

一、单项选择题

1. D　2. B　3. A　4. A

二、多项选择题

1. ABCD　2. ABD　3. ACD　4. BCD　5. ABCD　6. BC

三、判断题

1. √　2. ×　3. √　4. ×　5. ×　6. ×

四、实务题

习题一

(1) 借：库存现金　　158 000

　　贷：银行存款　　158 000

(2) 借：生产成本　　106 000

　　制造费用　　16 000

　　管理费用　　20 000

　　应付职工薪酬　　4 000

　　在建工程　　12 000

　　贷：应付职工薪酬——工资　　158 000

(3) 借：应付职工薪酬——工资　　158 000

　　贷：库存现金　　158 000

　借：应付职工薪酬——工资　　3 000

　　贷：其他应付款　　3 000

(4) 借：应付职工薪酬——福利费　　2 000

　　贷：库存现金　　2 000

习题二

(1) 借：生产成本——A产品　　20 000

　　　　　　——B产品　　16 000

　　制造费用　　6 000

　　管理费用　　8 000

　　销售费用　　4 000

　　应付职工薪酬　　6 000

　　贷：应付职工薪酬——工资　　60 000

习题三

(1) 借：管理费用	24 000	
贷：应付职工薪酬		24 000
(2) 借：管理费用	20 000	
贷：应付职工薪酬——非货币性福利		20 000
借：应付职工薪酬——非货币性福利	20 000	
贷：累计折旧		20 000
(3) 借：管理费用	1 170 000	
贷：应付职工薪酬——非货币性福利		1 170 000
借：应付职工薪酬——非货币性福利	1 170 000	
贷：主营业务收入		1 000 000
应交税费——应交增值税(销项税额)		170 000
借：主营业务成本	750 000	
贷：库存商品		750 000
(4) 借：在建工程	1 050 000	
制造费用	150 000	
管理费用	200 000	
销售费用	100 000	
贷：应付职工薪酬——工资		1 500 000
(5) 借：应付职工薪酬	100 000	
贷：银行存款		100 000
(6) 借：应付职工薪酬	8 000	
贷：应交税费——应交个人所得税		8 000
(7) 借：应付职工薪酬	1 000	
贷：库存现金		1 000
(8) 借：应付职工薪酬	20 000	
贷：其他应收款		20 000

项　目　四

一、单项选择题

1. C　2. A　3. A　4. C　5. B　6. B　7. B　8. B　9. A　10. D
11. A　12. A　13. D　14. C　15. A　16. A　17. C　18. B　19. D　20. D
21. A　22. B

二、多项选择题

1. ABCD　2. ACE　3. ABE　4. ACDE　5. ABCD　6. ACD　7. BD
8. BCE　9. AD　10. AE　11. ACD　12. ACD　13. ABC　14. ABCD
15. ABD　16. AB　17. ABCD

三、判断题

1. √　2. ×　3. √　4. √　5. √　6. ×　7. ×　8. ×　9. √　10. √

11. √ 12. × 13. √ 14. √ 15. √ 16. ×

四、实务题

习题一

(1) 借：银行存款　936 00
　贷：主营业务收入　800 000
　　应交税费——应交增值税（销项税额）　136 000

(2) 不做

(3) 借：应收账款——甲公司　237 000
　贷：主营业务收入　200 000
　　应交税费——应交增值税（销项税额）　34 000
　　银行存款　3 000

(4) 借：应收票据　117 000
　贷：主营业务收入　100 000
　　应交税费——应交增值税（销项税额）　17 000

(5) 借：应收账款——丙公司　210 600
　贷：主营业务收入　180 000
　　应交税费——应交增值税（销项税额）　30 600

(6) 借：银行存款　118 500
　贷：应收账款——甲公司　118 500

(7) 借：银行存款　93 600
　贷：主营业务收入　80 000
　　应交税费——应交增值税（销项税额）　13 600

(8) 借：主营业务收入　10 000
　应交税费——应交增值税（销项税额）　1 700
　贷：银行存款　11 700

同时：

借：库存商品　7 000
　贷：主营业务成本　7 000

(9) 借：银行存款　92 000
　贷：应收账款——丙公司　92 000

(10) 借：主营业务收入　10 000
　应交税费——应交增值税（销项税额）　1 700
　贷：应收账款——丁公司　11 700

(11) 借：主营业务成本　3 600 000
　贷：库存商品　3 600 000

(12) 借：银行存款　23 400
　贷：其他业务收入　20 000
　　应交税费——应交增值税（销项税额）　3 400

同时：

借：其他业务成本　18 000
　　贷：原材料　18 000
(13) 借：银行存款　60 000
　　贷：其他业务收入　60 000
(14) 借：营业税金及附加　3 300
　　贷：应交税费——营业税　3 000
　　　　　　　　——城建税　210
　　　　　　　　——教育费附加　90

习题二

(1) 蓝地公司应作如下会计分录：

① 蓝地公司将 A 商品交付和永公司时：
借：委托代销商品(或发出商品)　600 000
　　贷：库存商品　600 000

② 蓝地公司收到代销清单时：
借：应收账款——永和公司　468 000
　　贷：主营业务收入　400 000
　　　　应交税费——应交增值税(销项税额)　68 000
借：主营业务成本　240 000
　　贷：委托代销商品　240 000
借：销售费用　40 000
　　贷：应收账款　40 000
如果收到款项时：
借：银行存款　428 000
　　贷：应收账款　428 000

(2) 永和公司应作如下会计分录：

① 收到商品时：
借：受托代销商品　1 000 000
　　贷：受托代销商品款　1 000 000

② 实际销售时：
借：银行存款　468 000
　　贷：受托代销商品　400 000
　　　　应交税费——应交增值税(销项税额)　68 000

③ 收到增值税专用发票时：
借：受托代销商品款　400 000
　　应交税费————应交增值税(进项税额)　68 000
　　贷：应付账款——蓝地公司　468 000
如果支付货款：
借：应付账款　468 000
　　贷：银行存款　428 000
　　　　其他业务收入　40 000

习题三(一)

(1) 票据到期日：8 月 31 日

票据到期值＝11 700＋11 700×9％÷12×6＝12 226.5(元)

(2) ① 2 月 28 收到票据时的会计分录

借：应收票据　　11 700

　贷：主营业务收入　　10 000

　　　应交税金　　1 700

② 8 月 31 日票据到期时会计处理：

借：银行存款——甲企业　　12 226.5

　贷：应收票据　　11 700

　　　财务费用　　526.5

习题三(二)

(1) 贴现期：5 个月

票据到期值＝10 000＋10 000×9％÷12×6＝10 450(元)

贴现利息＝10 450×10％÷12×5＝435.42(元)

贴现净额＝10 450－435.42＝10 014.58(元)

(2) 贴现时会计分录：

借：银行存款　　10 014.58

　　财务费用　　435.42

　贷：短期借款　　10 450

到期时会计分录：

借：应收账款　　10 450

　贷：应收票据　　10 000

　　　财务费用　　450

习题三(三)

(1) 2012 年 12 月 10 日销售实现时：

借：应收账款　　58 500

　贷：主营业务收入　　50 000

　　　应交税费——应交增值税(销项税额)　　8 500

(2) 2012 年 12 月 25 日收款时：

借：银行存款　　58 000

　　财务费用　　500

　贷：应收账款　　58 500

(3) 2013 年 1 月 10 日收到商业汇票时：

借：应收票据　　58 500

　贷：应收账款　　58 500

习题四(一)

第一年末应提取的坏账准备＝3 000 000×5％＝150 000(元)

借：资产减值损失　　150 000

　贷：坏账准备　　150 000

第二年发生坏账时：

借：坏账准备　16 000

　　贷：应收账款——A公司　6 000

　　　　　　　　——B公司　10 000

第二年末应提取的坏账准备＝3 600 000×5%－(150 000－16 000)＝46 000(元)

借：资产减值损失　46 000

　　贷：坏账准备　46 000

第三年收回上年已转销的坏账：

借：应收账款　6 000

　　贷：坏账准备　6 000

借：银行存款　6 000

　　贷：应收账款　6 000

第三年末应提取的坏账准备＝3 200 000×5%－(150 000－16 000＋46 000＋6 000)＝－26 000(元)

借：坏账准备　26 000

　　贷：资产减值损失　26 000

习题四(二)

(1) 确认坏账损失。

借：坏账准备　10 000

　　贷：应收账款　10 000

(2) 收到上年度已转销的坏账损失，先恢复应收款项，再冲销。

借：应收账款　8 000

　　贷：坏账准备　8 000

借：银行存款　8 000

　　贷：应收账款　8 000

(3) "坏账准备"科目的余额＝(3 000 000＋5 000 000＋850 000－10 000＋8 000－8 000－4 000 000)×5%＝4 840 000×5%＝242 000(元)

(4) 2013年末应计提的坏账准备数额，242 000－(150 000－10 000＋8 000)＝94 000元。

借：资产减值损失　94 000

　　贷：坏账准备　94 000

习题四(三)

(1) 第一年年末坏账准备余额＝100 000×3%＝3 000(元)

借：资产减值损失　3 000

　　贷：坏账准备　3 000

(2) 第二年发生坏账时：

借：坏账准备　6 000

　　贷：应收账款——甲公司　1 000

　　　　　　　　——乙公司　5 000

第二年的年末坏账准备＝1 200 000×3%＝36 000(元)

由于坏账准备的余额为36 000，所以需要补提坏账36 000－(3 000－6 000)＝39 000(元)

借：资产减值损失　　39 000

　　贷：坏账准备　　39 000

(3) 第三年损失又收回时：

借：应收账款——乙　　5 000

　　贷：坏账准备　　5 000

借：银行存款　　5 000

　　贷：应收账款　　5 000

第三年的年末坏账准备＝1 300 000×3%＝39 000(元)

(注：第三年末计提前坏账准备余额＝5 000＋36 000＝41 000元，所以需要冲回多余的准备。)

借：坏账准备　　2 000

　　贷：资产减值损失　　2 000

习题五(一)

预收款项时，作如下会计分录：

借：银行存款　　600 000

　　贷：预收账款　　600 000

实际支付相关费用时，作如下会计分录：

借：劳务成本　　3 000 000

　　贷：银行存款　　3 000 000

2013年末确认的完工度＝3 000 000/(3 000 000＋2 000 000))×100%＝60%

2013年应确认的收入＝10 000 000×60%－0＝6 000 000(元)

2013年应确认的费用＝5 000 000×60%－0＝3 000 000(元)

2013年末确认该项劳务的本期收入和费用时，作如下会计分录：

借：预收账款　　6 000 000

　　贷：主营业务收入　　6 000 000

借：主营业务成本　　3 000 000

　　贷：劳务成本　　3 000 000

计提税费时：

应交营业税额＝6 000 000×3%＝180 000(元)

应交城建税额＝180 000×7%＝12 600(元)

应交教育费附加＝180 000×3%＝5 400(元)

借：营业税金及附加　　198 000

　　贷：应交税费——营业税　　180 000

　　　　　　　——城建税　　12 600

　　　　　　　——教育费附加　　5 400

习题五(二)

(1) ① 2013年应应确认的收入＝1 000 000×70%－0＝700 000(元)

2013年应确认的费用＝800 000×70%－0＝560 000(元)

② 预收款项时，作如下会计分录：

借：银行存款	750 000	
贷：预收账款		750 000

③ 实际支付相关费用时，作如下会计分录：

借：劳务成本	640 000	
贷：银行存款		640 000

④ 2013 年末确认该项劳务的本期收入和费用时，作如下会计分录：

借：预收账款	700 000	
贷：主营业务收入		700 000
借：主营业务成本	560 000	
贷：劳务成本		560 000

(2) ① 2013 年 12 月 31 日劳务的完工程度＝(640 000/800 000)×100％＝80％

2013 年应应确认的收入＝1 000 000×80％－0＝800 000(元)

2013 年应确认的费用＝800 000×80％－0＝640 000(元)

② 预收款项时，作如下会计分录：

借：银行存款	750 000	
贷：预收账款		750 000

③ 实际支付相关费用时，作如下会计分录：

借：劳务成本	640 000	
贷：银行存款		640 000

④ 2013 年末确认该项劳务的本期收入和费用时，作如下会计分录：

借：预收账款	800 000	
贷：主营业务收入		800 000
借：主营业务成本	640 000	
贷：劳务成本		640 000

项 目 五

一、单项选择题

1. B 2. C 3. B 4. A 5. D 6. B 7. C 8. D 9. D 10. A

二、多项选择题

1. ACD 2. BC 3. ABCD 4. ABC 5. ABCDE 6. ABC 7. BCD
8. ABC 9. ABCD 10. AB 11. AD 12. BC 13. BC 14. BCD
15. AD

三、判断题

1. × 2. √ 3. × 4. × 5. × 6. √ 7. × 8. ×

四、实务题

习题一

(1) ① 借：委托加工物资	144 000	
贷：原材料		144 000

② 借：委托加工物资　48 000(20 000×40%+40 000)
　　应交税费——应交增值税(进项税额)　6 800
　　　　——应交消费税　12 000(20 000×60%)
　　贷：银行存款　66 800
③ 借：周转材料　192 000
　　贷：委托加工物资　192 000

(2) 借：银行存款　1 053 000
　　应收账款　1 053 000
　　贷：主营业务收入　1 800 000
　　　　应交税费——应交增值税(销项税额)　306 000

(3) 借：固定资产清理　80 000
　　贷：应交税费——应交营业税　80 000

(4) 借：固定资产清理　3 000
　　贷：应交税费——应交营业税　3 000(60 000×5%)

(5) 借：银行存款　600 000
　　累计摊销　500 000
　　贷：无形资产　1 000 000
　　　　应交税费——应交营业税　30 000 (600 000×5%)
　　　　营业外收入　70 000

(6) 借：营业税金及附加　90 000 (900 000×10%)
　　贷：应交税费——应交消费税　90 000

习题二

(1) 借：原材料　4 000 000
　　应交税费——应交增值税(进项税额)　680 000
　　贷：银行存款　4 680 000

(2) 借：在建工程　194 000
　　贷：原材料　160 000
　　　　应交税费——应交增值税(进项税额转出)　34 000

(3) 借：银行存款　100 000
　　累计摊销　80 000
　　贷：无形资产　120 000
　　　　应交税费——应交营业税　5 000
　　　　营业外收入　55 000

(4) 借：固定资产　3 000 000
　　应交税费——应交增值税(进项税额)　510 000
　　贷：银行存款　3 510 000

(5) 借：应收账款　7 020 000
　　贷：主营业务收入　6 000 000
　　　　应交税费——应交增值税(销项税额)　1 020 000

(6) 借：原材料 3 510 000
　　贷：应付账款 3 510 000

习题三

(1) 借：原材料 50 000
　　应交税费——应交增值税(进项税额) 8 500
　　贷：应付账款 58 500

(2) 借：原材料 21 750
　　应交税费——应交增值税(进项税额) 3 250
　　贷：银行存款 25 000

(3) 借：原材料 10 600
　　贷：其他货币资金 10 600

(4) 借：原材料 70 000(52 000+18 000)
　　贷：委托加工物资 70 000

(5) 借：银行存款 50 000
　　贷：其他应收款 50 000

(6) 借：在建工程 97 000
　　贷：库存商品 80 000
　　　　应交税费——应交增值税(销项税额) 17 000(100 000×17%)

(7) ① 借：固定资产清理 50 000
　　累计折旧 150 000
　　贷：固定资产 200 000

② 借：银行存款 60 000
　　贷：固定资产清理 58 846.15
　　　　应交税费——应交增值税(销项税额) 1 153.85

注:应交增值税=[60 000÷(1+4%)]×4%×50%=1 153 .85(元)

③ 借：固定资产清理 8 846.15
　　贷：营业外收入 8 846.15

(8) 借：银行存款 180 000
　　累计摊销 50 000
　　贷：无形资产 200 000
　　　　应交税费——应交营业税 90 000
　　　　营业外收入 21 000

(9) 借：银行存款 35 100
　　贷：主营业务收入 30 000
　　　　应交税费——应交增值税(销项税额) 5 100

(10) 借：应交税费——应交增值税(已交税金) 11 503.85
　　　　　　——应交营业税 9 000
　　贷：银行存款 20 503.85

注:本月应交增值税额=17 000+1 153.85+5 100−8 500−3 250=11 503.85(元)

(11) 借：营业税金及附加　　2 050.39
　　贷：应交税费——城建税　　1 435.27
　　　　——教育费附加　　615.12

注：应交城建税＝(11 503.85＋9 000)×7%＝1 435.27(元)

应交教育费附加＝(11 503.85＋9 0 000)×3%＝615.12(元)

项　目　六

一、单项选择题

1. C　2. A　3. B　4. A　5. C　6. C　7. D　8. B　9. B　10. A
11. D　12. D　13. B　14. C　15. C　16. B　17. C　18. A　19. B　20. A

二、多项选择题

1. ACD　2. AB　3. ABC　4. BC　5. AD　6. AD　7. BC
8. BD　9. AD　10. ABC　11. ABD　12. ABD　13. BC　14. AC
15. ABCD　16. AC　17. ABCD　18. ABC　19. ABC　20. ACD

三、判断题

1. √　2. √　3. ×　4. √　5. √　6. ×　7. ×　8. √　9. ×　10. √
11. √　12. ×　13. ×　14. ×　15. √　16. ×　17. √　18. ×　19. √　20. √
21. ×　22. ×　23. ×　24. ×

四、实务题

习题一(一)

(1) 2013 年 1 月 1 日从银行借入资金时会计处理如下：

借：银行存款　　1 000 000
　　贷：长期借款——本金　　1 000 000

每月借款利息为：1 000 000×9%÷12＝7 500 元。

(2) 2013 年每月月末计提借款利息会计处理如下：

借：财务费用　　7 500
　　贷：应付利息　　7 500

(3) 2013 年 12 月月末偿还利息会计处理如下：

借：应付利息　　90 000
　　贷：银行存款　　90 000

2014 年 1 至 11 月每月月末计提利息会计处理同 2013 年每月计提借款利息会计处理。

(4) 2014 年 12 月月末偿还本金及利息会计处理如下：

借：长期借款——本金　　1 000 000
　　财务费用　　7 500
　　应付利息　　82 500
　　贷：银行存款　　1 090 000

习题一(二)

(1) 企业 2010 年 1 月 1 日发行债券时会计处理如下：

借：银行存款　　1 000 000
　　贷：应付债券——面值　　1 000 000

(2) 2010 年 6 月 30 日计提利息时会计处理如下：

票面利息＝1 000 000×6%÷2＝30 000(元)

利息费用＝1 000 000×6%÷2＝30 000(元)(票面利率＝实际利率)

借：在建工程　　30 000
　　贷：应付债券——应计利息　　30 000

2010 年 12 月 31 日、2011 年 6 月 30 日计提利息时会计处理同上。

(3) 2011 年 12 月 31 日、2012 年 6 月 30 日计提利息时会计处理如下：

借：财务费用　　30 000
　　贷：应付债券——应计利息　　30 000

(4) 2012 年 12 月 31 日还本付息会计处理如下：

借：应付债券——面值　　1 000 000
　　　　　　——应计利息　　150 000
　　财务费用　　30 000
　　贷：银行存款　　1 180 000

习题一(三)

甲公司根据上述资料，采用实际利率法和摊余成本计算确定的利息费用，见下表：

付息日期	支付利息	利息费用	摊销的利息调整	摊余成本
2013 年 12 月 31 日				10 432 700
2014 年 12 月 31 日	600 000	521 635	78 365	10 354 335
2015 年 12 月 31 日	600 000	517 716.75	82 283.25	10 272 051.75
2016 年 12 月 31 日	600 000	513 602.59	86 397.41	10 185 654.34
2017 年 12 月 31 日	600 000	509 282.72	90 717.28	10 094 937.05
2018 年 12 月 31 日	600 000	505 062.95	94 937.05	10 000 000
合计	3 000 000	2 567 300	432 700	—

(1) 甲公司 2013 年 12 月 31 日发行债券时会计处理如下：

借：银行存款　　10 432 700
　　贷：应付债券——面值　　10 000 000
　　　　　　　　——利息调整　　432 700

(2) 2014 年 12 月 31 日确认利息费用会计处理如下：

借：财务费用　　521 635
　　应付债券——利息调整　　78 365
　　贷：应付利息　　600 000

2015 年 12 月 31 日、2016 年 12 月 31 日、2017 年 12 月 31 日利息费用的会计处理同上。

(3) 2018 年 12 月 31 日归还债券本金即最有一期利息费用会计处理如下：

借：应付债券——面值　10 000 000
　　　　　　——利息调整　94 937.05
　　财务费用　505 062.95
　　贷：银行存款　10 600 000

习题一(四)

(1) 2013 年 1 月 1 日发行债券

借：银行存款　1 961.92
　　应付债券——利息调整　38.08
　　贷：应付债券——面值　2 000

(2) 2013 年 6 月 30 日计提利息

利息费用＝ 1 961.92×2%＝39.24(万元)

借：在建工程　39.24
　　贷：应付利息　30
　　　　应付债券——利息调整　9.24

(3) 2013 年 7 月 1 日支付利息

借：应付利息　30
　　贷：银行存款　30

(4) 2013 年 12 月 31 日计提利息

利息费用＝ (1 961.92＋9.24)×2%＝39.42(万元)

期末摊余成本＝期初摊余成本＋本期计提利息－本期支付的利息

借：财务费用　39.42
　　贷：应付利息　30
　　　　应付债券——利息调整　9.42

(5) 2014 年 1 月 1 日支付利息

借：应付利息　30
　　贷：银行存款　30

(6) 2014 年 6 月 30 日计提利息

利息费用＝ (1 961.92＋9.24＋9.42)×2%＝39.61(万元)

借：财务费用　39.61
　　贷：应付利息　30
　　　　应付债券——利息调整　9.61

(7) 2014 年 7 月 1 日支付利息

借：应付利息　30
　　贷：银行存款　30

(8) 2014 年 12 月 31 日计提利息

尚未摊销的“利息调整”余额＝38.08－9.24－9.42－ 9.61＝9.81(万元)

利息费用＝30＋9.81＝39.81(万元)

借：财务费用　39.81
　　贷：应付利息　30
　　　　应付债券——利息调整　9.81

(9) 2015 年 1 月 1 日支付利息和本金

借：应付债券——债券面值 2 000

应付利息 30

贷：银行存款 2 030

习题二(一)

(1) 2013 年组建公司接受 A、B、C 投资时会计处理如下：

借：银行存款 100 000

固定资产 100 000

无形资产 100 000

贷：实收资本——A 公司 100 000

——B 公司 100 000

——C 公司 100 000

(2) 三年后 D 公司加入，会计处理如下：

借：银行存款 200 000

贷：实收资本——D 公司 100 000

资本公积——资本溢价 100 000

习题二(二)

发行股票取得银行存款：7 000 000×4×(1－3%)＝27 160 000 元。

借：银行存款 27 160 000

贷：股本 7 000 000

资本公积——股本溢价 20 160 000

习题二(三)

发行股票取得银行存款：1 000 000×1.2×(1－3%)＝1 164 000 元。

借：银行存款 1 164 000

贷：股本 1 000 000

资本公积——股本溢价 164 000

习题二(四)

(1) 1 月 1 日借入款项时会计处理如下：

借：银行存款 120 000

贷：短期借款 120 000

(2) 1 月末预提当月利息时会计处理如下：

借：财务费用 800

贷：应付利息 800

本月应计提的利息金额＝120 000× 8%÷12＝800(元)

2 月末预提当月利息的处理同上。

(3) 3 月末支付本季度(第一季度)应付银行借款利息时，作如下会计分录：

借：财务费用 800

应付利息 1 600

贷：银行存款 2 400

第二季度、三季度前两个月的会计处理同上。

(4) 到期归还借款本金，并支付最后一季度利息会计处理如下：

借：短期借款　120 000
　　财务费用　800
　　应付利息　1 600
　　贷：银行存款　1 22 400

习题二(五)

分别按照下列要求编制相关会计分录：

(1) 7月1日取得借款会计处理如下：

借：银行存款　2 000 000
　　贷：短期借款　2 000 000

(2) 7月末计提利息会计处理如下：

借：财务费用　57 600
　　贷：应付利息　57 600

8月末计提利息会计处理同上。

(3) 9月末支付此借款本季应付利息处理如下：

借：财务费用　57 600
　　应付利息　115 200
　　贷：银行存款　172 800

(4) 10月、11月末计提借款利息会计处理同7月末。

(5) 12月末归还借款本金、支付本季借款利息处理如下：

借：财务费用　57 600
　　应付利息　115 200
　　短期借款　2 000 000
　　贷：银行存款　2 172 800

习题三(一)

(1) 借：银行存款　800 000
　　贷：实收资本——甲企业　600 000
　　　　资本公积——资本溢价　200 000

(2) 借：固定资产　1 400 000
　　无形资产　700 000
　　贷：实收资本——乙公司　2 100 000

习题三(二)

(1) 投资者丙以银行存款投入39万元会计处理如下：

借：银行存款　390 000
　　贷：实收资本——丙　300 000
　　　　资本公积——资本溢价　90 000

(2) 投资者甲将一批原材料投入公司作为增资会计处理如下：

借：原材料　105 000
　　应交税费——应交增值税(进项税额)　17 850
　　贷：实收资本——甲　100 000
　　　　资本公积——资本溢价　22 850

(3) 投资者乙将一项专利权投入公司作为增资会计处理如下：

借：无形资产　125 000

　贷：实收资本——乙　100 000

　　资本公积——资本溢价　25 000

习题四

(1) 收到侨商金一多投入现金会计处理如下：

借：银行存款　1 200 000

　贷：实收资本——金一多　800 000

　　资本公积——资本溢价　400 000

(2) 借：可供出售金融资产——公允价值变动　125 000

　贷：资本公积——其他资本公积　125 000

(3) 经批准，以资本公积 15 万元转增资本会计处理如下：

借：资本公积　150 000

　贷：实收资本　150 000

(4) 本公司可供出售金融资产因公允价值变动增值 10 万元，会计处理如下：

借：可供出售金融资产——公允价值变动　100 000

　贷：资本公积——其他资本公积　100 000

项 目 七

一、单项选择题

1. C　2. D　3. B　4. B　5. A　6. B　7. C　8. A　9. C　10. B
11. A　12. B　13. A　14. A　15. A　16. C　17. A　18. D　19. D　20. C
21. D　22. A　23. D　24. B　25. D　26. A　27. D　28. B　29. D　30. A
31. C

二、多项选择题

1. AE　2. ABCD　3. BCD　4. BCD　5. ABC　6. ABD　7. ACD
8. ACD　9. ABC　10. AD　11. ABCD　12. BCD　13. ABC　14. BD
15. ABCD　16. ABCD　17. BCDE　18. ABD　19. BDC　20. ABCD　21. CD
22. ABCD　23. ABC　24. ABD　25. BD　26. AC　27. ABC　28. CE
29. BC　30. ABCD　31. ABCDE　32. DE　33. AC　34. ABC　35. AB
36. ABCE　37. ADE　38. BCD　39. ABCD　40. BD　41. AB　42. ABC

三、判断题

1. ×　2. ×　3. ×　4. ×　5. ×　6. ×　7. ×　8. ×　9. √　10. ×
11. ×　12. ×　13. √　14. ×　15. √　16. √　17. √　18. ×　19. ×　20. √
21. ×　22. ×　23. √　24. ×　25. ×　26. √　27. ×　28. ×　29. √　30. √
31. √　32. √　33. ×　34. ×　35. √

四、实务题

习题一(一)

(1) 借：其他货币资金——存出投资款　2 000 000

　贷：银行存款　2 000 000

(2) 借：交易性金融资产——成本——A 公司　100 000
　　投资收益　350
　　贷：其他货币资金——存出投资款　100 350
(3) 借：交易性金融资产——成本——B 公司　590 000
　　应收利息　10 000
　　投资收益　2 100
　　贷：其他货币资金——存出投资款　602 100
(4) 借：银行存款　10 000
　　贷：应收利息　10 000
(5) 借：银行存款　645 100
　　贷：交易性金融资产——成本　590 000
　　　　投资收益　55 100
(6) 借：交易性金融资产——成本——C 公司　48 750
　　应收利息　1 250
　　投资收益　300
　　贷：其他货币资金——存出投资款　50 300
(7) 借：银行存款　51 560
　　贷：交易性金融资产——成本——C 公司　48 750
　　　　应收利息　1 250
　　　　投资收益　1 560
(8) 借：公允价值变动损益　5 000
　　贷：交易性金融资产——公允价值变动　5 000

习题一(二)

(1) 2012 年 9 月 1 日购入乙公司股票时会计处理如下：
借：交易性金融资产——成本　2 000 000
　　应收利息　100 000
　　投资收益　10 000
　　贷：银行存款　2 110 000
(2) 9 月 16 日收到现金股利会计处理如下：
借：银行存款　100 000
　　贷：应收利息　100 000
(3) 12 月 31 日确认该笔股票的公允价值变动损益时会计处理如下：
借：交易性金融资产——公允价值变动　120 000
　　贷：公允价值变动损益　120 000
(4) 2013 年 3 月 6 日确认现金股利时会计处理如下：
借：应收利息　60 000
　　贷：投资收益　60 000

(5) 2013 年 3 月 16 日收到现金股利时会计处理如下：

借：银行存款　　60 000

　　贷：应收利息　　60 000

(6) 2013 年 6 月 8 日将该股票处置会计处理如下：

借：银行存款　　2 410 000

　　贷：交易性金融资产——成本　　2 000 000

　　　　　　　　　　——公允价值变动　　120 000

　　　　投资收益　　290 000

同时将原计入金融资产的公允价值变动转出，会计处理如下：

借：公允价值变动　　120 000

　　贷：投资收益　　120 000

习题一(三)

(1) 2012 年 1 月 1 日，购入债券时会计处理如下：

借：可供出售金融资产——成本　　10 000 000

　　应收利息　　600 000

　　可供出售金融资产——利息调整　　400 000

　　贷：银行存款　　110 000 000

(2) 2012 年 1 月 5 日，收到利息时会计处理如下：

借：银行存款　　600 000

　　贷：应收利息　　600 000

(3) 2012 年 12 月 31 日，计提利息、确认投资收益时会计的会计处理如下：

实际利息收入＝期初摊余成本×实际利率＝110 000 000×5％＝500 000 元

应收利息＝债券面值票面利率＝10 000 000×6％＝600 000 元

利息调整＝500 000－600 000＝ 100 000 元。

借：应收利息　　600 000

　　贷：投资收益　　500 000

　　　　可供出售金融资产——利息调整　　100 000

(4) 2013 年 1 月 5 日，收到利息时的会计处理如下：

借：银行存款　　600 000

　　贷：应收利息　　600 000

(5) 2013 年 3 月 10 日，出售债券时的会计处理如下：

借：银行存款　　10 250 000

　　贷：可供出售金融资产——成本　　10 000 000

　　　　可供出售金融资产——公允价值变动　　200 000

　　　　投资收益　　50 000

习题一(四)

(1) 根据资料采用实际利率法计算每年溢价摊销额，并列出债券溢价摊销计算表。

日 期	现金流入(a)	实际利息收入(b)=期初×6.787 45%	已收回的本金(c)=(a)-(b)	摊余成本余额(d)=期初(d)-(c)
2013年1月3日				630 000
2013年12月31日	48 000	42 761	5 239	624 761
2014年12月31日	48 000	42 405	5 595	619 166
2015年12月31日	48 000	42 026	5 974	613 192
2016年12月31日	48 000	41 620	6 380	606 812
2017年12月31日	48 000	41 188	6 812	600 000
小计	240 000	210 000	30 000	600 000
2017年12月31日	600 000	—	600 000	0
合计	840 000	210 000	630 000	—

(2) 编制债券取得、每期计算应收利息及溢价摊销、每期收回债券利息和到期收回债券本息的全部会计分录。

根据上表有关会计处理如下：

2013年1月3日购入旺盛公司债券时

借：持有至到期投资——旺盛公司债券——成本　600 000

　　持有至到期投资——旺盛公司债券——利息调整　30 000

　贷：银行存款　630 000

2013年12月31日确认旺盛公司债券实际利息收入、收到债券利息

借：应收利息——旺盛公司　48 000

　贷：投资收益　42 761

　　　持有至到期投资——旺盛公司债券——利息调整　5 239

借：银行存款　48 000

　贷：应收利息——旺盛公司　48 000

2014年12月31日确认旺盛公司债券实际利息收入、收到债券利息

借：应收利息——旺盛公司　48 000

　贷：投资收益　42 405

　　　持有至到期投资——旺盛公司债券——利息调整　5 595

借：银行存款　48 000

　贷：应收利息——旺盛公司　48 000

2015年12月31日确认旺盛公司债券实际利息收入、收到债券利息

借：应收利息——旺盛公司　48 000

　贷：投资收益　41 620

　　　持有至到期投资——旺盛公司债券——利息调整　5 974

借：银行存款　48 000

　贷：应收利息——旺盛公司　48 000

2016 年 12 月 31 日确认旺盛公司债券实际利息收入、收到债券利息

借：应收利息——旺盛公司　48 000
　　贷：投资收益　41 620
　　　　持有至到期投资——旺盛公司债券——利息调整　6 380
借：银行存款　48 000
　　贷：应收利息——旺盛公司　48 000

2017 年 12 月 31 日确认旺盛公司债券实际利息收入、收到利息和本金

借：应收利息——旺盛公司　48 000
　　贷：投资收益　41 188
　　　　持有至到期投资——旺盛公司债券——利息调整　6 812
借：银行存款　48 000
　　贷：应收利息——旺盛公司　48 000
借：银行存款　600 000
　　贷：持有至到期投资——旺盛公司债券——成本　600 000

习题一(五)

(1) 采用成本法核算

借：长期股权投资　15 620 000
　　应收股利　400 000
　　贷：银行存款　16 020 000

权益法略

(2) 借：银行存款　400 000
　　贷：应收股利　400 000

(3) 不做分录

(4) 借：应收股利　200 000
　　贷：投资收益　200 000

(5) 借：银行存款　200 000
　　贷：应收股利　200 000

(6) 不做分录

(7) 借：银行存款　20 00 000
　　贷：长期股权投资　1 562 000
　　　　投资收益　438 000

习题一(六)

(1) 长期股权投资的成本＝580×(8－0.25)＋7＝4 502(万元)

借：长期股权投资——成本　4 502
　　应收股利　145
　　贷：银行存款　4 647

因为企业享有的份额 18 000×25%＝4 500(万元)，但付出的成本大于应享有的份额，所以不调整投资成本。

(2) 借：银行存款　145
　　贷：应收股利　145

(3) 按持股比例计算本企业应分享的份额=3 000×25%=750(万元)

借：长期股权投资——损益调整　750

　贷：投资收益　750

(4) 2012 年 2 月 16 日，乙公司宣告分派 2011 年度现金股利，每股 0.20 元。

应收股利=580×0.2=116(万元)

借：应收股利　116

　贷：长期股权投资——损益调整　116

(5) 2012 年 3 月 12 日，新都公司收到乙公司发放的 2011 年度现金股利，存入银行。

借：银行存款　116

　贷：应收股利　116

(6) 2013 年 1 月 4 日，新都公司出售所持有的全部乙公司的股票，共取得价款 5 200 万元(不考虑长期股权投资减值及其他因素)。

借：银行存款　5 200

　贷：长期股权投资——成本　4 502

　　　　　　　　——损益调整　634

　　投资收益　64

注：以上各题均以万元为单位。

习题二(一)

(1) 借：固定资产——厂房　6 000 000

　　贷：在建工程——厂房　6 000 000

(2) 借：固定资产　1 010 000

　　应交税费——应交增值税(进行税额)　170 000

　　贷：其他货币资金——银行汇票　1 180 000

(3) 借：固定资产——仓库　250 000

　　贷：实收资本——新光公司　250 000

(4) 借：固定资产　90 000

　　贷：营业外收入——捐赠　90 000

(5) 购入需安装调试生产线：

① 借：在建工程　510 000

　　应交税费——应交增值税(进行税额)　85 000

　　贷：银行存款　595 000

② 借：在建工程　23 400

　　贷：原材料　20 000

　　　　应交税费——应交增值税(进行税额转出)　3 400

③ 借：在建工程　10 000

　　贷：应付职工薪酬——工资　10 000

④ 12 月 26 日，生产线安装调试完毕投入使用。

借：固定资产　543 400

　贷：在建工程　543 400

(6) 借：固定资产 5 000

贷：营业外收入——盘盈利得 5 000

习题二(二)

(1) 解：月折旧额＝(200 000－4 000)÷(5×12)＝3 266.67 元

月折旧率＝3 266.67÷200 000＝1.63％

(2) 解：单位工作量折旧额＝(200 000－5 000)÷400 000＝0.487 5 元/公里

本月折旧额＝0.487 5×2 000＝975 元

(3) 某质检设备一台，原值为 8 万元，估计净残值为 4 000 元，预计使用 5 年，分别采用双倍余额递减法和年数总和法计算各年折旧额。

解：双倍余额递减法

最后两年以前隔年采用双倍余额递减法：

年折旧率＝3/5×100％＝75％

第一年折旧额＝80 000×60％＝48 000 元

第二年折旧额＝(80 000－48 000)×60％＝19 200 元

第三年折旧额＝(80 000－48 000－19 200)×60％＝7 680 元

最后两年采用直线法：

最后两年年折旧额＝[(80 000－48 000－19 200－7 680)－4 000]/2＝560 元

年数总和法

第一年折旧率＝5/(1＋2＋3＋4＋5)×100％＝33.33％

折旧额＝(80 000－4 000)×33.33％＝25 333.33 元

第二年折旧率＝4/(1＋2＋3＋4＋5)×100％＝26.66％

折旧额＝(80 000－4 000)×26.66％＝20 266.67 元

第三年折旧率＝3/(1＋2＋3＋4＋5)×100％＝20％

折旧额＝(80 000－4 000)×20％＝15 200 元

第四年折旧率＝2/(1＋2＋3＋4＋5)×100％＝13.33％

折旧额＝(80 000－4 000)×13.33％＝10 133.33 元

第五年折旧额＝80 000－4 000－25 333.33－20 266.67－15 200－10 133.33＝5 066.67

习题二(三)

(1) 借：管理费用 1 000

贷：银行存款 1 000

(2) 借：管理费用 700

贷：原材料 700

(3) 借：管理费用 30 000

贷：原材料——备品备件 10 000

银行存款 20 000

(4) 将固定资产账面价值转入在建工程

借：在建工程　　280 000
　　累计折旧　　120 000
　　贷：固定资产　　400 000

发生改造支出：

借：在建工程　　150 000
　　贷：银行存款　　150 000

取得材料收入：

借：银行存款　　70 000
　　贷：在建工程　　70 000

工程完工交付使用：

借：固定资产　　360 000
　　贷：在建工程　　360 000

习题二(四)

(1) 将固定资产转入清理：

借：固定资产清理　　150 000
　　累计折旧　　50 000
　　贷：固定资产　　200 000

支付拆除费：

借：固定资产清理　　2 000
　　贷：银行存款　　2 000

出售收入：

借：银行存款　　180 000
　　贷：固定资产清理　　180 000

出售不动产应交增值税

借：固定资产清理　　3 600
　　贷：应交税费——未交增值税　　3 600

结转清理净收益：

借：固定资产清理　　24 400
　　贷：营业外收入——处置非流动资产利得　　24 400

(2) 将固定资产转入清理：

借：固定资产清理　　20 000
　　累计折旧　　430 000
　　贷：固定资产　　450 000

支付清理费用：

借：固定资产清理　　2 000
　　贷：银行存款　　2 000

取得变价收入

借：银行存款　　15 000
　　贷：固定资产清理　　15 000

结转固定资产清理损失

借：营业外支出	7 000	
贷：固定资产清理		7 000

(3) 将固定资产转入清理：

借：固定资产清理	30 000	
累计折旧	50 000	
贷：固定资产		80 000

支付清理费用

借：固定资产清理	1 500	
贷：银行存款		1 500

残料变价收入

借：银行存款	1 000	
贷：固定资产清理		1 000

保险公司赔偿

借：银行存款	2 2 000	
贷：固定资产清理		2 2 000

结转固定资产清理净损失

借：营业外支出	8 500	
贷：固定资产清理		8 500

(4)

借：长期股权投资	120 000	
累计折旧	35 000	
贷：固定资产		150 000
营业外收入		5 000

(5)

借：营业外支出——盘亏损失	27 000	
累计折旧	48 000	
贷：固定资产		75 000

习题三(一)

(1)

借：投资性房地产——写字楼	12 300 000	
贷：银行存款		12 300 000

(2) 结转完工工程成本时

借：投资性房地产——厂房	30 000 000	
贷：在建工程		30 000 000

将出租的土地使用权转换为投资性房地产时：

借：投资性房地产——土地使用权	20 000 000	
贷：无形资产——土地使用权		20 000 000

(3) 月末计提折旧：

每月计提折旧额＝3 600/20/12＝15(万元)

借：其他业务成本	150 000	
贷：投资性房地产累计折旧		150 000

收取租金收入时：

借：银行存款　180 000

　贷：其他业务收入　180 000

习题三(二)

1. 目的：练习成本计量模式的投资性房地产的核算。

2. 资料：黄河有限责任公司发生下列有关经济业务：

(1) 购入门市时确认投资性房地产会计处理如下：

借：投资性房地产——门市　3 000 000

　贷：银行存款　3 000 000

(2) 3、4 月每月月末做如下会计分录：

借：银行存款　33 333.33

　贷：其他业务收入　33 333.33

5 月月末确认租金收入时会计处理如下：

借：银行存款　33 333.34

　贷：其他业务收入　33 333.34

(3) 将公司自用仓库转为投资性房地产时会计处理如下：

借：投资性房地产——仓库　800 000

　累计折旧　100 000

　贷：固定资产——仓库　800 000

　　投资性房地产累计折旧　100 000

(4) 3～5 月每月月末确认租金收入会计处理如下：

借：银行存款　5 000

　贷：其他业务收入　5 000

(5) 借：其他业务成本　11 875

　贷：投资性房地产累计折旧　11 875

(6) 借：固定资产——门市　3 000 000

　投资性房地产累计折旧　427 500

　贷：投资性房地产——门市　3 000 000

　　累计折旧　427 500

习题四

(1) 借：无形资产——专利权　300 000

　贷：银行存款　300 000

(2) 借：无形资产——专利权　163 000

　管理费用　100 000

　贷：银行存款　263 000

(3) 借：无形资产　48 000

　贷：实收资本　48 000

(4) 计提累计摊销时会计处理如下：

借：管理费用	400	
贷：累计摊销		400
(5) 借：银行存款	100 000	
累计摊销	100 000	
贷：无形资产——专利权		180 000
应交税费——应交营业税		5 000
营业外收入——处置非流行资产利得		15 000
(6) 借：银行存款	60 000	
累计摊销	1 000	
贷：无形资产——专利权		50 000
应交税费——应交营业税		3 000
营业外收入——处置非流动资产利得		8 000
(7) 借：长期股权投资	200 000	
累计摊销	40 000	
营业外支出——处置非流动资产损失	10 000	
贷：无形资产		250 000

习题五

(1) 借：管理费用——开办费	80 000	
贷：银行存款		80 000

(2) 支付改良费用时

借：长期待摊费用——改良支出	24 000	
贷：银行存款		24 000
(3) 借：制造费用——租赁费	1 000	
贷：长期待摊费用——改良支出		1 000

项 目 八

一、单项选择题

1. D　2. D　3. A　4. B　5. C　6. B　7. D　8. A　9. D

二、多项选择题

1. AD　2. ABCD　3. AC　4. BC　5. ABC　6. BCD　7. BC
8. BCD　9. ABD　10. CDE　11. ABCDE　12. BCD　13. ABCD　14. ABD
15. ACD　16. ABCD　17. ABCD　18. ABCD　19. ABD

三、判断题

1. √　2. ×　3. √　4. √　5. √　6. ×　7. ×　8. ×

四、实务题

习题一

结转收入、利得类

借：主营业务收入　　45 000 000
　其他业务收入　　300 000
　公允价值变动损益　　90 000
　投资收益　　200 000
　营业外收入　　20 000
　贷：本年利润　　45 610 000

结转费用、损失类

借：本年利润　　40 592 100
　贷：主营业务成本　　38 750 000
　　其他业务成本　　215 225
　　销售费用　　520 000
　　管理费用　　700 000
　　财务费用　　100 000
　　营业税金及附加　　216 875
　　资产减值损失　　80 000
　　营业外支出　　10 000

本期应交所得税额＝(45 610 000－40 592 100)×25％＝1 254 447(元)

确认所得税费用时会计处理如下：

借：所得税费用　　1 254 447
　贷：应交税费——应交所得税　　1 254 447

将“所得税费用”转入“本年利润时会计处理如下：

借：本年利润　　1 254 447
　贷：所得税费用　　1 254 447

本年税后利润＝45 610 000－40 592 100－1 254 447＝3 763 453(元)

将“本年利润”年末余额转入“利润分配——未分配利润”会计处理如下：

借：利润分配　　3 763 453
　贷：利润分配——未分配利润　　3 763 453

习题二

2. 资料：星际公司 2013 年实现税后利润 50 万元，进行如下分配

(1) 提取的法定盈余公积额＝50×10％＝5(万元)

借：利润分配——提取法定盈余公积　　50 000
　贷：盈余公积——法定盈余公积　　50 000

(2) 借：盈余公积——法定盈余公积　　100 000
　贷：实收资本　　100 000

(3) 借：盈余公积　　50 000
　贷：利润分配——盈余公积补亏　　50 000

习题三

(1) 以下会计分录中单位为(万元)

2014 年：

借：本年利润　　　　−1 500
　　贷：利润分配——未分配利润　　　　−1 500

2015 年弥补 2014 年亏损，不用交纳企业所得税。

借：本年利润　　　　250
　　贷：利润分配——未分配利润　　　　250

2016 年弥补 2014 年亏损，不用交纳企业所得税。

借：本年利润　　　　250
　　贷：利润分配——未分配利润　　　　250

2017 年弥补 2014 年亏损，不用交纳企业所得税。

借：本年利润　　　　250
　　贷：利润分配——未分配利润　　　　250

截止 2017 年年末未分配利润＝5−1 500＋250＋250＋250＝−745 万，2014 年发生亏损，到 2017 年为止，利用税前利润弥补亏损共 3 年，故 2018 年仍可利用税前利润弥补亏损。故，2018 年仍不需交纳企业所得税。

2018 年弥补 2 001 年亏损，不用交纳企业所得税。

借：本年利润　　　　250
　　贷：利润分配——未分配利润　　　　250

(2) A 公司截止 2018 年末累计未分配利润＝5−1 500＋250＋250＋250＋250＝−495 万

习题四

(1) ① 本月营业利润＝ 800 000＋150 000＋100 000−300 000−50 000−9 000−100 000−201 000−100 000＝ 290 000(元)

② 本月利润总额＝ 290 000＋30 000−40 000＝280 000(元)

③ 本月净利润＝280 000×(1−25%)＝ 210 000(元)

④ 本年利润总额＝280 000＋2 000 000＝2 280 000(元)

⑤ 本年净利润＝2 280 000×(1−25%)＝1 710 000(元)

(2) 本年应交所得税额＝2 280 000×25%＝570 000(元)

结转 12 月收入、利得类

借：主营业务收入　　　　800 000
　　其他业务收入　　　　150 000
　　投资收益　　　　100 000
　　营业外收入　　　　30 000
　　贷：本年利润　　　　1 080 000

结转 12 月费用、损失类

借：本年利润　　　　800 000
　　贷：主营业务成本　　　　300 000
　　　　其他业务成本　　　　100 000
　　　　销售费用　　　　50 000
　　　　管理费用　　　　201 000
　　　　财务费用　　　　100 000

营业税金及附加 9 000

营业外支出 40 000

确认12月所得税费用时会计处理如下：

借：所得税费用 70 000

贷：应交税费——应交所得税 70 000

将“所得税费用”转入“本年利润”时会计处理如下：

借：本年利润 70 000

贷：所得税费用 70 000

将“本年利润”年末余额转入“利润分配——未分配利润”会计处理如下：

借：利润分配 1 710 000

贷：利润分配——未分配利润 1 710 000

(3) 提取法定盈余公积额＝1 710 000×10%＝171 000(元)

分配现金股利金额＝1 710 000×60%＝1 026 000(元)

借：利润分配——提取法定盈余公积 171 000

贷：盈余公积——法定盈余公积 171 000

借：利润分配——应付现金股利 1 026 000

贷：应付股利 1 026 000

(4) 某公司经批准，将资本公积100 000元，盈余公积200 000元转增资本。

借：资本公积 100 000

盈余公积 200 000

贷：实收资本 300 000

(5) 借：盈余公积 280 000

贷：利润分配——盈余公积补亏 280 000

习题五

所得税费用＝400 000×25%＝100 000(元)

净利润＝400 000－100 000＝300 000(元)

提取法定盈余公积额＝300 000×10%＝30 000(元)

分配现金股利数额＝300 000×20%＝60 000(元)

年终未分配利润＝120 000＋(300 000－30 000－60 000)＝330 000(元)

确认所得税费用时会计处理如下：

借：所得税费用 100 000

贷：应交税费——应交所得税 100 000

结转所得税费用时会计处理如下：

借：本年利润 100 000

贷：所得税费用 100 000

结转本年利润时：

借：本年利润 210 000

贷：利润分配——未分配利润 210 000

利润分配时：

借：本年利润——提取法定盈余公积　　30 000
　　本年利润——应付现金股利　　60 000
　　贷：盈余公积——法定盈余公积　　30 000
　　　　应付股利　　60 000

项 目 九

一、单项选择题

1. A　2. A　3. A　4. B　5. C　6. D　7. B　8. C　9. A　10. B
11. B　12. C　13. C　14. B　15. A　16. D　17. D　18. C　19. C　20. D

二、多项选择题

1. ABCD　2. CD　3. AB　4. BCD　5. CD　6. ABCD　7. ABCD
8. AD　9. ABC　10. ABC　11. AC　12. BD　13. AC　14. CD
15. ABCD　16. BC　17. BD

三、判断题

1. ×　2. ×　3. √　4. ×　5. √　6. ×　7. √　8. ×　9. √　10. ×
11. ×　12. ×　13. ×　14. ×　15. ×　16. √　17. √　18. ×

四、实务题

资产负债表

会企 01 表

单位名称:万成公司　　　　年　月　日

资产	行次	期末数	年初数	负债和所有者（或股东）权益	行次	期末数	年初数
流动资产：	1			流动负债：	33		
货币资金	2	7 501 500.00	5 000 900.00	短期借款	34	4 000 000.00	1 100 000.00
交易性金融资产	3			交易性金融负债	35		
应收票据	4			应付票据	36		
应收账款	5	498 500.00	299 100.00	应付账款	37	600 000.00	500 000.00
预付款项	6			预收款项	38		
应收利息	7			应付职工薪酬	39	100 000.00	100 000.00
	8			应交税费	40	845 000.00	900 000.00
其他应收款	9			应付利息	41	120 000.00	100 000.00
存货	10	3 365 000.00	4 400 000.00	应付股利	42	2 000 000.00	1 000 000.00
一年内到期的非流动资产	11			其他应付款	43		
其他流动资产	12			一年内到期的非流动负债	44		

（续表）

资产	行次	期末数	年初数	负债和所有者（或股东）权益	行次	期末数	年初数
流动资产合计	13	11 365 000.00	9 700 000.00	其他流动负债	45		
非流动资产：	14			流动负债合计	46	7 665 000.00	3 700 000.00
可供出售金融资产	15			非流动负债	47		
持有至到期投资	16			长期借款	48	—	5 000 000.00
长期应收款	17			应付债券	49	—	—
长期股权投资	18			长期应付款	50	—	—
投资性房地产	19			专项应付款	51	—	—
固定资产	20	17 700 000.00	20 000 000.00	预计负债	52	—	—
在建工程	21			递延所得税负债	53	—	—
工程物资	22			其他非流动负债	54	—	—
固定资产清理	23			非流动负债合计	55	—	5 000 000.00
无形资产	24			负债合计	56	7 665 000.00	8 700 000.00
开发支出	25			所有者（或股东）权益：	57		
商誉	26			实收资本（或股本）	58	20 000 000.00	20 000 000.00
长期待摊费用	27			资本公积	59	800 000.00	800 000.00
递延所得税资产	28			减：库存股	60	—	—
其他非流动资产	29			盈余公积	61	6 000 000.00	200 000.00
非流动资产合计	30	17 700 000.00	20 000 000.00	未分配利润	62	—	—
	31			所有者权益（或股东权益）合计	63	21 400 000.00	21 000 000.00
资产总计	32	29 065 000.00	29 700 000.00	负债和所有者权益（或股东权益）总计	64	29 065 000.00	29 700 000.00

利 润 表

会企 02 表

万成公司　　2013 年 12 月　　单位:元

项　　目	行次	本期金额	上期金额
一、营业收入	1	25 200 000.00	
减:营业成本	2	16 120 000.00	
营业税金及附加	3	900 000.00	
销售费用	4	1 000 000.00	
管理费用	5	1 100 000.00	
财务费用	6	1 000 000.00	
资产减值损失	7	50 000.00	
加:投资收益(损失以"—"号填列)	8	—	
公允价值变动收益(损失以"—"号填列)	9		
二、营业利润(亏损以"—"号填列)	10	5 030 000.00	
加:营业外收入	11	—	
减:营业外支出	12	29 000.00	
三、利润总额(亏损以"—"号填列)	13	5 001 000.00	
减:所得税	14	1 200 000.00	
四、净利润(净亏损以"—"号填列)	15	3 801 000.00	